Heino Jaeger · Man glaubt es nicht

HEINO JAEGER
Man glaubt es nicht

LEBEN UND WERK

Herausgegeben von Joska Pintschovius

KEIN & ABER

Für ihren unermüdlichen Einsatz und die Zur-Verfügung-Stellung von diversen Materialien bedankt sich der Kein & Aber Verlag sehr herzlich bei Joska Pintschovius, Christian Meurer, Jürgen von Tomëi, Christian Zwang und Sibylle Küttner vom Helms-Museum in Hamburg-Harburg. Ohne dieses Engagement wäre dieser Werkatlas nicht zustande gekommen.

Alle Rechte vorbehalten
Copyright © 2005 by Kein & Aber AG Zürich
Coverillustrationen: Heino Jaeger
Cover, Gestaltung und Satz:
Buch & Grafik, Doris Grüniger und Isabel Thalmann, Zürich
Druck und Bindung: Ebner & Spiegel, Ulm
ISBN 3-0369-5140-7

www.keinundaber.ch

Inhaltsverzeichnis

HEINO JAEGER ÜBER HEINO JAEGER: LEBENSLAUF 9

HEINO JAEGER: EINE ERZÄHLTE BIOGRAPHIE
von Joska Pintschovius 11
»Sagt noch jemand was?« 12 – »Nu kommen Sie mal raus da.« 13 – »Zu kokelig!« 15 – »Das ist ja enorm.« 17 – »Irgendwie auch eklig!« 19 – Kindheitserfahrungen im Krieg 22 – Heiteres Beruferaten 25 – Fahrt nach Frankreich und in die Schweiz 28 – Heimathirsche 38 – Militariasammler 45 – Hausbesuche 48 – Vater-Sohn-Beziehung, ohne Insistieren 53 – Weitere Exkursionen in die deutsche Heimat 55 – Wägbare Vergangenheit 61 – Eine erkenntnisreiche Ohrfeige 67 – Prager Frühling 70 – Wohnungswechsel 71 – »Man glaubt es nicht.« 75 – Kunstwissenschaftliche Einführung 78 – Gesehenes seitenverkehrt reproduzieren 80 – Grenzerlebnisse 85 – In Berlin 90 – Deutscher Mief 93 – Oberleutnant Jaeger 100 – Literarisch-künstlerische Salons 101 – Bürokraten und andere Zinnfiguren 105 – Fahrt nach England 108 – Auftritte 118 – Am Rundkamin 121 – Bewegte Bilder 125 – Ohlendorf und Thailand 128 – »Probleme? Ein blödes Wort.« 137 – Irrläufe 142 – Der Vulkan ist erloschen 144 – Letzte Hoffnungen 151 – Gegen das Ende zu 152 – Im Heim 155 – »Ein Herr Jaeger« 157

JAEGERMAGAZIN 161
Weinsorten 162 – Ratgeber / Föhnluft 163 – Falschfarbenbefliegung 166 – Bremer Wochenmarkt 167 – Schuhbranche 168 – Thema: Übergewicht 170 – Textilbranche 172 – Unser Kochrezept 174

JAEGERLATEIN 181
Der Urlaubstip 182 – Badegäste 184 – Olympiade 186 – Entwicklungspolitik 189 – Erwin Kabunke 191 – Weihnachtszeit 193 – Der Mißbrauch von Sprengstoff 196 – Geschichtliches 198 – Schlaflosigkeit – Dr. Jaeger weiß Rat! 200 – Herbst ist eine Übergangszeit – Dr. Jaeger weiß Rat! 203 – Leserbriefe – Dr. Jaeger weiß Rat! 205 – Versuche mit Chemikalien – Dr. Jaeger weiß Rat! 208

PRAXIS DR. JAEGER 217

Sprunggerät 218 – Einwegflaschen 219 – 3 Paar Schuhe 220 – Wetterfrosch 221 – Stadtdrossel 222 – Fernsehen 223 – Paßkontrolle 224 – Kupferpfennig im Brötchen 257 – Kaffee 258 – Tier-Rechtspfleger 259 – Wurstwarenfabrikant 260 – Fahrstuhl 261 – Kakteenzüchter 262 – Rätsel 263 – Rückenleuchten 264 – Kojoten 266 – Hundebellen 267 – Elektrogeräte 268 – Tauben 269 – Tieradoption 270 – Toiletten 272 – Blasenkrank 273 – Schlüsselbund-Museum 274 – Schlafen 275 – Nichtraucherin 276 – Finger 277 – Saline 278 – Höhensonne 279 – Zeche 280 – Gasherd 281 – Heidegastronomie 282 – Gefahrenzulage 283 – Tapezieren 284 – Wunderkind 285 – Leuchtender Schinken 286 – Haarvorschrift im Dienst 287 – Putzmittel 288 – Einsamkeit 289 – Raucher 290 – Uniformkundler 291 – Sicherheit 292 – Bundesbahn 293 – Steinpilze 294 – Flüchtling 295 – Warnomat 296 – Grün 297 – Cocktailparty 299 – Scheuerteufel 300 – Haltung 301 – Falsch verbunden 302 – Motorrad 303 – Säuglingsschwester 304 – Reinlichkeit 305 – Flausch 306 – Etikette 307 – Bienenzucht auf der Etage 308 – 8/5 Takt 309 – Badekappe 310 – Waldwohnung 311 – Beheiztes Schwimmbad 312 – Fliegende Füchse 313 – Ehevermittlung 314 – Tierzüchter 316 – Flutlicht 317 – Bohnern 318 – Bauernhof 319 – Schreibmaschine 321 – Räucheraal im Aquarium 322 – Sternzeichen 323 – Bildermuseum 324 – Fahrrad in der Antike 326 – Bettzeug 327

PATIENTENKARTEI 335

Patient Wolfgang Unnisch 336 – Patient Wolfgang Paleschke 338 – Patienten Köster, Goldberg und Bernitzky 340 – Halbakustische Wortbilder als Zwischenträger bei obligatorischen Diagnosen 342 – Bebauungsplan einer Schwerbeschädigten-Wohnsiedlung 344 – Gutachten 346 – Überweisung des Patienten Walter Kaminski 347 – Konstitutions-Tabelle 349 – Truppenärztliches Gutachten (Tra.G) 351 – Arztbericht 352 – Röntgenarzt 354 – Vortrag zur Krankenpflege 355 – Arztbesuch 357 – Beim Arzt 358

DIVERSES 367

Kündigung 368 – Schule und Elternhaus 372 – Ein Romanfragment 373 – Live-Sendung Westdeutscher Rundfunk, Nachtexpress 375 – Zu Gast bei Paul Möldecke 377 – Radiopredigt 378 – Jugendpsychiatrie (Ärztin) 380 – Kriegsveteran 381 – Neujahrsansprache I 382 – Statistik 383 – Reportage Brandbekämpfung 384 – Zwei Reportagen 385 – Inzest 386 – Ein Telefongespräch 387 – Studiogespräch 389 – Textprobe im Burgtheater Bad Hersfeld 391 – Schießen im Märzbecher 392 – Vermieterin 394 – Rentnerehepaar 396 – Bürgermeisterrede 400 – Vogelfreunde 401 – Aufklärung 402 – Neujahrsansprache II 403 – Telefongespräch 405 – Gedichte: Gut gedichtet und das Haar sich richtet 407 – Auskunft 408 – Szene aus einem Westernfilm 410 – Kommen Sie sofort nach Berlin! 411 – Abgelebt 412 – Rundschreiben 413 – Anzeigenteil 414 – Schlachtereiwesen 417 – Der Führer spricht: 419 – Schwadroneur 421 – Filmkritiker 424 – Zollverwaltung 425 – Gletscherverschiebungen 428 – Im Kaufhaus 429 – Oberbekleidung, 3. Stock 430 – Weihnachtsgrüße 431 – Wie sieht's bei Euch aus? 432 – In der Keksfabrik 433 – Rio 435 – Hugo Adler 436 – Weltumlaufaufforderung 437 – Bademeister und Schwimmlehrer 440 – Naturfreund 441

JAEGERWORTE, JAEGERWELTEN
Christian Meurer über Heino Jaeger 449

ZEITTAFEL Heino Jaeger. 474

REGISTER der Texte von Heino Jaeger 476

BILDER
Farbbilder 225-256 – Schwarzweißbildteile 176-179, 211-215, 329-333, 359-365, 442-447

Heino Jaeger über Heino Jaeger: Lebenslauf

Anlage 1

Ihr Zeichen: J-Q Kassenzeichen: ua 1003001/ui F 18-O4

Unser Zeichen: Jak o1oo27/ jä 1oo53

Drahtschrift: Dekofix Finsterwalde

Betrifft:
Lebenslauf des Herrn Jaeger

Ich bin vorschriftsmäßig nach RVO und Mietvorschriften des Hamburger Grundeigentümer-Vereins auf den Schluß des letzten Kalendervierteljahres des Jahres 1937 und mit Wirkung und Inkrafttreten des ersten Quartals 1938, und zwar am 1.1.1938, zum Betrieb eines graphischen Ateliers von meinem Herrn Vater, dem Lichtbildner Heinrich Wilhelm August Richard Jaeger, an Mutterstatt unter der Register-No: 17/1938 mit Photoblick und Röntgenaugen in dem Städtchen Harburg an der Elbe zur Welt gekommen.

Die auf der Elbe treidelnden Koggen und Salzlogger, die mein Pappi oft geknipst hat, sollen dann erst sehr viel später in meinen Gemälden und in meiner Prosa wieder auftauchen, verschwinden aber gegen Ende des 19. Jahrhunderts ganz.

Am 14. Juno 1939 wird der junge Künstler zum ersten Male mit Erfolg geimpft.
    Er besuchte die Volksschule in Dresden.
    Er wird in Dresden ausgebombt. Dresden sollte mich erst viel später wieder sehen, als mich eine Reise zufällig daran vorbeiführt.
    Ich bin nun 9 Semester an der Staatlichen Hochschule für bildende Künste, und zwar in der Blumen- und Musikstadt Hamburg. In diesen Studienjahren 1956 bis 61 habe ich viel an meinem Danziger Triptychon geschaffen, meine Fiberglas-Skulpturen sind leider im Ersten Weltkriege in Belfast und bei Montreal umgekommen.
    Mein Beruf führt mich in alle Hauptstädte Europas, nur genannt seien: London, Paris, Brüssel, Kopenhagen, Amsterdam, Prag, Budapest.

HEINO JAEGER:
EINE ERZÄHLTE BIOGRAPHIE

Von Joska Pintschovius

»Sagt noch jemand was?«

Den Parkplatz des schönen alten Friedhofs der Kreisstadt Bad Oldesloe erreichten wir mit dem Beginn des Glockengeläuts. Jetzt hieß es sich sputen, schließlich galt es Heino Jaeger zu verabschieden, »zur letzten Ruhe zu geleiten«, hatte der Bestatter am Telefon gesagt und gefragt, ob noch bezüglich der Trauerfeier besondere Wünsche bestünden. »Bloß das nicht«, hatte ich geantwortet, »diesbezüglich wäre es dem Verstorbenen sowieso nicht recht zu machen.« – »Ach so«, meinte der Mann indigniert. In sichtlicher Unruhe empfing er uns nun vor der Kapelle: »Herr Pintschovius? Mein Beileid.« Eine weiche Hand drückte die meine, auch das will gelernt sein, dachte ich, nicht zu fest und nicht zu schlaff, bestimmt war »Händedruck« Lernstoff des Metiers, vielleicht sogar Prüfungsaufgabe. Er geleitete uns, Iris, einen weiteren Freund und mich, in den Feierraum, drängte uns in Richtung des Sarges, doch wir zogen es vor, Heino nicht zu sehr auf den Pelz zu rücken. Schließlich war ich nicht die Witwe und überhaupt, jetzt bloß nichts Falsches machen, keine Peinlichkeiten, der Mann dort in dem schlichten Holzkasten, freilich nur das Übriggebliebene, verlangte achtungsvollen Respekt, kein Kabarett, kein kokeliges Bild. Kabarett und die Wiedergabe der scheinheiligen Welt, die Reflexionen von Peinlichkeiten, das war sein Metier. »Musik war nicht bestellt«, flüsterte der Trauermann; ich nickte und betrachtete die kleine Gemeinde der Abschiednehmenden: Christian Meurer, der Getreueste, der zu den wenigen gehörte, die Heino Jaeger bis zum Ende begleiteten, der Heimtherapeut, drei oder vier Heimbewohner, für die Beerdigungen ihrer Schicksalsgenossen willkommene Abwechslung im Heimalltag bedeuten. »Sagt noch jemand was?« hörte ich es im Vorraum raunen, verzweifelt lugte der Trauermann in den Feierraum. Räuspern und Hüsteln in der Trauergemeinde verlangte eine Initiative, und wieder einmal fühlte ich mich von Jaeger gedrängt, tätig zu werden, so wie vor einigen Jahren, als ein Sozialarbeiter der Psychiatrie mir eröffnete, daß Heino Jaeger mich zu seinem »amtlich bestellten Betreuer« vorgeschlagen hätte, ein bürgerliches Ehrenamt, das abzulehnen mir seitens des Gerichts wohl kaum gestattet würde. Also erhob ich mich, beteuerte, schweigen zu wollen, und forderte dazu auf, einige Minuten des Freundes zu gedenken, sich der ganz persönlichen Begegnungen mit ihm zu erinnern. Erleichtert nahm ich wieder Platz, einigermaßen stolz, mich derart vor dem unnachahmlichen, mißbilligenden Augenaufschlag des Meisters bewahrt zu sehen, doch dann kamen Zweifel – über den Tod hatte man oft gesprochen, auch über den eigenen, aber nicht wie man ihn zelebrieren sollte. Brav folgte ich meiner eigenen Anregung, ich gedachte der Zeit in Schleswig, in Harburg, der Jahre in Karoxbostel, in Ohlendorf, in Otter, der gemeinsamen Reisen und Exkursionen, Schnittbilder der Erinnerung an ein Genie, das einzige, dem ich in meinem Leben begegnet war. Offensichtlich hatte der Trauermann sich seiner langjährigen Berufserfahrung erinnert, da hatte es manche merkwürdige Trauerveranstaltungen gegeben, anekdotisch im Kollegenkreis erzählt, und diese Beerdigung würde wohl auch den Anekdotenschatz bereichern, und hinzugefügt würde, wie professionell man die Sache durchgezogen hätte: Einfach das Geläut eingeschaltet und die Träger reingeschickt.

Immerhin, die Sargmänner trugen Dreispitze, und über den schwarzen Umhang war ein lappriger, weißer spanischer Kragen gelegt: Das hätte Heino gefallen; auch die Typen, alte und junge Männer, die in einstudiertem Entengang hereinmarschierten, den Sarg umstellten und, ohne auf den frontseitig postierten Maître zu achten, eine kurze Zeit am Sarg herumpolterten, ihn schließlich auf ein dirigierendes, »zugleich« bedeutendes Handzeichen des Arrangeurs aufnahmen und hinaustrugen, auf ein Wägelchen luden und, von uns gefolgt, den breiten Friedhofsweg entlang, dann um einige Ecken auf schmalen Pfaden zu seiner letzten Heimstatt schoben. Routiniert senkten die Träger den Sarg in die Grube, altem Brauch entsprechend ließen wir Zurückgebliebenen Erdkrumen auf das Holz prasseln, der Heimtherapeut lud alsdann zum Kaffee ins Pflegeheim, einen Blick zurückwerfend auf das Grab Heino Jaegers, das beschirmt war von einer alten, dicken Eiche.

»Nu kommen Sie mal raus da.«

Für Touristen mag Schleswig, freilich nur zur Sommerzeit, ein sehenswertes Reiseziel sein. Die Schloßinsel mit Schleswig-Holsteins größter Schloßanlage, der Dom, die im Stadtteil Holm gelegene Fischersiedlung mit angrenzendem adeligem Stift sind die herausragenden Sehenswürdigkeiten, vor allem dänischer Besucher. Im Winter hingegen ist der Ort einigermaßen trostlos, Mittelstand, Armee und Oberlandesgerichtsbeamtenschaft prägen die Stadt. Das Schloß Gottorf beherbergt das Landesmuseum, Mitte der 60er Jahre mein Arbeitsplatz als Ausgräber für das Bodendenkmalamt. Im Sommer grub und kratzte ich Vorgeschichtliches aus schleswig-holsteinischem Boden, zur Winterzeit schrieb ich im Schloß Gottorf Berichte über das Entdeckte und Gefundene.

Wohnung hatte ich dann in meinem Dienstraum genommen, eine Luftmatratze war Schlafstatt, im Schreibtisch lagerte ich den notwendigsten Lebensunterhalt, ein eingeschweißtes russisches Ei, ein steinhartes halbes Ei auf Fleischsalat in einem Geleemantel oder knochentrockene Dauerwurst. Ein dänisches Hotel bot einen Mittagstisch. Pünktlich um 12 Uhr versammelte sich eine kleine Gruppe an der Museumskasse, um gemeinsam die günstigen Tagesgerichte beim »Dänen« zu einzunehmen: Fräulein Blühm, Herr Gläser, Herr Doktor Bleiinger, Süddeutscher mit Dialektschwäche, und ich. Fräulein Blühm, die durch ein langes Studium der Anthropologie »zum Heiraten nicht gekommen war, obwohl Möglichkeiten sich geboten hatten, ja und je älter man wird, wird man auch kritischer«, hatte sich, vor allem in Männergesellschaft, eine mädchenhafte Koketterie und überdies eine pubertäre Pummeligkeit bewahrt, die seltsam den altersbedingten Schönheitsverfall kontrastierten. Auf Mutterschaft verzichtend, hatte sie ihr Leben menschlichen Knochen geweiht, insbesondere jenen, die wir Ausgräber anlieferten: in Keramikurnen bestatteter Leichenbrand, die Brandreste vorgeschichtlicher Geschöpfe, zerhacktes Gebein, in mühseliger Puzzlearbeit von Fräulein Blühm wieder zu Gerippen zusammengefügt. Knöchelchen auf Knöchelchen polkte sie aus dem Knochenschutt, und wer an der Tür ihres Arbeitsraumes lauschte, vernahm einen merkwürdigen Singsang, urlautige schamanenartige Töne, die jäh abbrachen, wenn man an die Tür klopfte. Meist arbeitete sie an mehreren Gerippen, doch stets führte sie die Bewunderer ihrer Kunst zu den männlichen Präparaten. »Der hier ist ziemlich alt«, meinte sie dann – oder: »Dieser ist nicht mein Typ, zu klein und irgendwie leptosom.« Aber bisweilen irritierte sie auch mit euphorischem Jubel: »Schauen Sie, ein bildhübscher Kerl, athletischer Typ – ein Mann!« Auf ihrem Gesicht lag dann ein angesichts der verbliebenen Reste seltsames Entzücken, von dem Professor Kruse behauptete, es beinhalte bedenkliche erotisch-sinnliche Gefühle. Die sexistische Haushandwerkerschaft nannte sie Knochenwichserin. Ich fand die Dame wenig ansprechend, und so suchte ich, abgesehen von der gemeinsamen Mittagstafel, lediglich ihre Gesellschaft, um den neuesten Hausklatsch zu erfahren. Neben ihrer monomanischen Knochenpolkerei pflegte sie, »Neuigkeiten« zu sammeln und zu verbreiten. Mein Interesse galt einer sonderbaren Erscheinung, einem jüngeren Mann, wohl keine dreißig, stets bekleidet mit einem schweren Wollmantel, augenfällig aus einer Decke geschneidert und nicht der Mode entsprechend. Auffallend sein gemessener Schritt – ein Mann, der offensichtlich Eile nicht kannte.

Nur einmal hatte er sich unserer Mittagsrunde angeschlossen, trug jedoch wenig zur Unterhaltung bei, doch wie es mir schien, hielt er die kleine Gesellschaft unter fortwährender Beobachtung. Kurz vor dem Aufbruch bemerkte jemand aus der Tafelrunde, daß der junge Mann seinen Salatteller unberührt gelassen hatte. »Essen Sie keinen Salat?« fragte man, worauf dieser das Grünzeug aufmerksam betrachtete, mit dem Messer ein Salatblatt leicht anhob, sein Gesicht zum Teller senkte und leise, aber eindringlich in den Salat flüsterte: »Nu kommen Sie mal raus da.« Die Teilnehmer der Mittagstafel zeigten sich indigniert, schauten sich bedeutungsvoll an und beschleunigten den Aufbruch. »Wer war das?« fragte ich Fräulein Blühm. Die schaute sich zum Sicherungsblick um, vergewisserte sich keiner Mithörerschaft und sagte: »Das war Herr Jaeger«, sie wedelte mit der Hand vor ihrer Stirn, »der hat sie nicht alle, arbeitet bei den Haithabuleuten als Zeichner.«

»Zu kokelig!«

Viel Pläsier bot Schleswig wahrlich nicht, doch immerhin gab es zwei Lichtspielhäuser und ein Nachtlokal, das Moulin Rouge, in dem rotgesichtige angeliter Bauern dralle Mädels kniffen und Geldscheine in die Bikinis stecken durften. War der Geldschein angemessen, war groben Bauernhänden ein Kribbelkrabbel im Schamhaar erlaubt, aber nur kurz, sonst gab's was auf die Finger. Der Besuch dieses Etablissements bedeutete für die Schleswiger Beamtenschaft gesellschaftliche Ächtung auf Lebenszeit und für Leute wie Heino Jaeger und mich einen Eintrag in die Personalakte. Herrn Doktor Hellendorf war derartige Reputation furzegal, ihn hatte das Schicksal von Berlin nach Schleswig verschlagen, und er war nicht geneigt, in diesem Kaff auf die angenehmen Dinge des Lebens zu verzichten. Im Krieg hatte er einige böse Blessuren erlitten, ein Glasauge und Verwundungen am Kopf zeigten, wie nah er einst dem Kriegertod war. Grund genug, das Leben zu genießen, dem Wein und dem Weibe zugetan, suchte er, gleichgesinnte Kameraden zum Frohsinn zu animieren. »Mensch, Pintschovius«, rempelte er mich eines Tages an, »sagen Sie doch mal diesem grauen Menschen da, soll ja Depressionen haben, daß wir drei mal abends ins Moulin Rouge gehen sollten – da kommt er auf andere Gedanken – ist ja sonst nichts los hier.« Der »graue Mensch« war Heino Jaeger, und ich war mir nicht sicher, Hellendorfs Wunsch dem in der Tat depressiv wirkenden Kollegen zu übermitteln. Ich ließ es zunächst bleiben, nicht zuletzt, weil derartige Etablissements ihre Getränke nicht besonders kostengünstig anzubieten pflegen.

Häufiger begegnete ich Jaeger auf dem Weg zum Schleswiger Bahnhof. Es war ein merkwürdiges Phänomen, daß jene Museumsleute, die aus Hamburg, Kiel oder Lübeck kamen, allabendlich zum weit außerhalb Schleswigs gelegenen Bahnhof marschierten, angeblich um noch eine Zeitung zu kaufen, eine Zugverbindung zu erfragen oder aus sonstigen schwachsinnigen Gründen. In Wahrheit folgten sie einem bekannten Phänomen, nach dem einsame Fremdlinge und heimwehgeplagte Flüchtlinge mit Vorliebe Bahnhöfe aufsuchen. Vor allem in der bleiernen Zeit der Dämmerung zog es auch mich dorthin, sehnsüchtig blickte ich dann den Zügen in Richtung Hamburg oder Kopenhagen nach, studierte die Fahrpläne und trank ein Glas Bier im Bahnhofsrestaurant. Meist traf es sich, daß Jaeger und ich den Rückweg gemeinsam antraten, in der Kneipe Zur Lollfußtreppe ein Getränk zu uns nahmen oder sich unsere Wege am Schloß trennten. Ich suchte dann mein karges Obdach im Schloß auf, Jaeger strebte zum Holm, genauer dem adeligen Damenstift am Ende der Fischersiedlung, wo er Wohnung genommen hatte. In einem der alten Klostergebäude fanden alleinstehende Berufstätige und wohl auch Touristen karge Herberge. Auch ich überlegte, dort einzuziehen, doch Jaeger riet dringend ab: »Zu kokelig«, meinte er, er fände dort kaum Schlaf, weil sein Nachbar mit Sonnenuntergang wie im Knast unausgesetzt durch das Zimmer schlurfe und ein monoton-klagendes »Ist das furchtbar, ist das furchtbar« riefe. Das Prinzenpalais könne er empfehlen, ein heruntergekommenes Nobelhotel, fest in der Hand der Bundeswehr. Es war ein guter Tip, die Offiziere der Garnison nächtigten dort, eine Woche ohne Familie wollte genossen sein. Von Montag bis Freitag hockte man abends in der Bar und versoff die Trennungsentschädigung. Alte Obristen, junge Leutnants und vor allem die Starfighterpiloten kippten den »Kaleu«, ein grauenvolles Mixgetränk, literweise in sich hinein. Kurz vor dem Morgenrot verabschiedeten sich die Piloten, um in Schleswig-Holsteins Himmel aufzusteigen; war dann auf dem Acker des Bauernlandes einer zerschellt, dann wurde so gottverflucht gebechert, daß der Wirt im Nachtgewand erschien und vergeblich mit einem »Na, na, meine Herren« um Ruhe bat. Nach einem gemeinsamen Besuch in dieser fröhlichen Herberge wurde ein Umzug in das Prinzenpalais erwogen, doch mit dem Beginn der Grabungssaison zerschlug sich der Plan. Als ich wieder nach Schleswig kam, war Jaeger verschwunden. »In der Irrenanstalt«, hieß es im Schloß. »In Kiel, er hatte wieder Depressionen«, sagte Fräulein Blühm.

»Das ist ja enorm.«

Unter Deutschlands Städten erfreut sich Hamburg besonderer Beliebtheit, fernab der See haben sich Generationen von Kaufleuten einen riesigen Hafen in die Elbläufe gegraben und so der Stadt das Flair einer Seestadt gegeben. Kaufmannsgeist beherrscht die Stadt, Handel und Wandel, wie man zu sagen pflegt, geht vor Bildung und Kunst. Kein Potentat, kein Landesfürst zwang der Stadt eine fürstliche Residenz auf oder belastete die Bürger mit einer Universität, denn für den Kaffeehandel bedurfte es keiner geisteswissenschaftlichen Höhenflüge. Wirtschaftliche Expansion geht vor Tradition, Althergebrachtes wird beseitigt, wenn es hemmend die Zukunft belastet. Es gibt wohl kaum eine Stadt, die so rigoros Zeugnisse alter Baukultur eliminierte wie Hamburg. Welche Stadt devastierte schon ihren mittelalterlichen Dom oder opferte ein vom Bombenhagel verschontes frühneuzeitliches Hafenquartier einer Durchgangsstraße? Für einen Museumsmann nicht gerade die Traumstadt, doch ein verlockendes Angebot des Hamburger Helms-Museums, die Grundlagenforschung für ein Freilichtmuseum zu übernehmen, brachte mich in diese Stadt. Das Helms-Museum lag im Stadtteil Harburg, der erst 1937 durch das Großhamburg-Gesetz der Hansestadt einverleibt wurde. Zuvor war Harburg eine hannoversche Industriestadt, geprägt von kleinbürgerlichem Handel, größeren Fabrikanlagen und proletarischer Unterschicht. Der Krieg hatte den Ort schwer verwüstet, der Rest alter Bausubstanz fiel der zukunftsgeilen Stadtplanung der 60er Jahre zum Opfer, die auch hier den sozialistischen Traum vom Mischen der Schichten zu verwirklichen trachtete. Das Gebäude des Helms-Museums war ein beredtes Zeugnis neuzeitlicher Baukultur. Im Volksmund »Coca-Cola-Abfüllstation« genannt, glich dieser 50er-Jahre-Bau einer Industrieanlage. Tröstlich war der gegenüberliegende Torso des Deutschen Hauses, eines einstigen Sturmlokals der SA. Von Bomben arg mitgenommen, war nur die Hälfte des Hauses erhalten, worin sich im Untergeschoß eine Kneipe befand, darüber lag die Wohnung des Eigentümers, des Malers und Grafikers Karl Ihrke.

Der erste Arbeitstag in diesem Museum war der Erkundung des Umfeldes gewidmet. Nachmittags führte mich der Direktor durch das Haus, machte mich mit den Mitarbeitern bekannt, der Hierarchie des Museums entsprechend von den Obergeschossen mit dem Leitungspersonal bis hinunter in den Keller, wo die Handwerker und der Hausmeister zu begrüßen waren. In einem dieser Kellerräume, im Umkleideraum für das Reinigungspersonal, stand ein Tisch mit einer buntgeblümten Plastikdecke, darauf lag Zeichenmaterial. In Regalen standen Urnen, lagen Artefakte aus Bronze und Eisen, von der Zeit im Erdreich verunstalteter Schmuck, Waffen und Hausgerät. Am Tisch saß Heino Jaeger. »Herr Jaeger«, sagte der Professor, »Sie müßten einander doch kennen, Herr Jaeger war doch auch in Schleswig.« Jaeger murmelte etwas Unverständliches, schien aber freudig überrascht, grinste auf unnachahmliche Weise, nickte grunzend, als ich mich konversationsbemüht mit einem »Dann sehen wir uns ja häufiger« verabschiedete. Gegen Abend erschien er in meinem Büro, zeigte auf das Telefon und fragte: »Mal telefonieren?« Jaeger blätterte in einem zerfledderten Heftchen, suchte lange eine Telefonnummer und wählte umständlich. Das folgende Gespräch verlief ungewöhnlich, ausgetauscht wurden offensichtlich Erlebnisse der letzten Tage, es ging um einen Schloßpark im Holsteinschen, schließlich um eine altmodische Kneipe und eine Villa aus der Gründerzeit.

Bestimmte Worte häuften sich, vor allem das Wort »enorm«, sowie offensichtliche Geheimkürzel wie »m.g.e.n.«. Das Gespräch zog sich in die Länge, eigentlich wollte ich das Haus verlassen, nutzte aber nun die Zeit, meinen neuen Arbeitsplatz näher zu untersuchen. Schließlich fand ich unter der grünen Linolschreibtischplatte einige Bleistiftzeichnungen: ein Panzerspähwagen, die Karikatur des ehemaligen Direktors des Hauses und eine akribisch genau gezeichnete Gründerzeitvilla. Jaeger sah die Zeichnungen und zeigte sich interessiert, ja er beendete das Gespräch und

betrachtete sie eingehend. »Das ist ja enorm«, sagte er, »Knispel, die sind von Knispel.« Ich erfuhr, daß dieser Knispel, Alexander, an meinem Schreibtisch gesessen hatte, bis vor kurzem Zeichner für den ehemaligen Direktor war und nun tot sei. Er war zu Besuch zu seiner Mutter nach Coburg gereist und dort von einem Auto überfahren worden. Mit mehreren Freunden war Jaeger zur Beerdigung gefahren, sogar einen Kranz hatte man im Kofferraum gehabt, doch sei man nicht in Coburg angekommen. Ein schwerer Unfall habe die Reise unterbrochen, nur einem Wunder wäre es zu verdanken, daß man unbeschadet geblieben sei. Mit dem Kranz im Kofferraum sei das Autowrack auf den Schrottplatz gebracht worden. Knispels Posten hatte Jaeger nun geerbt – Vorgeschichtsschrott und Scherben zeichnen für die Wissenschaft, natürlich auf Honorarbasis, bloß nicht angestellt werden –, nach Schleswig eine grauenvolle Vorstellung.

»Irgendwie auch eklig!«

Der Volksmund tradiert einen reichen Schatz an Beamtenwitzen, pflegt die Vorurteile gegen faule Staatsdiener, die, reich entlohnt und lebenslang versorgt, den Arbeitstag ruhend verbringen. Ein Vorurteil, wenngleich das Ritual eines Beamtenarbeitstages den Verdacht der Nutzlosigkeit dieser Profession zu nähren scheint. Der verdauungsbefördernde morgendliche Kaffee mit anschließendem Morgenschiß, die folgende Frühstückspause und, schließlich, die am späten Vormittag einsetzende erwartungsvolle Vorfreude auf das Mittagsmahl mit anschließender Kaffeerunde im Kollegenkreis bestimmen den Arbeitsalltag einer Behörde, der »öffentlichen Hand«, die sich nicht heftig, doch kontinuierlich rührt. Auch die Museen sind der »öffentlichen Hand« zugeordnet, und entsprechend verlief ein ganz normaler Arbeitstag im Helms-Museum, meiner und Heino Jaegers Arbeitsstätte. Frühaufsteher waren wir beide nicht, und so begann unsere Tätigkeit für das Gemeinwohl erst am späten Vormittag, nicht selten erst zu der Zeit, da auf den Gängen eine rege Bewegung auszumachen war, »Mahlzeit«-Rufe zu hören waren und die Kollegen zum nahen Harburger Rathaus strebten, in dessen Kellerräumen sich die Behördenkantine befand. Zuvor hatte man bereits den »Essensplan« studiert. Zuerst galt es den aus den Kellerräumen aufsteigenden Geruch von Feudel und Dampfgekochtem zu überwinden, sich alsdann an der Essensausgabe einzureihen, nach Abgabe einer Essensmarke von schwitzigen Frauen die Nahrung auf den Teller packen zu lassen und mit einem klebrigen Tablett einen Platz an einem der großen Resopalplattentische zu suchen. Der wohlfeile Mittagstisch war mehr Qual denn Genuß, und wäre es nach mir gegangen, hätte ich dieser Tortur entsagt, doch auf Jaeger übte diese Kantine eine magische Anziehungskraft aus, nicht um seinen Hunger zu stillen, sondern um sich am kargen Ambiente dieser sozialen Betriebseinrichtung zu weiden. Die Erbauer des gründerzeitlichen Rathauses hatten es nicht versäumt, den Bürgern der Stadt einen Ratskeller im Stil der Neorenaissance zu stiften. Wandmalereien, Butzenscheiben, wuchtiges eichenes Meublement und schmiedeeiserne Leuchter und Kandelaber schufen altdeutsches Flair. Die Bomben hatten davon schon nicht viel übrig gelassen, doch den Rest der Zerstörung übernahm das städtische Bauamt, das, hellen und freundlichen Räumen verpflichtet, den alten Plunder hinauswarf, mit hellgrünem Anstrich, Neonleuchten und pflegeleichten Tischen und Stühlen der neuen Zeit huldigte, vor allem aber das sozialistische Anliegen unterstrich, die hierarchische Schichtung durch Kargheit zu nivellieren. Merkwürdig, daß Volkssouveränität und insbesondere sozialistische Herrschaft stets mit einer schmuddeligen Unästhetik einhergehen.

Gewiß, die Besucher der Kantine harmonierten mit dem Ambiente dieses gastronomischen Elends; Beamte und Angestellte in Sakko und ausgebeulten Hosen, aber auch in Jeans und Pullover, die weibliche Variante in farbloser Tristesse, während die Schreibmädchen eine ordinäre Sexualität versprachen, uns mit flüchtigem Blick streiften: Was sind das für schräge Vögel, mochten sie wohl denken, ätzende Typen, um sich sodann über die Wochenenderlebnisse ihrer Klitoris auszutauschen. »Irgendwie auch eklig«, befand Jaeger, »diese wie abgepackt wirkenden Ärsche.« Worauf ich ihm von einem Großonkel erzählte, der aus »ästhetischen Gründen« seine Ehe nie vollzogen hatte. »Enorm«, meinte Jaeger, »ist ja auch blöd von der Schöpfung geregelt, die Lustorgane und die Ausscheidungsorgane so dicht zusammen.« – »Gucken«, raunte er mir zuweilen zu, wenn ein besonders schönes Exemplar deutscher Subalternität, das Tablett wie ein Menetekel vor sich hertragend, einer Kollegenrunde zustrebte oder gar ein Rudel Polizisten an der Essensausgabe ihr Menü zusammenstellen ließen.

Hier unten im Keller hatten diese Leute etwas Animalisches, ja Rührendes, und doch war uns klar, daß sie nach dem Essen an ihre Schreibtische zurückkehrten, um dort als Büttel der Staatsmacht Bürger zu drangsalieren: bedrohliche Bescheide verfaßten, Zwangsgelder festlegten, subalterne Macht zelebrierten. Vor allem versuchten wir Gespräche zu erhaschen, Alltagsgeschichten, Berichte aus dem Dienstgeschehen und private Nachrichten aus Heim und Familie aufzunehmen. Berufsspezifische Formulierungen wurden hirngespeichert: Käme man sonst auf eine »Meldequittung«, mit der ein »Unfall auf BAB mit Persscha« (für Personenschaden) bestätigt wurde. Meist schütteten wir den Gruselfraß in die an der Geschirrabgabe plazierte Tonne, in die hineinzuschauen nicht geraten war, widerlich der Nahrungsmatsch, der wie Erbrochenes roch. »Als Tatbestand«, beschwichtigte Jaeger meinen Ekel, »ist diese Kantine unmöglich, aber als Stimmung nicht übel.« Zum Ausgleich gingen wir anschließend zum Cafe Vernimb, Kaffee trinken und womöglich »Schneemuß« essen, sahniges »Eisgefrorenes«. Vernimb war nicht die Nobelklasse unter den Konditoreien, der übelproportionierte Raum, ein langer Schlauch, war nicht gerade gemütlich, aber meist gut besucht. Die Gesellschaft dieser Gäste zu suchen lohnte sich, hier traf sich nämlich das typische Harburger Publikum, vornehmlich das Weibliche, die in allen Städten verschiedenen, spezifischen Kaffeetanten. In Flensburg waren es die sogenannten Betutanten, die sich in Sprache und Habit von der Café-Niederegger-Klientel in Lübeck unterschieden. Ganz anders offerierte sich das Cafépublikum in Kiel oder gar in Hamburg, und etwas ganz Besonderes schlapperte seinen Kaffee im Harburger Café Vernimb. Frauen unbestimmbaren Alters überwogen, ihre Garderobe ein Mißverständnis des berühmten hanseatischen Understatements, die harburgische Variante der teuren, aber verhaltenen Eleganz, war von proletarischem Charme: Dezent gemustertes Wollzeug, sonderbare Hosenanzüge, Silberschmuck, schlicht und häßlich, und als Höhepunkt der Kopfschmuck – die von Jaeger »Berlinbombe« genannte, möglichst weinrote Filzkappe, mit winzigem Schirm und einem auf dem Ballon angebrachten kleinen filzigen Pimmel. Hier hörte man auch nicht die leiseste Spur der von vornehmen hanseatischen Damen gepflegten sogenannten Hasen-s-prache, sondern, wie in eine blecherne Röhre hineingeprustete Krächzlaute. Die Damen waren vom »Sand« mit seinen täglichen Marktständen gekommen, »nochmal 'n büschen rumschludern mit Bekannte«. Obst und Gemüse aus dem ländlichen Umland hatten sie gekauft, Karbonade und Mettwurst vom Landschlachter und Eier von Schönecke. Fisch hatten sie bei Schrader geholt, nicht bei Mimi Kirchner: »Wenn der Fisch so nach Fisch riecht, das mach ich nich haben.« Unsere Unterhaltung beschränkte sich auf das Wesentliche, mit Teleskopohren lauschten wir den Gesprächen, speicherten den Unsinn, der von Jaeger dann auf dem Weg zum Museum rekapituliert, besser gesagt, fortgesetzt wurde.

Die wenige Zeit, die wir im Museum arbeiteten, wurde durch Effizienz ausgeglichen, Jaeger zeichnete den rostigen Schrott und die krümeligen Gefäßreste mit unglaublicher Schnelligkeit, und meine Auswertungen gelangen besser in den ruhigen Abendstunden. Wenn es dunkelte, kam Werner, der Hausmeister, bastelte im »Sozialraum« an seinen Uhren: »Ja, ja, Frau Krause, wenn Sie meinen, Ihr Mann kann's besser.« Wenn Werner zum Feierabend drängte, fuhren wir bei schönem Wetter zur Majestätischen Aussicht, im Cafégarten Spiegelei mit Bratkartoffeln essen und Brause trinken. Unten im Tal schrie ein Pfau, und aus dem Wald kroch die Dunkelheit. Bei schlechtem Wetter ging es zu Wein-Fürst neben der von den Bomben verschonten gründerzeitlichen Post. Jaeger, der Alkohol nicht liebte, schüttete sich mit Kaffee zu, ich trank Rotwein, und nur wenn es die Stimmung gebot, bestellte sich Jaeger einen lieblichen Weißen. Die Weinstube genügte unseren gastronomischen Ansprüchen, hier hatten sich die 40er Jahre konserviert, und entsprechend waren die Gäste, mittelständische Geschäftsleute und zuweilen ein Pärchen, auf die animierende Wirkung des Weines hoffend. Die Affinität Jaegers zu Harburg wurde mir bald klar: Heino Erik Jaeger war »alter« Harburger, wie die Urbewohner der Stadt zu sagen pflegten, geboren am 1. Januar 1938 in Harburg-Wilhelmsburg, so stand es im Pass. Spätere Jahrgänge mußten auf diesen Eintrag verzichten, sie waren einfach nur Hamburger.

Kindheitserfahrungen im Krieg

Unmittelbar am Helms-Museum begann die Marienstraße, hier hatte die Familie Jaeger vor dem Krieg Wohnung genommen, eine triste lange, stadtauswärts führende Straße mit kleinbürgerlichen Mietshäusern. Die Kindheit war behütet, Heino war der Jüngste, Vater und Mutter und zwei ältere Schwestern verwöhnten den Knaben. Auch die Spielfreundin war älter, der Altersunterschied wurde durch eine geistige Behinderung ausgeglichen. »Mädchen, mach dir Locken, sonst bleibst du hocken«, rief sie frühreif anderen Kindern nach. Auch in die Marienstraße rissen die Bomben Lücken, das Geburtshaus wurde Ende des Krieges zerstört. Daß knapp sechzig Jahre später schräg gegenüber arabische Terroristen den Angriff auf die New Yorker Türme vorbereiteten, hätte Jaeger bemerkenswert befunden, denn brennende und einstürzende Häuser waren ab 1942 alltägliche Kindheitserfahrungen, die sich tief eingegraben hatten: Nachts kamen die englischen Flugzeuge, und bei Tage bombten die Amerikaner die Arbeiterquartiere der Stadt. Zuweilen suchte die Familie Schutz im Schrebergarten des Großvaters außerhalb Harburgs. Von dort hatte man einen herrlichen Rundblick über die Stadt, vor allem die Angriffe auf die Erdöl- und Benzintanks von Shell boten ein imposantes Schauspiel: Flammen loderten, blauschwarze Rauchpilze verdunkelten die Sonne und veranlaßten Großvaters Hühner, sich zur Nachtruhe zu begeben. Während des Krieges wurde der Vater als Lichtbildner für Associated Press in das kriegsferne Dresden versetzt, dort war man sicher, strategisch und militärisch galt das Elbflorenz als unbedeutend, ein Glücksfall also für die Familie.

Die abendlichen Dämmerschoppen bei Wein-Fürst, zelebriert nach Altherrenart, animierten zum Austausch der kindlichen Kriegserlebnisse, veteranenhafte Reminiszenzen an die von den Aufbruchmenschen des Wirtschaftswunders verdrängte »schrecklich schöne Zeit«. Das nachkriegsprovisorische Ambiente der Weinstube mag der Grund für den sonderbaren Verlauf der Gespräche gewesen sein, denn eigentlich sprach unsere Generation nicht über diese Zeit oder, besser gesagt, der durchlebte Schrecken fand kein sonderliches Interesse.

Ich begann zu erzählen, dass wir meinen Klassenkameraden Dieter Jahn hänselten, weil er nur ein Ohr hatte. Seine Erklärung, daß ihm dies auf der torpedierten »Wilhelm Gustloff« abgerissen worden sei, ließ uns unbeeindruckt. Karli Beyer hatte ein Auge verloren, und Schlonskes Schwe-

ster war auf der Flucht umgekommen. Jahn, Becker und Schlonske waren lustige Spielfreunde, keine Spur von traumatischen Störungen. Auch die Pauker zeigten keinen fürsorglichen psychologischen Betreuungsbedarf, im Gegenteil, gefallene oder kriegsgefangene Väter hatten die »gerechte« Strafe empfangen. Und die Frauen, Mütter und Kinder? »Da kann ich nur sagen«, meinte Lehrer Ehlers, »so was kommt von so was her, schließlich haben wir ja auch den Krieg angefangen.« Das hatte ich freilich nicht gewußt, denn bei Kriegsausbruch war ich noch nicht gezeugt. Für unsere Pauker in der DDR – ich kam 1955 aus der DDR – waren die Flüchtlinge Umsiedler, und in der westdeutschen *Neuen Ordnung* schrieb der CDU-Dominikaner Laurentius Siemer, daß nicht von ungefähr »die Ostdeutschen hart gestraft um Aufnahme im alten Reich bitten müßten«, schließlich sei der Protestantismus im Osten entstanden. Beim Aufrechnen der Toten kamen wir Deutschen schlecht weg, da war auch Mitleid für Unschuldige nicht angebracht.

Jaeger hörte mir sichtlich gelangweilt zu. »Zu ernst«, kommentierte er meine Rede, »denn es gibt keine Moral – Linke und Rechte haben jeweils die Moral für sich gepachtet – der andere ist immer unmoralisch und daher zu bekämpfen, je nach Möglichkeit mal mehr oder weniger grausam. Alle Unterdrückungen, alle Mordtaten waren seitens der Mörder Rechtens.« – »Und die Opfer?« fragte ich. »Die Menschen verehren ihre Peiniger und vor allem die, die ihnen was wegnehmen: Die Kirche, Napoleon, unser Addi, Churchill, oder als die Besatzer uns wie Arsch behandelten, als zum Beispiel die Amerikaner nicht einmal mit Deutschen reden durften, verehrten wir die neuen Herren, kopierten sie, Swing, Coca-Cola, Nietenhosen, Parker – möglichst amerikanischer als die Amerikaner wollten wir sein. Und nun, nach Empfang der Segnungen, wird gegen Amerika demonstriert, sind die Amerikaner die Nazis, Ho Chi Minh und Mao die neuen Helden. Dabei kommt der Protest aus Amerika, selbst die Anti-Vietnam-Demonstrationen kopieren sie – natürlich nicht wie die amerikanische Jugend mit Musik und witzigen Aktionen, sondern mit deutsch-kokeliger Schwerenot.« Derartige kurze Lektionen waren frei von Besserwisserei, Jaeger haßte den Disput und dümmlichen Widerspruch von »Wir-Leuten«. Menschen, die sich dem »Wir« des Zeitgeistes oder Weltanschauungen unterworfen hatten, blieben unbeachtet, sie verärgerten ihn, also schwieg er – oder er schlüpfte in die Rolle eines politisierenden Stammtischbruders, um sich mit dessen Worten an der Komik politischer Debatten zu erfreuen. Dispute mit Weltanschauungsmenschen mied er, was nicht bedeutete, daß sie ihn nicht interessierten, er ihnen nicht zuhören mochte.

Geistige Monomanie war ja bisweilen Realkabarett und konnte urkomisch sein, hirngespeichert und nachher originalgetreu wiedergegeben, wurde der Blödsinn dann genußvoll rekapituliert.

Heiteres Beruferaten

In der Gesellschaft Jaegers schämte man sich der eigenen Bildungsfracht, der volkspädagogischen Wissenslast, die von ihm ad absurdum geführt wurde und die die Gespräche belastete. Er erinnerte sich gern seiner Schulzeit, seine Wissbegierde richtete sich auf die naturwissenschaftlichen Fächer, ein kleiner Aufsatz ist erhalten:

»Im Sommer 1949 – oder 50 – fand ich eine Raupe bei Ehestorf in einem Pappelbusch. Ich nahm sie mit und gab ihr Pappelblätter zu fressen. Sie verpuppte sich und im nächsten Jahr entschlüpfte der Puppe ein weiblicher, dunkler, feingemusterter Falter. Er wurde vom Männchen besucht und befruchtet, legte dunkelbraune Eier und verschwand. Aus den E. krochen Raupen die noch nicht die Farbe ...«

Fächer, die ihn nicht interessierten, wie Mathematik oder gar Sport vernachlässigte er und die Lehrer sahen es ihm nach. Bewundert wurden seine Zeichenkünste und sein aufgeweckter Geist, hinzu kam sein freundliches Wesen, alles zusammen genügte für einen guten Volksschulabschluß. Trotzdem, nein, weil von der schulischen Halbbildung verschont, war er ein hochgebildeter Mann, nicht nach dem Geschmack des schwadronierenden Bildungsbürgertums, sondern im Sinne einer universellen Weltweisheit. Aus tiefem Grund hatte er seine Weltsicht geschöpft, seine Universitäten waren – da glich er dem russischen Philanthropen, später von Stalin instrumentalisierten Schriftsteller Maxim Gorki – die Orte seiner Jugend und unsteten beruflichen Wanderjahre. Da er so gut zeichnen konnte, war ihm eine Anstreicherlehre empfohlen. Sie währte nur kurz, den Auftrag, eine lange Leiter zu halten, konnte der schmächtige Heino nicht erfüllen, nach einigen Versuchen, das schwankende Ungetüm in Balance zu halten, krachte die Leiter zu Boden, geborsten das Holz, und zu Ende war die Lehrzeit. Unauslöschlich im Hirn konserviert blieben die sprachlichen Besonderheiten sowie Sitten und Bräuche des Handwerks. Ein merkwürdiges Geschick ließ ihn die Bekanntschaft mit einer Professorin der Kunstschule machen. Sie holte ihn an die Hochschule für bildende Kunst nach Hamburg, Fachrichtung Textilentwurf. Talent wurde ihm attestiert, die Industrie kaufte seine Entwürfe, wobei ein Entwurf die

Mißbilligung der katholischen Kirche erfuhr: Für ein sogenanntes Texashemd hatte Jaeger nächtliche Hausfassaden kreiert, hinter deren Fenstern Unsittliches, Verbrecherisches und Alltägliches geschah. Die Firma mußte das Produkt zurückziehen. Bald stellte sich heraus, daß ihm der Textilentwurf nicht genügen konnte, und so kam er in die Klasse von Professor Mahlau. Stipendien waren in jener Zeit rar, Werkstudenten nannte man jene sozial schwachen Kommilitonen, die ihr Studium mit jedmöglicher Arbeit weitgehend selbst finanzieren mußten.

In einer Seifensiederei des Unilever-Konzerns fand Jaeger eine Stelle als qualitätskontrollierender »Musterzieher«, bei der Deutschen Bundespost diente er als Briefträger, nicht immer zur Zufriedenheit der Postkunden, die häufig über verspätete Posteingänge Klage führten. Geschäftsleute verfolgten ihn und sorgten sich um wichtige Briefe, ein junges Mädchen glaubte, ihr Liebster hätte sie vergessen, weinend bat sie Jaeger, doch noch einmal in der Posttasche nachzusehen. Die Sorgen waren unberechtigt, Postbote Jaeger deponierte bei zu großem Postanfall Briefe in einer Schublade, zuweilen steckte er sie zu seiner Entlastung in Postbriefkästen. Seiner Reiselust kam der Dienst als Liegewagenschaffner bei Scharnow-Reisen entgegen. Auf einem Feuerschiff in der Deutschen Bucht erfüllte er Aufgaben für den Wetterdienst, protokollierte Regenmenge, Windstärke und Luftdruck. Über eine Woche hockten die Männer der See auf dem Schiff, meist alte Fahrensleute voller Geschichten ihrer einstigen Seefahrt. Als Mann des Wetterdienstes mit schriftlichen Aufgaben betraut, hatte Jaeger eine eigene Kabine, ansonsten gehörte er zur Mannschaft. Die Besatzung hatte bei ruhiger See einen geruhsamen Arbeitstag, die »Freiwache« unterhielt sich in der Messe mit Fernsehen und Kartenspiel oder mit dem Austausch abenteuerlicher Bewährungsproben auf den Weltmeeren. Andere bastelten an absurden Seemannsnippes, einer der Matrosen werkelte nach einem ausgeklügelten System mit Holzteilen für seinen Neubau: Dachteile, Treppenstufen, Geländer und Türen wurden an Bord vorgefertigt und an Land zusammengesetzt. Von zentraler Wichtigkeit für das Leben auf dem Schiff war das »Backen und Banken« – die Kochkünste des Smutjes waren maßgeblich für die Stimmung der Crew.

Es folgten Zeichenarbeiten im Völkerkunde-Museum in Hamburg mit intensiven Archivstudien exotischer Völker. Bei der angesehenen Firma Bollmann fertigte er isometrische Stadtpläne, eine Spezialität des Verlages. Aus all diesen Begegnungen mit den Menschen in völlig unterschiedlichen Lebenskreisen bezog Jaeger seine Bildung: Kleinbürgerlicher Standesdünkel pflegt seine gesellschaftlichen Kontakte unter seinesgleichen, bewegt sich in ritualisiertem Brauch und entsprechender mittelständischer Sitte, die Oberschicht wird neidvoll mißachtet, die Unterschicht mit Hochmut geschmäht. Man spricht vom gesunden Mittelstand, rühmt sich seines gesunden Volksempfindens und bestimmt das Normale. Schon dem Kleinkind ist das Sprichwort eingebläut: »Sage mir, mit wem du gehst, und ich sage dir, wer du bist.« Trotz seiner Herkunft, in diese Zwänge hatte sich Jaeger niemals begeben, er sammelte Menschen jenseits der Schichtung, und sosehr er sich auch über ihre geistige Enge und ihre selbstgewählten Gefängnisse mokierte, aus der Summe der Monomanen waren Früchte zu ernten. Völlig unprätentiös überraschte er Handwerker mit seinen Kenntnissen technischer Art, verblüffte Wissenschaftler mit seiner Bildung und konsternierte sie mit Wissen aus abseitigen Forschungsgebieten.

Die ausgedehnten Abende bei Wein-Fürst hatten die altmodische Stimmung der »Feuerzangenbowle«: Reife Herren bei gutem Trunk und weinseliger Erinnerung an die Jugendzeit, auch wenn wir nur zu zweit waren und das Publikum nicht mehr die würdevolle Wohlanständigkeit der Kaiserzeit zelebrierte. Zuweilen verließen wir das Lokal zu so später Stunde, daß sich die Heimfahrt nicht mehr lohnte und wir bis zum frühen Morgen Streifzüge durch die Stadt machten. Welch ein Genuß in der erwachenden Arbeitswelt den Aufbruch der Werktätigen als nachtaktive Müßiggänger zu beobachten. Anschließend ging es zum Frühstück in die Marktklause am Sand, wo sich die »Marktbeschicker« mit kräftiger Morgenmahlzeit auf den schweren Arbeitstag vorbereiteten. Oder wir suchten uns im Hafen eine »Kaffeeklappe«, jene typischen Hamburger Warmstuben für die Hafenarbeiter, in denen vor allem der proletarische Mief gerochen sein wollte. In unserer bevorzugten »Klappe« herrschte mit strengem Regiment ein furchteinflößender Zerberus, ein rauher, aber herzlicher weiblicher Drache im Kittelkleid. Schmucklos das Interieur, sauber die Resopaltische und die Frau, die sich mit ihrem blondgefärbten, kräuselondulierten Haupthaar »gepflegt« wußte und mit einem goldenen Schmuckgewürm im Ohr deutlich machte, daß die Gäste weit unter ihrem Stand waren. »Bleib sauber«, war ihr Abschiedsgruß. Auf dem Heimweg warfen wir noch einen Blick auf das alte Gaswerk, dessen bizarres Gewirr aus Röhren, Laufbändern, Eisenleitern und Boilern ein katastrophales Explosionsunglück heraufbeschwor. Ein kleiner Umweg führte uns zu einer Brücke, Bombentreffer hatten das Eisen verbogen und in den Fahrweg ein Loch gesprengt. Auch das Brückenhaus hatte etwas abbekommen, das Dach war teilweise weggeflogen, nun wuchsen Birken in der Ruine, und neben dem Eingang waren mit Schablonenschrift kryptische Zeichen gepinselt:

Br.5.Zlw. Im Hafenbecken lag noch immer eine versenkte Schute, und auch an der Kaimauer hatte eine Bombe Schaden angerichtet.

Es war nicht zu übersehen, auch in Harburg wüteten die Stadtplaner, die des Führers Verheißung – lichter und schöner sollten Deutschlands Städte neu erstehen, und wenn ein Volk in Europa so viel Beton für Bunker zu mischen vermochte, dann würde auch der Wiederaufbau rasch voranschreiten – nun in die Tat umsetzten. Eile war geboten, die Stätten und Bilder der Kindheit zu suchen und möglichst zu dokumentieren. Ich kaufte eine Filmkamera, die wir von nun an ständig mit uns führten, ein billiges Produkt, das unter Jaegers Anleitung Hervorragendes leistete. Jaegers Blick wurde fortan in »Super-8« auf Celluloid festgehalten – Stimmungen unserer Zeit –, auch wenn man sich die Filme nie wieder ansehen würde, ansehen könnte, zu schmerzlich wäre es, den Verlust vertrauter Stätten im Nachhinein noch zu betrachten. »Das haben sie uns nun auch genommen«, war der Kommentar, wenn die Abrißbirne wieder einmal alte Baukultur tilgte, eine vertraute Kneipe »modernisiert« oder Bulldozer tiefe Schneisen für den Straßenbau in herrschaftliche Parkanlagen schoben. Unsere Erregung über das Barbarentum beinhaltete selbstverständlich kein politisches Engagement, wie von naseweisen Politmenschen jener Zeit als Antwort auf unsere Meckereien geraten. Wohlwissend, daß unsere Altmodelei dem Mehrheitswillen nicht entsprach, empfanden wir derartige Empfehlungen als verarschende Verharmlosung des Elends. Unser Interesse an Politik beschränkte sich auf die Beobachtung der politischen Repräsentanten, zuweilen spielten wir »heiteres Beruferaten«, suchten herauszufinden, für welchen Beruf die erwählten Volksvertreter prädestiniert wären. Ein Herr Scheel war unser Drogist, ein Parteimann Schmidt war der Turnlehrer, und einen Herrn Kiesinger wähnten wir immerhin in einem Buchladen gut aufgehoben, während ein Herr Apel glaubhaft den Jugendherbergsvater vertrat. Diese Berufszuordnung war freilich nur bedingt lustig, entschieden wir uns doch mehrheitlich für Professionen der Unter- und Mittelschicht, womit uns allerdings erklärt schien, warum die Unkultur so rasch voranschritt.

Fahrt nach Frankreich und in die Schweiz

Die Dokumentation der Zerstörung war begleitet von einem ständigen Wechsel der Gefühle, euphorische Begeisterung erfüllte uns angesichts intakter städtischer Quartiere, noch nicht vom Siedlungsbau niedergemachter Dörfer oder schöner Villen, doch meist waren kaum wahrnehmbare Veränderungen ausgemacht, anhand winziger Bausünden zu erahnen, daß deutscher Ordnungssinn schon am Wirken war und sein destruktives Werk beginnen würde. In solchen Momenten depressiver Ahnungen rückten die benachbarten Kulturnationen in unser Bewußtsein, wurde eine drängende Reiselust in jene Länder geweckt, die noch mit einem *Baedeker* der Jahrhundertwende zu bereisen waren: Vor allem die Tschechoslowakei, Großbritannien, Österreich, Frankreich und Belgien. Trotz geringer Barmittel, der herrliche Spätsommer des Jahres 1967 gebot mir zwingend eine Frankreichreise. Begleiten wollte mich ein Jugendfreund, bei ihm sollte ich ein paar Tage in Süddeutschland bleiben, um dann gemeinsam in Richtung Paris aufzubrechen. Kurz vor der Reise berichtete ich Jaeger von diesem Plan, worauf er andeutete, mitkommen zu wollen. Ich war im Zweifel, ob der Jugendfreund diese Reisegesellschaft goutieren würde, aber derartige Bedenken wurden von Jaeger nicht geteilt: Man könne sich ja in Straßburg treffen, dann würde man sehen. Mit postlagernder Nachricht könnte der Treffpunkt vereinbart werden.

In Straßburg angekommen, fragte ich mehrmals in der Post nach der postlagernden Nachricht – ohne Erfolg, und so besichtigten wir pflichtgemäß das Münster, tranken anschließend gegenüber dem Hauptportal in einem Straßenlokal einen Wein. Unsere Unterhaltung geriet durch eine merkliche Unaufmerksamkeit meines Freundes ins Stocken, irritiert fragte ich, was er hätte, worauf er auf die andere Straßenseite wies und sagte: »Da geht einer im Schlafanzug.« Ich schaute in Richtung des Portals des Münsters und murmelte: »Das ist er, das ist Heino Jaeger.« Die Begeisterung meines Freundes über diese Erscheinung steigerte sich, als wir Jaeger einfingen und unverzüglich die weiteren Reisepläne besprachen. Nachdem wir sein Gepäck aus einem dubiosen Hotel geholt hatten, wurde die Fahrt nun zu dritt mit meinem klapperigen Käfer fortgesetzt: Noch am selben Tag wollten wir Verdun erreichen. Das Reiseziel hatte Jaeger bestimmt, und bereits auf dem Weg dorthin stellte sich heraus, daß er die Route zuvor erarbeitet hatte und uns durch Ortschaften führte, die sich durch besonders schöne Bahnhöfe, Industrieanlagen und Villen auszeichneten. Sein kleiner Globetrotter-ramponierter Lederkoffer barg nur wenig Kleidung, dafür aber um so mehr Reiseführer und Landkarten: Ein *Baedeker* aus dem Jahre 1906, aus *Meyers Realenzyklopädie 1896* herausgetrennte Stadtpläne und Ortsbeschreibungen. Des Weiteren ein Sprachführer, den er für Wegeauskünfte häufig frequentierte. Keiner von uns konnte Französisch, und so erwies sich das Heft mit französischen Redewendungen als brauchbare Hilfe. Meinem Freund und mir war allerdings aufgefallen, daß die von Jaeger angesprochenen Franzosen irritiert, ja bisweilen unfreundlich reagierten. Den Grund hatten wir gottlob recht bald ausgemacht, der Titel des Heftes lautete: »Französisch für den Landwehrmann«. Es war eine Sprachhilfe für deutsche Landwehrmänner im Ersten Weltkrieg, die für Sicherungsaufgaben in der Etappe über einige Sprachkenntnisse verfügen mußten und ihre Fragen und Befehle in einem die Autorität der Besatzer unterstreichenden Befehlston zu äußern hatten. Wenn auch nicht unbedingt jede Auskunft mit Erschießung bedroht wurde, der barsche Ton war in Zeiten des Friedens unangemessen, und so behalf sich Jaeger mit einem anderen Kommunikationsmittel: Er zeichnete sein Begehr in kleinen Bildergeschichten auf einen Zettel. Aber auch diese Form der Verständigung führte zu Mißverständnissen. Beim Einkauf von Reiseproviant gelüstete es Jaeger nach Ziegenkäse, also zeichnete er mit schnellem Strich einen Ziegenkopf und zeigte der Verkäuferin den Zettel. Beleidigt wies die junge Frau das Bildchen zurück und wandte sich mit einem empörten »mais ... Monsieur« von uns ab. Erst mit der um einen Käselaib ergänzten Zeichnung klärte sich das Mißverständnis und bewog die Dame, sich wieder mit uns zu versöhnen.

Reisen mit Heino Jaeger waren selbstverständlich kein Urlaub, dieses Wort war der werktätigen Bevölkerung vorbehalten, die nach der Jahresfron unter Urlaub wochenlangen Müßiggang am Strand oder in den Bergen verstand. Unsere Reisen, die nahen und die fernen, waren Expeditionen, Forschungsreisen, die nicht die »Sehenswürdigkeiten« der Reiseführer zum Ziel hatten, sondern jene verborgenen und vergessenen Schätze europäischer Kultur, die der moderne Zeitgeist nicht ohne Grund mißachtete: Das späte 19. und das beginnende 20. Jahrhundert. Diese glanzvolle Epoche europäischer Kultur subsumierte noch einmal die Hochleistungen der stolzen bürgerlichen und feudalen Vergangenheit. Heute unfaßbar, das Bildungsideal, zum Beispiel die Baukultur, an den Zeugnissen der Antike, der Romanik, der Gotik und des Klassizismus zu messen – sich ehrfurchtsvoll an diesen Maßstäben zu orientieren. Das ist Kultur: Im Angesicht des drohenden Aufbruchs der Massen Fabrikgebäude wie Kathedralen zu gestalten, fürstlichen Schlössern gleich die Bahnhöfe, Villen und Arbeiterhäuser mit aufwendiger Schmuckornamentik zu versehen, Brücken und Eisenarchitektur als filigrane Kunstwerke zu konstruieren. Neidideologen trachten danach, diese Kultur zu eliminieren, indem sie sich in ihrer kleinbürgerlichen Arroganz zum Maß aller Dinge erheben und uns beharrlich ihre ordinäre Unkultur aufzwingen wollen.

In der Gesellschaft Jaegers durfte man sicher sein, daß Klio und Hermes mit Wohlwollen die Reise begleiteten. Als hätten die Götter eigens für ihn Menschen, Orte und Landschaften in Szene gesetzt. Über eine Nebenstrecke erreichten wir Verdun, die Straße war gesäumt von abgeernteten Feldern, zuweilen waren kraterartige Narben im Boden zu erkennen, und je mehr wir uns der Stadt näherten, um so zahlreicher wurden sie – bis schließlich bizarr gewachsene Bäume mit dünnen Stämmen und spärlichem Laubwuchs das fruchtbare Ackerland ablösten und bald einen struppigen Wald bildeten, über dem, hochaufragend, der Turm der Gebeine stand. Am Rande der Stadt entdeckte Jaeger ein Hotel, das einem Kasernenbau glich und dessen Restaurant mehr einer Kantine ähnelte. Eine junge hübsche Frau, die so gar nicht zum Ambiente der Herberge passen wollte, empfing uns und wies uns ein Dreibettzimmer im ersten Stock an. Mit unserem wenigen Gepäck erklommen wir rasch die Stiege, Freund Lothar voran, doch plötzlich verharrte er, denn aus einer geöffneten Tür, gleich links des Zugangs, war ein freudiges »Bonjour« zu hören. Jaeger und ich drängelten am Freund vorbei und verstanden seine Irritation: Ein alter Mann hockte dort auf dem Klo und kackte – »J'ai un peu de constipation«, erklärte er, und als er hörte, daß wir Deutsche waren, nahm er sitzend Haltung an, raffte seine überreichlich ordensgeschmückte Jacke zusammen, freilich ohne seine Verrichtung zu beenden, und sagte: »Oh Alemand – Soltau – Alemand – je suis prisonnier de guerre… gefangen, Soltau. J'ai vu Kronprince – le Kronprinz il me plaisait, il parlait à moi, er sprechen à moi, jawoll, poli…« Um uns, angesichts der Sprachhemmnisse, seine offensichtliche Begegnung mit dem Kronprinzen Wilhelm plastisch vor Augen halten zu können, beendete er seine Sitzung und zog die Hose hoch. »Der wischt sich gar nicht den Arsch ab«, verwunderte sich Freund Lothar indigniert, und ich meinte: »Schützengrabenscheißtechnik.« – »Le Kronprince«, plapperte der Alte weiter und nahm Aufstellung, wie wohl anno 17 der Kronprinz, am Wegesrand stehend, die französischen Gefangenen betrachtet haben mochte. Unser Veteran griff in die Jackentasche, so wie es der Prinz damals getan hatte, und demonstrierte mit leerer Hand: »Voici – jawoll – Cigarette«, daß der Kronprinz ihn mit Zigaretten bedacht hatte. Auch wir nahmen Haltung an und verbeugten uns steif, so was hört man ja als Deutscher gern, und verabschiedeten uns, worauf der Veteran seine Kleidung ordnete, die Stiege herunterkraxelte und in Richtung Stadt humpelte.

Auch in bezug auf unser Logis hatte Jaeger keinen Mißgriff getan. Links und rechts eines langen, schmalen, von Art-déco-Lämpchen – von Knispel Röckchenlampen genannt – schwach beleuchteten Ganges reihten sich die Zimmer, die auch nicht einen Hauch von Luxus boten. Im Raum standen drei Metallbetten, zwei »französisch« zusammengerückt und das andere quergestellt. Statt eines Schrankes waren an der Wand Haken als Garderobe angebracht, fürs Unterzeug war eine Kommode bereitgehalten. Hoch droben über den Betten ragte, wie eine Dusche, die Bettleuchte aus der Wand, eine gleiche Lampe beleuchtete den Spiegel und den Spülstein, ein aus Zement gefertigter Ausguß, der die Funktionen eines Waschbeckens, Bidets und, wie unschwer zu riechen, Pissoirs vereinte. Nachdem wir unser Quartier gebührend bewundert und erkundet hatten, stellte sich die Frage, wohin unser Veteran so eilig aufgebrochen war. Wir beschlossen, ihm in die Stadt zu folgen, ein Entschluß, der besser nicht gefällt sein konnte, denn in der Stadt schien sich das gesamte französische Veteranenheer versammelt zu haben. Ständig glaubten wir unsern Mitgast aus dem Hotel ausgemacht zu haben. Ein Irrtum, waren doch die Männer in ihren ordengeschmückten dunklen Anzügen und der mit einer »Nationalen« besteckten Baskenmütze kaum voneinander zu unterscheiden. Wir hatten bald herausgefunden, dass sich das Greisenheer in eine Richtung bewegte, und so folgten wir dem Zug, bis wir schließlich zu einer breiteren Straße gelangten. In einer kleineren Grünanlage stand ein Denkmal, das offensichtliches Ziel der Veteranen war. Am Denkmal positionierten sich die schwarzen Männer zu militärischer Formation, Fahnen wurden entrollt und die Papierblumen an den Kränzen gerichtet. Aktive Soldaten flankierten das Denkmal, ein Hornist und ein Trommler warteten auf ihren Einsatz. Auch Sieche hatten sich eingefunden, Beinkranke an Krücken und Beinamputierte in ihren dreirädrigen langen Blessiertenkarren, mit Wachstuch zugedeckt, was nicht mehr zuzudecken war, kurvten sie auf dem Platz herum, bis für sie schließlich ein Stellplatz gefunden war. Der Trillerpfiff eines Polizisten brachte die Versammelten in militärische Zucht, nächst der Straße postierte sich ein Empfangskomitee, denn augenblicklich fuhr ein motorradeskortierter Wagen vor. Der Wagenschlag wurde aufgerissen, es war mindestens ein General, der dem Auto entstieg und gemessenen Schrittes in Richtung der Wartenden ging. Militärische Grüße wurden ausgetauscht, gemeinsam eine Kehrtwendung gemacht, und nun ging es, entlang der angetretenen Veteranen, aus denen sich zwei Kranzträger lösten, zum Denkmal. Ein hastiges »Tätratä« und ein schneller Trommelwirbel begleiteten die Kranzniederlegung – einige wenige Worte wurden gesprochen, und damit war die Pflicht des Generals erfüllt. Begleitet von seinem Adjutanten und einigen Oberveteranen, schritt er abermals die Front ab und grüßte dann noch einmal die Zurückbleibenden, die so lange verharrten, bis das Auto des hohen Herren ihren Blicken entschwunden war. Noch einmal erklang die Trompete, noch einmal wirbelte die Trommel, dann formierten die Männer sich zur Marschkolonne und marschierten in Richtung des in der Abenddämmerung liegenden Schlachtfeldes zum nächsten Denkmal. Voran die Blessierten, deren Arme wie Pleuelstangen den Handbetrieb ihrer Karren antrieben, es folgten, ausgewiesen durch eine Unzahl von Orden, die Offiziere, und dann kamen die »Fußer«, so stand es auf meinen Zinnfigurenschachteln, wenn der Inhalt nur einfaches Fußvolk war.

Der folgende Tag war der Geländeerkundung gewidmet, der »Zone de Bataille«, vor deren Betreten Schilder mit Totenköpfen warnten. Unsere Euphorie war nicht zu zähmen, die Warnungen missachtend, krochen wir in die Schützengräben. In den vergangenen fünfzig Jahren hatte die Natur vergeblich versucht, den menschlichen Wahnsinn zu tilgen. In Sappen und Gräben hatten sich zwar Bäumchen angesamt, doch zuweilen ragte aus dem Boden wirres Metall, und Holzbohlen ließen die eingefallenen Unterstände erkennen. Mauerreste kündeten von einstigen Dörfern, um die jahrelang gekämpft worden war, in ständiger Wiederholung von den Deutschen erstürmt, von den Franzosen wieder eingenommen, in den Kriegsdepeschen als heroische Siege gefeiert, hatten die sinnlosen Kämpfe lediglich furchtbare Opfer gekostet. Vom hochgelegenen Turm der Gebeine konnten wir unsere Veteranen ausmachen, sie marschierten von Gedenkstein zu Gedenkstein, ein schwarzer Zug, der wie ein Wurm über das einstige Schlachtfeld kroch. Am »Graben der Bajonette«, einem Erdwall, aus dem die bajonettbestückten Gewehre der zum Sturm angetretenen Soldaten herausragten. Im Graben stehen noch heute die Gebeine der von einer Mine Verschütteten. Die amerikanischen Veteranen hatten sich mit farbenfrohen Mützen eingefunden, um der Krieger mit einem Kranz zu gedenken. Veteranen hüteten auch die Befestigungswerke Fort Vaux und Duomont, verkauften Kriegsdevotionalien und regelten die Führungen in die düstere Unterwelt. In den verwirrenden Gängen gelang es uns, die geführte Gruppe zu verlassen und allein durch das Labyrinth zu streifen. Zeitweise glaubten wir uns verlaufen zu haben, womöglich tagelang in diesem Höllenschlund verbringen zu müssen, bis wir endlich auf einen alten Mann stießen, der uns, freudig begeistert über das Interesse »junger Leute«, einige bemerkenswerte Unterkünfte zeigte, die Fortküche besichtigen ließ und uns schließlich vor einen zugemauerten Stollen führte, in dem Tausende deutsche Soldatengebeine lagen.

Gegen Mittag, die Veteranen hatten wieder Verdun erreicht, verließen wir die Stadt in Richtung Paris. Zuvor hatten wir in der Gedenkkapelle eines deutschen Soldatenfriedhofs anhand der Kriegsdokumentation den Grund des Veteranenaufmarsches erfahren: »Heeresgruppe Deutscher Kronprinz. Großes Hauptquartier, 9. September 1917. Vor Verdun ist auf dem Ostufer der Maas tagsüber erbittert gekämpft worden. Die ersten Wellen der morgens zwischen Fosses-Wald und Bezonvaux angreifenden Franzosen brachen im Feuer unserer Grabenbesatzung zusammen. Den hinteren Staffeln des Feindes gelang es bei neuem Ansturm vom Nebel begünstigt, im Chaume-Wald und auf Orna zu, Boden zu gewinnen. Hier traf sie der kräftige Gegenstoß unserer Reserven und warf sie südwärts zurück. Abends vervollständigte ein neuer Stoß Kampftruppen den Erfolg; in hartem Ringen konnte der Feind im allgemeinen bis in seine Ausgangsstellungen zurückgetrieben werden; kleiner Geländegewinn blieb ihm im Südteil des Chaume-Waldes und auf dem östlich davon streichenden Rücken. Von drei französischen Divisionen, die blutige Verluste – nach Gefangenenaussage 50 Prozent – erlitten, sind mehr als 300 Gefangene in unserer Hand geblieben ...«

Heino Jaeger hatte diesen Text aufmerksam gelesen und den Kriegsdepeschen-Stil derart verinnerlicht, daß er bis Paris nur noch in diesem Duktus mit uns sprach. Vor Paris, im kleinstädtisch anmutenden Weichbild der Stadt, verlor sich sein militärischer Ton, neue Eindrücke mußten aufgenommen, vor allem aber ein Hotel gefunden werden. Wieder ergriff Jaeger die Initiative, zielsicher führte er uns durch die Stadt – Straßen und Plätze hatten sich bei ihm von früheren Reisen unauslöschlich eingeprägt –, und so lotste er uns mitten hinein in den Bauch von Paris. Les Halles waren zum Ziel unserer Exkursion bestimmt, im Hotel Pelican in der Rue de Pelican bezogen wir Quartier. Mit der Wirtin, einem resoluten, winzigen Drachenweib, hatte er Preis und Länge des Aufenthalts ausgemacht, wobei uns auffiel, daß Jaeger zu Beginn der Reise kaum französisch (außer jenem für Landwehrmänner) zu sprechen vermochte, doch bereits bei der Abfahrt in Verdun mit Gastwirten, Polizisten und Kaufleuten zu sprechen schien. Ein Phänomen, das sich bei späteren Reisen wiederholte, ob es in Holland, Belgien, England oder Dänemark war, Jaeger schien »atmosphärisch« die Landessprachen aufzunehmen.

Mit unserm leichten Gepäck bezogen wir rasch unser Zimmer, einem winzigen Raum, der von einem üppigen Bett gefüllt war. Hinter einem Verschlag fanden sich Waschbecken, Klo und Bidet, in letzteres wurde von Jaeger sofort gepinkelt. Von Lothar belehrt, daß die Keramikschale anderen Zwecken diente, meinte Jaeger, daß der eigentliche Zweck gleichermaßen eklig wäre, und blieb auch fortan bei seiner Gewohnheit, in die Schalen zu pissen. Von der Reise ermattet, beschlossen wir, eine Bettprobe zu machen, schließlich mußten wir mit der einen Liegestatt vorliebnehmen, also zu dritt das Bett teilen. Im Duselzustand bemerkten wir bald die eigentliche Bestimmung des Hotels, denn im Nachbarzimmer wurde heftig gevögelt. Begleitet von spitzen Schreien, fiependem Quieken und grunzendem Röcheln, malträtierte ein Pärchen mit größter Heftigkeit die Matratze, ein Schicksal, daß auch unserer Matratze häufig widerfahren sein mußte. Vor allem zur Mitte hin war sie tief eingekuhlt, so daß die Außenliegenden trotz aller Anstrengung, Position zu halten, den Mittelschläfer intim und wärmend bedrängten. An Ruhe war nicht zu denken, und so trieb es uns hinaus in den »Bauch«, der nun in den späten Abendstunden zu geschäftigem Treiben erwacht war. Eingeklemmt zwischen Lagerhäusern, wirkte unser Hotel wie ein Überbleibsel des mittelalterlichen Paris, nicht anders wirkte auch die Rue de Pelican, eher eine Gasse, wurde sie von den Händlern der Umgebung als Ablageplatz alter Kartons und Kisten genutzt, die wiederum den Clochards willkommene Nachtquartiere boten. Unter Jaegers Führung wurden alle Vorurteile bedient, die wir mit Paris verbanden. Hier in Les Halles waren sie noch zu finden, die zierlichen Nutten in ihren schwarz-glänzenden Gummimäntelchen, im Bistro einen Kaffee trinkend, die grobschlächtigen Fleischträger, wie sie ihre Rinder- oder Schweinehälften an die Wand stellten und sich rasch einen Pastis einverleibten, Flics, die sich merkwürdigerweise gern in der Nähe der Bistros aufhielten, und schließlich das Pariser Schrumpelvolk, das aus Abfalleimern und Blechtonnen Fleisch und Gemüse herausklaubte. Und dann die Stadt, die Jaeger wie seine Heimatstadt Harburg zu kennen schien – die touristischen Sehenswürdigkeiten wurden en passant gestreift, während in den abgelegenen Quartieren wahre Meisterwerke der Baukunst zu entdecken, technische Absonderheiten zu erkunden waren. Endlich führte er uns in einen wundersamen Park, menschenleer, als wäre seit der Belle Époque dieses Kleinod von Parkanlage verwunschen. Am Rande der Anlage fand sich der lichte Bau des Naturkundlichen Museums. Unglaubliches war hier konserviert – ein Museum, wie man es sich schöner nicht vorstellen konnte. Das klassizistische Gebäude glich einem Herrensitz, die Ausstellung, tierische Knochenteile und Präparate, dokumentierte die Wißbegierde des Jahrhunderts der Bildung. Vitrine an Vitrine lagerte hier monomanische Langeweile, liebevoll präsentiert, auf kleinen Kärtchen handbeschriftet erklärt, doch zur Unleserlichkeit verblaßt. Den

Höhepunkt aber bot ein langer Vitrinenschrank, weißgefaßt und wohl zwei Meter hoch, barg er eine Sammlung lakritzfarbener Röllchen, mal größer, mal kleiner, wohl zuweilen etwas glänzend, manchmal auch etwas zerbröselt. Es waren Männerschwänze, Penisse, hingerichteten Verbrechern abgeschnitten, sollten sie der Fachwelt wohl beweisen, daß die größten Verbrecher auch die größten Schwänze hatten.

Das Semesterferienende des Freundes gebot zur Rückfahrt, in Metz verließ er uns, Jaeger und ich blieben noch eine Nacht. Bei einer ausgedehnten Abendmahlzeit erzählte ich Jaeger, animiert vom Art-déco-Ambiente des Restaurants, von der Jugendstilsammlung eines Großonkels, der die Räume seines Barockschloßes mit Werken, unter anderem von Hodler und Klinger, in einem sonderbaren Kontrast zu den Barockbildern behängt hatte. In diesem Zusammenhang fiel mir ein, in Luzern ein riesiges Panorama von Edouard Castres, an dem sogar Hodler in jungen Jahren mitgewirkt hat, gesehen zu haben, lebensgroß gemalt und im Vordergrund mit Puppen und echtem Kriegsgerät, den Übergang der geschlagenen Armee des Generals Bourbaki 1871 in die Schweiz darstellend. Sogleich wurde beschlossen, dem Weg der Armee Bourbakis zu folgen und über die Vogesen in die Schweiz zu reisen. Erste Station sollte Basel sein, dort lebten mein Vetter Jürgen von Tomëi und Familie, vermutlich wäre dort Quartier zu bekommen. Wie es in diesem Zweig meiner Familie tradierter ostelbischer Brauch war, gab es eine herzliche Aufnahme – und vor allem schloß die Gastfreundschaft im besonderen Maße Heino Jaeger ein, der sich sogleich revanchierte und sein Repertoire kabarettistischer Reflexionen des deutschen Alltags zum besten gab. Die wenigen Tage im Hause Tomëi waren familiärer Ausnahmezustand, Jaeger war aufgeräumtester Stimmung und bester Laune, bei abendlichem Wein, Raclette und auch sonstiger guter Betreuung durch Heide von Tomëi. Jürgen betrieb seinerzeit noch eine Werbeagentur in der Innenstadt von Basel, hier und in seine Privatwohnung lud er Freunde ein, die den Exoten aus Hamburg kennenlernen sollten, Künstler und gutes Basler Bürgertum, bei denen ich nicht sicher war, ob sie die Komik Jeagers so recht verstanden. Zumindest eine der Damen zeigte sich irritiert über das von Jaeger rezipierte sexuelle Aufklärungsgespräch eines Arbeiters mit dessen Tochter. Als biedere Schweizerin müsse sie sich an solche Ausdrücke doch erst gewöhnen, vertraute sie uns an. Im Büro der Agentur ließ Tomëi vorsichtshalber ständig ein Tonbandgerät laufen, um ja nicht eine der Jaegerschen Stegreifgeschichten verloren gehen zu lassen, und da schließlich das Lachen der Zuhörer störte, wurde Jaeger in die Besenkammer gesetzt. Tomëi, in der Kleinkunstszene als Karikaturist und Rundfunkmoderator bekannt, gehört zu den wenigen der Szene, die über den deutsch-intellektuellen Schwerenothumor lediglich als Tatbestand lachen können. Sein unverkennbares, aus jedem Publikum herauszuhörendes Lachen gilt vor allem dem unkapriziösen Alltagshumor, so wie er einem täglich zu begegnen pflegt. Dies begründete die sofortige und nachhaltige Freundschaft mit Heino Jaeger, die allerdings bei unserem zweiten Besuch in Basel eine kleine Bewährungsprobe zu bestehen hatte. Toměi, der seine selbständige Tätigkeit aufgegeben hatte und Lehrer an der Baseler Kunstgewerbeschule wurde, hatte eine Partyeinladung eines Schülers erhalten und schlug uns vor, gemeinsam dorthin zu fahren. Ort der Party war das Elternhaus des jungen Mannes in der Nähe Freiburgs. Als wir das üppige Einfamilienhaus erreichten, war die Party zum Höhepunkt der Langweile gelangt. Pärchen umlagerten einen Swimmingpool und tranken Bier. Während Toměi und ich um mühevolle Konversation besorgt waren, durchschritt Jaeger gravitätisch den Garten und nickte freundlich den jungen Leuten zu. Als er eben die Gitarre des Künstlers bemeckert hatte, die Reservesaiten hingen wirr am Schaft, trat der väterliche Hausherr zur Begrüßung der Jugend ein. Die meisten Gäste kannte er, und so galt sein besonderes Interesse dem merkwürdigen Gast in der khakifarbenen Seemannsjacke, so wie sie Kapitäne in den Tropen zu tragen pflegen. Auch die wuschelige Haartracht schien nicht landesüblich, und folglich fixierte er Heino Jaeger und fragte streng: »Und wer sind Sie?« Jaeger murmelte seinen Namen und maß den Herrn mit neugierigem Blick. »Und was machen Sie so?« fragte er, worauf sich der Mann im bescheiden-arroganten Ton vorstellte: »Ich bin Professor, Doktor Soundso, Dekan der Universität Freiburg«, worauf Jaeger größtes Erstaunen heuchelte, mit offenem Mund einen Augenblick devote Hochachtung anzeigte und mit einem baffen »Hut ab« seiner Bewunderung Ausdruck verlieh. Mit einem angeekelten »Na ja« und einem strafenden Blick auf den Sohn schritt der Herr in Richtung Garten, Toměi wurde in dieses Haus nicht mehr gebeten.

Heimathirsche

Wieder in Harburg, war mir ein deutliches Defizit meiner aufgetragenen Dienstobliegenheiten vor Augen gehalten. Mit finanziellen Sondermitteln ausgestattet, widmete ich mich mit großem Elan der Feldforschung, bereiste die Lüneburger Heide, nahm in den Dörfern altes bäuerliches

Mobiliar auf, zeichnete und fotografierte die noch erhaltenen Zeugnisse der Baukultur. Ich führte bis in die späte Nacht Gespräche mit den Dorfleuten, vor allem Greisen und Greisinnen, über das Leben und Treiben des Bauernvolkes, fertigte Protokolle an oder ließ meine Klientel ihre Lebenserinnerungen und Alltagsgeschichten in das Mikrophon des Tonbandgerätes sprechen. Diese Tätigkeit interessierte Jaeger brennend, vor allem die Tonbandaufzeichnungen fanden seine Aufmerksamkeit, und jedes Mal, wenn ich von einer Fahrt zurückkehrte, kam er zu mir in mein Arbeitszimmer, um in die neue Ausbeute hineinzuhören. Schließlich schlug ich ihm vor, mich zu begleiten. Ein Risiko, denn ich wußte nicht, wie meine Gesprächspartner reagieren würden, doch dies war eine unberechtigte Sorge, die stille, verständnisvolle Art Jaegers war zuweilen sogar von Vorteil. Daß ich bei unseren Wanderungen, Kneipenaufenthalten und in den Mittagspausen meine Interviewpartner von Jaeger originalgetreu oder in einem absurden Mixtum rezitiert bekam, war manchmal lästig. Vor allem wenn er an einer Stimme besonderes Gefallen gefunden hatte, konnte er sich über Stunden nicht von seinem neuen Vokalfreund trennen.

Eine weitere mir im Museum obliegende Tätigkeit war es, die in dieser Branche gefürchteten sogenannten »Heimathirsche« zu betreuen. Frauen, aber vornehmlich Männer, die sich der Heimat hingegeben hatten und sammelnd und forschend den historisch-volkskundlichen Urgrund beackerten. Es bedurfte einer unendlichen Geduld, sich dieser Lokalforscher zu widmen. Mimosenhaft empfindlich, erhoben sie ihre Region zum Mittelpunkt des Weltgeschehens, und so war es geraten, die Kontaktpflege auf das kommentarlose Zuhören zu beschränken und bewundernd die weltgeschichtliche Bedeutung ihrer Arbeit zu lobpreisen. Meine Verzweiflung über diese Spezies wurde von Jaeger nicht geteilt, er hatte die Nerven, den endlosen Monologen zuzuhören. Möglichst bei Kaffee und Hausfrauenkuchen in der »guten Stube« genoß er den Kleinbürgermief dieser Nervensägen. Im Verlauf eines solchen Gespräches hatte er die Adresse eines besonderen Falles erfahren, ein dilletierender Mittelalterforscher, so war ihm mitgeteilt, hätte sich am Rande eines Dorfes konsequent in das Mittelalter zurückgezogen und von der modernen Gesellschaft verabschiedet. Die Folgen einer Bekanntschaft mit diesem Mann fürchtend, versuchte ich Jaeger von einem Besuch dieses offensichtlichen Spinners abzuhalten, doch Jaeger hatte sich mit meiner Freundin verbündet, und die Reise in das Mittelalter wurde beschlossen.

Tatsächlich stießen wir in der Nähe des besagten Dorfes auf eine Palisadenbefestigung und Wachttürme, das mächtige Tor war verschlossen.

An einer Kette hing der Porzellanknauf einer Klospülung, »Glocke« stand darunter, was wohl heißen sollte, daß Gäste willkommen waren. Wir betätigten die Glocke, doch eine Reaktion war nicht auszumachen, ich drängte zur Rückfahrt, als wir plötzlich einen Mann auf dem Wachtturm entdeckten, angetan mit einem Umhang, den Kopf mit einem schwarzen Schlapphut bedeckt, die Hand zum Schauen über die Augen gehalten, rief er: »Wer da?« In Unkenntnis der gebührenden Mittelalterantwort schwiegen wir verlegen, worauf der Burgmann auf meine Freundin wies und sagte: »Du bist Gretel!« Alsdann zeigte er auf mich und bestimmte: »Du bist Hans!« Jaeger erhielt den Namen Kaspar. Nach dieser klärenden Namensgebung öffnete sich das Tor, wir durften passieren. Aus der Sicht des großen Burghofes glich die Befestigung eher einem US-Fort aus der Zeit der Indianerkriege, störend war auch ein schrottiger D-Zug-Wagen der Reichsbahn, der sollte demnächst eine hölzerne Verkleidung bekommen, versprach uns »Junker Jörg«, selbstverständlich mittelalterlich. Etliche Jahre hatte er in diesem Wagen mit »Frauchen« gelebt.

Die Landsiedlungsbewegung hatte sie in die Lüneburger Heide verschlagen, jugendbewegt hätte man versucht, aus kargem Boden sich selbst zu ernähren, bis die Nazis dem hehren Ziel ein Ende gesetzt hätten, doch geblieben wären sie, hätten sich nicht vertreiben lassen und den Wagen zum Ausgangspunkt ihres Traumes gemacht: Wie im Mittelalter zu leben. Mit der Aufforderung »Folgt mir zum Pallas« schritt er mit uns in Richtung eines kleinen Spitzdachhauses, nicht Gartenlaube, aber auch nicht Wohnhaus, aus Ziegeln unterschiedlicher Farben und Formaten eigenhändig vom Junker »hochgezogen«, fiel es uns schwer, den Bau dem Mittelalter zuzuordnen, auch wenn die Haustür, aus dicken Eichenplanken und geschmiedeten Nägeln zusammengefügt, einen wehrhaften Eindruck machte. Verwundert hatten wir bereits bei der Begrüßung einen merkwürdigen Gegenstand in der Hand Junker Jörgs bemerkt. Ein halbmeterlanges, kantiges Stück Holz, das an einem Ende einem Schlüssel glich, doch statt eines Schlüsselbartes waren an Scharnieren befestigte kleinere Stäbe am Holz befestigt. Dieses Gerät praktizierte er in ein größeres Loch der Tür, dann rüttelte er ein wenig das Holzteil, und nach einer Drehung öffnete sich die Tür. Wir glaubten ihm seine Gewißheit, daß dieses Schloß kein Einbrecher zu knacken imstande war. Im Inneren des Hauses herrschte Finsternis, kleine elektrische Flackerlichter vermochten den »Pallas« kaum zu erhellen. Nachdem wir uns einigermaßen auf die Dunkelheit eingestellt hatten, glaubten wir uns im Stollen eines Bergwerks. Stempelartige Balken trugen eine Holzdecke, aus Bohlen waren die Möbel gefertigt, Sessel, grob aus Kanthölzern zusammengefügt, mehr ein Zimmermannsabbund als eine Schreinerarbeit. Der einzige fenstererhellte Raum war die Küche, auch hier überwog das Bohlenmobiliar. Mit Planken waren die Wände verkleidet, Planken verdeckten auch die elektrischen Geräte, triumphierend schob Junker Jörg ein schweres Holzungetüm zur Seite und zeigte uns den modernen Kühlschrank, die Gefriertruhe und den Elektroherd. »Alles moderner Komfort«, erklärte er uns, »und eine Heizung hat das Haus auch, leider zu spät... zu spät«, begann er zu jammern. Hätte er die Heizung schon früher gehabt, »Frauchen« würde wohl noch leben. »Blasenkrebs, wenn Sie verstehen, zu kalt von unten all die Jahre.« Aber das Leben geht weiter, »Frauchens« Tod hatte Junker Jörg nicht davon abhalten können, sein Werk fortzusetzen, auch wenn die Kräfte schwanden, einen Bergfried würde er noch errichten, aus Feldsteinen und weithin sichtbar, als neues Wahrzeichen in der Lüneburger Heide. Einen Tee sollten wir noch bekommen, aus Wildkräutern, selbst gesammelt, und dann würde er uns vorlesen, was er über das Mittelalter geschrieben hätte. Nur das nicht, dachte ich, und als ich bemerkte, daß Jaeger sich in einen der Kantholzsessel niederließ, befürchtete ich, stundenlanges Monomanengebrabbel ertragen zu müssen. Es kostete einige Mühe, Jaeger zum Aufbruch zu animieren, es gelang schließlich, weil ein abendliches Bauernfrühstück bei Studtmann abgemacht war.

Junker Jörg hatte in seiner Einsamkeit etwas Anrührendes, er war ein gutherziger Vertreter unter den Heimathirschen. Andere Heimattümler penetrierten ihre Umgebung mit ihrem Sendungsbewußtsein bis zur Boshaftigkeit. Als eines Tages ein Mann mit Jägerhütchen und langem Lodenmantel, einen offensichtlich schweren Koffer schleppend, in mein Büro geführt wurde, ahnte ich nicht, welch Ungemach von diesem Kerl ausgehen würde. Er wolle mit mir eine Sonderausstellung mit den Expositen seiner Forschung vereinbaren, eine Weltsensation wäre das, und unser Museum würde durch ihn internationale Berühmtheit erlangen. Mit den Worten »jetzt passen Sie mal auf« öffnete er den Koffer, und mit einer theatralischen Handbewegung forderte er mich auf hineinzusehen. »Merkwürdig geformte Steine«, sagte ich, und da in meiner Stimme keine Euphorie lag, wurde der Mann ungehalten. »Ja was heißt hier Steine«, er packte einige Klamotten auf meinen Tisch, pulte mit einem Finger etwas Kalk ab und hielt mir den Staubfinger vor die Nase. »Na!« examinierte er, »was ist das?« – »Kalk«, meinte ich kleinlaut. »Na, wenigstens das haben Sie herausgefunden, dann also weiter.« Er strich liebevoll über einen der Steine und sagte: »Das sind Römer, versteinerte Römerköpfe.« In diesem Moment wußte ich, daß Heino Jaeger gefragt war. »Moment«, sagte ich, »da möchte ich doch einen Kollegen hinzuholen.« Meine Telefonate ergaben, Jaeger war noch nicht im Hause, und so mußte ich den wissenschaftlichen Vortrag allein über mich ergehen lassen. Eigentlich wären Frauenmörder sein Forschungsgebiet, dozierte er, genauer gesagt Lustmörder, wie Pomerenke und Peter Kürten, nicht zu vergessen Severin Klosowski. Als er sich mit dem französischen Massenmörder Dr. Henri-Désiré Landru beschäftigte, hätte er herausgefunden, daß dieser seine Opfer in Gruben mit reichlicher Kalkeinstreuung beseitigte. Die Folge war, so hätte die Polizei festgestellt, daß die Leichen versteinerten, noch nicht vollständig in der kurzen Zeit im Kalkbett, aber doch schon ein bißchen. Bei den vielen von den Germanen erschlagenen Römern wäre ja ein längerer Zeitraum verstrichen – und hier nun das Ergebnis des Sinterungsprozesses: Römische Legionäre, durch Kalk im Boden versteinert. Er hob einen Stein aus dem Koffer und wies auf eine Delle im kalkigen Flint: »Sehn Sie hier: ein Hieb mit dem Schwert, quer über den Schädel.« – »Auwei«, murmelte ich und kratzte mir den Kopf. »Der hat nicht mehr gelitten«, versicherte er, um alsdann zu einem dezidierteren Vortrag über die Römer und Germanen anzusetzen. Schon ein wenig geübt im Abwimmeln, unterbrach ich ihn und stellte einen Besuch mit Heino Jaeger in Aussicht. Das wäre schwierig, druckste er, er hätte zurzeit keine Wohnung, sein ignoranter Hauswirt hätte für seine Sammlung kein Verständnis aufgebracht, die Steine waren das Ärgernis. »Bald bricht mir die Decke zusammen«, hätte der Hauswirt geschimpft, eine Wohnungsbesichtigung durchgesetzt und schließlich erfolgreich eine Kündigung erzwungen. Nun würde er im Hotel wohnen, nicht weit von Harburg in Jesteburg. Gegen Mittag erschien endlich Jaeger, der meinen Bericht begeistert aufnam und zu einem sofortigen Besuch des Römerforschers drängte. Bei derartigem Pläsier zeigte er sich hartnäckig, und so fuhren wir in der Abenddämmerung nach Jesteburg. Das Hotel, einst wohl eine Heidewandererherberge, bot nun Montagearbeitern und glücklosen Handlungsreisenden billiges Quartier. Eine muffige Bedienerin konnte mit dem von mir genannten Namen nichts anfangen. »Der wohnt hier nicht«, sagte sie abweisend. Endlich entdeckten wir ihn an einem der Tische, ein Abendbrot verzehrend. Er war begeistert, ein solches Interesse an seiner Forschung war ihm wahrscheinlich noch nie widerfahren, und so geriet er in sichtlich gute Laune, lud uns zu einem Bier ein, verschmähte sogar seine restliche Mahlzeit, um sogleich den Vortrag über die versteinerten Römer, die Frauenmörder und sein Wohnungsschicksal zu halten. Es wurde ein langer

Abend, denn die Spinnereien dieses Mannes entbehrten nicht der Komik, sie waren derart abstrus, daß man ihnen einen gewissen Unterhaltungswert nicht absprechen konnte.

Einige Tage später hatten wir das Verlangen, ihn noch einmal zu sehen, wir fuhren zum Hotel Heidelust, doch die Nachfrage an der Rezeption ergab, er war abgereist. Zurückgelassen hatte er einen wütenden Wirt, der nach dem Motto »Sage mir, wen du kennst, und ich sage dir, wer du bist« uns eine Kumpanei mit diesem Verrückten unterstellte, hatte doch unser Forscher zur Entlastung seines Autos in seinem Hotelzimmer die Klamotten gelagert und darüber hinaus auch längs des Flurs die Exposite aufgereiht. Seine neue Adresse gab er bald telefonisch dem Museum durch: Untergekommen war er im Obdachlosenheim der Heilsarmee in Harburg. Auch hier besuchten wir ihn, worüber er sich derart glücklich zeigte, daß er uns seine unverbrüchliche Freundschaft anbot: »Ich bin Dietmar«, sagte er mit Tränen in den Augen. Spätestens zu diesem Zeitpunkt hätte ich Jaeger zum Retirieren auffordern müssen, doch da das Heim im ehemaligen städtischen Knast untergebracht war und noch andere Paradiesvögel beherbergte, folgten noch weitere Besuche. Doch plötzlich war Dietmar verschwunden, nach Auskunft des Heimleiters hatte ihm sein Zellengenosse wegen der Steine Prügel angeboten. Dietmar hatte das Heim fluchtartig verlassen, und nun begann mein Martyrium. Zunächst verlangte er, ich solle die Römerköpfe bei mir zu Hause lagern. Als ich dies ablehnte, wurde er ärgerlich und bestand auf einer Magazinierung im Museum. Als ihm auch dies verweigert wurde, beschwerte er sich bei der Behörde mit der Behauptung, ich hätte es ihm zugesagt, und da dies ebenfalls nicht fruchtete, kippte er uns die Steine auf den Museumshof und verschwand.

Eine andere Kategorie enervierender Monomanen waren die Bastler, Menschen, die ihr Steckenpferd zum Lebensinhalt gemacht hatten. Stickkünstlerinnen, die mit Wolle oder Seide Fein- und Grobleinen bestickten; bei den Frauen überwogen Patchworknäherinnen und Trachtenpuppenherstellerinnen, die Männer trieben ihre Kunst mit Streichhölzern, die sie zu Mühlen, Häusern, Kathedralen und Autos zusammenklebten. Andere fertigten aus Konservendosenblech Schiffe und technische Wunderwerke oder hämmerten in Kupferblech den »Mann mit dem Goldhelm«, pfeifenrauchende Seebären und Landschaften. In steter Regelmäßigkeit ersuchten uns diese Hobbykünstler, ihre Basteltätigkeit mit einer Ausstellung zu würdigen, und es bedurfte einiger Mühe, sie abzuwimmeln. Als eines Tages ein Mann bei mir erschien, ein undefinierbares Objekt seinem Einkaufsbeutel entnahm und es mir auf den Schreibtisch legte, glaubte ich zunächst, es handle sich um Elefantenscheiße. In jenen Tagen war nämlich eine Meldung durch die Presse gegangen, daß ein Witzbold einem namhaften Kunstmuseum zwei Elefantenködel als Kunstobjekte untergejubelt hatte. »Aha«, sagte ich mit wissendem Kennerblick, »ein Kunstwerk«, und rief sofort Jaeger an, er möge doch schnell zu mir kommen.

Wir erfuhren, daß dies keine Scheiße war, sondern Baumkrebs, Geschwülste kranker Bäume, und das vorgelegte Exemplar wäre Uwe Seeler. Selbstverständlich hätte nicht die Natur das Antlitz des Fußballidols wachsen lassen, sondern er hatte mit Stemmeisen und Schnitzmesser die Gesichtszüge herausgearbeitet. Auch mit viel Phantasie war »Uns Uwe« nicht auszumachen, doch Jaeger versicherte, ihn sofort erkannt zu haben, worauf der Künstler uns einlud, weitere berühmte, aus Baumkrebs gefertigte Persönlichkeiten in seinem Hause zu besichtigen. Der Mann machte einen friedfertigen Eindruck, zumal er eine Sonderausstellung nicht verlangte, sondern lediglich wissen wollte, ob wir Hobbykünstlerausstellungen veranstalteten und er dann eventuell daran teilnehmen dürfe. Wir vereinbarten einen Termin und versprachen, seine Kunstwerke zu photographieren. Der Besuch übertraf unsere Vermutung, auf einen besonders schweren Fall gestoßen zu sein, bei weitem. Der Baumkrebsmann wohnte in einer Siedlung am nördlichen Stadtrand Hamburgs. Kleine Rotklinkerhäuser desselben Haustyps, mit einem Schuppen im Garten, verrieten den Stifter der Anwesen: die Arbeitsfront, die den Werktätigen des Führers derartige Eigenheime errichten ließ. Beglückt, daß der Bau noch nicht modernisiert worden war, die kleinen Fenster originalverglast, die alte Haustür noch nicht mit Butzenscheiben verschönt war, betätigten wir die Hausklingel in freudiger Erwartung, in das Innere gelangen zu dürfen. Unser Künstler öffnete und begrüßte uns herzlich. Genußvoll sogen wir den Flurgeruch ein, von der Kellertreppe her kam die einzigartige Duftkomposition von Äpfeln und muffigem Kellermief, und vereint mit der Bohnerpaste und dem Garderobenmuff umflorte uns ein kleinbürgerliches Geruchserlebnis, das in der Küche eine neue Variante erfuhr. An den plastikbedeckten Küchentisch gebeten, roch es nach Wischtuch, gemischt mit dem in der Kaffeemaschine blubbernden Kaffee. Jaeger und ich wurden gebeten, auf der Eckbank Platz zu nehmen. Nachdem der Kaffee serviert und ein Topfkuchen angeschnitten war, widmeten wir uns der Kunst. Die braun-schwarzen Gebilde standen auf dem Küchenschrank und auf der Fensterbank oder hingen an den Wänden, geschwulstig gewucherte Karzinome, deren grobe Bearbeitungsspuren ein widerspenstiges Material vermuten ließen. Behutsam legte der Künstler die Objekte auf den Küchentisch, nannte Namen, die sie darstellen sollten: Hans Albers, Bürgermeister Nevermann, Willy Brandt und Konrad Adenauer hatte er aus den Wucherungen herausgeschnitzt, aber auch Verwandte und schließlich seine Frau. Aus den Nachbarräumen wurden weitere Scheußlichkeiten geholt, nun auch, vom bösartigen Spiel der Natur inspiriert, Tiere, ein Pferd und eine Katze. Inzwischen war auch die Gattin hinzugekommen, resigniert traurig betrachtete sie die Werke, seufzte leicht und nötigte uns, den Kuchen zu essen. »Wäre doch schön, wenn das alles mal ins Museum käme.« Dann schwieg sie wieder, und das Schweigen mochte wohl heißen, dann wäre ich den Plunder los. Ein dicker Verband bedeckte ihren Unterarm, und höflich fragte ich, ob sie sich verletzt habe. »Nein«, sie legte ihren Kopf zur Seite und sah uns müde an, »stellen Sie sich mal vor, Krebs – Hautkrebs, schon zum zweiten Mal.«

Militariasammler

Ein besonderer Fall war Herr Kirsch, Militariasammler, der es nach mehreren Versuchen aufgegeben hatte, seine Sammlung im Museum auszustellen. Seine Rache für das Unverständnis der Museumsleitung bestand darin, häufig die sogenannte Schausammlung aufzusuchen und die ausgestellten Exposite schlechtzumachen. Eine rege Ausgrabungstätigkeit des vormaligen Direktors hatte das Museum hauptsächlich mit »frühgeschichtlichen« Urnen, vor allem der römischen Kaiserzeit, gefüllt, so daß der Volksmund in Anlehnung an ein großes Hamburger Haushaltswarengeschäft das Museum auch »Haus der tausend Töpfe« nannte.

Diese Töpfe waren das Ärgernis des Herrn Kirsch, der bei seinen Besuchen das Publikum mit der Behauptung zu irritieren versuchte, die Urnen wären keine Leichen- bzw. Knochenbrandbehältnisse, sondern Pisspötte, denn schließlich hätten die Germanen in kalter Winterzeit wohl kaum in ihre Hütten gepinkelt. Heino Jaeger gefiel diese Theorie, und er gab Herrn Kirsch recht, schleimte sich bei ihm ein und erhielt schließlich eine Einladung, die Militariasammlung besichtigen zu dürfen. Allein die Adresse – Herr Kirsch wohnte in der ehemaligen Harburger Pionierkaserne am Schwarzenberg, einem Rotklinkerbau aus wilhelminischer Zeit – versprach ein stimmungsvolles Erlebnis. Überdies war das ganze Erscheinungsbild des Alten bemerkenswert, ein Verdruß am Bein erlaubte ihm, nur kleine Schritte zu machen, und da er stets einen langen Wettermantel trug und wohlbeleibt war, wirkte er im Gehen wie ein rollender Turm.

Sein Gesicht widerspiegelte den personifizierten Mißmut, aus seinem heruntergezogenen Defätistenmund klang jedes Wort wie gemeckert, seine spitzige Nase glich einem Schnabel, eigenartig auch sein lauernder Blick. Kirsch war Zollbeamter gewesen, der vermutlich sein berufsbedingtes Mißtrauen über seine Pensionierung hinübergerettet hatte.

»Ach, die Herren vom Museum«, begrüßte uns Kirsch, und irgendwie war Mißachtung herauszuhören. Hereingebeten in die »Unterkunft«, standen wir etwas hilflos im Raum, denn Kirsch wandte sich ohne jegliche Konversation von uns ab und schlurfte in das Nachbarzimmer. Nach kurzer Verblüffung faßten wir uns, um sodann den Blick schweifen zu lassen. Es war atemberaubend – an Nägeln aufgehängt, hing Uniform neben Uniform an der Wand. Auf dem Boden stapelten sich Bücher, dazwischen Stahlhelme, Pickelhauben, Tschapkas, Hieb- und Stichwaffen, aus einem Plastiksack quoll buntes Uniformtuch. Euphorisch und neugierig betraten wir den Nachbarraum, in dem es nicht anders aussah. Bis auf einen kleinen Tisch, an dem sich Kirsch zu schaffen machte, waren keine Möbel auszumachen. Endlich wandte sich Kirsch uns zu: »Schauen Sie sich um, meine Herren!« Er wies auf die Uniformen. »Alles eulanisiert!« Endlich gebot er uns, Platz zu nehmen, doch eine Sitzgelegenheit war nicht zu entdecken. Ein Stapel Bücher wurde uns zugewiesen. Etwas zur Ruhe gekommen, war auch die Quelle eines stechenden Geruchs herausgefun-

den, ein sichtlich verärgerter Kater, unglaublich fett, beroch Jaeger, und als dieser das Tier freundlich streicheln wollte, fauchte es und versuchte zu beißen. Kirsch überging den feindseligen Angriff und begann wie ein Verkäufer in einer Herrenkonfektionsabteilung, einzelne Uniformen vorzuführen. Im Gegensatz zum Verkäufer, der Größe und Material seines Angebots genannt hätte, kommentierte Kirsch die vorgelegte militärische Kleidung nach Regiment und Herkunft: Feldartillerie-Rgt. 60, Schwerin, Infanterie Rgt. 75, Bremen, Dragoner-Rgt. 17, Ludwigslust, und so fort – 9. Armeecorps Altona. In Plastiktüten und Einkaufsbeuteln waren einfache Achselstücke und Epauletten verpackt. Aus den Achselstücken der Garde und der altpreußischen Regimenter hätten er und seine Zollkollegen dem deutschen Kronprinzen einen Wandteppich gewebt, zum 50. Geburtstag Friedrich Wilhelms, erzählte er und berichtete, daß seine viel größere Sammlung in Schlesien geblieben wäre, »beim Russen – oder Polen, wer weiß«. Unsere Begeisterung war nicht geheuchelt, und als er uns beim Abschied bedeutete, daß diese Ausstellungsstücke doch viel interessanter wären als die Pisspötte im Helms-Museum, stimmten wir ihm aus vollstem Herzen zu, und damit hatten wir einen Freund gewonnen, den zu besuchen uns fortan stets gestattet sein sollte.

Geistig aufgerüstet, militarisiert, fuhren wir zum Bahnhof. Wir ließen einige S-Bahnen abfahren, weil Jaeger die Kleiderkammer des Herrn Kirsch noch nicht lassen konnte – er wollte noch einmal das Geschaute und Gehörte rekapituliert wissen. Zwei Tage später erhielt ich einen Brief, dem Schriftbild nach von einem Greis, was nichts Gutes versprach, weil ich vermutete, ein Heimathirsch behelligte mich.

Sehr geehrter Herr Pintschovius!
Sitze z. Z. völlig besoffen im Untertretraum, da Alarm bevorsteht! Sieht diesmal etwas ernst aus. Haben doppelte Ration gekriegt. Fähnrich von oben bis unten vollgekotzt, darf der Alte nicht wissen. Haben mit Tannengrün die abschüssigen Lehmwände der WN-Stellungen im Bereich der Mannschaftsbunker einigermaßen abgedeckt, so daß es nun ganz häuslich hier ist. Schade, wenn man merkt, daß wir hier bald wieder raus müssen!
Scheint so 'ne Art Himmelfahrtskommando zu sein. So nach dem Motto: Nachtigall, ick hör dir trapsen! Dabei haben wir uns hier schon sauwohl eingerichtet, mit allen Schikanen. Haben vor uns alles vermint, dann dicke PAK und Ari! Da soll uns der Iwan mal erst rauskriegen. Aber die da oben haben sich das anders überlegt, scheinen ein mäch-

tiges Ding mit uns vorzuhaben. Kesselbildung – oder so was. Scheint sich der Alte selber noch nicht ganz klar darüber zu sein. Anweisung von OHL hätte ich beinahe gesagt – nicks! OKH natürlich, was denn sonst! Kam mir so bekannt vor, die Gegend, ha, ha, ha, selten so gelacht! Werden all ins AOK 2 geworfen, um gemeinsam mit den 73jern die HG Mitte zu bilden. Gehen zusammen mit der HKL bis Gdow. Höre aus »zweiter Hand«, daß es in Gdow von NKWD-Leuten nur so wimmeln soll. Denn Gnade Gott. Ein anderes Gerücht geht in den Laufgräben um, daß wir an die T-Front Murnau – Oesel geworfen werden sollen. Alles zweite Garnitur. Aber das ist alles noch Zukunftsmusik. Im Moment wird es gerade hell, die Vögel fangen schon an. Oberhalb der Lehmwand Heidelbeeren, taufrisch, gewissermaßen als Frühstück. Scheint heute wieder heißer Tag zu werden, im doppelten Sinne, selbstredend. Bis jetzt ist noch kein Schuß gefallen, bis auf das Grummeln von der immer näher rückenden Front.
Heil Hitler. (Auf *Ronde* Ihr P.Gr.L 14/R.) Jaeger

Hausbesuche

In Winterzeiten beschränkten sich unsere Exkursionen auf Hausbesuche, Gelegenheiten dazu gab es genug, denn in der Vorweihnachtszeit bekam ich besonders viele Interviewangebote, Einladungen zu Kaffee und Weihnachtsplätzchen in überheizten Räumen, bei alten Leuten. Gemeinsame Wanderungen unterblieben, denn ich hatte keine richtige Winterkleidung, und Jaegers schweren Ledermantel vermochte wohl ein kräftiger Gestapomann zu tragen, für Jaegers schmächtige Figur war das Monstrum von Mantel aber eine Last, und nur die martialische Stimmung des Habits veranlaßte ihn, sich damit zu abzuquälen. Einer der Vorbesitzer hatte offensichtlich den Mantel braun einfärben lassen, sicher schon vor einigen Jahren, denn durch das Braun schimmerte es grün, und das wiederum erweckte den Eindruck, das Leder würde schimmeln. In Anbetracht der Heizung in seiner Wohnung in der Thadenstraße wäre das kein Wunder gewesen. Ich besuchte ihn, es war saukalt. Eine Ofenheizung mußte her. Aber die Besorgung von Heizmaterial hätte Jaeger viel Mühe bereitet. Ansonsten war seine Heimstatt in der Nähe des Kiezes ganz ideal. Ein grauer Bau, der in Friedenszeiten wohl Hinterhaus oder eine Werkstatt war, das Vorderhaus war zerbombt und total abgetragen, so daß man über einen freien Platz zu Jaegers Dachwohnung schreiten mußte. Seine Wohnungstür war über eine Außenstiege zu erreichen, das winzige Entree war angefüllt mit leeren Konservendosen und Flaschen, während sein Wohnzimmer, zumindest im Sommer, eine altmodische Gemütlichkeit vorgab. Auf den ersten Blick gewann man den Eindruck einer wertvollen antiken Einrichtung: Familienbilder, würdige Männer und brave Hausfrauen um die Jahrhundertwende in alten Rahmen, ein alter Schrank und ein Mahagonitisch, auf letzterem stand ein üppiger Blumenstrauß; all dies schuf ein spießiges Ambiente, freilich der unmodernen Oma-und-Opa-Variante. Bei zweitem Blick zeigte sich das Schränkchen arg ramponiert, und die Mahagoniplatte stand auf roh zusammengezimmerten Birkenknüppeln. Der Blumenstrauß war nur dürres Gestrüpp, vermutlich vor Monaten in das Gefäß gesteckt. Ein weiterer Raum, von einer nackten Glühbirne erhellt, war gefüllt mit Bildern unterschiedlicher Formate und Motiven. Kapriziöse Künstler hätten es Atelier genannt, aber das hätte Jaeger strikt von sich gewiesen, so wie er auch Staffeleien und sonstige Künstlerutensilien verpönte. Überall und an jedem Ort, an jedem Platz war zu arbeiten, auf der Straße, in der Kneipe, im Auto, auf der Parkbank sitzend – Jaeger bedurfte keines »Ateliers«, wie er auch jegliche Künstlerallüren fragwürdig fand.

Als Museumsmann hatte ich zuweilen Kunstausstellungen, meist heimischer Künstler, vorzubereiten – ein schwieriges Terrain, denn die künst-

lerischen Lokalheroen beanspruchten selbstverständlich das Museum als Forum ihrer Kunst. Hausfrauliche Blumenmalerei, brave Postkartenkunst, postimpressionistische Mayonnaisepinseleien und sonstiger Dilletantismus galt es zugunsten der wenigen guten Leute abzuwimmeln. Die kleinen Zeichnungen, die Jaeger neben seiner Artefaktenzeichnerei anfertigte, hatten bereits meine Begeisterung geweckt, und ich zweifelte keinen Moment an Jaegers Talent, doch der Besuch in seiner Wohnung war für mich eine Offenbarung. Hatte ich bisher mal mehr, meist weniger begeistert in den von Künstlern eingereichten Mappen geblättert, bemühte Kunst und gute Arbeiten betrachtet und meist zu kunstwissenschaftlichem Geschwafel Zuflucht genommen, an diesem Nachmittag hatte ich für mich eine Entdeckung gemacht. Noch in derselben Nacht schrieb ich einer guten Freundin meine Eindrücke, versuchte ihr zu beschreiben, was nicht zu beschreiben war, weil sich jegliche kunstwissenschaftlichen Zuordnungen und Stereotypen verbaten und die sinnliche Wahrnehmung mit mir koppheister ging. Mystisch-Mythisches, naturalistische Landschaften, Portraits, Phantastisches und Skurriles bestürmten mich, und ich versuchte in meiner Hilflosigkeit mit Jaeger über Phantasie zu sprechen, doch der winkte ab, Phantasie gibt es nicht, alles ist vorhanden, die Frage ist nur, woher wir es aus uns herausholen. Ich versuchte, mich meiner Tag- und Wachträume und verschütteten Bilder, qualvoll verblaßten Stimmungen zu erinnern, die einen zuweilen bedrücken, manchmal auch mit genußvoller Melancholie bedrängen. Doch ich beschloß, mir Zeit zu geben, die Eindrücke zu speichern und es einstweilen bei der Feststellung zu belassen, daß im Hirn dieses Mannes eine explosive Kraft von Stimmungen und Wahrnehmungen tobte.

Ein spätherbstliches und vorweihnachtliches Pläsier waren unsere Besuche bei der Heilsarmee, die seit fast hundert Jahren auf dem Kiez einen Stützpunkt in einem typisch wilhelminischen Bau unterhielt. Die klampfenbegleiteten Kriegslieder dieser wehrhaften Kämpfer für tätiges Christentum sangen wir engagiert mit, und jedes Mal waren wir in freudiger Erwartung des Herrn Kapitän, der stets in kurzer Predigt beteuerte, trotz seiner Rangabzeichen, seiner Uniform und höheren Dienststellung vor Christus auch nur ein Kind Gottes zu sein. Die langatmige Erläuterung seiner Stellung in der Armee verriet allerdings ein wenig zu viel Stolz über seinen Offiziersrang, eine kleine unchristliche Schwäche, die durch seinen Eifer, neue Seelen zu fangen, wettgemacht wurde. Begleitet vom Chor der Soldatinnen, rief er alsdann dazu auf, sich zu Gott zu bekennen und auf dem Bußbänkchen Platz zu nehmen, um durch eine Generalbeichte eine Reinigung der Seele zu erfahren. Betretenes Schweigen war die Folge, denn die meisten der armseligen Gestalten hätten wohl viel zu bekennen gehabt: Alte Nutten und Luden, von Krankheit und Alkohol gezeichnetes Schrumpelvolk, das müde das fortwährende »Halleluja« des Kapitäns wiederholte, wenn dieser den Herrn lobpreiste. »Kommet zum Bußbänkchen!« rief der Kapitän, und die Soldatinnen rückten der Gemeinde auf den Pelz, nahmen sich drängend jeden einzelnen vor. Das war jedes Mal die Stunde eines alten Ostpreußen. Gesenkten Hauptes durchschritt er die Gemeinde, nahm auf der Sünderbank Platz und rief mit zittrig ergriffener Stimme sein »Halleluja«. – »Halleluja«, echote die Gemeinde. Der Alte zitierte sein langes Sündenregister ... »ain Lumpenhund« wäre er »jeweesen, ain verkottertes Leben« hätte er »jefiehrt«, aber dann ist ihm Christus erschienen, bekannte er, und der Kapitän rief »Halleluja«, und auch die Gemeinde rief »Halleluja« und der Alte fuhr fort: »Mein Herz is nu von Licht erfüllt.« Dringend bat er die anderen Sünder, auch zu bekennen, ihm zu folgen und fromm zu werden.

Nach einem vorweihnachtlichen Besuch bei der Heilsarmee erhielt ich einen Brief, nach der zittrigen Handschrift zu urteilen, von einem Greis:

Lieber Herr Pintschovius!
Viel Erfolg und Freude in der Arbeit auf dem Gebiete der Volkeskunde, sowie stille Anteilnahme am Leben der alten Menschen, die besonders in diesen Tagen vor dem Fest sich fragen: Sind wir nichts mehr wert? Es brauchen nicht immer hundert Mark zu sein! Auch zehn Mark oder Sachspenden sind doch Anzeichen von Anteilnahme. An Kleidung fehlt es mir nicht, obgleich ich mir auch endlich mal einen neuen Mantel für den Übergang wünsche. Auch an Bettzeug fehlt es dringend. Da ich jedoch ans Bett gefesselt bin, fehlt es am dringendsten an Lebensmitteln. Seit 39 Jahren kenne ich keinen bunten Teller mehr. Auch einen Staubsauger könnte ich gut gebrauchen. Ich muß dringend zum Frisör, dafür fehlen mir jedoch die Mittel. Es ist so einfach! In jedem Postamt liegen Zahlkarten aus. Es dürfte doch nicht schwer sein, mit einer kleinen Spende, auch Sachspenden – Kekse, Süßigkeiten, Leselektüre – für uns Alten, und ein wenig gutem Willen uns eine kleine oder große Freude zu bereiten, ein wenig Licht in den grauen Alltag von uns alten Menschen zu strahlen.
Herzlichst Ihr H. Jäger
Tages-Altenstätte Großborstel im Betagten-Pavillon Nr. 4 Bettenreihe 11 oder im Sonderzimmer bei Herrn Prof. Prager

Der Bittbrief entsprach in bezug auf die finanzielle Lage Jaegers durchaus der Realität. Mit der Zeichenarbeit im Museum waren keine Reichtümer zu erlangen, und überdies pflegte Jaeger »nach Kontostand« mal mehr, mal weniger zu arbeiten. Aus der Zeit der festen Anstellungen war er sogar krankenversichert, was allerdings mit monatlichen Zahlungsaufforderungen verbunden war, die zu begleichen für einen gesunden Menschen nicht so drängend erscheinen. Pfändungen blieben fruchtlos, und so erhielt Jaeger eines Tages eine Aufforderung, für den Offenbarungseid seine Vermögensverhältnisse darzulegen. Ein Formular war beigelegt und wurde vom Schuldner pflichtgemäß ausgefüllt, derart korrekt, daß die Rubrik »Sachvermögen« im Formular nicht ausreiche und, wie gefordert, »Beiblätter« angelegt wurden. Nichts hatte Jaeger dem Gericht verschwiegen, sein gesamtes Barvermögen, einige Pfennige, war angegeben, aber auch Kleidung und technische Geräte. Ein Elektrokocher, Kochtöpfe und ein Radio, zwei Sicherheitsnadeln, sechs paar Strümpfe, ungestopft, drei Hemden mit Kragen, Schuhe und Latschen, Kamm und Zahnbürste, ein Paralelo – in den fünfziger Jahren war diese Strickjacke noch modern –, ein Parteiabzeichen, Glühbirnen usw. wurden mit kurzer Schilderung des Zustandes der Staatsmacht mitgeteilt. Die Krankenkasse hatte, trotz der vielen Beiblätter, kein Geld bekommen und Jaeger »ausgesteuert«, mit der Konsequenz, daß er fortan Privatpatient war. Nun ist statistisch erwiesen, daß Krankenversicherte häufiger krank sind und fast ausschließlich in den Wartesälen der Ärzte sitzen, wohingegen Unversicherte sich durchweg einer robusten Gesundheit erfreuen. Das traf auch auf Jaeger zu, doch eines Tages klagte er über Zahnschmerzen, die bald mit Tabletten nicht mehr zu lindern waren. Auch ich hatte einen etwas brüchigen Zahn, und so schlug Jaeger vor, einen Freund seiner Familie, Dentist Bohne, zu konsultieren. Der würde ihm die Behandlung billiger machen, und wenn ich als Krankenkassenpatient mitkäme, hätte Herr Bohne sogar einen Verdienst. Im übrigen würde ich staunen, wie altmodisch die Praxis wäre. Diese Bemerkung hätte mich warnen sollen, doch ich ließ mich breitschlagen und begab mich mit Jaeger in die Obhut von Herrn Bohne. Meine Bedenken schwanden, als Jaeger nach kurzer Behandlungszeit wieder in das Wartezimmer kam. Optimistisch nahm ich auf dem tatsächlich altertümlichen Behandlungsstuhl Platz, und nach kurzer Betrachtung meines Gebisses befand der Zahnkünstler: »Der muß raus!« Wenigstens hat er keine Sprechstundenhilfe, dachte ich, denn in meiner jugendlichen Eitelkeit liebte ich es nicht, vor den meist jungen Assistentinnen ein Jammerbild abzugeben. Herr Bohne klapperte an einem weißen Blechschrank mit einigen Instrumenten, betäubte mein Maulwerk, um sodann zur Extraktion zu schreiten. Es krachte, und Herr Bohne machte ein bedenkliches Gesicht, der Zahn war abgebrochen, und nun begann ein wahres Martyrium, das eine knappe Stunde währen sollte. Mit allen nur erdenklichen Geräten und Werkzeugen traktierte er meinen Kiefer – Schweißperlen auf der Stirn und mit jedem neuen Ansatz, die Wurzeln zu knacken, forderte er mich auf: »Schlag zu! Schlag zu!« Die vielen Spritzen und eine fortschreitende Schwäche ließen es nicht zu, Herrn Bohne zu verprügeln. Schließlich ließ er von mir ab und empfahl mir einen Kieferchirurgen, so einen hartnäckigen Zahn hätte er in dreißig Berufsjahren noch nicht erlebt. Heino Jaeger war bester Laune, seinem Vater hätte Herr Bohne mal aus Versehen in den Gaumen gebohrt, erzählte er, aber »durch die Spucke heilt es im Mund sehr schnell«. Die nächsten Tage war ich nicht zu gebrauchen, zumal ich bei Jaeger das gebührende Mitgefühl vermißte.

Vater-Sohn-Beziehung, ohne Insistieren

Neben dem Maler Carl Ihrke verehrten die Harburger einen weiteren Künstler, den Holzbildhauer Komorowski. Seine Spezialität waren Madonnen, feingesichtige Mariendarstellungen, die wenig Kontemplation und ein bißchen zu viel lüsternen Sex ausstrahlten. »Alles nach dem Leben geschnitzt«, erläuterte Henry Prigge, der Museumskustos, die Kunstwerke, und in der Tat, Komorowskis Atelier lag unmittelbar neben einem Lyzeum, dessen Schulhof unter des Meisters ständiger Beobachtung stand. Kein Jüngling mehr, näherte er sich dem weiblichen Frischfleisch mit dem Angebot, die jugendliche Schönheit für die Ewigkeit festzuhalten. Für die Mädchen war das Ansinnen des Meisters, für ihn Modell zu stehen, eine hohe Auszeichnung, schließlich galt sein Blick nur den Schönsten, und so durften sie sich des Neides ihrer Mitschülerinnen sicher sein, und da er nicht nur die Kunst der Holzbearbeitung beherrschte, sondern überdies auch mit künstlerischem Geschick die Mädels zu verführen verstand, waren all die vielen Madonnen, die in den Wohnungen der biederen Harburger standen, Abbilder seiner Bettgenossinnen. Die Nachricht, daß Komorowski plötzlich verstorben sei, ließ einige Gerüchte durch den Ort fliegen, Gerüchte, die sich um sein derzeitiges Modell, eine 19jährige Schülerin, rankten, der, so wurde kolportiert, der alte Herr nicht mehr gewachsen war. Für das Museum bedeutete des Meisters Tod eine Sonderausstellung, eine Retrospektive des Gesamtwerkes. Wochenlang holten wir Skulpturen aus Privatbesitz, assistiert von seiner hinterbliebenen Freundin, wahrlich einer Schönheit, die mit sinnlicher Würde ihre Trauer zelebrierte und in deren Gesellschaft man neiderfüllt an den herrlichen Tod Meister Komorowskis denken mußte. Bei einem der Skulpturentransporte geschah das Mißgeschick, daß einem Holzengel die Nase lädiert wurde. Ohne Nase war das himmlische Geschöpf für die Ausstellung ungeeignet, aber vor allem mochte keiner der Museumsmitarbeiter dem Leihgeber den Unfall mitteilen. Hausmeister Klump, nach zehnjähriger russischer Kriegsgefangenschaft eine Art Universalgenie und als Zwangsarbeiter in allen Belangen des Handwerks erfahren, wußte Rat. Er fertigte eine Paste aus Leim und Sägespänen und bat Heino Jaeger, dem Engel eine neue Nase zu modellieren. Das Werk gelang zur Zufriedenheit aller, keiner würde die Manipulation entdecken, und Jaeger führte vor, mit welchem Erstaunen die Leihgeber in einigen Jahren die Zerbröselung der Engelsnase beobachten würden. Komorowski, so erfuhr ich von Jaeger, war der nächste Freund seines Vaters. Mir war aufgefallen, daß Jaeger über seinen Vater wenig sprach, aus einigen Bemerkungen war jedoch herauszuhören, daß die Vater-Sohn-Beziehung sehr eng und liebevoll war. Neben dem Atelier Komorowskis befand sich eine Kneipe, die der Bildhauer mit seinen Schnitzarbeiten ausgestattet hatte, eigentlich ein Lokal, das Jaeger gefallen mußte. Doch mein Vorschlag, dort einen Wein zu trinken, wurde von ihm übergangen, offensichtlich mochte er die Kneipe nicht. Nun erfuhr ich den Grund: In der »Hexe«, so hieß das Lokal, hatten Komorowski und Jaegers Vater, Hein Jaeger, nächtelang gesoffen, regelmäßig und ohne Zucht und Maß. Für Jaegers Vater war dies keine Sauferei aus Wollust, kein gemütlicher Abendtrunk mit einem Freund, der Vater litt unter schweren Depressionen, die er zunehmend im Alkohol ertränkte. Bei anderer Gelegenheit zeigte mir Jaeger eine Postkarte seines Vaters an die Familie. Als Fotograf hatte er einen Auftrag in Griechenland. Ein Auslandsaufenthalt war vor dem Krieg etwas Außergewöhnliches, und entsprechend begeistert war auch ein Teil des Postkartengrußes. Dann aber äußerte er Auswanderungswünsche und beklagte sein Schicksal, bisher alles falsch gemacht zu haben, und daß der gewöhnliche Alltag eine Last wäre. Ähnliche Gedanken hörte ich vom Sohn, und mir war klar, daß es Parallelen gab. Ein weiteres Insistieren wagte ich nicht – auch nach der Todesursache des Vaters mochte ich nicht fragen. Gelegentlich eines Abends bei Wein-Fürst – Jaeger sprach über einen Spaziergang mit seinem Vater – sagte er unvermittelt: »Und dann«, er machte die Handbewegung des Trinkens, »war er tot. Fixierbad gesoffen oder so was.« Nie wieder hat er mir gegenüber den Suizid seines Vaters erwähnt, und selbst seiner Freundin Hilka hatte er lediglich in einem Brief angedeutet, daß er an diesem Verlust schwer zu tragen hatte.

Weitere Exkursionen in die deutsche Heimat

Zu unseren geflügelten Worten gehörte ein ständiges »man müßte«. Man müßte vor allem Geld haben, um all die geplanten Exkursionen und Reisen zu verwirklichen. Mein Gehalt war schmal, und Jaeger befand sich in finanzieller Dauerkrise. Ein wenig Hoffnung bot das Jahr 1968. Jürgen von Tomëi war nicht untätig geblieben und hatte die in Basel aufgenommenen Tonbänder seinen Freunden gezeigt. Vor allem Hanns Dieter Hüsch war begeistert, und so empfahlen beide dem Westdeutschen Rundfunk, mit Jaeger Aufnahmen zu machen. Hüsch schrieb: »(Wenn Jaeger das liest, bin ich verloren): denn, wer sich mit Heino Jaeger einläßt, muss sich auf manches gefaßt machen. Man hört sich selbst reden und stammeln und wird von ihm zum Schweigen verurteilt. Er macht uns alle nach, damit wir uns nichts vormachen. Ich halte ihn für den erbarmungslosesten Ohrenzeugen unserer Allerweltsgespräche. Dabei sieht er so aus, als säße er in der Welt herum und würde schon gar nicht mehr zuhören, schon gar nicht mehr dazugehören, zu uns, die wir soviel reden müssen, wenn der Tag lang ist. Jaegers unendlicher Menschenkalender ist ein ›kunstloses‹, untröstliches, jedoch deshalb echtes Wörterbuch für alle, die sich selbst auf die Schliche kommen wollen. Übrigens es kann nicht nur geschmunzelt, sondern es darf sogar laut und an den falschen Stellen gelacht werden. Denn bei Heino Jaeger ist Irren wirklich menschlich. Hanns Dieter Hüsch.« Damaliger Unterhaltungschef war Wolfgang Pahde, der zunächst schriftliche Manuskripte verlangte und nicht glauben mochte, daß die eingesandten Aufnahmen Stegreifgeschichten waren. Erst nach massivem Drängen Tomëis lud Pahde Jaeger zu Studioaufnahmen nach Köln ein. Tomëi und ich begleiteten Jaeger, und günstiger konnte es nicht sein. Zwischen Jaeger und Pahde war von Anbeginn ein herzliches Einvernehmen, die Redaktion eingeschlossen, verstand man sich. Völlig entgegengesetzt zum Norddeutschen Rundfunk, wo ein Herr Dunkhase den Humor verwaltete und neben der *Kleinen Dachkammermusik* und *Der alte Nachtwächter zieht seine Runde mit F-Dur seinem Schnulzenhunde* auf konservative Unterhaltung im Sinne des deutschen »Es darf gelacht werden!« setzte. Im Studio des Westdeutschen Rundfunks entstanden, zum Teil von der guten Stimmung animiert, völlig neue Stegreifgeschichten, so daß Pahde über die angesetzte Zeit hinaus das Studio wechselte und weitere Aufzeichnungen machte. Mit Spannung erwarteten wir die Hörerreaktion. Der bedächtige norddeutsche Humor, der ja bisweilen dem makabren englischen Humor ähnelt, ist nicht unbedingt die köllsche Tra-ra-Tra-ra-Tra-ra-Lachnummer. Es ging gut, vor allem die infame *Kündigung* und die Bemühung eines proletarischen Vaters, seine frühreife Tochter aufzuklären, trafen sogar den Jeckenhumor. Der Erfolg der Produktion blieb der Philips Records nicht verborgen. Zuvor hatten Hamburger Freunde mit Jaeger einige Tonaufnahmen gemacht, *Neues aus der Landwirtschaft*, *Die Brotfabrik* und aktuell, weil damals im Gespräch, *Die Bundesluftschutztasche*, die Vorstellung einer Überlebenstasche für den Fall eines Atomschlages, sowie *Ein Rentnergegreine* und *Ratschläge für die Werbung*. Die Freunde hatten die Geschichten Philips angeboten, die keine große Eile zeigten, die Platte herauszubringen. Doch als der Westdeutsche Rundfunk Jaeger sendete, wurden Jaeger, Tomëi und ich zu einem Gespräch nach Hamburg eingeladen, in dessen Verlauf der Produktionschef die Veröffentlichung zusagte. Tatsächlich erschien die Platte 1969, blieb leider nur ein Geheimtip und in geringer Auflage. Unglücklich und von Jaeger bemeckert das Cover – ein Gartenzwerg –, und der Titel *Wie das Leben so spielt* war auch kein exorbitanter Einfall.

Immerhin, endlich floß etwas Geld, und entsprechend konnten die Exkursionen ausgeweitet werden. In konzentrischen Kreisen um Harburg erschlossen wir neue Gebiete, gen Süden in der Lüneburger Heide, wie zum Beispiel das Altwandererheim in Undeloh, ein Fachwerkbau im völkischen Heimatstil und Raststätte für betagte Wandervögel und Altbündische. An schweren Eichentischen konnten hier Tee und Butterbrot eingenommen werden. Es roch nach Feudel und Füßen. Ein Verkaufsraum bot Heidedevotionalien, Plüschschafe, Honig und Abzeichen für den Wandererhut. Von dort ging es nach Wilsede, zu Fuß durch die Heide, denn Autos waren hier verboten. Das kleine Dorf beherbergte ein Museum, Heidepensionen und jugendbewegte Heime, rustikal und urwüchsig, die neueren Bauten, vor allem ein Imbiß aus Eiche und Glas, wäre einer SS-Kantine würdig gewesen. In Kutschen wurden die Gäste herangekarrt, auf Ackerwagen montierte Busbänke boten einen gewissen Reisekomfort, andere Touristen nahmen auf den Wagen links und rechts eines langen Tisches Platz, soffen Bier und Heidmärkerkorn und neckten die Wanderer mit Hallo und Spott, tranken ihnen zu, den Blöden, die schwitzend durch den Staub latschten und jugendbewegte Lieder sangen:

Auf der Lüneburger Heide und *Wem Gott will rechte Gunst erweisen*. Zünftige Wanderer in Loden und festem Schuhwerk und Spaziergänger, alte Leute im packpapierfarbenen Gabardine, strebten zum Wilseder Berg, dort hatte man einen weiten Blick über diese Kulturwüste.

Im Osten war Geesthacht unser Ziel, ein häßlicher Ort an der Elbe mit einer liebevoll angelegten Munitionsfabrik. Eingebettet in prächtigem Baumbestand, vornehmlich Fichten, lagen die kleinen Baracken und Schuppen für die Sprengstoffabfüllung. Großzügig gruppiert, mit gehörigen Abständen zu den Nachbarbaracken, damit der Schaden begrenzt blieb, denn zuweilen sprengten sich die Arbeiter samt den Hütten in die Luft. Von schönem Baumgrün umgeben waren die Munitionsbunker, die wir bestiegen oder in die wir hineinkrochen. Nicht mehr lange konnte man dieses Ambiente genießen, denn ein großes Schild kündigte an, daß die demontierte Anlage demnächst ein Industriegebiet werden sollte. Ein kasernenartiges Wohnhaus, ein Kasten immerhin nach dem goldenen Schnitt entworfen, hatte unterschiedliche Dachziegel im Walmdach, rotklinkerne Flickstellen im Anthrazit belegten die Brandbombeneinschläge, und eine Ecke des Baukörpers zeigte die Spuren einer Sprengbombe, notdürftig ausgebessert. In einem Gemälde hat Jäger die Katastrophe rekonstruiert, in Plaka festgehalten, wie das Haus brannte und rotglühende Zerstörung im Dachstuhl »waberte«. Und dann im Fichtenholz die Häuschen der Ingenieure und Offiziere der wehrtechnischen Dienststellen: kleine Fachwerkbauten und Holzhäuser, einst Horte arischer Sippenverbände, die Mutter mit Hochfrisur, die Mädchen mit Zöpfen oder Tolle, die Jungen kahlgeschoren bis auf einen kleinen Haupthaarrest. Abends kam der Vater heim und roch nach Salpeter, dann saß die Familie am Abendbrottisch, die Kinder tranken Milch zum Butterbrot, in den feinen Goldhärchen über den Lippen schimmerte ein feiner Milchfilm. Bereits von Knispel zum Ausflugsort erkoren war der Sachsenwald, Teil des bismarckschen Herzogtums und mit gründerzeitlichen Villenorten wie Reinbek und Aumühle. Ein Kleinod der Aumühler Bahnhof, der bereits von Knispel, dem Mentor des Freundeskreises, zum Ausgangspunkt der Wanderungen bestimmt worden war. Vorgeschrieben hatte Knispel auch den Wanderdress: heller Staubmantel und Reisemütze, das so genannte Kohlblatt, beides farblich aufeinander abgestimmt. Jaegers Reisemütze war dunkel, also wurde sie mit Plakafarbe dem Mantel angepaßt. In den 50er und Anfang der 60er Jahre fuhren von Dampflokomotiven gezogene Abteilwagen nach Aumühle, nun waren es normale S-Bahn-Züge, gottlob aus der Baureihe 1939, blaugestrichene Waggons, deren holzgetäfelte 1. Klasse mit schönen Intarsienarbeiten verziert war. In einem alten Lokschuppen neben dem Bahnhof bastelten Männer eines Eisenbahnvereins an alten Dampflokomotiven und ausgemusterten Wagen. Am Perron reihten sich elegante D-Zug-Waggons und Abteilwagen, in deren Coupés wir uns niederließen, um die alten Schilder, die geflochtenen Gepäcknetze und den einzigartigen Geruch des gestrichenen Holzes zu genießen.

Einer Wallfahrt glichen die wiederholten Reisen in den Norden, nach Haseldorf in der Haseldorfer Marsch. Geschützt von Deichen, inmitten des von Entwässerungsgräben parzellierten Marschenlandes, lag das Anwesen der Fürsten Schönaich-Carolath. Schönster norddeutscher Klassizismus das Schloß, das, umgeben von einem herrlichen englischen Park, mit seerosenbewachsenen Wasserzügen, altem Baumbestand und blühendem Buschwerk die Adelskultur des 18. Jahrhunderts fast unversehrt überstanden hatte. Haseldorf wollte an Werktagen besucht sein, damit kein Sonntagspublikum unsere Ergriffenheit störte. Der Abschluß war jedes Mal der Besuch der dörflichen Gastwirtschaft, im Eingangsbereich stand ein Orchestrion, und in der Gaststube hielt sich die moderne Gastronomieausstattung noch in Grenzen.

Ich betrachtete es als Ehre, von Jaeger nach Haseldorf geführt zu werden, denn mir war bald klar, daß dieser Ort für den alten Kreis der Schüler der Hochschule für bildende Künste, Jaeger, Michael Mau, Alexander Knispel, eine besondere Bedeutung besaß. Hier war zu begreifen, wie sehr die Freunde unter dem steten Kulturverlust litten und welche ästhetischen Ideale sie durch Europa hetzen ließ. Mit dem Tod Alexander Knispels war der Freundeskreis nahezu auseinandergebrochen, die einstige verschworene Gemeinschaft hatte sich aufgelöst. An seine Freundin Hilka schrieb Jaeger 1961 auf herausgerissene Haben-Soll-Kontoblätter:

> Liebe Hilka! Zunächst wäre wohl zu bemerken, daß ich lange nicht geschrieben habe, aber trotzdem wollen wir uns nicht dadurch entmutigen lassen, auch weiterhin sparsam mit dem Papier umzugehen.
> Ich hoffe wohl, daß Du meine Karte empfangen hast. Wie Du aus meiner Schrift erkennst, bin ich erregt. Die Feder will nicht mehr so recht der Hand folgen und diese vermag kaum den unter heftigen Wehen arbeitenden Gedanken Folge zu leisten.
> Diesen Brief schreibe ich in Harburg, wo ich wohne. Es ist jetzt dreizehn Uhr zwanzig. Der Himmel ist bewölkt. Gegessen habe ich schon. Aber sicher würde ich, schriebe ich nicht diesen Brief, die Klappe vom Schrank neben mir öffnen, um mir ein Nahrungsmittel daraus zu neh-

men; um es im nächsten Moment ungebraucht wieder an seinen Platz zu stellen. Aber nun schweift mein Blick nach draußen. Früher standen hier Linden auf dem Hof.
Hier endigt der Absatz. Wir erfahren nicht mehr, was jetzt auf dem Hofe steht. Soll ich es Dir doch sagen: Nun, eine Teppichstange.
Wenn ich mich mit Schulfreunden in der Kunstschule treffe, geht folgende Bemängelung gleich los:
Das Bedauern, daß an den alten Hamburger Straßenbahnen das Nummernschild so schlecht ersetzt worden ist, daß von vorne die Bahn gleich verschandelt ist. Dies ist aber noch gar nichts. Kürzlich wurde die einzige Straßenbahn, die noch durch Wald fuhr, durch Busse ersetzt. Alte Häuser werden abgerissen. Ganze Straßenbilder verschwinden. Jede Woche ein Hochhaus, stand kürzlich in der Zeitung. Die Raddampfer nach Harburg hat man mir bereits genommen. Bald wird noch das einzige, was ich noch habe, verschwinden; nämlich die Möglichkeit, mit alten Preußischen Personenzugwagen zwischen Hamburg und Harburg zu verkehren. Stattdessen gibt es immer mehr Kofferradios, immer mehr Neonlicht und immer mehr Menschen, die modern denken und in hellen, freundlichen Räumen wohnen. Von Brandt, Strauß und Göring ganz zu schweigen.

Eine Pause von fünfzehn Minuten
Die einzige Flucht, wohin der Mensch flieht, ist die in die Isolierung, ins Kloster, auf eine Insel, in die Ehe. Am Wochenende fliehen Tausende aus ihren lichten Wohnungen ins Gruene, um dort wieder diejenigen anzutreffen, vor denen sie flüchteten.
Die einzige Landschaft in die ich freilich flüchte, ist Haseldorf an der Elbe, mit einem Schloß, einem Schloßpark, Vorland, Gräben, kleinen Flüssen, Schilfgürteln, Gewässern etc., oder alte Photographien. In der Schule sieht man uns, wie wir mitgebrachte Postkarten, alte Bücher ansehen und im Anschluß daran feststellen, daß es heute nicht mehr so ist. Meistens pflegen wir, sobald wir uns sehen, mit der Hand abzuwinken, wie wenn die Bahn gerade weg ist und dazu grinsen, was soviel bedeuten soll, daß wir schon wußten, daß wir sofort wieder bedauern und bemängeln würden.
Ich komme nun nicht umhin, einiges an dieser Stelle zu erläutern, was Dir bekannt sein dürfte, wovon vieles aber neu sein dürfte.

Illusion, Täuschung und Wirklichkeit
Ohne Illusion kann der Mensch nicht leben. Kopernikus hat bewiesen, daß die Erde nicht der Mittelpunkt des Alls ist. Darwin hat bewiesen, daß der Mensch mit dem Schwein verwandt ist. Freud hat bewiesen, daß der Mensch nicht einmal über seine Seele selbst verfügen kann. Es ist bekannt, daß man sich die Welt so denkt, wie man sie haben will und nicht so, wie sie ist. Das was man nicht weiß, ergänzt man so wie man es sich wünscht und ist so optimistisch (Selbsterhaltungstrieb), daß man an eine negative Möglichkeit gar nicht denkt. So sind auch die Religionen zu erklären. Aber ich will nicht zu ausführlich werden. Zum Glück ist mir das bittere Erwachen aus dem Zusammenbruch einer Weltanschauung erspart geblieben. Denn ich wäre so oder so doch nicht in der Lage, mein Leben lang zu denken, ich sei der Mittelpunkt der Welt. Wenn ich leiden würde, so würde ich mir wahrscheinlich überlegen, ob es sich lohnt noch zu leben oder nicht. Daß ich es aber nach dem Tode als Belohnung besser haben werde, wäre zwar ideal, aber ich kann nicht daran glauben. Das Leben ist ungerecht und unzulänglich. Alles ist ungerecht verteilt. Der Stärkere siegt. Die Religion hat diesen Fehler repariert. Der Böse wird später dafür bestraft, der Gequälte und Schwache belohnt. Und trotzdem bleiben dem Gequälten die Qualen nicht aus. Er sucht nur in der Qual schon die Belohnung. Wir Menschen brauchen Liebe. Aber die Wirklichkeit entspricht nicht unseren Wünschen. Wir werden nicht geliebt und deshalb lenken wir uns ab; viele sind in die Neurose, in die Wissenschaft, Kunst geflüchtet. Wenn man zur Zeit der Berufstätigen auf einem Bahnsteig steht, sieht man lauter enttäuschte Büroangestellte. Dieser Typ Mensch ist meist durch die elterliche Erziehung zu unselbständig, zu abhängig von den Eltern und deshalb fällt es ihm schwer, das Risiko des Geliebtwerdens oder der Einsamkeit und Langweile auf sich zu nehmen. Die Akademiker aus dem kleinen Mittelstand (immer sparsam und geizig) und schließlich wir Apotheker und Graphiker.

Handwerker und Arbeiter
Ganz anders die Handwerker und Arbeiter. Sie machen keine Geheimnisse aus ihren sexuellen Nöten und Freuden. Schon montags bei der Arbeit erzählen sie ihre Erlebnisse. Diese Leute sind hart im Nehmen und Geben. Geiz ist den meisten fremd. Sie sind gelöst und leichtsinnig und nehmen kaum eine Religion so sehr in Anspruch, wie etwa der Mittelstand der Lehrer, Kaufleute, Staatsbeamten, Akademiker. Und

trotzdem haben sie auch ihren Glauben und ihre Moral, ihre Nöte. Wer ein so zerbrechliches Gemüth hat, wie ich, gebraucht außer dem sexuellen Ausgleich noch eine positive auf die Psyche wirkende Umgebung. Der robuste Typ fühlt sich überall wohl, er merkt kaum den Unterschied einer Umgebung. Ich hingegen kann nicht auf optische und akustische Feinheiten verzichten. Der Mensch wird vom Wetter, von der Musik, Landschaft, Kleidung, Frisur etc. psychisch beeinflußt. Der eine mehr, der andere weniger. Ich bin dabei zu untersuchen, warum ich so sehr von alten Verkehrsmitteln, alten Gebäuden, Kunst, Kleidung etc. abhängig bin. Warum man überhaupt durch optische Wahrnehmung eines Möbels, einer Person, einer Landschaft Freude oder Ärger empfindet. Ebenso bei Musik etc. Es ist also die Tendenz des Sortierens zu erkennen, auch der Ärger über das Erbe unserer Kultur. Ich will aber gleich sagen, daß ich mich selbst eigentlich mehr zu den Konservativen zähle, der jedoch sich erkannt zu haben glaubt, und nun das Übel, das unsere Erzieher und Mitmenschen uns angetan haben, indem sie uns dem natürlichen Leben entfremdet haben, beseitigen will ...

Wägbare Vergangenheit

Die deutscheigentümlichen Illusionen, die Hoffnungen der Weltanschauungsmenschen, Ideologen, die mit ihren Ismus-Suffixen ihr Glück in eine goldene Zukunft vertrösten, waren für Jaeger Ausdruck einer ureigenen deutschen Verlogenheit. Er entschied sich für ein konservatives Denken, orientierte sich an der wägbaren Vergangenheit, an der Geschichte, der Geschichte der Welt und der eigenen Vergangenheit. Unsere Zukunft ist der Tod, das Gestern ist Erlebtes, schwere und gute Zeiten, gemeistertes Leben, eingebunden in den Lauf der Welt. Aus dieser Realität schuf sich der Freundeskreis seine reale Weltsicht, indem die Freunde sich die Zeugnisse der Vergangenheit in vielen Reisen erschlossen und ideale Landschaften, die Hochleistungen der Baukultur und die ästhetisch schöne Industriekultur des 19. Jahrhunderts zum künstlerischen Motiv machten. Sie hielten dokumentarisch die Schätze einer großen Kultur fest, schufen aber auch mit Pinsel, Feder oder Bleistift ihr Ideal neu.

Kleine, in Photomanier gemalte Stadtlandschaften, Häuser und Fabrikanlagen wurden ausgetauscht, in einem regen Briefwechsel teilte man den Daheimgebliebenen die Reiserlebnisse mit, schwer zu beschreibende, herausragende Entdeckungen wurden in kleinen Skizzen festgehalten.

Den Freunden ist klar, es ist nur ein Vergnügen auf Zeit, ein Wettlauf mit dem Tagespublikum, den Modernen, die ihr kulturzerstörendes Werk mit schwerem Gerät vollenden, immer rascher und gründlicher. Mit welcher Konsequenz für die Freunde?

»Lieber H. D., langen Brief mit besonders vielen treffenden Bemerkungen und Beobachtungen heute Mittag dankend erhalten. Besonders die neuerlichen Versuche, ›wohin mit uns?‹ durchzudenken bemerkenswert.«

Auswandern? »New Zealand«, erwägt Knispel, oder »England«? Vielleicht doch in Deutschland bleiben und sich in die Provinz zurückziehen? Etwa nach Coburg, Knispels Heimat:

> Lieber H. Dein Briefpaket mit einiger Freude empfangen. (Obwohl die ›eigene Lage‹ einem beim Durchlesen noch penetranter bewußt wird.) Frage ist eben = Coburg, Stammtisch mit ›Sudentendeutschen‹ im Lokal in dem man fast als ›Sohn‹ behandelt wird, in die Kochtöpfe guckt, relative Ruhe hat (Verkehr, etc.; ganzer Tagesablauf doch eben Provinz)? Oder die eigenen Interessen in Hamburg pflegen und beinahe ständig in ›Abwehrstellung‹ bis ›Verzweiflung‹ gewissermaßen als ›Preis‹ für ›enorme Stimmungen‹, die man in kleinen Dosen in Haseldorf, beim Durchsuchen von Bismarckbüchern, bei Aufenthalten in Mau's Haus, bei Concerten hat. Wobei noch anzumerken ist, daß man immer voraussetzt bei einer der beiden Zeitungen in Coburg unterkriechen zu können, während man tatsächlich eine Absage bekäme. (Absage gibt es ja auch nicht mehr; man bekäme also eine Zusage, die aber als Absage zu verstehen wäre) usw. usw. – Leider den Namen des enormen Hotels in Odense vergessen, war aber das beste alte Hotel am Platze, (roter Ziegelbau). Müßte durch Anfrage am Bhf. leicht in Erfahrung zu bringen sein. Ist aber wohl zu spät? Würde evtl. im Spätherbst selbst mitkommen, falls ich Geld hätte ...

Neben den Auswanderungsplänen schwankte man stets zwischen Hamburg und der Provinz: »Oder doch Hamburg? (Wo man anscheinend einfach nicht wegkommt.) Die Unfreundlichkeit der Leute dort geradezu *unglaublich*. Würde man im Hause von Michael (Mau) wohnen und eine ›erträgliche‹ Arbeit in Blankenese haben, oder zur Not Sternschanze, wäre es evtl. den Umständen entsprechend erträglich. Damit kann man aber nicht rechnen, sondern findet sich beim Brotbacken oder beim Zeitungsfließband ... Also: Wien, um dort dann eben auch wieder nach einiger Zeit abreisen zu müssen. ›Man glaubt es nicht!‹« Vieles spricht dann doch für die Provinz, zum Beispiel die Kleinbürgerkultur, die doch mehr im alten verharrt, schreibt Knispel 1966: »Hatte hier noch wirklich sehr gutes Theatererlebnis, Operette *Der Vogelhändler* im Coburger Theater. Kam erstaunlich hin, in jeder Beziehung. Schon von außen das festlich beleuchtete Haus (Kugellampen außen, von innen gelbes Licht) auf dem tiefverschneiten vornehmen Schlossplatz. Sehr gute Kasse – Mahagoni und Messing, Feuerwehrleute in braunen Uniformen mit Beil im Gürtel, Publikum leicht einfältig-ländlich, einige Herren mit ›Künstlermähne‹, ein schönes Mädchen mit ›Biedermeierfrisur‹, bleich, braves Abendkleid, etwas wie Clara Schumann. Das Theater klein, aber drei Ränge, nicht modernisiert, das Orchester enorm gemütlich in einer Versenkung unter der Bühne. Schauspieler: enorm, die meisten wie man sich früher den österreichischen-süddeutschen Theaterstil denken würde. Die Operette zum gr. Teil in österreichisch gefärbter Mundart gesungen. Hauptdarsteller etwas aufgedunsen, zu langes Haar, Tenor; vollkommen altmodische Art (Gestik). Dann ein ›freches Maderl‹ sowie eine ›schöne Baronesse‹ mit gutgepolsterten Schultern, ›strahlend‹ im Rokoko-Kostüm. Nach anfänglichen Unsicherheiten vollkommen gekonnt gesungen, gespielt und vom Orchester begleitet. Hatte Smoking meines Vaters, der mir jetzt passt, an sowie Opernglas mit. Mit einem Freund, der soweit ›mitkommt‹. – Hinterher noch Künstlerklause, wo es so ist, wie der Name schon sagt; einige der Darsteller sich an einem Extratisch ›beim Weine‹ selbst feierten, ›glokkenhell‹ lachten und überhaupt enorme ›Coburger Residenz‹=Stimmung hatten. Wäre man in Coburg, würde man sich in der Art noch ein erträgliches Leben machen, vielleicht.«

Das skeptische »vielleicht« war berechtigt. Zwar klingen die brieflichen Reiseberichte noch überwiegend euphorisch, doch zunehmend muß auch gemeckert werden: »London geht jedenfalls auch nicht mehr«, berichtet Knispel, »ist mit dem wahnsinnigen Verkehr nicht besser als Deutschland. (Das Eisenbahnwesen kommt dort auch bald nicht mehr hin.)«

Aus Belgien war hingegen Gutes zu berichten:

»Lieber H. Soeben aus Brüssel und Antwerpen zurückgekehrt. Meine Erwartungen wurden im Ganzen noch übertroffen: der Antwerpener Zoo zum Beispiel das Beste und Eindeutigste, was ich seit langer Zeit gesehen habe. (Ich war 3 x dort) Auch das dazugehörige Museum nebst Palmenhaus könnten überhaupt nicht besser sein. Auch das Local am Museum darf nicht unerwähnt bleiben! Und die enormen Gesamtstimmungen am Südbahnhof! Ich machte die Fahrt mit dem Holzzug; wie du schon sagtest – man glaubt es nicht! Ich stieg die erste Station hinter Born aus und ging durch die dort besonders schöne Landschaft (Erste-Weltkriegs-Stimmung). An dem enormen kleinen Kanal mit der Brücke und den ›Napoleonbäumen‹ machte ich 1 Aufnahme, die sehr gut sein müsste ...« Zumindest die Westreisen erwiesen sich als problematisch, hatte man zunächst noch über »enorme Stimmungen« berichten können, so mußten beim zweiten Besuch bereits Abstriche gemacht werden. Zuviel Verkehr, Abrisse, Neugestaltung und womöglich moderne Verkehrsmittel waren hinzunehmen. Entsprechend konstatierte Knispel: »Bei allen Reisen steht es ähnlich wie mit Luxemburg: besser es so in Erinnerung behalten, als durch wiederholte Besuche alles zu verderben.« Nach langem Zögern entschied sich Knispel, die Freunde zu verlassen und eine Arbeit in England aufzunehmen. Beim »Manchester Guardian« hatte er eine Stellung gefunden, wöchentlich übersandte er Lageberichte:

> Lieber H. Es ist ein Jammer, dass Du die Schreibmaschine, auf der ich schreibe, nicht sehen kannst; man glaubt es nicht (m.g.e.n.). Ueberhaupt ist die Zeitung so enorm, wie ich bisher kein Bureau gesehen habe. Dunkelbraune Moebel, an den Kanten und Ecken nach und nach gelblich-heller werdend. Wiener Stuehle, bestes Gebaeude, schwarz geworden, gegenueber, Kugellampen darin Aufschrift: *Frequent shipping to India, Australia, New Zealand, The Far East.* Hier z.T. Roeckchenlampen, Tellerlampen, sowie in einigen Raeumen Neon. Entdeckte gestern enormen Raum mit gebundenen Jahrgaengen in Leder und Bergen von alten Zeitschriften, Buechern und Kram. »Erbte« auch gleich was von dem »trotteligen« Bibliothekar. Wohne in boarding house, das ich mit der eigenen Penetranz, die man bei eigenen Belangen zu entfalten vermag, nach tagelangem Suchen fand. Grosses, ehemals vornehmes Haus, Gegend mit Hamstead vergleichbar, jedoch keine Farbigen. 3 Pfund per week mit Breakfast (etwa 36 DM). Einrichtung nicht vollkommen altmodisch, aber sehr angenehm, z. B. Wiener Stuehle, besorgte mir gleich zwei für mein Zimmer. Dieses wie bei Miss Lee ein halbes, habe Kamin und Waschbecken (warm u. kalt). Studenten, sind aber bis auf 3, im Moment auf Ferien. Einer schlaeft im Garten im Schlafsack, waescht sich nur im Bad und sieht abends Fernsehen(!) Geht in zu kurzen Hosen, enorm dicke Beine, mehr wie ein riesiges Baby. Zu dicker Kopf, ist immer ›cheerfull‹, Hast? – Manchester z.T. enorm: das Riesenhafte, die zu mittelalterlichen Fabriken, meist in einem Zustand, wo man nicht weiss: wird es noch benutzt, oder nicht mehr? Drei grosse Bahnhoefe noch ›unversaut‹. Ein Kopfbahnhof;

noch besser die beiden hiesigen Bahnhoefe, die unmittelbar hintereinander an einer Strecke liegen, beide allerdings auch mit Geleisen, die an Prellboecken enden. Noch relativ viel Dampfbetrieb. Machte schon zwei Reisen, eine nach Liverpool, eine nach Chester. Jeweils auf anderer Strecke zurueck und jeweils andere Bahnhoefe als Ausgangspunkt; selbst Chester, 500 000 Einw., hat zwei grosse Bahnh. Eine gute Sache hat uebrigens die Labour-Regierung vollbracht: Dr. Beeching ist abgesetzt und sein Eisenbahnstillegungsplan im Papierkorb.
Hier gibt es uebrigens zwei elektrische Vorortlinien mit den besten Wagen, die ich seit dem Verschwinden der braunen U-Bahn in London gesehen habe. Einzelabteile, Oberleitung, innen Holz, enorme Fenster mit Lederriemen, zum Teil braune Aufnahmen von englischen Landschaften. Kuehlrippen an der Seite des jeweils ersten Wagens, sehr gute Fenster mit kleinen Schnee-Ueberdaechern (vorn). Schlaeuche, Kabel etc. Kann mir vorstellen, dass Du sie eventuell sogar besser finden wuerdest als die Braunen. Das Beste war ja tatsaechlich, dass sie als U-Bahn fuhren.
Hier ringsum das groesste Industriegebiet Englands mit Anlagen, Truemmern und ueberhaupt Sachen, die das Ruhrgebiet wahrscheinlich noch uebertreffen. Werde im Laufe der Zeit nach Leeds (soll noch Strassenbahnen haben), Sheffield, Bradford, evtl. Birmingham besuchen. Bahn erstaunlich billig, wenn man die Umwege, die erlaubt sind, bedenkt. War fast fuenf Stunden unterwegs, zurueck ueber Bolton mit bestem Personenzug, Dampf, zum ersten mal seit Jahren wieder das ›Zing Zi-i-ing‹ beim Ueberfahren der Weichen gehoert. Schienenabstaende auf der ganzen Strecke, nur gute Bahnhoefe. Beamte fast ausschliesslich Opas in Westen und schlappen Anzuegen. War bald in so guter Stimmung, dass es kaum auszuhalten war. Frage nach der Zukunft schiebe ich beiseite …

Als Jaegers Freundin Hilka (Fräulein F.) 1966 Knispel mitteilt, daß der Freund in der Psychiatrie in Kiel gelandet ist, zeigt sich der Mentor besorgt: »H's Krankheit ist ja unheimlich, erklärt auch das Ausbleiben von Post. Ich lasse mit gleicher Post einen (weiteren) Brief an ihn abgehen.« Das Unwohlsein übergehend, fragt Knispel Jaeger nach »Entdeckungen« in Kiel. »Erwarte gespannt die neuen Entdeckungen. Kiel ist faszinierend, das hatte ich schon als Junge (und das hat man dann natürlich auch jetzt noch) (erst recht). Ich bringe also Karte von Kiel, sowie die im vorigen Brief angegebene Abb. Der ›Elevated‹ mit.«

Zuvor hatte er Jaeger einige Aufträge erteilt, deren Beantwortung er anmahnt: »Was hast bei der Kieler Straba (Straßenbahn) erreicht? Bilder?« Mit Jaegers Entschluß, die Arbeit in Schleswig aufzugeben, ist er vom psychischen Leid schlagartig genesen. Nach Hamburg zurückgekehrt, werden sogleich Reisepläne geschmiedet, immer wieder risikolos, weil vergnüglich, ist der Osten. Als Knispel von den Vorbereitungen einer Exkursion in die Tschechoslowakei erfährt, übersendet er unverzüglich entsprechende Anweisungen:

»Tschechoslowakei: viel Spass! Ist ja enorm. *Unbedingt Budapest!* Habe hier im TV Bericht gesehen. Kilometer um Kilometer nichts als beste Etagenhäuser, alles vollkommen altmodisch, prächtig, riesig (wahrscheinlich besser als Prag, Wien, eher ›Dresden‹, ›Berlin‹). Die altmodische U-Bahn fährt noch. Unglaublich Donau-Brücken. Gehört: alles voller, z.T. riesiger Dampfloks. Hoffe, von unterwegs unbedingt Bericht zu bekommen! Fräulein F. sandte mir einen in der Tat *unglaublichen* Bericht v. ihrer Ostzonen-Reise. (Sofort hin) Werde sobald wie möglich meine Tanten (2) in Zossen besuchen. (Mark Brandenburg), Vorstadtverkehr nach Ostberlin)

Herzl. Dank für die diversen Abbildungen! Man ist immer enorm froh über alle Anzeichen der eigenen ›Belange‹; ohne geht es nicht mehr. ›Freiheit allein ist Zwang‹ Carl Stiefelberg. 1892; oder wie heißt es so schön: ›Heute ist morgen gestern‹ Gottlieb Semmelroth (1829–1889) Mit frdl. Empflg. an Fräulein Franck bin ich verbindlichst A.K.«

Passend dem Reiseziel wünschte der Mentor auch die Reiseliteratur, die man notfalls aus dem »Bücherkabinett«, einem Antiquariat in Hamburg, »mitgehen« ließ.

»Entdeckte einen Bücherwagen, wo man stehen bleiben musste und wo ich so manches fand. ZB. ein ›Romanheft‹, herausgegeben in Wien 1930, mit einer Novelle von Arthur Schnitzler: *Dr. Gräsler, Badearzt*. Wie der Titel schon enorm andeutet, eine sehr gute Geschichte, peinlich, schlapp. Enormes Hin und Her, ohne dass überhaupt was passiert. Spielt im deutschen Mittelgebirge, in kleinem Kurort. Das Beste was ich seit langem gelesen habe. –«

Den Freunden nahegelegt war auch Tolstoi, und als Zeitung wurde das Lesen der *Neuen Zürcher* empfohlen, »die ja wirklich erstaunlich ist. Z.B. langen Artikel über den Junikäfer, oder ein unglaublich muffiges, naseweises Feuilleton über ›Die Bügelfalte‹. Oder gestern ein ganzer Artikel über Abfahrtzeiten des Orientexpress und Mäkeln, dass er nicht mehr täglichen Anschluss an die Schweiz hat.« Bezüglich der Entdeckung der Ostzone war Jaeger den Freunden voraus. Bereits als Kind besuchte er regelmäßig seine Verwandtschaft in der kleinen mecklenburgischen Ackerbürgerstadt Lübtheen. Der Großvater bekleidete hier das Amt des örtlichen Parteisekretärs. Das Parteibüro war in einem ehemaligen Ladengeschäft untergebracht, in dem der großväterliche Parteiarbeiter seinem Enkel »Schulungen« angedieh, über den Klassenfeind referierte und schließlich anhand langer Listen die sozialen Errungenschaften der DDR mit denen der Westdeutschen verglich. Vor allem mit den Kosten des Lebensunterhalts versuchte Opa Parteisekretär den Jungen zu überzeugen. Mieten, Brot-, Zucker- und Griespreise, Milch- und Brausepreise wurden gegeneinander aufgewogen, Kaffee und Kakao und anderen Luxus fand der Großvater in seinen Listen nicht, aber diese Waren hatte der Westbesuch ja mitgebracht. Aus Symphatie mit dem »großen Führer« schnippelte der Friseur nebenan dem Alten wöchentlich eine »Stalinbürste«, die erst nach dem XX. Parteitag der KPdSU einen Scheitel bekam. Es war eine liebe Verwandtschaft, die Jaeger immer wieder gern besuchte, vor allem die Tanten, die den Jungen verwöhnten und in einer Keksdose seine Kinderzeichnungen wie einen Schatz hüteten, gnurziges Zwergenvolk, kleine Portraits und Zeichnungen von Tieren, die sich zuweilen von späteren Arbeiten kaum unterschieden.

Eine erkenntnisreiche Ohrfeige

Über das Schicksal des westdeutschen Zweiges der Familie erfuhr ich anläßlich eines schweren Gewitters über Karoxbostel. In diesem winzigen Dorf in der Nähe Harburgs hatte ich eine kleine Wohnung gefunden, die auch für Jaeger eine Übernachtungsmöglichkeit bot. Etwas angekifft hockten wir hier eines Abends zusammen, um eine Hitler-Rede zu hören, eine Gröhlrede über die Tschechoslowakei (»Hier steht Herr Benesch, und hier stehe ich«), die uns ein Altnazi überlassen hatte. Passend dazu krachte ein katastrophenartiges Gewitter über das Haus, Blitz und Donner in einem, veranlaßte mich zur Bemerkung: »Das war aber nah.« Ein Satz, den man in Luftschutzkellern häufig hörte. Als dann auch noch das Tonbandgerät seinen Geist aufgab und das Licht ausging, sahen wir uns in eine Luftschutzkellerstimmung versetzt. Ziemlich unvermittelt erzählte Jaeger plötzlich von Dresden: Die erste Welle des Angriffs am 13. Februar 1945 hatte das Haus, in dem die Familie Jaeger wohnte, unbeschädigt überstanden. Kaum war man unversehrt aus dem Keller gekommen, erfolgte der zweite Angriff, unvorstellbar das Inferno. Jaeger glaubte sogar das Rasseln der Ketten, mit denen mehrere Bomben zusammengekettet waren, gehört zu haben. Als ein Luftschutzwart die Treffer am Haus meldete, die Hitze des Brandes die Kellergemeinschaft erreichte, drängte der Vater zur Flucht. Die Familie konnte dem Feuersturm entgehen und die Vorbezirke der Stadt erreichen. Die Amoralität des Krieges und dieses Angriffs war für Jaeger in einem einzigen Bild festgehalten: Still und gefaßt kam den Flüchtenden ein Junge entgegen, an seiner Hand führte er ein kleines Mädchen, beide trugen ihre Nachthemdchen und gingen unaufgehalten, wie traumwandelnd, in die brennende Stadt hinein. Da die gesamte Habe der Familie verbrannt war, entschloß sich der Vater zum sofortigem Aufbruch nach Harburg. Bedroht von Tieffliegern, teilweise zu Fuß, manchmal mit der Bahn und anderen Fahrgelegenheiten, kam man nur mühsam voran. Im Verlauf dieser Flucht erfuhr Jaeger eine prägende Lehre fürs Leben, ein Erlebnis, das ihm eindrucksvoll eine deutsche Unart vor Augen hielt, die unser Volk zu allen Zeiten so viel Leid erdulden ließ: Im Schutze eines Waldstücks beobachtete er mit seinem Vater einen Luftkampf. Einige deutsche Jäger hatten amerikanische Flugzeuge angegriffen, die mit den deutschen Fliegern kurzen Prozeß machten. Es dauerte nicht lange, und eine Messerschmitt nach der anderen stürzte zu Boden. Fasziniert betrachteten die beiden das Schauspiel. Als der kleine Heino angesichts der abgeschossenen Deutschen sagte: »Ich glaube, wir verlieren den Krieg«, verabreichte ihm der herzensgute Vater, der niemals die Hand gegen seinen Sohn erhoben hatte, die einzige Ohrfeige seines Lebens. Heino Jaeger hatte damit bereits in jungen Jahren erfahren, daß es in Deutschland gefährlich ist, negative Dinge beim Namen zu nennen.

Gewiß, das deutsche Volk ist sprichwörtlich dafür bekannt, mit larmoyantem Gejammer die Zeiten zu beklagen, doch unfähig, kausal zu denken, Ursache und Wirkung miteinander zu verknüpfen und entsprechende Schlüsse zu ziehen. Bei allen ihren Untaten kennen sie die Schuldigen und benennen sie die Sündenböcke, mit denen sie ihre Missetaten legitimieren. In ihrer fest verankerten Verlogenheit verweigern sie sich der Realität, indem sie ständig mit Wortverschönerungen verbale Schönrederei betreiben und die Wahrheit mit Defätismus gleichsetzen.

Mit dieser Erkenntnis überstand Heino Jaeger die Schulzeit und den weiteren Lebensweg. Stets vermied er es, sich an heiklen – zum Beispiel politischen – Debatten zu beteiligen, und er zog es vor, von den Menschen als freundlicher, lieber Mensch charakterisiert zu werden. Die Bosheiten seiner Zeichnungen, das Infame in seinen Stegreifgeschichten blieben zumeist unentdeckt.

Nach langer Odyssee erreichte die Familie schließlich Harburg, man hatte sich tapfer durchgeschlagen, und der häufig zu Depressionen neigende Vater hatte mit großer Kraftanstrengung für seine Familie sorgen können. Er hatte Lebensmittel beschafft, zum Beispiel von einem Förster einen halben Fuchs als Sonntagsbraten ergattert oder bei den Bauern Milch und Kartoffeln gehamstert. Die nächste Schwierigkeit im zerstörten Harburg war die »Wohnraumbeschaffung«. In einem halbzerstörten Fachwerkhaus in der Eißendorfer Straße war man zunächst untergekommen, es war beengt, und bei Regenwetter mußte im Klo ein Regenschirm aufgespannt werden; die Räume waren kaum zu beheizen, und trotzdem gelang es dem Vater, ein kleines Fotoatelier einzurichten. Aber wer hat schon in den ersten Nachkriegsmonaten das Bedürfnis, sich photographieren zu lassen? Doch mit den ersten Registrierungsmaßnahmen der Besatzer und dem Ausweiszwang für alle Deutschen mußten Paßbilder gefertigt werden, Hein Jaeger offerierte sich den Harburgern als Photograph und als trotz Fraternisierungsverbot sich britische Besatzungssoldaten, gegen Abgabe des Filmmaterials, für die Lieben daheim bei Hein Jaeger ablichten ließen, entwickelte sich das Geschäft. Bisweilen haderte der Vater mit seinem Schicksal, nicht mehr für eine Presseagentur arbeiten zu können, er bekam wieder Depressionen. Mit seinem Künstlerfreund Komorowski suchte er deshalb Trost beim Trunk, beklagte sich über die öde Arbeit, Hochzeiter, Schulanfänger und aufgetakelte Weiber photographieren zu müssen. Ein Hoffnungsschimmer waren die Aufträge des Klett-Verlages, für Schulbücher Photos anzufertigen. In Lehrbüchern der Chemie und Physik demonstriert Sohn Heino häusliche Tätigkeiten, an denen sich chemikalische und physikalische Gesetze festmachen lassen.

Prager Frühling

Heino Jaegers gebesserte finanzielle Lage, der Museumsarbeit sei Dank, erlaubte ihm im Sommer 68 noch einmal eine Reise nach Prag, gewissermaßen in Gedenken an Alexander Knispel, der in den letzten Briefen dieses Reiseziel festgeschrieben hatte. Der Prager Frühling hatte Hoffnung auf einen demokratischen Wandel in der Tschechoslowakei gemacht, der nicht unbedingt von Vorteil für das Bahnwesen und das Stadtbild sein mußte. Solange das alte, liebgewonnene Prag noch existierte, wollte Jaeger noch einmal die Stadt besuchen. Bereits in der DDR sorgte Jaeger für einen »Zwischenfall«. In Dresden hatte er den Zug verlassen, um das Bahngelände zu eruieren, zu lange, der Zug war mit seinem Gepäck abgefahren. Allein schon aus dem Zug auszusteigen, war ein schwerer Verstoß gegen die Transitbestimmungen der Deutschen Demokratischen Republik. Sich sofort zu melden, wäre naheliegend gewesen, und jeder normale Bürger aus dem kapitalistischen Ausland hätte sich sofort in Haft genommen gesehen – auf jeden Fall schikanöse Behandlung erwartet. Jaeger meldete sich nicht, sondern gönnte sich einen ausführlichen Stadtbummel durch Dresden. Der nächste Zug in Richtung Tschechoslowakei fuhr erst einige Stunden später, und so konnte er sich Zeit lassen. Gelassen, aber doch nicht ohne Spannung bestieg er den Zug in Richtung Bad Schandau und erwartete die Grenzkontrolle. Im üblichen Ritual betrachtete der Beamte seinen Paß, blickte mehrmals in das Dokument, fixierte das Gesicht, klappte den Paß zu und händigte ihn aus und wünschte eine gute Reise. »Sie sind Herr Jaeger«, sagte der Kontrolleur, »wir erwarten Sie schon, in der Deutschen Demokratischen Republik geht keiner verloren.« Jaeger dankte freundlich und fragte nach seinem Gepäck. »Das können Sie in Bad Schandau in Empfang nehmen«, damit war die Sache erledigt, Jaeger durfte unbehelligt in die CSSR einreisen. Am Wenzelplatz wurde er Zeuge der Beendigung des Prager Frühlings. Sowjetische Panzer waren aufgefahren, und eine aufgeregte Menge patriotischer Tschechen empörte sich mit Pfiffen und geballten Fäusten. Jaeger hatte sich in einem unterirdischen Pissoir in Sicherheit gebracht – hörte das Getöse auf dem Platz, – die Panzerketten und das Lärmen der Menschen. Leute strömten in den Keller, berieten sich über das weitere Vorgehen und verließen ihn wieder. Nur ein Mann blieb von dem welthistorischen Ereignis unberührt, ein dicklicher junger Mann, der sich, verdeckt unter seiner Aktentasche, ein bescheidenes Vergnügen gönnte und masturbierte. Für Jaeger eine nachdenkenswerte Bereicherung des welthistorischen Geschehens.

Wohnungswechsel

Meine neue Wohnung in Karoxbostel war ein Glücksfall. Ein geräumiger heller Flur mit winziger Küche war Schlafraum für Jaeger, das Wohnzimmer mit meinem Bett – hell und freundlich – hatte ich antik eingerichtet, alles ebenerdig mit kleinem Garten, erschien es mir als Paradies. Gleichermaßen zu loben war auch der Vermieter, Herr Porth-Backhaus, Erbe eines Bauernhofes mit etlichen Morgen Land, den er einige Jahre unter der Aufsicht seiner Mutter bewirtschaftet hatte. Nach deren Tod aber verpachtete oder verkaufte er sukkzesive seinen Besitz. Im besten Mannesalter hatte er sich für das Leben eines Playboys entschieden: große Autos, das etwas mißverstandene Wohnungsambiente, die Möbelhausvariante einer Schickimicki-Studiowohnung. Pferde und schließlich seine Betätigung als »Ladykiller« kontrastierten seine »Weltanschauung« – Herr Porth-Backhaus war bekennender Nazi. Entsprechend seinem Alkoholpegel nicht immer linientreu und bisweilen auch widersprüchlich, hatte er sich eine promilleabhängige variable Weltsicht gebastelt, die er in langen Monologen vorzutragen pflegte. In den umliegenden Gastwirtschaften und Geschäften trat er als zahlungskräftiger Luxusmensch auf, so daß die Dörfler ihm den Titel »Grundbesitzer ohne Land« gegeben hatten. Eine wichtige Rolle in seinem Leben nahm sein Rauhhaardackel Garry ein, ein liebes Tier, das auf Frauen abgerichtet war. Sah Porth-Backhaus ein weibliches Opfer, gab er Garry zu verstehen, mit freundlichem Schwanzwedeln die Auserkorne zu begrüßen, und stets wurde der zutrauliche Hund mit Liebkosungen belohnt. Dann trat Porth-Backhaus hinzu und eröffnete die Balz mit der Bemerkung »Hund müßte man sein«. In diesem peinlichen Moment wäre man nach Möglichkeit im Boden versunken, doch nur allzuoft mußten wir erleben, daß er die Auserwählten mit diesem schamlos blöden Trick zu betören vermochte. War es sein modisches Aussehen, seine penetrante Parfümierung? Jaeger und ich rätselten neidisch über seine Erfolge, zumal er wohlbeleibt kein jugendlicher Adonis war. Frauen aus unserem Bekanntenkreis empfanden ihn ekelig und äußerten ihren Abscheu derart emotional, daß wir Zweifel hegten, ob er nicht doch über besondere Verführungstechniken verfügte. War des Rätsels Lösung etwa sein animalisches Brunftgehabe, seine körperlichen Reaktionen? Angesichts attraktiver Frauen quollen seine Lippen auf und erhielten eine bläuliche Färbung, die Augen traten glasig hervor und wurden blicklos. In der dörflichen Nachbarschaft richteten Väter reifender Töchter beständig ihr Augenmerk auf das Anwesen Porth-Backhaus', denn unter den

Mädels hatte es sich herumgesprochen, daß sie bei ihm einfühlsam und diskret in die Künste der Liebe eingeführt würden. Nicht selten polterten Väter an der Wohnungstür des Meisters, riefen nach ihren Töchtern und begehrten wütend Einlaß. Porth-Backhaus betrachtete seine sexuellen Aktivitäten keinesfalls als hemmungslose Vögelei, überaus prüde und ständig den Sexismus der Zeit beklagend, sah er sich als verständiger Pädagoge, als Freund der weiblichen Jugend, die er vor allem bildend und kulturell anregend zu fördern trachtete. So mußten die Mädels stundenlang Beethoven hören oder sich lange Passagen aus Hitlers *Mein Kampf* vorlesen lassen. Heino Jaeger und mich hatte P. B. in sein weites Herz geschlossen, war Jaeger bei mir, wurden wir morgens geweckt und zu einem üppigen Frühstück gebeten, das nahtlos in eine Mittagstafel überging und in einem Saufabend endete. Besoffen las er uns aus *Mein Kampf* vor, hämmerte Kampflieder in sein Klavier – um schließlich, zum Mitsingen, *Hare Krishna* zu intonieren. Bisweilen nahm er auch Jaeger in »Pflege«, fuhr mit ihm nach Timmendorf, wo er ein größeres Anwesen unmittelbar am Strand besaß. Eines Tages fuhr Porth-Backhaus auf den Hof, in seiner Begleitung ein eleganter Herr im Blazer mit grauer Hose, konservativ-englischen Schuhen, einem Meisterhaarschnitt, elegant gewellt. Meine höfliche Begrüßung erntete brüllendes Gelächter, ich hatte den eleganten Herrn zunächst nicht erkannt – es war Heino Jaeger. Aus eigenem Bestand und Zukauf hatte Porth-Backhaus Jaeger völlig neu eingekleidet und war schließlich mit ihm zu seinem Friseur, dem amtierenden Weltmeister der Frisierkunst, gefahren, der, den Anweisungen P. B.s folgend, Jaeger eine modisch-lockige Haartracht coiffeurierte. Jaeger schien außerordentlich zufrieden, er war in bezug auf Kleidung nicht uneitel, kaufte sich, vorausgesetzt er verfügte über Geld, auserlesene Kleidungsstücke, die freilich nicht unbedingt den Geschmack Porth-Backhaus' trafen, zum Beispiel einen Sakko, für dessen Ankauf die Ähnlichkeit mit den Polsterbezügen englischer 1.-Klasse-Wagen entscheidend war.

Auch bei Jaeger reiften Umzugspläne. Der Grund war der Entschluß, ein Geschäft zu eröffnen. Nach dem Besuch eines Zinnfiguren-Monomanen glaubte er, einen Markt entdeckt zu haben: Zinnfiguren. Tagelang studierte er den Annoncenteil diverser Zeitungen und besichtigte die angebotenen Gewerberäume und Läden. Daneben entwarf er eigene Figuren, preußische und dänische Wachtsoldaten, bastelte Gipsformen, füllte sie mit Blei und erntete grobe Figuren, die einer intensiven Nachbearbeitung bedurften. Gemeinsam fuhren wir nach Kiel, wo in der Feldstraße Alois Ochel eine Zinnfigurenfabrik betrieb. Im Hof eines mehrstöckigen

Mietshauses befand sich ein garagenartiger Flachdachbau, die Fabrik »feinster Compositionsfiguren«, einst Spielzeug und nun verhältnismäßig teure Sammlerobjekte. Unter der Aufsicht des Fabrikbesitzers Ochel saßen an einem langen Tisch ältere Frauen, die im Akkord die Figuren bemalten, eine einfache Sorte und die sogenannten Sonderfiguren: Friedrich der Große, Bismarck, Freiherr von Laudon, berühmte Gestalten der Geschichte, Adolf Hitler war »zurzeit nicht lieferbar«. Die Frauen machten einen mürrischen Eindruck, wirkten wie Näherinnen in kleinkapitalistischen Ausbeuterbetrieben des vorigen Jahrhunderts, schweigend taten sie ihre Arbeit, wahrscheinlich hatte Herr Ochel Redeverbot erteilt. Unter fachlicher Beratung des Fabrikbesitzers kaufte Jaeger zu günstigen Konditionen ein kleines Sortiment, den Grundstock für seinen neuen geschäftlichen Aufbruch. Wenige Tage nach dieser ersten Investition fanden sich auch die Geschäftsräume, ein aufgelassener Frisiersalon in der Eppendorfer Landstraße. Die Verhandlungen mit der mißtrauischen Vermieterin, ihr Friseurgatte war vor kurzem gestorben, waren zäh, aber nicht zuletzt die Porth-Backhaus-Verkleidung überzeugten schließlich die Witwe von der Seriosität des jungen Geschäftsmannes. Bedauerlicherweise beherrschte Jaeger nicht die Kunst des Frisierens, er hätte sich die Investition in die Infrastruktur erspart, denn der Salon war noch vollständig erhalten: An der Längswand edle mahagonigebeizte Vitrinen mit Spiegelrückwand, kleine Kommoden mit Marmorplatten rechts und links der Waschbecken, darüber Röckchenlampen. Alles im Stil der 20er Jahre, wohlgepflegt auch die lederbezogenen schweren Frisierstühle. Den winzigen Hinterraum nutzte Jäger als Schlaf- und Wohnraum, im Laden lagerte er seine Bilder und sonstigen Hauskram, mit einer milchigen Plastikplane verhängte er das große Schaufenster, stellte eine kleine Auslage seiner Figuren davor, ein kleines Schild »Zinnfiguren – Heino Jaeger« versprach »für demnächst« die Eröffnung des Ladens – offensichtlich von Freunden der Zinnfigur ungeduldig erwartet, wie kleinen Zetteln an der Ladentür zu entnehmen war, Anfragen nach Geschäftszeiten und bestimmten Figuren. Einstweilen jedoch beschränkte sich die Nutzung des Gewerberaumes auf ein Lager der Bilder und Wohnung. Andere erwarteten die Wiedereröffnung eines Friseursalons, Vertreter übersandten »Herrn Friseurmeister Heinz Jaeger« Parfümerieangebote und ersuchten um Termine, ihre Produkte vorzustellen.

Der Plan der Geschäftseröffnung rückte in immer weitere Ferne, die Mühsal, Ordnung in das Umzugschaos zu erlangen, die gestalterischen Probleme, einen Frisiersalon in ein Zinnfigurengeschäft umzuwandeln, erwiesen sich als unüberwindliche Hindernisse. Im Wohnraum hatte er sich gütlich eingerichtet, d. h., daß die kreative Unordnung, das Sammelsurium an exotischem Nippes, eine ungemein gemütliche Atmosphäre schuf. Englische Porzellanfiguren, Friedhofskunst, Grabschmuck, ein segnender Engel und ein schlafendes Hündchen, Sammelfrüchte von Truppenübungsplätzen, ein abgeschossener MG-Gurt, gefährlich anmutende Kanister mit warnenden Schablonenschriftaufdrucken, Dosen aus dem Proviant englischer Soldaten mit der Aufschrift »Look before you cook«, einige lexikalische Bände des 19. Jahrhunderts, nicht dekoriert, sondern wie zur Katalogisierung aufgestellt, erweckten beim Besucher den Eindruck eines herrschaftlichen Raritätenkabinetts. Besucher waren Hassan, der Palästinenser, mit seiner hübschen, den westlichen Lebensstil genießenden Frau, die zuweilen zum arabischen Essen einluden und ihre Gäste wahre Freundschaft spüren ließen. Hassan sprach dann vom »Schwarzen September« und von seinem Wunsch, bald an der Seite seiner Freunde im Freiheitskampf für ein unabhängiges Palästina stehen zu wollen. Eines Tages war es soweit, Hassan verabschiedete sich, seine Frau war etwas stiller geworden, sie wußte, daß ihr freies Leben nun ein Ende hatte, doch klaglos folgte sie ihrem Mann, wohlwissend, daß vor ihnen eine ungewisse Zukunft lag.

Besucher war auch Hubert Fichte, der den Freundeskreis mokierend »Altmodler« genannt hatte. Er selbst war der personifizierte Zeitgeist, den Naturvölkern in neuwestlicher Devotion zugetan und doch, freilich moralisierend, vom Bild der »Wilden« nicht lassend. Ein »linker Moralist«, der sich zugleich zum Vulgärdarwinismus ausgerechnet des »Kiezes« hingezogen fühlte, vielleicht als heimlicher Ausgleich zum linken Gutmenschentum. Grund des Besuches bei Jaeger mochte Autorenneugier gewesen sein, ihm lag jedoch nicht das stille Zuhören. Als merkwürdiger Kontrast zum Ambiente der Künstlerstube thronte er auf dem Frisierstuhl, gekleidet mit samtener Jacke und engen Hosen in langen braunen Reißverschlußstiefeln. Er wirkte ungemein intellektuell, berichtete über ein vorzügliches Essen mit Raddatz, griff schließlich eine von Jaeger leichthin geäußerte Bemerkung über die Linken auf und begann, wie ein Lehrer über die Vielschichtigkeit sozialistischer Weltanschauungen zu dozieren. Mit meiner Bemerkung, ich sei aus der Ostzone und so würde ich wohl den Sozialismus etwas kennen, erntete ich tiefe Verachtung. Zum einen, daß ich die Ostzone nicht DDR nannte, zum anderen, daß ich vom wahren Sozialismus keine Ahnung hätte. Heino Jaeger machte flugs aus dem gereizten Disput einen veralbernden Sketch, so daß er schließlich einen gutgelaunten

Hubert verabschieden konnte. »Zu deutsch«, kommentierte er den kurzen Besuch. So sehr wir uns auch bemühten, dem Zeitgeist der 60er konnte man sich kaum erwehren, ja zuweilen suchten wir sogar die »Stimmung« des studentischen Aufruhrs jener Jahre. Unweit des Campus konnte man im »Cosinus« die »Szene« beobachten, gorkihafte Gestalten, finster gestylte Bürgerkinder, mit üppiger Haarpracht und großväterlichen Bärten, die weniger das gewünschte Habit russischer Sozialrevolutionäre erreichten, sondern mehr dem Bild amerikanischer Hobos und Trapper entsprachen. Daß überdies unausgesetzt und lautstark angloamerikanische Musik rumpelte, unterstrich das wahre Vorbild des permanenten Protests, dem mit pornographischen und revolutionären Kritzeleien auf dem Klo Ausdruck verliehen war. Mit zahlreichen Anglizismen waren hier die bürgerlichen Sexualnöte und das kleinbürgerliche Unbehagen der Wohlstandskinder festgeschrieben. Nicht unsere Welt, diese deutsche Schwerenot. Während sich die deutschen Epigonen mit gelehrten Worthülsen bombardierten, mit gruseligem Liedgut protestierten und sich wie unartige Kinder gebärdeten, hatte sich die amerikanische Jugendgeneration bereits mit Witz und unglaublich guter Musik zum Protest formiert, ein Protest, der weltweit gehört wurde und schließlich sogar die Weltmacht USA in ihren Grundfesten erschütterte.

»Man glaubt es nicht.«

In rührseligen Momenten der Muße lasen wir zuweilen Briefe von Alexander Knispel, die uns deutlich machten, daß der Niedergang der Kultur immer rascher voranschritt. Die Erlebnisberichte Knispels, seine Meckereien über die Zunahme des Autoverkehrs, die Verschandelung einzelner Gebäude, zum Beispiel herrlicher Bahnhöfe, konnten noch mit geringen technischen Mitteln aus den Belegphotos herausretuschiert werden. Jetzt aber war man zum Generalangriff auf die alten Stadtstrukturen angetreten. Entkernung nannten sie den kulturellen Kahlschlag zugunsten der Kaufhausbauten und Bürohochhäuser. Man konnte angesichts des Verfalls Knispels Verkehrstod auch als Gnade des Schicksals betrachten.

In Knispels Briefen an Jaeger waren regelmäßig auch »Grüße an Fräulein F.« ausgerichtet. Lange Zeit hatte ich von der Existenz eines Fräulein F. im Leben Heino Jaegers keine Ahnung, bis ich, durch die alten Knispel-Briefe darauf hingewiesen, erfuhr, daß es sich um Hilka Franck handelte, die langjährige Freundin Jaegers. Lange Zeit hatte er mir die Freundin vorenthalten, und so rätselte ich nicht ohne Neugier über die Art der Beziehung, die mir ungewöhnlich erschien. Über Gott und die Welt hatte man sich unterhalten, namentlich bei unglücklichen, von Jaeger belächelten Balzversuchen meinerseits war auch das Thema Frauen behandelt worden, doch über seine Freundin sprach er nicht. Da Jaeger in seinem Arbeitsraum im Museum keinen Telefonanschluß hatte, liefen seine Telefonate meist über meinen Apparat. Eines Tages wünschte eine Frau, den leise gehauchten Namen hatte ich nicht verstanden, »Herrn Jaeger« zu sprechen. Ich rief ihn und wurde nun erstmals Zeuge eines Gesprächs mit seiner Freundin Hilka. Im Gegensatz zu sonstigen Gesprächen mit Freunden schien mir Jaeger etwas wortkarg, vielleicht, so glaubte ich, wollten private Dinge besprochen sein, und höflich-diskret verließ ich den Raum. Nach Beendigung des Gesprächs fragte er mich, ob ich Lust zu einem Treffen mit Horst Janssen hätte, der käme nämlich heute abend zu seiner Freundin. Natürlich war ich neugierig, zum einen die Freundin kennenzulernen und zum anderen Horst Janssen zu sehen. Janssen war wie Jaeger auch Schüler von Mahlau – dem Lehrer an der Hochschule für Bildende Künste in Hamburg – und Enfant terrible der Hamburger Gesellschaft, der alle bürgerlichen Erwartungen an Künstlern virtuos bediente. Janssen interessierte mich besonders, da er mir von allen Mahlau-Schülern am deutlichsten das Vorbild des Meisters bewahrt zu haben schien. Der Freundeskreis um Jaeger hatte sich weitgehend vom Lehrer gelöst, während Janssen in seinen Arbeiten vor allem Mahlaus gestrenge Wertschätzung des Handwerks tradierte. Bei Freunden sah ich hervorragende Zeichnungen, die auch Jaegers Anerkennung fanden, weitaus bessere Arbeiten als jene beliebte Hausmannskost, die man in norddeutschen Zahnarztpraxen als Wandschmuck findet. In der mittelständischen Hauspostille, dem *Hamburger Abendblatt,* wurden ständig Janssens Alkoholeskapaden kolportiert – liberal nachsichtig über seine heiter-boshaften Streiche berichtet. Hilka Franck hatte, auf die Solidarität der Mahlau-Schüler hoffend, über Freunde den Kontakt zu Janssen gesucht und Hilfe für Jaeger erwartet. Ein gutes Wort, eine nachdrückliche Empfehlung des Meisters bei seinem damaligen Galeristen Brockstedt, so dachte sie, würde diesen für eine Jaeger-Ausstellung erwärmen können. Hilka Franck wohnte im Hause des Komponisten Rupert Glawitsch, einer Villa im Stadtteil Harvestehude, deren herrschaftliches Ambiente zum kleinbürgerlichen Hauseigentümer in starkem Kontrast standen. Vor allem mißfiel der Kleingärtner-Mentalität des Notenkünstlers der Umgang seiner Untermieterin: fragwürdige Gestalten, die es sogar wagten, während der Abwesenheit der

Mieterin die Wohnung zu nutzen. Mißtrauisch beobachtete er ihre Freunde Jaeger und Knispel. Als Glawitsch mit Kündigung drohte, schrieb Knispel: »Die Geschichte mit dem sauberen Hauswirt von Fräulein F. ist wiedermal furchtbar, wie eben alles in ähnlichen und anderen Fällen seine Vollendung in den KZs und ähnlichen Einrichtungen gefunden hat (Betrieb, Mietverhältnis, Behandlung in der Bahn, im Geschäft, Restaurant, Autofahren), man glaubt es nicht.« Dabei begründete Fräulein F.s Wohnung im Souterrain der Villa durchaus keine bürgerliche Beanstandung, so wie mir dann auch bald deutlich wurde, daß die Freundschaft mit Hilka Franck Heino Jaegers bürgerlicher Seite entsprach. Wider Willen wurde die Freundin mit den elenden Normalitäten des Alltags konfrontiert. Sie war die ordentliche, bürgerliche Seite im Leben Heino Jaegers und wurde folglich mit den familiären und persönlichen Angelegenheiten seines Umfeldes behelligt. An diesem Abend waren es die Forderungen des Sozialamtes an den für seine Mutter unterhaltsverpflichteten Jaeger. Mit der Weitergabe dieser, von der Mutter übermittelten drohenden Gefahr, von Behörden bedrängt zu werden, erntete Hilka die schlechte Laune Jaegers. Diese besserte sich mit dem Eintreffen Janssens. Janssen schlug vor, in die Kneipe zu gehen, ein elendes caféartiges Lokal am Grindel, dessen tantenhafte Atmosphäre die Konversation wenig beflügelte. Erst als Janssen sich sein Quantum alkoholischer Getränke einverleibt hatte, kam die Unterhaltung in Gang, Meckereien über den Kunstmarkt, Mahlau-Reminiszenzen und Gedenken an Freunde, vor allem jene nahen Freunde draußen vor der Stadt, in den Hütten auf dem Gelände Maurermeister Dohrmanns. Liebevoll sprach man von Begine Mahlau, der Tochter des Lehrers, die Janssen in treuer Anhänglichkeit über Jahre hinweg unterstützte. Über mögliche Hilfe für Jaeger sprach Janssen nicht, es bedurfte nur weniger geistiger Getränke, um sichtbare Zeichen der Trunkenheit hervorzurufen. Die Finger seiner rechten Hand verankerten sich im Mund, den Arm aufgestützt, troff Speichel auf die Tischplatte, schließlich bestellte er ein Taxi, um andernorts den Trunk fortzusetzen. Jaeger blieb bei Hilka Franck, schließlich hatte der Vermieter alle vierzehn Tage Besuch erlaubt. Es war zu diesem Zeitpunkt eine »alte«, von manchen Krisen geschüttelte Beziehung, über die Hilka Franck, Jahre nach dem Tod Heino Jaegers schrieb:

> Ich will versuchen, einige Eindrücke, Empfindungen und Bilder aus der langjährigen Verbindung mit Heino hervorzuholen.
> Auf die für mich schillernde und reizvolle Kunstszene in Hamburg warf ich schon früh, um die Abiturzeit, von Bremen aus meine Blicke.

Meine Schwester und mein Schwager waren in der Mahlau-Klasse der Kunstschule, und über sie und auch Mahlau ergab sich die Freundschaft zu einigen Mitschülern. Heino Jaeger hatte ein Auge auf mich geworfen und warb ausdauernd und unerschütterlich um eine Freundschaft. Nach Beendigung des Pharmaziestudiums 1962 nahm ich eine Stellung in Hamburg an und war über viele Jahre mit Heino verbunden. Ich bewahrte eine gewisse Unabhängigkeit durch eigene Zimmer, später eine eigene Wohnung, lebte aber auch viel bei ihm. Seine Gefühle, seine Liebe, seine Zuwendung lernte ich zu entschlüsseln, ich wurde davon sehr berührt. Ich bekam Einblicke in sein liebevolles Herz, seine unerschöpfliche Phantasie, seinen umwerfenden Humor, aber auch in seinen erbitterten Existenzkampf, seine Depressionen und seine Hoffnungslosigkeit. Die ersten Jahre waren von vielen schönen Reisen nach Kopenhagen, Belgien, Paris, Wien, Prag und London geprägt. Dabei kam es sehr darauf an, welche Strecke, welchen Zug, welches Schiff, Abteil wir wählten! Dem Blickwinkel von Heino vorwiegend auf alte Züge, alte Häuser, Parks, Friedhöfe, Gewächshäuser und bestimmte Landschaftsausschnitte konnte auch ich Reize abgewinnen.

Die menschlichen Begegnungen, die damit auch stets verbunden waren, waren mir aber noch wichtiger. Sehr unbeschwerte Tage verlebten wir noch oft in Klein Zecher, Pilze, Beeren, Pflanzen sammelnd, auch auf den stillgelegten Gleisen, die an der DDR-Grenze endeten.

Eine schwere Krankheit erschütterte 1966 mein Leben. Die nun vorwiegend depressive Atmosphäre, die über unserer Verbindung lag, konnte ich schwer ertragen, und ich wollte mich trennen. Die jahrelange ›Trennung‹ war quälend. Heino klettete an mir und nahm schrecklicherweise fast alles hin – Freunde und sonstige Hindernisse. Das war für mich bedrückend, und ich strebte nach Freiheit. In den vielen Trennungsbriefen erinnerte Heino immer wieder an die schönen gemeinsamen Erlebnisse, forderte auf, nicht auf das Negative, Tragische zu schauen, aber auch tiefe Hoffnungslosigkeit kommt zum Ausdruck ...

Kunstwissenschaftliche Einführung

Gute Nachrichten kamen aus der Schweiz, Jürgen von Tomëi hatte in Jaeger einen Freund gefunden, und Freundschaften sind für Tomëi ein unumstößlicher Bund fürs Leben. Es muß sehr viel geschehen, bis bei ihm freundschaftliche Bande zerreißen. In sein Herz geschlossen, einem Menschen zugetan sein bedeutet eine ewige treue Anhänglichkeit, wehe, Außenstehende kritisieren oder reden bösartigen Klatsch über seine Freunde, derartiges wird nicht geduldet. Wie ein Pate wacht er über den Freundeskreis, wünscht, so oft als möglich sie um sich zu sehen, und vergißt nicht, durch Rezitieren und Berichterstattung jene einzubeziehen, die nicht anwesend sind. Zuweilen glaubt man, durch Tomëi Freunde zu haben, die man nie gesehen hat, allein durch seine begeisterten Freundschaftsbekundungen. Tomëi war nicht untätig geblieben und hatte weitere Verbindungen geknüpft. Über Hanns Dieter Hüsch hatte er die Kontakte zum Westdeutschen Rundfunk ausgeweitet und damit die Verbreitung der *Jaegerworte* forciert. Die raschen Erfolge weckten bei mir Bedenken, glaubte ich doch, daß mit den öffentlichen Auftritten das graphische Werk Jaegers zu kurz käme. Meine Befürchtungen blieben unbegründet, Tomëi hatte sehr bald dafür gesorgt, daß sich Galeristen für Jaeger interessierten. Rasch folgte eine Ausstellung der nächsten, zunächst 1971 in der Galerie Spatz in Basel. Jaegers Arbeiten waren nicht unbedingt Wandschmuck: mystisch-mythische Gottvaterdarstellungen, zerschossene Häuser, militärische Feldeisenbahnen und gezeichnete Genres aus Irrenhäusern und Siechenstationen, Gerichte auf Tellern serviert, die sich beim näheren Hinschauen als Landschaften entpuppten, phantastische Horrorwesen mit überdimensionierten Geschlechtsteilen. Wer wollte schon seine häusliche Idylle, womöglich mit Kindern, mit derartigem Grusel belasten? Gutes Basler Publikum betrachtete verlegen-ratlos die Bilder. War das ein Naiver, ein Verrückter? In der Galerie Spatz war es Heino Jaeger gelungen, beim Kunstpublikum Aufmerksamkeit zu erlangen und Verwirrung zu

stiften, nicht nur mit seinen Arbeiten, sondern vor allem mit der kunstwissenschaftlichen Einführung des angekündigten Hamburger Professors. Duktus und Gestik legitimierten des Redners außerordentliche Gelehrsamkeit, doch sein exorbitantes tiefgeschürftes Wissen blieb unverständlich. Mit noch nie gehörten Fremdwörtern, völlig unbekannten kunstwissenschaftlichen Begriffen und verwirrenden Exkursen über bislang unentdeckte Stile und Epochen geißelte der Professor die Unbildung der Zuhörer. »Der redet doch Blödsinn«, raunte eine Dame ihrem Gatten zu, der daraufhin empört seine vorwitzige Frau zurechtwies: »Nein, nein, das ist ein Professor aus Hamburg!« Es war Heino Jaeger, der seine eigene Eröffnungsrede hielt, eingeleitet und ausklingend von einem atonalen Trompetensolo des Virtuosen Edward Tarr, laut und kräftig geblasen, die Gehörgänge eines gutmütigen Publikums arg strapazierend. Wie vorausgesehen hielt sich der Verkauf in Grenzen. Weitere Ausstellungen im November 1971 in Neuchâtel, im Januar 1972 in der Galerie Rasser in Basel und im März 1972 in der Berner Galerie Zähringer fanden Beachtung, aber wenig Käufer.

Im heimatlichen Norddeutschland blieb Heino Jaeger ein Geheimtip, vor allem Künstlerfreunde wünschten seine Bilder zu sehen und bisweilen auch zu kaufen. Kreative Geschäftsgründer orderten Jaeger anläßlich ihrer Eröffnungsfeiern, verlangten die *Kündigung* oder die *Kohlroulade*, der Norddeutsche Rundfunk, die Kleinkunsttheater und die Galerien hingegen zeigten kein Interesse. Die Nichtbeachtung war keine boshafte Mißachtung, sie entsprach der vor allem vom Norddeutschen Rundfunk praktizierten sozialen Verantwortung eines Volkssenders. Ähnlich halten es die übrigen norddeutschen Medien, die staatlichen und privaten Kunststätten und Kulturinstitutionen, die nur einem kleinen heimischen Künstlerkreis in Treue fest verbunden bleiben. Rühmliche Ausnahme waren 1972 der bekannte Galerist Schmücking in Braunschweig und schließlich die Hamburger Galerie XX, die Jaegers Bilder dem wachsenden norddeutschen Freundeskreis zeigten.

Gesehenes seitenverkehrt reproduzieren

Jaegers finanzielle Lage hatte sich gebessert, blieb aber noch instabil. Einzige verläßliche Einnahmequelle bot das Museum. Mit dessen Direktor Claus Ahrens verband mich ein bereits in Schleswig begründetes enges Vertrauensverhältnis, das unter anderem mit einem täglichen, oft längeren

Morgengespräch bekräftigt wurde, bei dem stets einige Kognaks genossen wurden. Zu Beginn des Jahres 1971 eröffnete mir Ahrens, über Jaeger nachgedacht zu haben. Mit seinen Bildern wüßte er nicht so recht, was anzufangen, auf jeden Fall aber glaube er, in ihm eidetische Anlagen festgestellt zu haben. In meinem ganzen Berufsleben war mir kein Wissenschaftler begegnet, der sich mit Claus Ahrens messen konnte. Profundes Wissen, analytisches Denken, praktische Erfahrung und pädagogisches Talent summierten sich zu Universalkenntnissen, die – lebendig vorgetragen – Interesse an der eher trockenen Vorgeschichte zu wecken vermochten. Ahrens folgte nicht der üblichen Prähistorikerunart, Urnen und Artefakte zu katalogisieren und lediglich in den vorgeschichtlichen Kontext zu stellen, sondern verstand es, aus Grabungsergebnissen, Bodenbefunden und Fundgegenständen, soziale Zusammenhänge, Einblicke in das Alltagsleben und den kultischen Brauch vorgeschichtlicher Kulturen lebendig werden zu lassen. Seine wissenschaftliche Forschung hatte ihn auf Heino Jaeger aufmerksam gemacht. Eidetiker wäre er, dozierte Ahrens, eine Fähigkeit, die bei manchen Kindern noch heute zu erkennen wäre, die ein d als g schreiben, Gesehenes seitenverkehrt reproduzieren können und meist vor dem Sprechen zu zeichnen vermögen. Die Schule unterdrücke diese Fähigkeit, und nur bei wenigen bliebe die Anlage erhalten. Bei den vorgeschichtlichen Menschen wäre das eidetische Sehen in den Felszeichnungen nachgewiesen, deutlich belegt durch seitenverkehrte Darstellungen und auf dem Rücken liegendes Getier. Aufgrund der Gespräche mit Jaegers Lübtheener Verwandtschaft, die über des kleinen Heinos Sprachschwierigkeiten berichteten und sein frühes zeichnerisches Talent erwähnten, konnte ich Professor Ahrens bestätigen. Damit war das Gespräch aber noch nicht beendet, denn nun kam Ahrens auf einen weiteren Punkt. Entworfen hatte er ein *Panorama der Jahrtausende,* ein riesiges Diorama aus mindestens zehn Teileelementen, das jeweils in einer Landschaft die geologischen und kulturhistorischen Veränderungen von der Eiszeit bis heute darstellte. Künstlerisch ausführen sollte dies Heino Jaeger. Die entsprechenden finanziellen Mittel, 60 000 DM, stünden zur Verfügung. Ich konnte es kaum erwarten, Jaeger Bericht zu erstatten, doch der hatte aus Lübtheen eine Postkarte geschickt, mit der Mitteilung, daß er noch einige Tage in der DDR bleiben wollte. Endlich zurückgekehrt, vereinbarten wir einen Termin bei Professor Ahrens, der Auftrag wurde erteilt, allerdings mit der Auflage, Jaeger solle einen zweiten Künstler herbeiziehen, allein wäre die riesige Arbeit nicht zu schaffen. Ohne lange zu überlegen, nannte Jaeger Harold Müller, was mich verwunderte und meine spießigen Vorstellungen von Liebe und Freundschaft ins Wanken geraten ließen. Inzwischen hatte sich Hilka Franck nämlich tatsächlich von Jaeger getrennt, für mich überraschend, denn kurz zuvor hatte ich beide noch im romantischen Dorfbahnhof Klein Zecher besucht, einer Idylle an einer von der Zonengrenze unterbrochenen Bahnstrecke nach Mecklenburg. Als Mieter bei einer ostischen Matrone, die sich das Signalhäuschen vorbehalten hatte und ewig im Garten herumpusselte, bewohnten die beiden das typische Reichsbahnhäuschen.

Es traf sich gut, daß Hilka und Harold Müller sich entschlossen hatten, in Lübberstedt in der Lüneburger Heide ein altes Fachwerkhaus zu kaufen. Der Vertrag mit dem Helms-Museum über die Fertigung des *Panoramas der Jahrtausende* wurde unterzeichnet. Für Müllers eine willkommene Hilfe für die Restaurierung des Hauses, und für Jaeger bedeutete der Auftrag endlich die langersehnte finanzielle Unabhängigkeit. Arbeitsort für das Panorama, so wurde entschieden, sollte Lübberstedt sein, und darüber hinaus hatte Müller angeboten, daß Heino Jaeger dort auch wohnen könnte.

Verglichen mit meinen Trennungsdramen, empfand ich die Beendigung der langjährigen, für Hilka Franck sicherlich nicht immer leichten Beziehung als bewundernswert. Die meist blödsinnige Abschiedsfloskel »aber wir wollen gute Freunde bleiben« war zwischen Hilka Müller und Jaeger selbstverständlich nie ausgesprochen, die Freundschaft, Harold Müller eingeschlossen, hielt noch über Jahre. »Jetzt viele Briefe von Heino noch einmal lesend«, schrieb Hilka Müller 2005, »muß ich häufig Tränen lachen. Wie tief ist sein Empfindungsvermögen in die komischen, absurden Seiten unseres Daseins, wie kunstvoll seine Umsetzung! Sein schweres inneres Leid gab er selten preis und konnte es gut überspielen. Nur hin und wieder ließ er Einblicke in die Abgründe zu. Aber – er konnte auch seine Stärken zum Ausdruck bringen und hinterließ eine gute Spur in dieser Welt.«

Sich erinnernd, sprach Jaeger noch nach Jahren voller Wärme über die Zeit mit Hilka Franck und ihrer Familie, schilderte den gutbürgerlichen Hintergrund und vor allem die Tage im großväterlichen Pfarrhaus in Thunum. Das alte Haus, umgeben von einem schönen Pfarrgarten mit einem Philosophengang und seinen karg-protestantischen Bewohnern, die so fromm-zufrieden schienen, blieb ihm unvergessen.

Bevor die Arbeit am Panorama 1967 begonnen wurde, besuchte man zu dritt Hilkas Schwester und Schwager Voß auf der Insel Ios. Für Jaeger, der bislang nur »Forschungsreisen« unternommen hatte und das Wort Urlaub haßte, war dieser richtige Sonnenurlaub eine neue Erfahrung.

Zurückgekehrt nach Lübberstedt, begann unverzüglich die Arbeit. Werkstatt war die alte, noch ursprünglich erhaltene Diele, unrenoviert wie das ganze Haus, das bis auf wenige notdürftig hergerichtete Kammern auf umfassende Renovierungsarbeiten wartete. Einige Bauhelfer hatten sich eingefunden und sich in Kammern und Butzen einquartiert, doch ihr Einsatz scheiterte oft am bereits am Morgen genossenen Trunk. Abends zog man in die Bahnhofskneipe, die trotz Stillegung des Personenverkehrs erhalten geblieben war. Man soff sich derart voll, daß der folgende Morgen zum regenerierenden Schlaf genutzt sein wollte. Jaeger, die dörfliche Stimmung mit abendlichem Milchholen und Eierkauf in der bäuerlichen Nachbarschaft in vollen Zügen genießend, betrachtete auch diese abendlichen Besäufnisse als Teil des Landlebens. Mit den Saufkumpanen konnte er freilich nicht mithalten, so daß die greise Wirtin ihn mit Zitterstimme bitten mußte: »Heino, wenn du kotzen mußt, nimm doch das Klo, ist doch ekelig – immer das Waschbecken, Karin muß das immer durchrühren.« Unverständlicherweise zeigte Müller angesichts der wartenden Arbeit starke Nerven, zumal zusätzlich zu den ständigen Hausbewohnern an Sonn- und Feiertagen zahlreicher Besuch eintraf. Freunde aus Hamburg, der Dohrmann-Clan, Schäfer, der Esoteriker, mit seiner indianischen Frau und seiner bildschönen Tochter, Hassan, der Palästinenser, mit Frau, Horst Janssen und schließlich auch »Frau M.«, Vamp und Luxusdame, die mit weiblichem Ränkespiel den Freundeskreis beinahe entzweit hätte. Unter den Männern schien es zu knistern, wenn sie mit ihren Gunstbeweisen spielte. Verwandtschaft kam zu den Festtagen, Ostern und Weihnachten: »Harold, ein Licht«, befahl Mutter Franck, und Harold entzündete am Tannenbaum eine Kerze, »So ist's schön«, sagte sie dann. Bruder Franck war Chemiker, mit ihm wurden chemische Experimente durchgeführt, Aufschäumungen für die Landschaften des *Panoramas der Jahrtausende* probiert. Es bedurfte zahlreicher Versuche, bis der erste tauglich Heidegrund aus der Form gelöst war und Jaeger seine auf Folien gemalten Bäume, Sträucher, Heidekräuter, Häuser, Menschen und Tiere in den Kunststoff hineinstecken konnte. Im Winter hockte man in der kleinen Stube, im Einstiegkamin prasselte das Holzfeuer, man trank Tee und aß Gebäck. Im Sommer waren vor der Giebelwand die Gartenmöbel aufgestellt, dann saß man draußen und blickte in den biedermeierlichen Garten. Jaeger lebte dort wie ein Onkel, sprach leutselig mit den Kindern, und Müllers Sohn Philip folgte ihm wie ein buddhistischer Schüler. Jaeger gefiel es, daß der Knabe ihn »Meister« nannte. Bei sommerlichen Temperaturen war Jaeger Pfingsten 1972 mit seinem Malzeug, Pressplatte und Plaka hinaus in die Feldmark gewandert, in nur wenigen Stunden entstand dort draußen eines seiner wichtigsten Bilder: Am Waldsaum ein Rapsfeld und in der Ferne eine Weide mit grasenden Kühen. Unter das Bild hatte er in gotischen Lettern vermerkt: *Dieses Bild hielt ich Pfingsten 1972 in Lübberstedt fest* (siehe Farbteil). Rechts dieses Schriftzuges findet sich ein kleiner Reichsadler, über dessen Schwingen sich der Namenszug JAEGER ausbreitet, die Krallen umfassen einen Eichenkranz mit einem Andreaskreuz in der Mitte. Es ist dies das erste Bild einer ganzen Serie, die Jaeger für eine Ausstellung im Oktober 1972 in Berlin malte. Auf einem selbstgefertigten Plakat hatte er verkündet:

»Heino Jaeger: Ein Maler des Deutschen Reiches stellt in der ehemaligen Reichshauptstadt aus!

Möge dieses Werk, das wir hiermit dem deutschen Volke übergeben, mit dazu beitragen, die Erinnerung an jene Zeit wach zu halten, da der äußere Feind frech an die Thore des Vaterlandes pochte. Den Alten will es liebe, schöne Erinnerung wachrufen an die Tage, wo auch sie mit dabeigewesen und mitmarschiert ›im gleichen Schritt und Tritt‹.

Die Bilder geben wieder: Die Zerstörung wichtiger Ziele des Kriegsschauplatzes: Industrie nach ihrer Bombardierung, brennende Öltanks, Kasernen, schwer beschädigt, ein Feldgeschütz, zerstört, Sanitätsdienst im deutschen Heere: Soldaten im Feldlazarett, Lokomotiven, militärisches Terrain, Waffen und Kriegsmaterial des deutschen Heeres …«

Jaeger hatte nicht zuviel versprochen. Aus altem Bestand und mit Bildern, die er eigens für die Ausstellung in der Galerie Niebuhr angefertigt hatte, stellte er ein abgeschlossenes martialisch-militärisches Gesamtkunstwerk zusammen. Die Motive nahm er aus seinen eidetischen Reiseerinnerungen, kriegsgeschichtlichen Werken und dem vom *Cigaretten= Bilderdienst Dresden=A.5* 1936 herausgegebenen Zigarettenbildersammelband *Die Deutsche Wehrmacht*. Bild 8 dieses Werkes: »Am 7. November 1935 wurde die vom Führer an die Wehrmacht verliehene neue Kriegsflagge gehisst«, hatte er bereits auf dem für die Ausstellung werbenden Plakat der Öffentlichkeit vorgestellt. Die Bilder auf dem Landwege von Hamburg nach Berlin zu transportieren verbot sich, weil die »soffjetzonalen Organe« auf ihrem »Territorium« faschistische Darstellungen nicht litten, also wurden die Werke per Luftfracht in die Reichshauptstadt eingeflogen. Am 1. Oktober 1972 war Ausstellungsbeginn, und so brachen wir in den letzten Septembertagen in Richtung Berlin auf.

Grenzerlebnisse

Sich den Grenzbefestigungen zu nähern war stets ein sonderbares Gefühl. Mit Wachttürmen und phantasievollen Menschenfallen hatte sich die furchtsame Ostrepublik umbaut, und wenn auch diese Befestigung den eigenen Bürgern galt, die westdeutschen Reisenden fühlten sich von der »Lagerstimmung« ängstlich bedroht und folgten artig den Anweisungen der Grenzer, ja buckelten devot um die Kontrolleure herum, liefen rot an, wenn der Herr Soldat mit Schäferhundblick die Gesichtskontrolle durchführte und je nach Lust und Laune die »Reisedokumente« gnädig wieder aushändigte oder die Verschüchterten in kleine Verhörstuben einwies. Dort wurde dann nach Sinn und Zweck der Reise gefragt, bisweilen auch ein kleiner Politunterricht erteilt, und schließlich durfte man sich ausliegende Broschüren mitnehmen: *DDR, 300 Fragen, 300 Antworten, Was ist mit dem Selbstbestimmungsrecht der Deutschen* von Gerhard Kegel, und Otto Reinhold hatte für die »Bürger der BRD« ein Heftchen über den »Monopolkapitalismus« verfaßt. Für Jaeger und mich war diese Zone deutscheigentümlicher subalterner Machtgeilheit ein Pläsier erster Güte, und wie bei jedem Grenzübertritt hofften wir auch diesmal auf das volle Programm der Abfertigung, ja bestanden sogar auf »ordnungsgemäße« Kontrolle. »Ordnungsgemäß«, ein favorisiertes Wort staatlicher Ordnungs-

kräfte der DDR, umfasste einen Katalog genau festgelegter Verhaltensnormen für grenzüberschreitende Bürger aus dem kapitalistischen Ausland, Klassenfeinde also, die man bei Verstößen mit schikanösen Bosheiten traktieren durfte. Freilich konnte man kaum auf »ordnungsgemäße Kontrolle« bestehen, es handelte sich ja bekanntlich um ein Willkürsystem, und entsprechend unterschiedlich war die Behandlung, zumal wir den Eindruck hatten, daß unsere offensichtliche Furchtlosigkeit das Interesse der Zöllner und Soldaten minderte.

Mehr Glück hatte man bei den Fintenweibern, sie waren meist giftiger und ließen sich leichter provozieren, aber an diesem herbstlichen Septembertag hatten wir wenig Glück, eine Zöllnerin verwies uns an einen männlichen Kollegen, und der Grenzsoldat wollte es mit einer kurzen Inaugenscheinnahme bewenden lassen: Aussteigen, Rückbank hochheben, Handschuhfach einsehen, in den Motor gucken, das Sparprogramm also, keine »ordnungsgemäße« Abfertigung, geschweige denn ein schikanöses Sonderprogramm. Als Jaeger mit der Bemerkung »Dauert es noch lange?« beim Ordnungsorgan Unwillen provozierte, gelang dies nur bedingt, nicht er, sondern ich wurde in das Verhörkäfterchen zitiert, vermutlich weil mein Lederkoffer klassenfeindlicher wirkte. Als Jaeger daraufhin seine elende englische Feldtasche ergriff, hinter mir und meinem Bewacher herlief und auch um Kontrolle flehte, wurde er brüsk zurückgewiesen. Mit Kasernenhofbrüllstimme, so laut, daß ein von einem Hundeführer geführter Wolfshund jammervoll aufheulte und an der Leine zerrend in ein wütendes Gekläffe fiel, brüllte der Grenzwächter: »Machen Sie sofort, daß Sie wieder in den Wagen kommen!« Etwa nur eineinviertel Stunden nahm mein deutsch-deutsches Gespräch in Anspruch, dann wurde ich zur Weiterfahrt entlassen. Welch eine Strecke, die alte Reichsstraße 5 von Hamburg nach Berlin, durch die mecklenburgische »griese Gegend« durch endlose Kiefernwälder (die Stämme der Kiefern V-förmig eingeritzt, Blumentöpfchen fingen das Harz zur Weiterverwendung in der chemischen Industrie auf). Durch kleine Dörfer und vorbei am barocken Schloß Ludwigslust ging die Reise in Richtung Karstädt mit seiner Transitraststätte, dem nächsten Höhepunkt. Für kapitalistisches Geld durften Westler hier tafeln, sich von einem »Kollektiv der sozialistischen Arbeit« verwöhnen lassen. Bereits der Geruch des Hauses hob unsere Stimmung, diese einzigartige Duftkomposition aus Bier, Dampfgekochtem und jenem DDR-spezifischen Desinfektionsmittel wollte tief eingeatmet sein. Im Gastraum war die Nation geeint, Westler und Ostler beim gemeinsamen Mahl. Mit seismographischer Sensibilität registrierte Jaeger das Ambiente, fühlte zwischen Daumen und Zeigefinger das labberige, graugewaschene Tischtuch, wog das blecherne HOG-Besteck, befingerte das Tischarrangement, den Salzstreuer mit seiner grauen Plastekappe, studierte die Speisekarte, die mit der Schreibmaschine geschriebene Speisefolge – blaupapierdurchschrieben vervielfältigt. Das »a« sah wie ein »o« aus: Soljonko, Bohnenkoffee, Club-Colo. Jaeger wählte das »Homburger Schnitzel mit Brotkortoffeln«, wegen der Bratkartoffeln, die er bereits während der ganzen Fahrt gerühmt hatte. Wie einen Abendmahlskelch hob er den Napf mit den Bratkartoffeln, schnüffelte an den gematschten Kartoffeln, die nur an weniger mehligen Stellen Bratbrand zeigten, dann füllte er sich eine Portion auf den Teller und ließ mich die kleinen Fettstücke und die verbrannten Zwiebelfitzelchen bewundern. Bockwurst mit Brot war im Angebot, und ich überlegte, ob sie wohl noch so schmeckt wie damals, anno 49 als Schulspeisung in der St.-Georg-Knabenschule zu Rostock: griesig fad, eigentlich ungenießbar, so daß wir sie uns in den Hosenschlitz steckten und damit auf dem Schulhof herumliefen. Mit Bratkartoffeln wollte ich sie gereicht wissen, aber Sonderwünsche wurden vom Kollektiv der sozialistischen Arbeit abgelehnt, also folgte ich Jaegers Wahl des »Homburger Schnitzels«. Klein war das Fleischstück und winzig das Spiegelei, dessen bleicher Dotter sich kaum abhob. Ich solle nicht meckern, rüffelte mich Jaeger, allein die Bratkartoffeln, das würde sich schon allein lohnen, wo kriegt man noch so was, und dann der Preis. 1,53 Mark.

Mit Eile setzten wir die Fahrt fort, noch vor Dunkelheit mußte Wünstorf erreicht sein, der ehemalige Wehrmachtstandort. Heute lag er in den Kasernen, wohnte in den einstigen Offiziershäusern »der Russe«. Am Ortseingang mündete eine Straße aus dem Truppenübungsgelände in die Reichsstraße, ein schwarzuniformierter Mongole wartete dort verkehrssichernd mit rotem Winkfähnchen auf Fahrzeuge. Leider streckte er uns seine haltgebietende Fahne nicht entgegen, obwohl doch Panzerkettengeräusche das Nahen einer Kolonne ankündigten. Jaeger schlug vor, am Straßenrand zu warten. »Lieber nicht«, lehnte ich das ab. Vor Russen hatte ich mir aus meinen DDR-Zeiten vor der Flucht den Respekt bewahrt.

Bonbonrosa oder lindgrün, bisweilen hellblau oder gelblich waren die Gebäude gestrichen, große Putzplacken waren herausgefallen, und manches Dach schien undicht. Umzäunungen aus Brettern oder Betonplatten, verziert mit viereckigen Schmuckelementen aufgenagelter Latten, sollten Einblicke in das Kasernenleben verhindern. Offiziere in ihren langen Mänteln und übergroßen Tellermützen liefen auf den Gehsteigen, mit Aktentaschen, ob darin Geheimnisse transportiert wurden, rätselten wir.

Einem anderen Höhergestellten folgte ein braungrauer Soldat, seinem Herrn ein großes Paket hinterherschleppend. Wenn man doch aussteigen könnte, einfach in das Magazin gehen und einkaufen oder sich an der Wache melden, man wolle das Regimentsmuseum besichtigen, oder an der Tür eines der Offiziershäuser anklopfen: »Guten Tag, wir wollten Sie mal besuchen.« Selbst Jaeger wäre nicht auf diese Idee gekommen, schließlich wollte man ja nicht mit Schimpf und Schande aus dem Land gewiesen werden. Aus einem der Kasernentore marschierte eine Kolonne, begleitet von einem Unteroffizier. Im merkwürdigen Watschelschritt eierten die Soldaten in Richtung des Übungsgeländes. Zwischen Wünstorf passierten wir endlich doch noch eine haltende Fahrzeugkolonne, einige der Transportwagen hatten ihren Geist aufgegeben, den Oberkörper tief im Motorraum versenkt, versuchten Soldaten offensichtlich eine Reparatur, andere umstanden rauchend die Havaristen und freuten sich sichtlich über die Pause. So sah sie also aus, die Rote Armee, die so mutig mit ihrem maroden Kriegsgerät die freie Welt bedrohte.

Von den schönen Stimmungsbildern euphorisch animiert, passierten wir schließlich die ersten Sperranlagen vor dem Grenzübertritt Staaken, überfuhren den haltgebietenden Wartestreifen und bretterten mit zu hoher Geschwindigkeit vor das Kontrollkabäuschen. Wieder offenbarte sich die DDR als Willkürregime, der Wachtposten erteilte uns keinen Anschiß, grinste sogar freundlich, hieß uns aussteigen, um das Prozedere der Inneninspektion des Wagens zu absolvieren. Zuvor hatte er mit seinem Spiegelwägelchen die Bodenwanne abgespiegelt. Jaegers Bemerkung, daß dies ja ein besonders flacher Flüchtling sein müsse, ließ mich vor Schreck erstarren, doch der Soldat reagierte nicht. Vermutlich hatte er diese ungeheuerliche Frechheit für so unmöglich gehalten, daß er sie gar nicht wahrgenommen hatte. Zur ordnungsgemäßen Untersuchung kroch er in den kleinen Käfer und befingerte die Verkleidungen, hob den Rücksitz. Jaeger machte mich mit Handzeichen auf das ungünstige Bild des Grenzers aufmerksam, wie er uns, in den Wagen gebeugt, den Arsch entgegenstreckte. Die strammen Waden mit den heruntergerutschten Stiefeln sahen aus wie Keulen, und Jaeger zückte ein kleines Heftchen und zeichnete ungeniert die Szene. Wir wurden indes beobachtet: ein Zollorgan hatte uns im Visier, eine robuste Matrone glaubte ihren Augen nicht zu trauen, stierte zu uns herüber und marschierte flugs paradenmarschartig in unsere Richtung. »Was machen Sie da?« fragte sie streng. »Zeigen Sie mal her!« Sie entriß Jaeger das Heft, blätterte es durch, klopfte es auf die Hand. Verdattert schaute der Kontrolleur aus dem Wagen, beide gingen zur Seite, verhandelten kurz, dann ging unser Soldat zur Abfertigungsbaracke, und bald darauf erschienen zwei Finsterlinge, die uns den kurzen Befehl erteilten, an die Seite auf eine flutlichterleuchtete Fläche zu fahren. Gehorsam folgte ich der Anordnung, und nun begann die richtige ordnungsgemäße Abfertigung. Türen, Kofferraum- und Motorraumklappe wurden geöffnet, Radkappen abgenommen und schließlich die Innenverkleidung gelöst. Sogar die Batterie unter dem Rücksitz wurde herausgeschraubt und beiseite gestellt. Es folgte eine genaue Untersuchung des Mülls, Bonbonpapiere wurden entfaltet, jedes Zettelchen genau beäugt, das Radio aus der Halterung genommen und die Rückenlehne entfernt. Eine gute Stunde mochte die Prozedur in Anspruch genommen haben, dann ließen die Männer von uns ab. »Einpacken«, befahlen sie und trotteten zurück zur Baracke. Es war Schwerstarbeit, das Auto wieder fahrtüchtig zu machen, schwitzend baute ich es wieder zusammen, während Jaeger es sich auf dem Beifahrersitz gemütlich gemacht hatte und fruchtlose Ratschläge bezüglich des Wiedereinbaus der Rückenlehne gab. Endlich hatte ich es geschafft, doch an eine Weiterfahrt war nicht zu denken, die Reisedokumente hatte der DDR-Zerberus konfisziert, und so hieß es warten, warten, warten. Endlich erschien ein »Höherer«, der uns nach gestrengem Fixieren die Pässe aushändigte und mit den Worten: »Uff unserm Derridorium spielt sich nischt ab, meine Herren« die Weiterfahrt gestattete.

Erst in den späten Abendstunden erreichten wir »Berlin (West)«, wie die DDR-amtliche Bezeichnung für Westberlin lautete. Altem Brauch entsprechend war Herberge in der Nähe des Kurfürstendamms gebucht, in der Kantstraße, eine jener berlintypischen Pensionen, die, von muffigen ältlichen Blondinen geführt, jeglichen Luxus entbehrend, ein oder zwei Etagen gründerzeitlicher Mietshäuser einnehmen. Im ächzenden Käfigfahrstuhl erreicht man die einstigen großbürgerlichen Wohnungen, die, nur notdürftig für die Vermietung hergerichtet, einem das Gefühl der Untermiete geben. Die großen Verbindungstüren der ehemaligen Salons sind mit Kleiderschränken verstellt, dennoch pflegt man regen Anteil an den Tages- und Nachtgeräuschen der Nebenbewohner zu nehmen.

In Berlin

Für seine Ausstellung zeigte Jaeger wenig Interesse, eine Eröffnung war vom Galeristen nicht geplant, statt dessen wollte man sich zu einem abendlichen Umtrunk treffen. Pflichtgemäß suchten wir die Galerie am Kurfürstendamm, fanden sie zunächst nicht, bis sich herausstellte, daß sie sich in einem mehrstöckigen Einkaufszentrum befand, einem Neubau, dessen Läden lediglich aus großen Schaufenstern bestanden. Dicht an dicht hatte der Galerist die Bilder gehängt und auf Staffeleien gestellt, gut einsehbar vom Laufpublikum, das sich tatsächlich, vom provozierend exponiert plazierten *Reichskriegsfahnenbild* angezogen zu fühlen schien und verwundert schweigend die weiteren Kriegsgreuel betrachtete. Jaeger drängte nach draußen, zunächst mußte unsere Freundin Gesa, Lichtbildnerin aus Hamburg, vom Flugplatz abgeholt werden. Tempelhof anzufliegen war ihr aufgetragen, dieses Kleinod reichsdeutscher Architektur, das wir lange vor ihrer Ankunft bewundernd durchstreiften. Zu dritt ging es sodann auf Fahrt, kreuz und quer mit der rumpeligen rot-gelben DDR-S-Bahn zum Gleisdreieck und endlich zur Papestraße. Passend für dieses Fahrtziel trug Jaeger seinen braun-grünlichen Ledermantel und ein kleines graues Gabardinehütchen mit Steppnähten, in das als Sonderausstattung an der Seite ein Täschchen mit Reißverschluß eingearbeitet war. Als

Schuhzeug hatte er grobe Soldatenstiefel ausgewählt. Im Reichsleiterschritt stiefelte er, ausdrücklich auf den intensiven Pissgeruch hinweisend, durch die lange Gleisunterführung in Richtung Papestraße. Inspiziert wurden die alten SS-Kasernenblöcke, und weiter ging es entlang der von Ruinen gesäumten Reichsbahngleise, zu einem herrlichen Rundbunker, dessen Eingangsbereich im Inneren des Zylinders lag. Einem mächtigen Schlund gleich klaffte im unteren Teil des Walzenbunkers eine Aussparung. Unser Versuch, in das Bauwerk einzudringen, scheiterte an den fest verrammelten Bunkertoren.

In einem An- und Verkauf hatten wir einen Packen alter Zeitungen aus den Jahren 1943 bis 1944 erworben. Gut erhaltene Exemplare von *Das Reich, Berliner Illustrierte Nachtausgabe* und *12 Uhr Blatt*. In einer völlig altmodischen Konditorei mit Sperrholztäfelung und Pappkassettendecke entfaltete jeder eine Zeitung, dem Publikum die Schlagzeilen entgegengehalten: »Londoner Plutokratenpack krümmt sich vor der Weltpest« oder »Plutokratischer Verrat an der Menschheit«. Dem Anzeigenteil war zu entnehmen, daß die Vorstellung für die KdF-Theatergemeinde im Schauspielhaus wegen Bombeneinwirkung ausfallen mußte, Carows Lachbühne spielte noch, auch Heinrich George im Schiller Theater und Hans Hilpert im Deutschen Theater. Die Volks-(Reichsadler-)Oper in der Kantstraße brachte *Arabella* zur Aufführung, und die »Scala, etwas verrückt«, zeigte das »erste öffentliche Auftreten in Berlin« von Mariemma, der großen spanischen Tänzerin, an. Derart animiert, erinnerte ich mich an den einzigartigen Friedrichstadtpalast, unbedingt mußten wir versuchen, Karten zu bekommen. Ohnehin war für den nächsten Tag der Besuch der »Hauptstadt der DDR« geplant.

Ein Stadtplan, herausgetrennt aus einem Lexikon der 30er Jahre, wies uns den Weg zu den Besichtigungszielen von den Linden zur Wilhelmstraße. Argwöhnisch von einem Pförtner beobachtet, suchten wir den Zugang in das einstige Propagandaministerium, doch die jetzt darin residierende Nationale Front wollte uns nicht dulden. Die Hermann-Göring-Straße war Grenzbezirk und die Ministergärten eine Trümmerwüste. In der Leipziger Straße filmten wir Görings Luftfahrtministerium, suchten in der Voßstraße den Eingang zum Führerbunker. Dann streiften wir durch das Scheunenviertel, fachmännisch untersuchte Jaeger die Einschüsse in den Häuserwänden, Maschinengewehrgarben, Einzelschüsse und Gewehrgranatenwunden wurden identifiziert. Wir entdeckten die Ruine eines alten Kaufhauses, Birken wuchsen aus Mauerritzen. Um die wundervollen Motive stilgerecht festzuhalten, hatte ich für die Filmkamera Schwarzweißfilme besorgt, ungeniert und unbeanstandet filmten wir auf Bahnhöfen und im Grenzbereich – eigentlich streng verboten –, blieben jedoch unentdeckt. Lediglich an der Alten Wache verlangte ein Volkspolizist unsere Pässe, ließ es aber geschehen, daß wir den Parademarsch zur Wachablösung filmten und Großaufnahmen von den Wachtposten machten. Krönender Abschluß war der Besuch des Friedrichstadtpalastes, einzigartig das marode Gebäude neben Brechts Theater am Schiffbauerdamm, wundervoll das Foyer mit dem Charme der 40er Jahre. Wir glaubten die Zeit angehalten und äußerten unsere Begeisterung derart euphorisch, daß wir finstere Blicke ernteten. Auch die Vorführung hatte die modernen Zeiten überdauert, ein »Bunter Abend« wurde geboten, von einem charmanten Conférencier durch das Programm geführt, sahen wir durch Reifen springende Pudel, leichtbekleidete Schönheiten tanzen, und weibliche und männliche Gesangskünstler trugen gefälliges Liedgut vor. Das Orchester spielte wohltuende Weisen, und halbnackte Nummerngirls, tatsächlich noch mit Federpüscheln am Popo, trugen Glitzerzahlen über die Bühne. Aber was sollte man mehr loben – das bunte Programm auf der Bühne oder das gleichermaßen bunte Publikum? Jung und alt im Sonntagsstaat, angenehm parfümiert, dominiert von Veilchen und Jasmin, die Damen. Kasernenmief hing in den schmucken Ausgehuniformen der Landser, auf Heimaturlaub oder Urlaub auf Ehrenwort, wollte man denken. Abgesetzt vom einfachen Mann, sah man die Herren Offiziere, ranke Leutnants, dickliche Hauptleute, ein Oberst mit Gattin, in der Pause von niederen Rängen zackig gegrüßt. Möglicherweise wurde unser begeisterter Applaus als übertrieben empfunden, vielleicht auch als kindisch oder gar geistig minderbemittelt, harmlose Irre aus entsprechender Verwahranstalt. Trotz unserer wenig modischen Kleidung waren wir als »Westler« ausgemacht: Als Jaeger in der Pause das Klo aufsuchte und nachlässigerweise seinen Hosenschlitz im Vorraum wieder schloß, wurde er von der »Verantwortlichen des Objekts« gerügt: »Bei uns wird die Hose am Becken zugemacht!«

Eine kleine Freude wurde uns abschließend zuteil, an meinem Auto fand sich ein Strafzettel der »Deutschen Volkspolizei«. Ein Polizist am Bahnhof Friedrichstraße war nicht befugt, das Strafgeld anzunehmen, und wies uns den Weg zum zuständigen Polizeirevier. In einer funzelig beleuchteten Straße fanden wir schließlich die Wache, in die man nur nach Anmeldung über eine Sprechanlage gelangen konnte. Ein Polizist öffnete die Tür und geleitete uns in die Wachtstube, in der vermutlich seit Kaisers Zeiten Polizisten ihren Dienst versehen haben mochten. Die Barriere, die den Publikumsraum vom Amtsbereich der Staatsmacht trennte, war gute alte deutsche Tischlerwertarbeit, die Schreibtische massiv und wuchtig, jüngeren Datums waren lediglich ein zuweilen mit Knackgeräuschen brabbelndes technisches Gerät der Funkübermittlung, die Schreibmaschinen, das Bild des Staatsoberhauptes und eine Fahnendrapage. Drei Mann fixierten uns mißtrauisch, prüften eingehend unsere Reisedokumente, fragten uns, wie lange wir uns schon auf dem Gebiet der Hauptstadt der DDR aufhielten und wer der Halter des Fahrzeuges wäre, und schließlich schritten sie nach erfolgter Belehrung – auch in der Deutschen Demokratischen Republik gelte die Straßenverkehrsordnung – zur Strafzumessung, bar und in Valutawährung. 10 West-DM erschienen uns für den DDR-Amtsstubengeruch und die muffige Behandlung durchaus angemessen, ja bei Jaeger konnte ich bereits Zeichen euphorischer Begeisterung erkennen und befürchtete provozierende, den Besuch ausdehnende Äußerungen, die gottlob durch einen raschen Rausschmiß verhindert wurden.

Die folgenden Tages angetretene Heimreise durch den Korridor erfolgte ohne Zwischenfälle, Gesa war berufsbedingt in Eile, so daß Jaeger großmütig auf Kontakte mit der Staatsmacht der DDR verzichtete.

Deutscher Mief

Wenige Tage später in Hamburg übersandte der Galerist einige wenige Pressereaktionen zur Ausstellung, zumeist belanglose Hinweise auf die Ausstellung und Wiedergaben des Galerie-Pressetextes. Lediglich ein Journalist der *Welt* hatte sich zufällig mit den Bildern konfrontiert gesehen, seinen Augen nicht getraut und einen empörten Artikel verfaßt. Hakenkreuze und andere Nazisymbole hätte er entdecken müssen, schrieb er, kriegsverherrlichende Darstellungen wären zu sehen, unkritische, realistische Kriegsberichterstattung sei das und so etwas dürfe ein Künstler »der leidgeprüften ehemaligen Reichshauptstadt nicht antun«. Jaeger, der für gewöhnlich Kritiken wenig beachtete, war begeistert. Endlich war eine Reaktion – und noch dazu die richtige – zu vermelden. Das, was sich die ehemalige Reichshauptstadt und andere Städte, Flecken und Dörfer vor weniger als drei Jahrzehnten freudig angetan hatten, war in den Herzen und Sinnen getilgt, dieses darzustellen und damit daran zu erinnern, das durfte man den Deutschen nicht antun. Jaeger liebte Mißverständnisse, viele seiner Stegreifgeschichten rankten sich um falsch Verstandenes und beharrlich tradierten Blödsinn. Als wenige Wochen später die Berliner Ausstellung auch in der Schweiz gezeigt wurde, alterierte sich ein Schweizer Journalist ähnlich, ihm hatte Jaeger, gefragt nach seinen Vorbildern, Hitler genannt. Jürgen von Toměi ließ sich nicht beirren, auch als er bei einem Besuch in Hamburg mit Jaeger im bajuwarischen Ambiente des »Zillertals«, einem Lieblingslokal Jaegers, bei Schweinshaxe und Bier zusammensaß und Jaeger plötzlich zum Blasorchester auf die Bühne kletterte, eine Runde Bier ausgab und sich anschickte, die im Wichs kostümierten Bayernmänner zu dirigieren. Als er Hitlers Badenweiler Marsch intonieren wünschte, war aus dem Orchester ein deutliches »Des is a Nazzi« zu hören, was die Männer aber nicht daran hinderte, des Führers Einzugsmarsch zu schmettern. »Muß das sein?« hatte bei anderer Gelegenheit ein Freund gefragt. Es mußte sein, denn wie anders konnte man die deutsche Verlogenheit entlarven: Auf einem Jahrmarkt in Lübeck hatten Jaeger und ich lange Zeit einen sogenannten Propagandisten beobachtet, der mit beredten Worten ein Fleckenwasser feilbot. Wenn junge hübsche Mädchen seinem Vortrag lauschten, zentrierte sich die Demonstration seines Produktes auf Blutflecke. »Man muß doch auch darüber mal sprechen, meine Damen«, leitete er seine obszönen Sexgelüste ein, um sodann Mißgeschicke in den Dessous der Damen ausführlich zu beschreiben und schließlich die Anwendung seines Wunderwassers vorzuführen. Mit einem Wortspiel über braune Flecken und die braune Vergangenheit mancher Deutscher pflegte er seinen Vortrag zu beginnen, braune Rostflecke im Sakko würde sein Mittel tilgen, die braune Vergangenheit nicht, aber das sei ja auch

nicht nötig, denn es hätte ja nur zwei Nazis gegeben, Adolf Hitler und ihn selbst, Heinz Rose, ehemaliger Blockwart in Herne in Westfalen.

Heinz Rose war unser Mann, ein bekennender Nazi unter der großen Masse der Nichtdabeigewesenen. Das Abtauchen der strafbedrohten Schuldigen, dafür hatte man ja noch Verständnis, aber ekelhaft war uns das ewig feige Tagespublikum, das gestern, heute, morgen, immer opportunistisch mit der Zeit lief, dem rassistischen Boykott folgte, auf der Landkarte im Wohnzimmer Hitlers Siegeszug durch Europa mit kleinen Fähnchen absteckte und anonym einen Volksfeind »meldete«. Diejenigen, die es plötzlich schon immer gewußt hatten, daß Hitler ein Verbrecher war, mit ihrem altbewährten gesunden Volksempfinden demokratisch wählten und die Gebetsmühlen der Staatsraison rührten, immer modern, stets die neue Zeit huldigend. Mit ihrem Sündenstolz kokettierend, bekundeten sie den »Befreiern« Dankbarkeit und verhöhnten die eigenen Toten, indem sie, die Überlebenden, das Wirtschaftswunder genießend, das Leid der Opfer als gerechte Strafe hinstellten. Als Nutznießer des verlorenen Krieges befanden sie sich in ihrer deutscheigentümlichen Logik schuldlos, weil der gerechte Gott in Gestalt der Alliierten sein Strafgericht an den anderen, den bösen Deutschen abgehalten, aber sie verschont, ja überreichlich belohnt hatte. Nun sah man sich endlich auf der richtigen Seite, die einen an der Seite des Brudervolks im Kampfe gegen den Klassenfeind, die anderen Seit an Seit mit den Freunden der freien Welt und der Hoffnung auf einen neuen Kreuzzug gegen das Reich des Bösen. Im Schutze der Mächte durfte man mit großer Klappe motzen, und tatsächlich erlaubten die jeweiligen Schutzmächte ihren Vasallen ein bißchen Furor teutonicus – in Maßen freilich und nicht wie Adolf Hitler, der Tierfreund, der Rehe streichelte und Schäferhunde liebte, der Vegetarier und Asket, der Kinder tätschelte und lediglich unter Einsatz seiner rauchigen Stimme Mädchen und Frauen zum Orgasmus verhalf, der endlich den deutschen Bürgern all das erlaubte, wovon sie seit der Frankfurter Paulskirche träumten: Deutschland, Deutschland über alles, über alles in der Welt. Friedrich v. Schillers verlogenes Gedicht *Ideal und Leben*, die Bücherverbrennung der Göttinger Hainbündler 1773 und der »teutschen« Studenten auf der Wartburg 1817, die Ermordung Andersdenkender wie Kotzebue, das Kriegsgeschrei in der Paulskirche und alldeutsche Großmannssucht, Friedrich Naumanns Nationalsozialer Verein und Stresemanns imperialistische Reden in Aurich und Jever, deutsche Bürgerträume, von den Fürsten menagiert – Adolf Hitler erfüllte ihnen den deutschen Traum und gestattete dem braven Bürgertum, mit Gründlichkeit und deutschem Organisationstalent der Welt zu zeigen, was »deutsch« ist. Heino Jaeger malte die *Hissung der Reichskriegflagge* und Trümmerlandschaften und unterließ es, unter die Bilder zu schreiben: »Bäh, bäh, das ist böse!«, folglich funktionierte bei deutschen Betrachtern eine andere Kausalität: Nicht wir waren, sondern Heino Jaeger ist Nazi. »Des is a Nazzi«, raunten sich die Rumtata-Musiker im Zillertal zu, als der schmächtige, blasse, zerbrechlich wirkende Mann den Badenweiler Marsch wünschte. Obwohl Freunde und Bekannte wußten, wie psychisch angeschlagen Jaeger war, er schon vorher viermal in der Psychiatrie war, unter Depressionen leidend, drei Jahrzehnte zuvor von der »erlösenden Spritze« bedroht und angesichts der kranken, elendstendenziösen Bilder zum Malverbot verurteilt, glaubten sie zuweilen fragen zu müssen, ob Jaeger Nazi wäre. Entlarvender allerdings war ihre Wahrnehmung der Kriegsbilder. In den Trümmerbildern, den skurrilen Kriegsgeräten und dem für den Kriegseinsatz ausgerüsteten Getier erkannten sie Kriegsverherrlichung, was doch von einem beängstigenden Defizit an Sensibilität zeugt.

Unverständnis, ja Empörung erweckten die akribisch schön gezeichneten oder gemalten Bilder, die nach unseren Exkursionen zu den Orten des Schreckens entstanden: *Die Rampe* in Bergen, Gleisanlagen und Bahnhofsbauten in der Nachbarschaft des KZ Belsen, Straßen, typische Zäune und Bogenlampen aus Beton, Offizierseigenheime, Kasernenbauten, Baracken und Bunker. Die Ästhetik des Grauens, widersprüchliche Bilder, die auf uns eine merkwürdige Faszination ausübten. Das Spektrum reichte von heimelig lieb, monströs schön, bedrohlich düster bis gefährlich böse, im Design und in den Bauten spiegelte sich das Dritte Reich wider, so wie offenkundig auch die Landschaft in die »Ästhetik des Grauens« eingebunden war. Ordensburgen und »hehre Bosheit« fanden sich im prächtigen Laubwald, für KZ-Bauten und Massengräber bevorzugte man dünnstämmigen, zerzausten Kiefernwald, gesäumt von struppigen Birken. Daß wir uns auf den Reisen Tonbandaufnahmen aus der Zeit des Dritten Reiches anhörten, verschwiegen wir. In Ermangelung eines modernen Tonbandrecorders montierte ich in mein Auto einen riesigen Zerhacker, der aus 6 Volt 220 Volt produzierte und ein großes Tonbandgerät mit Strom versorgte. In wenigen Minuten hatte das Gerät die Batterie geleert, so daß wir nur mit laufendem Motor die Reden, Wehrmachtsberichte, Kriegs- und Kampflieder hören konnten. Jaeger liebte vor allem die vulgärdarwinistischen Wahrheiten des Führers, Wahrheiten, einst über den Rundfunk in die ganze Welt verbreitet, die aber offensichtlich keiner verstanden hatte. Zeitlose Erkenntnisse und ewig gültige Weltsicht, zum Beispiel, daß die

Welt ein Wanderpokal wäre, den sich der Stärkere holt, oder »Vogel, friß oder stirb, erhalte dir dein Leben, oder gib es für andere, die Welt ist so, aber ich habe die Welt nicht geschaffen, sie ist nicht barmherzig, sondern hart und unerbittlich, nur der Stärkere siegt und behauptet sich ...« Den »Wanderpokal« hatten sich andere geholt, und weiterhin wurde auf der Welt Blut gerührt. Doch die Deutschen durften ihre Unarten lediglich auf Autobahnen, Sportstätten, im nachbarschaftlichen Hader mit der DDR, in der Kleingartensiedlung, im Hausflur und im Nachbarschaftsstreit der Siedlung ausleben. Der Blockwart hieß jetzt Haus- oder Bademeister, Jugendherbergsvater, Vermieter und Platzwart, oder wie auch immer die subalternen Ordnungs- und Sauberkeitswarte sich nennen mochten. Diese deutsche Verlogenheit, die Verherrlichung des Ideals, die weinerliche Rührseligkeit und die gleichzeitige Amoralität, faszinierte uns, eine Erklärung für dieses deutsche Phänomen vermochten wir allerdings nicht zu finden. In einem russischen Film fanden wir es treffend in Szene gesetzt: In einem dunklen Raum darbten zwei gefolterte Gefangene, fast ohnmächtig vor Schmerzen hörten sie aus der Nachbarbaracke den rührseligen Gesang ihrer Folterer: »Stille Nacht, heilige Nacht ...«

Zurückgekehrt aus Berlin, fand Jaeger einen Zettel an seiner Ladentür, der nichts Gutes verhieß. Mit steiler Hausfrauenschrift kündigte die Vermieterin eine Wohnungsbesichtigung an, eine verschönende Bezeichnung für Kontrolle, über deren Ergebnis kein Zweifel bestand. In derartigen Angelegenheiten hatte Jaeger die Hitler-Weisheiten tief verinnerlicht, und folglich reagierte er nicht auf die folgenden einlaßerheischenden Klopfzeichen an seiner Ladentür. Auch die Rufe »Ich weiß, daß Sie da sind« blieben unerwidert. So dauerte es nicht lange, und ein anwaltliches Schreiben kündigte die Räumungsklage wegen Verwahrlosung des Mietobjekts, unterbliebener Straßenreinigungspflicht, Fensterputzpflicht, Renovierungspflicht und sonstiger Pflichten an. Der guten Ordnung halber wurde darüberhinaus daran erinnert, welch großartiges, wohlgepflegtes, luxuriöses Mietobjekt Herr Jaeger von der Witwe überantwortet bekommen hatte und daß auch Klagen aus der Nachbarschaft konstatiert werden mußten. Für uns galt zu allen Zeiten »Vogel, friß oder stirb«, und so war sofortige Wohnungssuche geboten. Das leidige Thema Heim und Herd hatte bereits Knispel beklagt: »›Damenbesuch‹, ›Herrenbesuch‹, ›Hausordnung‹, ›Mietvertrag‹ – ich glaube ja, daß Sie anständig sind, aber ich kenne Sie ja nicht.« Man könnte an sich angenehm und ungeschoren leben – aber: »Na ja.« Den Frisieurladen hatte Jaeger mit dem Hinweis auf eine geschäftliche Nutzung relativ leicht mieten können, also beschloß er, bei der erneuten

Wohnungssuche nach Ladengeschäften Ausschau zu halten. Fündig wurde er in der Margaretenstraße. Ein gewisser Bezug zu Jaeger war gegeben, da er einen Laden für Anstreicherbedarf, Farben, Pinsel und Tapeten übernahm. Das Geschäft befand sich im Keller einer Mietskaserne aus den Gründerjahren und war offensichtlich vom Vormieter fluchtartig verlassen worden, denn sein Warenangebot lagerte noch in den Regalen: Massenhaft Kästen mit Leimfarben, Kleister, leicht angeschimmelten Tapeten, Quasten und Pinsel. Die Nutzung war dem Vermieter egal, er schien sich zu wundern, daß diese muffige Bruchbude einen Mieter gefunden hatte. Schritt man die nach Männerpisse riechende Treppe hinunter, dann betrat man einen größeren Raum, das Warenlager. Rechts der Tür befand sich der Verkaufsraum mit einem riesigen Schaufenster, am Ende führte ein Gang in einen schlauchartigen Raum, von dem wiederum ein Gang zu einem kleinen Wohnraum und dem Klo abzweigte und sich zum Hauptlager öffnete. Nur ein Fenster im winzigen Wohnraum und die Haustür erlaubten eine bescheidene Lüftung, so daß der Schimmelmief sich geradezu beißend auf die Schleimhäute legte.

Der Umzug ging, unter Zurücklassung eines Berges Müll, rasch vonstatten, ein bewährter Kleintransportunternehmer packte das Umzugsgut auf seinen Transporter. Getreulich fragend »Soll das auch noch mit?«, selektierten Jaeger und er den merkwürdigen Hausstand. Die Einrichtung der neuen Bleibe war von Jaeger wohldurchdacht und entbehrte nicht des guten Geschmacks. Da das Geschäft nicht beheizbar war, wurde die neue Wohnstatt in Sommer- und Winterwohnung geteilt. Im alten Lagerraum magazinierte Jaeger seine Bilder, das Ladengeschäft dekorierte er mit seinen Modellen, aus Styropor gefertigten Bunkeranlagen und umgemalten Modelleisenbahnwagen; liebevoll arrangierte er auch die Truppenübungsplatzfunde. Ein großes Sofa, ein Tisch und der mitgenommene Frisiersessel luden zum geselligen Beisammensein ein. Im Zwischenlager waren weitere Bilder verstaut, in vorhandenen Vitrinenschränken lagerten Archivalien, Bücher und familienkundliche Unterlagen. Der Schlaf- und Wohnraum war von einem Tisch, einer auf dem Boden liegenden Matratze, einem Stuhl und einem Regal ausgefüllt. Als Ofen, der im klammen Keller auch im Sommer betätigt sein wollte, diente eine Kochplatte. Die Mieter des betagten Hauses mit Holzbalkendecken und einem hölzernen Treppenaufgang ahnten nicht, in welcher Todesgefahr sie schwebten, wenn der rotglühende Kocher Brandflecke in den Teppich schmorte und sukzessive die Beine des Tisches verkohlte. Beängstigend war auch die Nähe der Heizquelle zum Matratzenlager, mit seinem ölig glänzenden

Plumeau, von dem Jaeger vermutete, daß es eines Tages, zum Leben erweckt, ihm entgegenkriechen würde. Beherrscht wurde der Raum vom Schreibtisch, auf dem sich die Lieblingsbücher stapelten, vor allem kriegsgeschichtliche Werke, und auf dem, als einzige Lichtquelle, die pompöse Lampe mit dem Marmorfuß ihren Platz gefunden hatte.

Von den Mitbewohnern des Hauses und dem Vermieter unbehelligt, war dies die ideale Heimstatt. Der einzige von Jaeger unbemerkte Nachteil war der muffige Kellermief, ein Geruch, der sich auch seiner Kleidung bemächtigte, die sich zunehmend zum Nährboden einer lebendigen Schimmelkultur zu entwickeln schien. Als häufiger Hausgast der Familie Toměi hatte Ehefrau Heide Jaegers Bettzeug separat gelagert und durch intensive Lüftung der Tageskleidung eine Reduzierung des Muffs zu erreichen versucht. Andere, wie ich, gewöhnten sich bald an Jaegers neue Duftnote, die weitaus angenehmer war als schweißiger Körpergeruch, oder der Duft aufdringlicher Parfums. Als eines Tages zwei Handwerker vor der Tür standen und mit einem schriftlichen Auftrag der Hausverwaltung Einlaß begehrten, ergriff Jaeger Panik. Sein Versuch, die Männer abzuwimmeln, fruchtete nicht, die Hausbewohner hatten im Schaufenster Ratten beim Liebesspiel entdeckt, und folglich, so die beiden Kerle, müsse dagegen vorgegangen werden. Auch Jaeger hatte nächtens ein munteres Tierleben wahrgenommen, sich aber dadurch nicht beunruhigt gefühlt. Angeblich hatten die Nager unter dem Estrich ein Höhlen- und Gängesystem gebuddelt, das aufzuspüren den Kleintierjägern aufgetragen war. Mit Hacke, Spaten und Schaufel zogen die Männer in den folgenden Wochen Gräben durch Jaegers Wohnung, um ihm schließlich mitzuteilen, daß sie die Schädlinge mit Stumpf und Stiel ausgerottet hätten und nun wieder alles in Ordnung sei. Die Gräben und Probelöcher hatten sie freilich nicht wieder zugeschüttet, geschweige denn einen neuen Estrich aufgetragen, so daß fortan durch die Eingrabungen, Sand- und Schuttberge die Nutzung, vor allem des Lagerraums, eingeschränkt blieb. Trotz dieser Beeinträchtigungen war die heimelige Gemütlichkeit der Wohnung zu rühmen, und selbst Bürger aus gepflegten, ja prächtigen Häusern fühlten sich sichtlich wohl und mochten sich kaum aus dem ramponierten Sofa erheben, wenn der Abschied zu später Stunde geboten erschien. Galeristen, wie der bekannte Kunsthändler Michael Hauptmann, kamen zum »Atelierbesuch«, Hubert Fichte schaute herein, und Kulturredakteure bekannter Zeitungen genossen das ungewöhnliche Ambiente. Zu loben war auch die Nachbarschaft des Proletenviertels, unvergessen die sommernächtlichen Streifzüge durch die Straßenschluchten, wenn die Tageshitze noch zwischen den Mauern hing und hinter den geöffneten Fenstern ordinäres Fickgerumpel zu vernehmen war. Zu später Stunde hielten wir dann Einkehr im Altberliner Keller, wo die Trunkenbolde des Quartiers sich den Rest gaben und die fette Wirtin mit ihrer Freundin nach den Klängen einer Musikbox engumschlungen tanzte.

Oberleutnant Jaeger

»Heino Jaeger – ein Maler des Deutschen Reiches«, titelte der junge Filmemacher Helmut Förnbacher einen kurzen Film, mit dem gezeigt sein sollte, was ein Maler anstellen mußte, um seine Bilder zu verkaufen. Jaeger nutzte die Gelegenheit, seine Botschaft zu verkünden und, was er gewöhnlich vermied, über seine Bilder zu sprechen. Er könne schließlich die deutschen Horrorstädte nicht in Schutt und Asche legen, keine Häuser anstecken, was bliebe ihm also anderes übrig, als sich die erwünschten Brände zu malen, erklärte er, und daß ihm angesichts eines modernen Supermarktes nur ein Flakgeschütz einfallen würde, denn als Ruinen wären Supermärkte und Hochhäuser wahrscheinlich zu ertragen. Bewundernd zöge er seinen Hut vor der Mafia oder Nixon, einer müsse ja schließlich die Welt führen, sagte er, um sodann zu prophezeien, daß man bald durch ein großes Matschgebiet nach Amerika zu Fuß laufen könne. Drehort war der Keller in der Margaretenstraße, den Förnbacher sensibel ausleuchten ließ, um das einzigartige Ambiente mit der Kamera festhalten zu können. Für die Außenaufnahmen hatte Jaeger das riesige Truppenübungsgelände der britischen Rheinarmee in Rheinseelen bestimmt. Hier, inmitten der Lüneburger Heide, hatten die Engländer kurz nach dem Krieg ein großes Camp eingerichtet, die Panzerstraßen waren von Nissenhütten gesäumt, in flachen Barackenbauten befanden sich der Offiziersclub, die Küchen und die Kommandantur. Für Deutsche war der Zutritt streng verboten, doch Jaeger und ich hatten aus allen Himmelsrichtungen mit Ferngläsern die Militäranlage observiert, immer in der Hoffnung, vom britischen M I/6 verhaftet zu werden. Doch Ihrer Majestät Agenten waren offenkundig nicht besonders diensteifrig. Außerhalb der Sperrzone im Bereich der Zufahrtstraße fand sich ein geeigneter Drehort, vor dem Hintergrund eines verkrüppelten Kiefernwaldes breitete sich eine vertrocknete Heidefläche mit einem Bunker aus, die optimale Kulisse, um »Oberleutnant Jaeger« rekognoszierend in der Uniform der deutschen Wehrmacht durch das Terrain schreiten zu lassen. Dem Britencamp zugewandt, malte Jaeger das militärische Gelände, stolzierte alsdann martialisch durch das Heidekraut, als er einen heranbrausenden Jeep ausmachte, der in gehöriger Entfernung hielt und ihn unter Beobachtung nahm. Die beiden »red caps«, englische Militärpolizisten, waren sichtlich ratlos, doch Jaeger kam ihnen entgegen, baute sich vor ihnen auf, grüßte militärisch und begann eine freundliche Konversation. Die Polizisten musterten ihn böse, beratschlagten sich, betrachteten eingehend die Uniform, eine Leihgabe unseres gemeinsamen Freundes Kirsch, und stellten fest, vermutlich aufgrund der Hakenkreuze, daß es sich um keine akute feindliche Macht handelte. Schroff wandten sie sich ab, und Jaeger glaubte, das Wort »fucking« gehört zu haben, dann stiegen sie in ihr Fahrzeug und brausten wieder in Richtung des Camps. Jaeger zeigte sich enttäuscht über die unangemessene Behandlung und meckerte über die »arroganten Engländer«, die doch eigentlich verpflichtet gewesen wären, ihn zu verhaften. Welchem Publikum Förnbacher seinen Film zeigte, blieb uns unbekannt, sicher nicht deutschen Zuschauern, denen die Ironie verborgen geblieben wäre und die beleidigt in ihrer feigen Betroffenheitsfloskel Zuflucht gesucht hätten.

Literarisch-künstlerische Salons

Der rattige Muffkeller in der Margaretenstraße wurde zunehmend ein Anziehungspunkt für Freunde und Bekannte. Unangemeldet erschien zuweilen der »Prinz von Homburg«, Norbert Grupe, einst Boxer mit wenig Fortune, nun ein allseits gefürchteter blonder Hüne, ein Gewaltmensch, hieß es, von der Polizei gefürchtet, zuweilen von der Justiz bedrängt. Bezichtigt, Mitglied der Hells Angels zu sein, hatte er vor Gericht gestanden, und als der Herr Vorsitzende ihn gefragt hatte, ob er nun wirklich Mitglied dieser kriminellen Vereinigung wäre, bekannte Grupe, Mitglieder der Hells Angels zu kennen, aber mit einem Besuch bei seinem Hausarzt sei er ja schließlich noch nicht Mitglied des Hartmannbundes oder der Kassenärztlichen Vereinigung.

Wie der teutonische Siegfried trat Grupe auf, stürmte mit seiner Entourage, devote Luden und bildschöne Mädels, in den Keller, um Jaeger abzuholen, keinen Widerspruch duldend. »Echt geil«, fand das Gefolge Jaegers Höhle, doch nach kurzer Besichtigung drängte der Prinz zum Aufbruch, zumeist in das Café Adler, Bockhorns und Uschi Obermeyers Kneipe. Jaeger liebte derartige Modelokale nicht sonderlich, doch die Gesellschaft der Stammkunden vom Kiez war ihm angenehm, die wiederum

Heino Jaeger verehrten und liebevoll verwöhnten. Bockhorn hatte sich von Jaeger einige Bilder geliehen und in der Kneipe ausgestellt. Mit Erfolg, denn endlich fanden sich hier erste Käufer, u. a. der damalige Kultursenator Hamburgs, der regelmäßig Gast im Adler war.

Eingeführt in dieses Milieu hatte uns Michael Mau, der durch Hubert Fichte Wolfgang Köhler kennengelernt hatte, Besitzer eines erfolgreichen Puffs im Palais d'Amour, dem legendären Hamburger Freudenhaus. In seiner Wohnung unterhielt er einen literarisch-künstlerischen Salon. In den Büchern *Palette* und *Wolli Indienfahrer* setzte Fichte Wolli Köhler ein literarisches Denkmal. Als ungetreuer Angehöriger der »DDR-Staatsmacht« hatte Köhler Ostdeutschland verlassen müssen. Mit einem Karussellunternehmen war er nach Hamburg gekommen und auf dem Kiez hängengeblieben. Er hatte hier als Klomann begonnen, war Portier, Kellner, dann Geschäftsführer und schließlich Teilhaber an einem Stripteaseladen. Als umtriebiger Sachse, der nicht aufgibt und niemals eine halbe Sache macht, pachtete er letztlich eine Etage im Palais d'Amour – ein Hochhaus, in dem sich etliche Bordellbetriebe etabliert hatten – und betrieb einen veritablen Puff. Anders als Grupe, der seine Auftritte wie ein Box-Champion inszenierte, grob und martialisch das Bild vom Kiezkönig bediente, präsentierte sich Köhler mit liebenswürdiger Noblesse und feiner Herzlichkeit. Er führte ein offenes Haus in der Talstraße, völlig unterschiedliche Gäste, Luden, Künstler, Literaten, Akademiker, Prostituierte kamen und gingen, schauten kurz herein oder unterlagen seinem Charme, seiner Kunst zu unterhalten und blieben. Ob es spießiger Kiezklatsch, seine urphilosophischen Exkurse oder sinnlichen Wahrnehmungen über die Kunst waren oder ob er eigenwillige, aber stets kluge Interpretationen über Kunst und Literatur äußerte, nie langweilte er. Wer zuhören konnte, vernahm eine Weltsicht, die er als wacher Geist auf »seinen Universitäten« erfahren hatte, nicht auf den normendiktierten kleinbürgerlich-akademischen Hochschulen, sondern auf seiner Lebensreise angeeignete Weltweisheit. Da gab es keine naseweisen Dispute, keine Unsinnsdebatten, Köhler vermochte, souverän die völlig unterschiedlichen Leute in seinen Bann zu ziehen. Im bürgerlichen Ambiente seiner Wohnung glaubte sich jeder besonders empfangen und in den Kreis der Gäste einbezogen. Wer schweigen wollte, schwieg, wer reden wollte, redete, keiner wurde zur Konversation gedrängt oder von falscher Höflichkeit belästigt. Da reinigte Grupe einen monströsen Plastikpenis, Jaeger zeichnete, während Köhler seine Zeichnungen zeigte, seine Vaginakunst, detailgetreue Bleistiftzeichnungen weiblicher Intimanatomie.

Für Jaeger war die Begegnung mit Köhler die Erfüllung einer langen Suche. Als Kunstschüler hatte er in einem Brief an seine Freundin Hilka über die bürgerlichen Erziehungszwänge geklagt, die Anleitung zur Lebensuntüchtigkeit durch das Mißverhältnis zwischen verlogenen Bürgernormen und der Wirklichkeit. »Die Wünsche entsprechen nicht der Wirklichkeit«, schrieb er und glaubte, daß Handwerker eine ehrlichere Auffassung von der Realität hätten. Die schonungslose Wahrheit des Milieus, die Gesetze und Regeln der Kiezhierarchie, die ritualisierten Machtkämpfe und vor allem der ehrliche Umgang mit der Gewalt stehen im Gegensatz zur verlogenen Bürgermoral. Diese Form der Moral, die heimlich die Dienstleistungen des Palais d'Amour nutzt und ihre Eheprostitution, ihre kleinen und großen Bescheißereien, den nachbarlichen Streit, Neid und Habsucht hinter den Fassaden ihrer Wohlanständigkeit zu verbergen sucht. Jaeger hatte Freunde gefunden, mehr noch, er fühlte sich verstanden und als Künstler akzeptiert. Da hörte er nicht die Floskeln und das Kunstgeschwafel des Galerienpublikums: »Diese Arbeit finde ich sehr spannend« oder: »Wie bauen Sie Ihre Geschichten auf?« Bei Köhler ging es zur Sache, da wurde ehrlich gefragt und kommentiert, aber auch gekauft.

In der Gesellschaft Köhlers und Grupes hatte er das gesuchte »angenehme Umfeld« gefunden, und als die Freunde seine offenkundigen Schwierigkeiten mit Frauen wahrnahmen, wurde ihm ein attraktives, dunkelhaariges, genau seinem Geschmack entsprechendes Mädel zur Verfügung gestellt. Ich war einigermaßen verblüfft, als ich die Schöne mit Jaeger auf dem speckigen Matratzenlager im Keller liegen sah, wo man doch gemeinhin neuen Bekanntschaften ein blütenreines Beilager richtet. Dieser Freundschaftsdienst war gut gemeint, aber entsprechend dem Sprichwort »Das Gegenteil von gut ist nicht bös, sondern gut gemeint«, endete die Wohltat auf die Dauer nicht glücklich. Jaeger hatte sich mehr versprochen, glaubte, eine Eroberung gemacht zu haben, und fiel in Depressionen, als er das Arrangement der Freunde bemerkte. Dabei war er sich der Erbärmlichkeit des normalen Balzkampfes durchaus bewußt, mokierte sich auch über Bekannte, wie Porth-Backhaus, der mit Hund Garry seine Frauen aufriß, vermasselte mit störenden Kommentaren auch meine diesbezüglichen Bemühungen und lobte Freund »Opa«, der seine professionellen Beziehungen zu Frauen entsprechend der darwinschen Artenlehre gestaltete. Opa, dem sein Name nicht auf Grund eines Greisenalters beigelegt wurde, hatten wir bei Köhler kennengelernt.

Immer guter Laune, spielte Opa auf dem Kiez eine herausragende Rolle, obwohl er nicht im »großen Geschäft« agierte. Sein Lebenserwerb war vielseitig, und nach Art und Umfang zu fragen, war nicht geboten. In jungen Jahren ein guter Boxer, bediente er zuweilen bei Hanne in der Ritze, einer Kneipe neben dem Palais d'Amour, in deren Keller Boxer trainiert wurden. Über Jahre war Opa uns ein guter Freund, den zu besuchen jedes Mal ein Genuß war, er kannte jeden auf dem Kiez, und alle kannten ihn. Seine Wohnung »Auf der großen Freiheit« wurde nie fertig, so daß – wie im Knast – mitten im Raum das Klobecken stand. Verabschiedete man sich von ihm, steckte er einem stets ein kleines Geschenk zu, ein bißchen Shit oder ein außergewöhnliches Pornoheft. Seine Lebensweisheiten waren nicht nur für Jaeger brauchbar, vor allem in bezug auf das weibliche Geschlecht konnte man von ihm lernen, weil sein berufsbedingter Kontakt mit Frauen von wenig Gefühlsschmalz belastet war. Auf den ritualisierten Geschlechterkampf um Macht ließ er sich nicht ein, Zickereien beendete er zum Beispiel damit, daß er die gesamten Klamotten seiner »Freundin« aus dem Fenster warf. Der normalpartnerschaftliche und eheliche Gefühlsterror mit seinem instrumentalisierten Sex, der Liebe und Erpressung und monogamen Herrschaftsansprüchen, bedrückte ihn nicht. Als er einmal eine neue »Freundin« lobte und neben anderen Vorteilen den Vorzug erwähnte, sie nur einmal im Monat bumsen zu müssen, hatten wir Anlaß zum Nachdenken. Der kommerzielle Umgang mit Frauen setzte andere Prioritäten und unterschied sich offensichtlich von der bürgerlichen Sexualität diffuser Sehnsüchte und Gelüste, für die letztlich Wolli Köhlers Puff zuständig war. Opas fachmännischer Ratschlag, das Alter nicht zu verachten, seine Erfahrung, daß Frauen erst mit 70 zur sexuellen Reife gelangten, stieß bei uns auf Skepsis, auch wenn wir ihm glauben mußten, daß seine greise Partnerin sich eifrig und lustvoll hinzugeben verstand. Ganz anders war Jaegers Freundschaft mit Grupe. Lernte Grupe Leute kennen, die ihm gefielen, folgte zuweilen das Angebot einer Freundschaft, mit gemeinsamen Kneipengängen, Kinobesuchen und sonstigem Pläsier. Ein solches Ansinnen war für die Auserwählten ein schwerer Schicksalsschlag, denn unter Freundschaft verstand Norbert eine totale Hingabe, wehe, der Freund stand nicht zur ständigen Verfügung oder suchte sich durch fadenscheinige Entschuldigungen der Freundschaftsbeweise zu entziehen. Das Strafgericht war übel und hatte nachhaltige Folgen. Nicht so bei Heino Jaeger, der in diesem Punkt über Drahtseilnerven verfügte und willig, ja freudig die Gesellschaft Grupes genoß. Tagelang zog er mit ihm über den Kiez, quartierte sich bei ihm ein, teilte Grupes unbürgerlichen Tages- bzw. Nachtablauf und war sensibel genug, den Zeitpunkt eines notwendigen Rückzugs wahrzunehmen.

Bürokraten und andere Zinnfiguren

Das Geschäft mit den Zinnfiguren, »en gros und en détail«, hatte Jaeger aufgegeben, »zu mühselig«, hatte er befunden und sich neuen Betätigungsfeldern zugewandt. Die große Zufriedenheit des Auftraggebers und das begeisterte Lob der Presse über das Panorama der Jahrtausende eröffneten Jaeger die Möglichkeit, sich als Museumsgraphiker zu profilieren. In regelmäßigen Abständen erschien er bei Professor Ahrens, um neue Ideen vorzutragen: Für die museumspädagogische Arbeit ein Daumenkino für Kinder, mit dem ausgestorbene bäuerliche Arbeiten aufzublättern waren, Bilderbögen, die Bastelanregungen für Naturspielzeug gaben, und Werkblätter für die Intarsienkunst. Zur Finanzierung des Wiederaufbaues eines historischen Hauses entdeckte er den alten Brauch, bei der Einweihung eines Gebäudes sogenannte Fensterbierscheiben zu schenken, bemalte Scheiben, deren Motive stets einen Bezug zum Hauseigentümer hatten. Im Siebdruckverfahren kopierte Jaeger nach Vorlagen aus dem 18. und 19. Jahrhundert sechs Scheiben, die als Bausteine für die Restaurierung im Museum feilgeboten wurden. Die Nachfrage war kaum zu decken, so daß wir zeitweise bis spät in die Nacht drucken mußten. Es war kaum zu glauben, Jaeger erwies sich als guter Geschäftsmann, indem er die Projekte vorfinanzierte und für sich eine gute Marge heraushandelte. Die Aufträge für die »öffentliche Hand« blieben allerdings dem Fiskus nicht verborgen, mahnende und zunehmend unhöflichere Schreiben an Jaeger blieben allerdings unbeantwortet. Eines Tages standen zwei energisch auf Einlaß drängende Männer vor der Kellertür – Finanzprüfer des für Jaeger zuständigen Finanzamtes, die offensichtlich keinen Spaß verstanden. Freundlich gewährte Jaeger ihnen Zutritt, führte sie an den Kelleraufgrabungen vorbei in das »Lager« und schließlich auch in das Wohn-Schlafgemach. Der Restbestand an Farben und Tapeten und Jaegers Berufsbezeichnung »Maler« ließen die Herren einen pleitegegangenen Farbenhandel vermuten, auf jeden Fall aber konstatierten sie, daß hier für den Fiskus nichts mehr zu holen war. Der Bericht der Prüfer über den Laden und die Wohnverhältnisse des Steuerbürgers Jaeger muß in der Behörde einen tiefen Eindruck hinterlassen haben, telefonische Nachfragen Jaegers über den Stand der Dinge seiner Steuerpflicht wurden von seinem Sachbearbeiter mitleidvoll abgewehrt. Weitere telefonische Anrufe und Anforderungen von Formularen mißverstand der Beamte, indem er sich für nicht zuständig erklärte und Jaeger an das Sozialamt verwies. Damit blieb Jaeger einstweilen von Nachstellungen des Fiskus verschont.

Sich in einem überbevölkerten, wohlorganisierten, von Bürokraten und Staatsbütteln beherrschten Land wie Deutschland einen winzigen Freiheitsraum zu bewahren, heißt die Gesetzmäßigkeit normativer Abläufe der Bürokratie zu durchschauen. In Norm und Brauch eingebundene Staatsbürger sind entsprechend der Vorgaben der Staatsverwaltung mühelos zu drangsalieren. Einzige Möglichkeit, sich dem zu entziehen, sind jene Normenverstöße, für die keine Regelungen vorhanden, oder Verhaltensmuster, die als bürgerliches Lebensmodell nicht staatlich anerkannt sind. Sesshaftigkeit, womöglich mit immobilem Besitz, Familie, Angestelltenexistenz, geregelte Einkünfte, aber auch der Genuß staatlicher Wohltaten bedingen Anpassung und Einschränkungen der Freiheit. Nicht unbedingt erstrebenswert ist die Alternative, ein karges Obdachlosendasein auf der Platte oder der Wechsel zwischen unregelmäßiger Arbeit und Müßiggang. Ein angenehmes asoziales Leben bedarf einiger Kenntnisse und Überlebenstechniken in zivilisierten Gesellschaften, deren Schwachpunkt u. a. die Überorganisation ist. So ist es geraten, bei Behörden Briefbeantwortungen anzumahnen für Schreiben, die nicht geschrieben wurden, Sachbearbeiter mit persönlichen, nicht sachdienlichen Anliegen zu behelligen, absurde Steuerbereitschaft dem Amt mitzuteilen, »muß ich auch meinen Kanarienvogel versteuern? Um Antwort wird gebeten«, und ähnliche Ansinnen. Das konsequente Beharren auf behördliche Beratungspflicht, auch für abstruse Bürgermeinung, schafft letztlich die gewünschte Ruhe. Jaeger beherrschte diese Kunst meisterhaft und blieb nicht nur steuerfrei, sondern schien behördlich nicht verwaltet zu sein. Kompetente Ratgeber in derartigen Fragen waren auch Bekannte in Hamburg-Veddel, Zigeuner, die dort seit Generationen siedelten. Herbert (Berti) Grunwald, ein begabter Maler und Graphiker und Freund Jaegers, hatte die Kontakte zu diesen liebenswürdigen Menschen geknüpft. Freundschaft schlossen wir mit Schmittu, der außerhalb der Siedlung am Rande eines riesigen Einkaufszentrums wohnte. Bedrohlich nahe seinem kleinen Spitzdachhaus wuchsen die Hochhäuser, lärmten Baumaschinen, doch beharrlich widerstand er den Räumungsklagen der drängenden Stadtplaner, die ihre Betongiganten von der kleinen Schmittuhütte beleidigt sahen. Auf dem Sofa mußten wir Platz nehmen, und dann wurde üppig aufgetischt und gegessen. Hin und wieder pickte ein Huhn am Bein, denn im Hinblick auf den Baulärm und die Kieslaster, hatte Schmittus Frau die Hühner in die Wohnstube geholt, wo sie mit Vorliebe unter dem Sofa saßen und Eier legten. Die Tiere schlachten, das kam nicht in Frage, auch wenn Hühnerbraten ihre Lieblingsspeise war, doch die zahmen Freunde zu töten, brachte

Schmittu nicht über das Herz, und so begnügte man sich mit den Eiern. Auch ein Kaninchen hoppelte durch die Wohnung, belauert von einer Katze, die jedoch friedliche Absichten hegte und die Harmonie der Idylle wahrte.

Unmerklich verstrich die Zeit, wenn Schmittu aus seinem abenteuerlichen Leben erzählte, der zivilisierten Welt hatte er widerstanden, so wie die Vorfahren in der ihnen feindlichen Welt überlebt hatten. Seit sechs Jahrhunderten entwickelten die Zigeuner Techniken des Überlebens, indem sie die Schwächen der Sesshaften und den Vorteil ihres Außenseitertums zu nutzen wußten. Als wären wir ihrige, erzählten Schmittu und seine Frau von ihren Versuchen, am materiellen Überfluß der Gesellschaft ein wenig zu partizipieren. Das Hab und Gut zu teilen, predigten Christen und Sozialisten, in den Zigeunersippen ist das überkommener Brauch, doch freiwillig fällt es den guten Bürgern schwer, dieses göttliche Gebot zu erfüllen. Die Polizei hatte sein Auto beanstandet, berichtete Schmittu, die Reifen waren lebensbedrohlich abgefahren. Woher das Geld nehmen für eine neue Bereifung? Als gläubiger Christ hatte er Gott um Hilfe gebeten, ein langes Gebet in den Himmel geschickt, und siehe da, sein Blick fiel auf eine Tankstelle, ausgerechnet die benötigten Reifen lagen dort, vier Stück, wie für ihn bereitgehalten. Nein, das konnte kein Zufall sein, da hatte Gott seine Hand im Spiel. Im geeigneten Moment hatte er sich der Reifen in der Gewißheit bemächtigt, vor dem Herrgott nicht gesündigt zu haben. Anders verhielt es sich bei seinem Schwager, der empfing mit Hilfe eines komplizierten Systems in verschiedenen Städten Sozialleistungen für seine umfangreiche Familie. Um die Übersicht zu behalten, hatte er eine Kartei angelegt, die er stets im Kofferraum seines Autos mit sich führte. Bei einer Kontrolle entdeckten Polizisten die Unterlagen, und die Sache flog auf. Es lag also kein Segen auf dem Betrug, und der Schwager wurde bestraft. Ein anderer Verwandter kaufte Abbruchhäuser zu günstigem Preis, möglichst in kleinen Gemeinden. Wenige Tage nach der Übernahme füllte er das Haus mit seiner zahlreichen Sippe, Kinder, alte Leute und Schwangere, für die er sofort bei der Gemeinde Sozialhilfe beantragte. Für die Gemeinden war das eine Katastrophe, ein derartiger Zuwachs Sozialhilfeberechtigter sprengte den Etat und brachte den Haushalt derart durcheinander, daß womöglich Umschichtungen vonnöten waren. In dieser Not der »öffentlichen Hand« zeigte der Sippenchef Erbarmen und unterbreitete der Gemeinde ein Angebot. Er wäre bereit, das Haus an die Gemeinde zu verkaufen, freilich zu einem guten Preis, dann würde er mit seiner Sippe sofort das Gemeinwesen verlassen. In Anbetracht der Kosten für die nächsten Jahre und die Anzahl der Schwangeren wurde der Vorschlag stets mit Wehgeschrei angenommen, die Sippe zog weiter, in eine andere Gemeinde, wo der Sippenchef bereits eine geeignete Immobilie erworben hatte.

Bis spät in die Nacht konnte Schmittu solche Geschichten erzählen, totlachen wollte man sich zuweilen über die blöden »Gadschos«, die Gefoppten, die oft aus Geldgier auf die kleinen Tricks hereinfielen. Auch Ratschläge wurden uns gegeben, niemals zwei von »unseren Leuten« in die Wohnung zu lassen, hieß es, »dann seid ihr verloren«.

Fahrt nach England

»Ohne Fleiß kein Preis«, sagt der Volksmund. Jaegers gute Geschäfte mit dem Museum und einige Auftritte ließen den Entschluß reifen, eine größere Reise zu machen. Gerade hatte man sich darüber erregen müssen, daß der prächtige kaiserzeitliche Bahnhof Altona abgerissen und durch eine zeitgemäße, moderne Lösung ersetzt wurde, auch der Bahnhof Holstenstraße wurde verschandelt, und das wunderbare, zum Jugendstil des Gebäudes passende Portal des Völkerkundemuseums hatte einen gläsernen Eingang bekommen. In der Baubehörde lobpreiste man die neuen zeitgemäßen Betonslums, sozial gemischte Hochhaussiedlungen auf der grünen Wiese, Horror allenthalben. Alte Telefonzellen verschwanden, und die schönen städtischen Papierkörbe aus der Gründerzeit ersetzte man durch giftgrüne Plastikbomben. Warum waren ihnen die Kulturnationen jenseits der deutschen Grenzen nicht Vorbild? Dänemark, Polen und die Tschechoslowakei, Italien, Frankreich, Belgien, die Niederlande? »So kam ich unter die Deutschen«, jammerte einst Hölderlin. »Ich forderte nicht viel und war gefaßt, noch weniger zu finden. Demütig kam ich, wie der heimatlose blinde Ödipus zum Tore von Athen, wo ihn der Götterhain empfing; und schöne Seelen ihm begegneten.

Wie anders ging es mir!

Barbaren von alters her, durch Fleiß und Wissenschaft und selbst durch Religion barbarischer geworden, tiefunfähig jedes göttlichen Gefühls, verdorben bis ins Mark zum Glück der heiligen Grazien, in jedem Grad der Übertreibung und der Ärmlichkeit beleidigend für jede gutgeartete Seele, dumpf harmonielos, wie die Scherben eines weggeworfenen Gefäßes ... Es ist ein hartes Wort und dennoch sag ich's, weil es Wahrheit ist: ich kann kein Volk mir denken, daß zerrissner wäre, wie die Deutschen. Handwerker siehst du, aber keine Menschen. Denker, aber keine Menschen, Priester, aber keine Menschen, Herren und Knechte, Jungen und gesetzte Leute, aber keine Menschen – ist das nicht wie ein Schlachtfeld ... Es ist auf Erden alles unvollkommen, ist das alte Lied der Deutschen. Wenn doch einmal diesen Gottverlassnen einer sagte, daß bei ihnen nur so unvollkommen alles ist, weil sie nichts Reines unverdorben, nichts Heiliges unbetastet lassen mit den plumpen Händen, daß bei ihnen nichts gedeiht, weil sie die Wurzel des Gedeihens, die göttliche Natur nicht achten, daß bei ihnen eigentlich das Leben schal und sorgenschwer und übervoll von kalter stummer Zwietracht ist, weil sie den Genius verschmähen, der Kraft und Adel in ein menschlich Tun, und Heiterkeit ins Leiden und Lieb und Brüderschaft den Städten und den Häusern bringt. Und darum fürchten sie auch den Tod so sehr, und leiden, um des Austernlebens willen, alle Schmach, weil Höhers sie nicht kennen, als ihr Machwerk, das sie sich gestoppelt.«

Das gelobte Land war England. Gewiß, aus Knispels Berichten waren bereits alarmierende Einschränkungen herauszulesen, vor allem im Großraum London schien der Fortschritt ausgebrochen, doch schlimmer als hierzulande konnte es nicht sein. Aus Jaegers Reisearchiv wurde die entsprechende Literatur und das alte Kartenmaterial herausgesucht, mein alter VW-Käfer einigermaßen fahrtüchtig gemacht und schließlich die Reiseroute festgelegt. Vielversprechend war die dänische Fährverbindung Esbjerg–Harwich. Die Beschreibung des Schiffes klang gut, offensichtlich eine alter Pott, von dem zu hoffen war, daß er noch nicht vom modernen Skandinaviendesign verunstaltet war. Als Einschiffungshafen Esbjerg zu wählen war eine gute Entscheidung, die kleine Mittelstadt an der Nordsee fand unser Wohlgefallen, und vor allem begeisterte uns das Buchungsbüro für die Schiffskarten, ein altmodisches düsteres Comptoir, an den Wänden vergilbte Schiffsplakate und maritimer Krimskrams. Bedächtig füllte ein älterer Herr die Schiffskarten aus, edel das Reedereiemblem und der Druck der Reisepapiere. Die guten Wünsche für die Überfahrt hatten etwas Feierliches, ein letzter Gruß Europas an zwei Auswanderer in die Neue Welt, so fühlten wir uns. Das Schiff entsprach unseren Vorstellungen, hoch herausragende Schornsteine, und die eindeutigen Aufbauten wiesen es als Vorkriegsbau aus. An der Inneneinrichtung der Salons hatte sich allerdings ein moderner Designer vergriffen, und nur wenige Messingteile, Handläufer und Lampen erinnerten an den alten Glanz. Eigentlich maritim erfahren, vertrage ich keine sogenannte kappelige See, sie bewirkt bei mir Symptome der Seekrankheit, die im Liegen sofort nachlassen.

Nach einigen Stunden spürte ich eine leichte Übelkeit, also suchte ich die Kabine auf, um mich hinzulegen. An Ruhe war freilich nicht zu denken, denn Jaeger schlüpfte zunächst in die Rolle einer betulichen Samariterin, die mit kriescher Stimme um mein Wohl besorgt war. Dann wechselte er zu Herrn Zink, einem mir unterstellten Museumsarbeiter, der mir aus dem Munde Jaegers Funktion und Betätigung einer Straßenramme erläuterte. Dem Wahnsinn nahe, bat ich Jaeger, von mir abzulassen, vergeblich meinen morosen Zustand erkennend, schlüpfte er in die Rolle eines trostspendenden Pfarrers. Nicht Jaeger, sondern ich erreichte den englischen Boden einigermaßen erschöpft, und eigentlich plädierte ich für ein Hotel, doch Jaeger drängte zur Weiterfahrt in Richtung London.

Besucht werden sollte das Imperial War Museum, militärische Beutestücke aus Deutschland wollten besichtigt sein. Am Stadtrand Londons nahmen wir Quartier in einem Pub, zwei Räume standen zur Vermietung, winzige Kammern ohne Heizung, jetzt im November eiskalte Löcher, zu allerdings günstigem Preis. Als besonderen Luxus wurden Heizdecken offeriert. Wieder hatte ich Pech, Jaegers Heizdecke schien in Ordnung, denn er hatte folgenden Tages nicht über Schlaflosigkeit zu klagen, ich hingegen quälte mich mit der elektrischen Wärmedecke, die trotz der Wärmestufe 1 eine ungeheure Hitze entwickelte und Brandgeruch entfaltete. Überdies war mein Körper elektrisiert, die Behaarung schien sich zu sträuben und beim Ausknipsen der Nachttischlampe bekam ich einen

Schlag, als wäre ich an das gesamte elektrische Netz des Hauses angeschlossen. Die zweite Nacht in Folge schlaflos ging es nächsten Tages mit der Eisenbahn nach London. Daß am wunderschönen dörflichen Bahnhof ein Zug mit Abteilwagen für uns bereitstand, hob die Stimmung, begeistert waren wir auch über unsere Reisebegleitung, einen älteren, sehr kultiviert aussehenden Herrn mit Reisemütze, der eine große Burg mit Zinnen und Türmen mit sich führte. Wir vermuteten zunächst eine Spielzeugburg, doch bei genauerem Hinschauen erkannten wir im Inneren einen winzigen Hund. Die Konversation mit dem Herrn war nur kurz, höflich fragte er, woher wir kämen, und als wir uns als Deutsche zu erkennen gaben, betrachtete er uns traurig und meinte gehört zu haben, daß Deutschland ja so schrecklich ordinär sein soll. Wir konnten dem nicht widersprechen. In Ascot rüstete er sich zum Ausstieg, warf noch einen mitleidsvollen Blick auf uns, hilfsbereit reichten wir ihm die Hundeburg aus dem Abteil und verabschiedeten uns freundlich winkend. Unser Zielbahnhof Waterloo Station war noch einigermaßen in Ordnung, angenehm auch der Weg vom St. George's Circus zur Lambeth Road, wo, eingebettet in einer Grünanlage, sich das Imperial War Museum befindet. In keiner Kulturnation sollte man es versäumen, die Armeemuseen zu besuchen, kein historisches Museum offenbart so sehr die Kultur und das nationale Selbstverständnis eines Volkes wie die Kriegsmuseen. Entsprechend der zahlreichen Waffengänge der englischen Weltmacht hat das Imperial War Museum gigantische Ausmaße, unmöglich, an einem Tag die Ausstellungen zu besichtigen. Demütig senkten wir unsere Köpfe über die imperiale Waffenschau. Kriegsgründe der jüngsten europäischen Kriege, so stand es über dieser Abteilung lapidar, war der Versuch Deutschlands, Weltmacht zu werden. Das Abschreiten des historischen Waffenarsenals ermüdete uns, und so erklommen wir die obere Etage, in der sich eine sonderbare Sammlung befand: In unzähligen Vitrinen lagen in kleinen Häufchen undefinierbare Krümel, Lederreste, Metallstücke und andere Winzigkeiten. Messingschildchen mit eingravierten Namen und Diensträngen am Gekrümel veranschaulichten eindrucksvoll die Wirkung schwerer Waffen, womöglich der dicken Berta, des Stolzes der Firma Krupp.

Das Kriegsmuseum sollte das einzige Besichtigungsziel in London bleiben, die Reiseplanung sah lediglich noch einen Besuch bei dem jungen Count Bentinck, späterem XII. Earl of Portland, am Stadtrand Londons vor. Timothy Bentinck hatte ein Jahr zuvor gemeinsame Verwandte von mir in Deutschland besucht, die, um sein Pläsier besorgt, mich um touristische Betreuung baten. Besseres als Heino Jaeger vermochte ich ihm nicht zu bieten, auch wenn sein Deutschlandbild durch die von Jaeger geführten Exkursionen nicht unbedingt der neudeutschen Selbstdarstellung entsprach. Der junge Lord, der wie die meisten jungen Briten jene Kriegscomics verschlungen hatte, in denen blöde deutsche Stahlhelm-Eierköpfe regelmäßig von heldischen Briten tüchtig Dresche bezogen, bekam im Verlauf unserer gemeinsamen Ausflüge Gelegenheit, seine Vorurteile zu vertiefen, indem wir ihm die Nazistimmung im Naturschutzgebiet der Lüneburger Heide nahezubringen versuchten, Schützenaufmärsche mit anschließendem kollektivem Biersaufen miterleben ließen. In einem Landhandel kauften wir ihm eine grüne Bauernmütze, von der Art, wie deutsche Landser sie trugen, und schließlich besuchten wir unseren Freund Militaria-Kirsch, der dem jungen Herrn Grafen einen echten deutschen Stahlhelm verpasste, den er bei seiner Abreise auf seinen Rucksack schnallte und so, gewissermaßen feldmarschmäßig, die deutschen Grenzkontrollen passierte. Indigniert schauten die Uniformierten dem sonderbaren Touristen nach, und als wir Zurückbleibenden zu nahe an den Sperrzaun traten, wurden wir mit einem stahlhelmmäßigen Anschiß bedacht.

Timothys Elternhaus lag in einer parkähnlichen Wohngegend Londons, und irgendwie wirkte mein VW-Käfer, den wir in London benutzten, vor dem freundlichen gräflichen Anwesen deplaziert. Graf Bentinck schien die frühen Morgenstunde nicht zu lieben, denn noch immer, kurz vor der Mittagszeit, standen die Milchflaschen vor der Haustür. Nach einigem Zögern wagten wir zu klingeln, nur en passant wollten wir uns nach Timothy erkundigen, wurden aber so liebenswürdig empfangen, daß wir eintraten. Die charmante Gräfin bereitete einen Tee, und da der Graf in der Werbung tätig war, rankte sich die Konversation um die Kunst, um Jaegers Arbeiten und schließlich um meinen angeheirateten und gemeinsamen Vetter in Deutschland. Wir erfuhren, daß Timothy eine Schauspielschule besuchte, und folglich änderten wir unsere Reiseroute, um ihm einen Besuch zu machen. Für Jaeger war die kurze Begegnung mit Timothy Bentinck außerordentlich wichtig: er war einerseits distanziert, anderseits aber auch ungeheuer offen und interessiert, dabei klug und unterhaltsam und als Schauspieler überaus begabt, das gefiel Jaeger. Er erlebte es leider nicht mehr, daß Timothy Bentinck als XII. Earl of Portland die große Jaeger-Ausstellung in Schwerin eröffnete. Daß dem jungen Earl Jaegers Militaria-Exkursionen als Schauspieler zugute kamen, mag seine Rolle als General Speidel in dem großen britischen Film *D-Day* belegen.

Jaegers untrügliches Gespür für schöne, absonderliche und skurrile Sehenswürdigkeiten bestimmte unsere Wegstrecke nach Bath, die alte römische Siedlung mit Resten von Tempeln und Thermen sowie den einzigartigen georgianisch-klassizistischen Ensembles. Am Stadtrand fanden sich besonders eindrucksvolle viktorianische Bauten, so das Stoneleigh Hotel, ein anmutiges rotklinkernes Gebäude im Stile einer Burg, in dem wir Quartier bezogen. In Rudimenten erkannte man den einstigen Luxus des Hotels, der wohl bereits vor einigen Dezennien dahingegangen war, so wie Gwen, die Besitzerin, die vor undenklichen Zeiten verblüht war und trotz einer dicken Schminkschicht, aufgemalten Augenbrauenstrichen und dem stets verlutschten Lippenstiftrot die einstige Schönheit nur noch erahnen ließ. Neben durchreisenden Gästen, meist Vertretern, beherbergte Gwen einige alleinstehende Herren als Dauergäste, die sich allabendlich im Tagesraum vor dem Fernsehapparat versammelten. Besonders erfreute die Herren Witzsendungen, und wenn eine unanständige Pointe gefallen war, hörte man grummelndes Lachgehuste, dann schüttelte Gwen mißbilligend den Kopf und seufzte über den Verfall der Sitten.

Die trübe Novemberstimmung begleitete unsere ausgewählten Besichtigungsorte: z. B. ein düsteres Knabeninternat mit großen Schlafsälen und muffigen Klassenräumen. An den Wänden hingen allenthalben Sporttrophäen, ein zerborstener hölzerner Propeller erinnerte an einen einstigen Internatsschüler, der sich in Flanderns Erde gebohrt hatte, im Ersten Weltkrieg von einem deutschen Jäger abgeschossen, bedeutete man uns. Als deutsche Lehrer hatten wir uns Eingang verschafft, von einem liebenswürdigen »Kollegen« geführt, heuchelten wir pädagogisches Interesse. Gezeigt wurden uns auch die Bibliothek, das Lehrerzimmer, die Übungszimmer und schließlich die Sportstätten, denn auf Leibeszucht legte man besonderen Wert, als Onanieprävention, wie Jaeger angesichts der obszönen Stimmung in den Schlafräumen meinte.

Als weitere Attraktion versäumten wir es nicht, die berühmte Tea-Time am Römerbad zu genießen. In einer Art Orangerie oberhalb der Thermen wurden zu bestimmten Zeiten Tee und der berühmte Bath-Cake, ein trockner Würgeengelkuchen, gereicht. Auf der Bühne musizierten fünf Damen und Herren, Greise und Greisinnen, die es zusammen wohl gut auf vierhundert Lebensjahre brachten. Zwei Damen im blumigen Chiffon, die zwei Herren in feierlichen Anzügen kratzten auf Streichinstrumenten einen bunten Reigen volkstümlicher Melodien, den Flügel bediente eine sehbehinderte Dame mit einer Lupenbrille, die sich zum Blick auf die Noten weit vorbeugte, um sich sodann, weit zurücklehnend, auf die Tasten zu konzentrieren. An Hospitalismus mochte man denken, wie die Alte auf ihrem Schemel gegen den Takt wippte. Glühwürmchen, Glühwürmchen humtata, und die Geschichten aus dem Wiener Wald, Offenbach und Johann Strauß gehörten zu ihrem Repertoire, und wenn Beifall erklang, erhoben sie sich verschämt bescheiden, und das Publikum lachte, wenn der Kontrabaß auf den Saiten einen Dank brummen ließ. Mit milder Verachtung schaute die Pianistin durch ihre dicke Lupenbrille wie eine Eule auf die Zuhörer herab, sicher hatte sie sich vor Eintritt der Sehschwäche einem besseren Publikum offerieren können.

Die frühe Dunkelheit und die Novemberkälte trieben uns bereits am späten Nachmittag in das Stoneleigh. An der Bar nahmen wir einige Drinks und schritten dann zum Dinner: Ein bißchen Fleisch, grasgrüne Erbsen und – wie gefärbt – das rote Wurzelgemüse. Trost über die karge Kost war die üppige Tischdekoration, ein zweiarmiger Leuchter, Stoffservietten und Wedgwoodgeschirr, das pompöse Besteck aus schwerem Plaited, freilich etwas abgeschabt und nicht mehr so silbrig wie einst, als sich hier die Eltern der Internatsschüler einquartierten. Am Abend trafen dann die Gäste aus der Nachbarschaft ein, ältere Leute, die uns stets freundlich zunickten, ein pensionierter Polizist, ein Zigarrenhändler, den wir zunächst mindestens für einen Lord hielten und der, historisch interessiert, uns über die deutsche Geschichte examinierte. Eines Abends gestand er uns, Hamburg zu kennen. Als Tourist? Als Besatzungssoldat? Fragten wir. Nein, so gut würde er Hamburg nun doch nicht kennen, er hätte es lediglich gebombt. Die Gäste wollten sich ausschütten vor Lachen. Als er schließlich erzählte, Ende 1943 abgeschossen und in deutsche Gefangenschaft geraten zu sein, grinsten wir, und als Gwen besorgt fragte, ob er in der Gefangenschaft sehr gelitten hätte, winkte er ab. »No, no, absolutely correct, absolutely.« – »Na bitte!« sagte Jaeger, und wir hoben die Gläser. Gwen hatte sich als »bösen« Deutschen »The Kaiser« auserkoren, Wilhelm II., weil er die Hereros so brutal behandelt hätte und überhaupt die deutschen Kolonien, ihr Vater hätte Übles darüber berichten können. Meine ironische Bemerkung, daß auch das britische Weltreich nicht aus frommen Gebeten entstanden sei, erntete Gelächter, und der Zigarrenhändler nickte Beifall. »That's fair«, lobte er.

In meinem Überlebensmesser, aus dem man einen Schraubenzieher, eine Säge und sogar eine unbrauchbare Schere herausklappen konnte, war im Griff auch ein winziger Kompaß eingelassen, der nützliche Dienste leistete, denn einige in den uralten Plänen eingetragene Straßen existierten nicht mehr oder führten in moderne Industrieanlagen. Weite Strecken folgten wir der Kompassnadel auf schmalen Straßen, durch Siedlungen und Winzdörfern, entlang schmaler Kanäle und romantischer Kleinstädte gegen Norden. Liverpool hatte Jaeger als Ziel bestimmt, denn vielversprechend hieß es in *Meyers Konversationslexicon 1894*: »Liverpool (spr. liwwerpuul), Stadt (Grafschaft) an der Westküste Englands, erster Seehafen des Reiches, nach London wichtigste Handelsstadt der Erde, an der Mündung des Mersey (Tunnel zwischen L. und Birkenhead 1884 eröffnet), 150 Kirchen, schönste Gebäude St. Georgshalle, Brown Institute (Museum Gemäldegalerie), Steueramt, Stadthaus, Börse, 2 große Wasserleitungen. Zoologische Sammlung und Altertümer, University College, 2 medizinische Schulen, Mechanic Institute für Arbeiter, botan. und zoolog. Garten, Sternwarte, 7 Theater. Lebhafte Industrie, vorzugsweise mit dem Schiffbau und der Reederei zusammenhängend: Seilerei, Segel, Chronometerfabrikation, Schiffsbrotbäckerei ...« In einem Hamburger Antiquariat hatte Jaeger diese Seite als Reiseführer aus dem *Meyers* herausgetrennt, wohlwissend, daß die gepriesenen Gebäude und Industrieanlagen unseren Besichtigungswünschen entsprachen. Tagelang suchten wir die Altertümer, manches war bereits verschandelt, einiges gab es nicht mehr, doch in summa war noch genug an viktorianischer Kultur zu entdecken. Buchstäblich in letzter Minute, unmittelbar vor dem Abbruch, durften wir noch die ausgedehnten uniformen Arbeiterquartiere des 19. Jahrhunderts durchstreifen, vom Industriedreck geschwärzte Reihenhäuser mit stinkenden, winzigen Innenhöfen, ein Haus wie das andere, nun bereits teilweise von den Bewohnern verlassen, bedroht von Betonhochhäusern, die neuen lichten Wohnungen des Proletariats, grauenvoller und menschenverachtender, als es sich der brutalste Kapitalist des 19. Jahrhunderts wohl vorzustellen vermochte.

Einer gnädigen Eingebung folgend, fuhren wir entlang der Küste nach Southport, einst wohl das Seebad der Liverpooler Reichen mit traumhaften viktorianischen Hotelbauten. Auf den ersten Blick erschien uns der Ort zu luxuriös, zu teuer für unser knappes Reisebudget, doch bei näherer Betrachtung erkannten wir, daß die sozialistische Umschichtung dem Seebad den alten Glanz genommen und sich das wohlhabende Publikum aus dem Staub gemacht hatte. Die einzigartige britische Bäderarchitektur beherrschte den Ort, vor allem ein schlossartiges Hotel an der Promenade, dessen Zimmerpreis uns unerschwinglich schien. Jaeger drängte zu einer Besichtigung, beklommen schritten wir die pompöse Auffahrt hinauf und betraten die Halle. Ein riesiger Kronleuchter erhellte den Raum, schwere

Sessel luden zum Verweilen ein, messinggefaßt waren die Tischchen, das dezente Licht der Leuchter an der mahagoniebraunen Täfelung gab dem Raum eine feierliche Würde. Hier eine Havanna rauchen und die *Times* lesen, einen Scotch trinken, das würde man sich leisten müssen. Jaeger steuerte auf einen Sessel zu, nahm Platz, zögernd folgte ich ihm. Sprungfedern bohrten sich in den Hintern, die Sesselbezüge waren verblichen, Handschweiß glänzte auf den Lehnen, und das Glas der Tischplatte hatte einen Sprung. Die Prismen des Kronleuchters waren staubblind und die Teppiche bis auf die Webkette abgetreten. Usurpiert war das Hotel von alten Damen, mehr von alten Frauen und einigen wenigen Männern, an ein Altersheim war zu denken, doch ein junges Mädchen im knappen Minirock trat zu uns, fragte nach unseren Wünschen und ob wir ein Zimmer brauchten, es wäre noch etwas frei. Wir blieben, und bald hatten wir auch die Ursache der Greisinneninvasion herausgefunden. Hinter einer zweiflügeligen Tür befand sich ein riesiger Saal, einst wohl der Festsaal, Stimmengewirr und aus einem Lautsprecher verkündete Zahlenaufrufe waren zu vernehmen, und ständig rief es »Bingo«, dann schwoll der Lärm etwas an, und neue Zahlen wurden aufgerufen. Das altehrwürdige Hotel war zu einer Bingohöhle mutiert, frequentiert von den Hausgästen, Spielsüchtigen, die bis in den späten Abend sich dem Glücksspiel hingaben, und Tagesgästen, die mit Bussen herbeigeschafft wurden. In den Spielpausen hämmerte ein Musikus auf einer Hammondorgel flotte Melodien, dann strömte das gehbehinderte Watschelvolk zum Powder-room, überholt von den rüstigen Ladys, denn schon staute es sich vor dem Water-closet. Die wenigen Männer trugen schlapperige Anzüge, meist mit Wollwestover, bunt und vielseitig die Garderobe der weiblichen Gäste, einfache Wollkleidung, graumausige Twinsets und farbenfrohe Kombikleidung, viele mit sonderbaren Hutkonstruktionen: Beblümtes, keck Geschwungenes und kleine Himbeer- und Zitronentörtchen waren auszumachen. Gespannt bezogen wir unser Zimmer, auch hier der marode Luxus der einstigen Nobelherberge, es roch abgestanden, Blümchenparfum hing in den verblichenen Vorhängen, oder war es Pipigeruch blasenschwacher Gäste? Die hohe Zimmerdecke und eine Pappwand verrieten, aus einer Suite waren zwei Räume geschaffen worden, mit dem Nachteil, am ständigen Radiogebrabbel im Nachbarzimmer teilhaben zu müssen.

Southport schien ein Faible für Deutschland zu haben, über einem Ladengeschäft war die Aufschrift »German Food« angebracht. Gepfefferte Teewurst, Peffersäckchen waren im Angebot, Fleischsalat, Pumpernickel und »Wednesday: Kommissbrot«. Jaeger fragte die pockennarbige Bedienung, ob sie Deutsche sei. »From Korridor«, flüsterte die Frau leise, als hätte sie Repressionen zu befürchten. »From Korridor?« Was das wohl heißen sollte, Deutsch konnte sie nicht, vielleicht war sie Autochthone, nicht Deutsche, nicht Polin, vielleicht Kaschubin oder so was, rätselten wir.

Des weiteren befand sich in der Nähe des schmutzig-verölten Strands ein Lokal mit dem Namen Zur Gemutlichkeit. Eine Leuchtreklame zeigte einen Lederhosenbayern, und im Inneren war aus groben Balken ein Tresen gezimmert, dunkelbraun gestrichen, mit aufgemalten roten Herzen und einer Art Bauernmalerei war deutsche Volkskunst angedeutet, Bergbilder hingen an der Wand und ein Spruch in gotischen Lettern: »Wenn's Aerschel brummt, ist's Herz gesund.« Beck's Bier in Flaschen wurde ausgegeben und Budweiser, als deutsche Spezialitäten gab es Hamburger und »Boekwurst«. Das an der Außenwerbung versprochene deutsche Liedgut hielt sich in Grenzen, vom Endlosband tönte amerikanische Folk music und endlich nach vier oder fünf Titeln Lale Andersens »Vor der Kaserne, vor dem großen Tor ...«. Der Mann hinter dem Tresen hieß Fred, in Bad Oeynhausen und in Hameln war er Besatzungssoldat, die beste Zeit seines Lebens, sagte er. Aus Dankbarkeit, so vermuteten wir, hatte er sein Lokal so deutscheigentümlich gestaltet.

Auf der Rückfahrt entlang der Küste gerieten wir in einen gefährlichen Novembersturm. Vom Atlantik her tobte schwere See, und zeitweise erreichten die Wellen bereits die Straße. In einem kleinen Fischerort suchten wir Zuflucht, dort rüstete sich der örtliche Katastrophenschutz zum Einsatz. Wo wir übernachten könnten, fragten wir die Rettungsmänner, die uns eine B&B-Herberge in der Nähe des Leuchtturms empfahlen.

Ein einarmiger Mann im weißen maritimen Rollkragenpullover musterte uns mißtrauisch, zögerte eine Weile, schaute prüfend auf die See und gewährte uns schließlich Einlaß. Eine schmale Stiege führte ins Obergeschoß, der Mann ging uns voraus, zeigte das Zimmer und nannte den Preis, etwas überhöht, wie uns schien, doch unsere Seenot ließ uns keine andere Wahl. Bereits auf der Fahrt purgierte es bei Jaeger, dringend suchte er Erleichterung und drängte, irgendwo zu halten, ein Wunsch, den ich angesichts des Sturms nicht erfüllen konnte. Kaum hatten wir das Zimmer bezogen, verschwand er. Zehn Minuten vergingen, eine halbe Stunde, eine dreiviertel Stunde, Jaeger tauchte nicht wieder auf. War er noch einmal zum Auto gegangen, von einer Welle erfaßt, vom Atlantik verschlungen? Hatte der unheimliche Mann ihm etwas angetan und lauerte nun auf mich? Vorsichtig lauschte ich an der Tür, öffnete sie und horchte an der Stiege. Außer dem tosenden Sturm war nichts zu hören. Eine weitere halbe Stunde verging, und ich schlich hinunter, lauschte an den Türen, nichts war zu vernehmen. Ein schmaler Gang führte zu einem Anbau, und hier hörte ich endlich Stimmen, Jaeger saß mit dem Mann in der Küche, gemeinsam tranken sie Tee und unterhielten sich angeregt über den U-Boot-Krieg, in dessen Verlauf unser Wirt seinen Arm verloren hatte, vom Sani amputiert und ins Meer geworfen, berichtete er. Es wurde ein gemütlicher Abend im sturmumtosten Haus, dem Tee folgten alkoholische Getränke, die zum gemeinsamen Gesang animierten: »It's a long way to Tiperary ...«

In Todesgefahr brachte uns ein Hotel kurz vor unserem Abfahrtshafen Harwich. Mehr ein Männerheim, Unterkunft für Arbeiter und glücklose Vertreter unter der Aufsicht eines resolut-gestrengen Verwalters, entbehrte die Herberge jeglichen Komforts, an fließend Warm- und Kaltwasser auf den Zimmern war nicht zu denken. Ein großes Bett und ein Spind füllten den Raum. Hellgrüne Nylonbettwäsche ekelte sogar Jaeger, und die einzige Wärmequelle, eine offene, rotglühende Heizschlange gegenüber dem Bett, knackte besorgniserregend. Wie im Hähnchengrill ließen wir uns bestrahlen, schliefen aber bald ermüdet ein. Heiße Füße weckten mich, und nun nahm ich auch den intensiven Plastikgeruch wahr, ich machte Licht und entdeckte, daß sich am Fußende bereits das Nylon in der Hitze kräuselte. Jaeger hatte von meiner Rettungsaktion nichts mitbekommen, meckerte über die morgendliche Saukälte und nahm meine lebensrettende Maßnahme nicht ernst.

Auftritte

Die Zeit nach den Reisen bedeuteten zunächst einige Tage der Depressionen, der Winter in Deutschland schränkte die Exkursionen ein, Trost boten Wolli Köhler, Opa und die Besuche bei meinen Volkskunde-Interviewpartnern. Hinzu kamen für Jaeger die Reisen zum Westdeutschen Rundfunk. Als Gast der Sendung *Nachtexpreß* klaute er den miteingeladenen Künstlern die Show, brabbelte dazwischen, wenn sie sich und ihre Kunst feierten, spielte plötzlich den Nachrichtensprecher und machte blödsinnige Wetterberichte. Der Moderator wollte sich vor Lachen ausschütten, aber die Künstler verließen beleidigt das Studio, als sie aufgefordert waren, eine Kostprobe ihres Könnens vorzutragen und Jaeger krächzend in den Gesang einfiel. Ein sogenannter Bunter Abend mit einem charmanten Conférencier, Gesangsvorführungen und sonstigen rundfunkgeeigneten Darbietungen geriet durch Jaeger fast zu einem Fiasko. Zunächst hielt er sich bei seinem Auftritt nicht an die vorgegebene Zeit, stolzierte hinter der Bühne herum und machte die lampenfiebrigen Akteure verrückt und sang zum Schluß der Vorstellung ungefragt und unangekündigt mit kriescher Stimme »Wenn die Schwalbe fliegt, wenn die Schwalbe fliegt«. Die Sendung mußte vorzeitig ausgeblendet werden.

Ein winterliches Vergnügen in der Vorweihnachtszeit war alljährlich ein Besuch des Hansa-Theaters in Hamburg, eines der letzten Varietés in Deutschland. Weit vor Beginn der Vorstellung trafen wir uns im Foyer, um die Ankunft des Publikums nicht zu versäumen: Gutsituierter Mittelstand in Festkleidung, kleine Betriebsgruppen und mit Bussen herbeigeschaffte Landbevölkerung. Von der Garderobe her entfaltete sich ein intensiver Crème-Mouson-Duft. Vor den Spiegeln wurde noch einmal die Kleidung gerichtet, das Lippenrouge nachgezogen und sodann feierlicher Einzug in das Theater gehalten. Man nahm an pultähnlichen Tischen mit Lämpchen Platz, mittels eines Klingelknopfs rief man die Bedienung, mit einem weiteren Knöpfchen konnte das milde, von einem Acellaschirmchen verdunkelte Licht gelöscht werden. Eine Getränkekarte und eine Beschreibung der »Hansa-Theaterplatte« wurden studiert, genaue Gewichtsangaben erinnerten an die einstige Abgabe von Lebensmittelkartenabschnitten: 1 Scheibe Toast, eine Scheibe Graubrot, 7,5 Gramm Räucheraal, 3,8 Gramm Rauchwurst etc. Die Bedienerinnen trugen althamburgische Dienstbotentracht, die Bühnenarbeiter Matrosenhabit. Einzigartig das Programm: Sprachkünstler, Berühmtheiten imitierend. Ein Matrose zeigte dann ein Schild: »Ohne technische Hilfsmittel.« Seilakrobaten traten auf, ein Ägypter mit seinem Sohn, dessen wohlgeformter Körper Jaeger mich zuflüstern ließ, daß man da ja direkt schwul werden könnte. Kein Programm verzichtete auf eine Kräuselhaarblondine, die weiße Pudel durch Ringe springen ließ, ihre Hündchen auf kleinen Podesten zu »Männchen« und anderem Kurzweil animierte. Hanswurstiaden bot ein Clown, und nicht zu vergessen das Orchester, dessen Dirigent einen changierenden Smoking trug und sich kaum seinen Musikern widmete, sondern mit blekkenden Zähnen in das Publikum hineindirigierte. Höhepunkt in der Adventszeit war der Einmarsch des Personals mit kleinen Plastiktannenbäumchen, an denen Taschenlampenbirnchen leuchteten, und das Orchester spielte Weihnachtslieder. Nach der Vorstellung ging es dann in den Künstlerkeller, um ein Bauernfrühstück oder Bratkartoffeln mit Sauerfleisch zu essen. Generationen von Künstlern hatten hier ihre *Starportraits* und Autogrammkarten hinterlassen, verblaßte Widmungen priesen Hamburg und den Künstlerkeller. Berühmte und längst vergessene Zirkus- und Varietéstars war an den Wänden des Kellers ein Denkmal gesetzt, und manchmal war Horst da, ein Sammler von Autogrammkarten, der anhand der Photogalerie nach Monomanenart die Kunst und die Lebensläufe der Künstler erläuterte.

Im Frühjahr 1974 erhielt ich einen Anruf von einem alten Freund, einem hohen Bundeswehroffizier, der es ich zur Aufgabe gesetzt hatte, die Kavallerie wieder einzuführen, berittene Truppen als Aufklärer. Jaeger hatte den forschen Reiter in Schleswig kennengelernt, zusammen hatten wir einige Abendschoppen in der Lollfußtreppe genossen. Für G. waren die Pferde und seine Amazonen, hübsche junge Frauen der Gesellschaft, eine kostspielige Angelegenheit, und folglich war er in andauernden pekuniären Schwierigkeiten. Als ich ihm vom Geldsegen Heino Jaegers berichtete, rückte Jaeger vermehrt in sein Interesse, und es bedurfte einiger Mühe, die Dahrlehensersuche des Freundes abzuwehren.

Mit dem Anruf waren jedoch keine finanziellen Absichten verfolgt, G. wollte wieder einmal das Kriegsroß in das Bewußtsein der militärischen Führung rücken und hatte eine Reitvorführung in einer Kaserne in Schleswig-Holstein organisiert. Junge »Offfziere« und seine Amazonen würden gewissermaßen »vom Schritt zur Kapriole« reiten, eingeladen waren auch Veteranen der Wandsbecker und Schleswiger Husaren, alle in ihren historischen Uniformen, der Älteste 96 Jahre alt. Für die »Offfziere« benötigte G. Husarenuniformen, ob ich sie ihm beschaffen könnte. Wir konnten, Jaeger und ich baten Militariasammler Kirsch, die entsprechenden »bunten Röcke« zur Verfügung zu stellen, und als Gegenleistung versprachen wir, gemeinsam das militärische Schauspiel zu beobachten. Zur festgesetzten Stunde rückten wir also aus und fuhren in das schöne Ostholstein, landeten zunächst in der falschen Kaserne und fanden schließlich den Veranstaltungsort, der besser nicht sein konnte, ein altes, original erhaltenes Kasernenensemble. An der Wache begehrten wir Einlaß, der uns jedoch verwehrt wurde, worauf Kirsch heftigen Unmut kundtat, Jaeger und ich ausstiegen und in der Wachstube verhandelten. Schließlich hatten wir uns fein gemacht, Jaeger hatte seinen Polsterbezug-Sakko und die dazu passende Hose hergerichtet, und ich trug Blazer mit grauer Hose. Selbstverständlich fehlten die Krawatten nicht. Nach langen Telefonaten mit mehreren Rückrufen durften wir passieren, schrittfahrend, denn ein Soldat trottete an unserer Seite, um uns einzuweisen. Endlich erschien auch G., wir lieferten die Uniformen ab und wurden in die Mannschaftskantine geführt, wo sich bereits die Althusaren versammelt hatten. Wieder meckerte Kirsch – die Kantine für den einfachen Mann, das entsprach nicht seinem Rang beim Zoll.

Nach einem Trompetensignal begann die Reitvorführung unter dem gestrengen Blick der Offiziere und betagten Husaren, immer im Kreis ritten die Amazonen mit den Leutnants in den bunten Uniformen des Herrn Kirsch. »Werden noch 'n Drehwurm kriegen«, maulte der, noch immer zornig über die Kantine. Jaeger hatte sich indessen den greisen Husaren genähert und fachsimpelte bereits über uniform- und militärhistorische Fragen. Dann stolzierte er zwischen den Offizieren herum und nickte ihnen leutselig zu, diese unterbrachen ihre Unterhaltung und schauten ihm verwundert nach. Einigermaßen besänftigt war Herr Kirsch, als G. uns in das Offiziersheim bat, Kaffee und Gebäck stünde für uns bereit, er müsse sich leider um seine Amazonen kümmern. Ordonnanzen bemühten sich um uns, ein junger Leutnant versuchte eine Konversation, und Kirsch bemängelte, daß keine Abendkost gereicht wurde und wo blieb der General, das wäre früher anders gewesen, damals, als sie dem Kronprinzen den aus Achselstücken gewebten Teppich überreichten, hätte der Flügeladjutant sie zu einem Essen gebeten. So war das früher, aber heute, na, schweigen wir. Die ganze Rückfahrt klagte Kirsch über die Verlotterung der militärischen Sitten, aber was kann man bei den modernen Uniformträgern erwarten, wie Postboten würden die ja aussehen.

Am Rundkamin

In einem Hamburger politisch-literarischen Salon hatte ich Regine kennengelernt. Es war auf den ersten Blick die große Liebe, und noch am Tag unserer ersten Begegnung stellte ich ihr Jaeger vor, zur Nachtzeit im Keller. Man verstand sich, und fortan gestalteten wir die Exkursionen zu dritt. Als Architektin teilte sie mit Jaeger das bauhistorische Interesse und, zeichnerisch hochbegabt, bewunderte sie seine Kunst. Zunächst mußten Regine die bereits bekannten Stätten des »kokeligen« Wohlbehagens gezeigt werden, Geesthacht, die Lüneburger Heide und die bereits von Knispel dokumentierten Arbeitersiedlungen in Kiel. Gemeinsam neu erschlossen wurde Wilhelmshaven, die Marinestadt am Jadebusen, aus wilder Wurzel 1856 als preußischer Kriegshafen gegründet und unter Wilhelm II. und Adolf Hitler zu einem der ersten Marinehäfen ausgebaut, versprach die Stadt eindeutige Stimmungsbilder. Die Ahnungen wurden weit übertroffen und Kiel weit in den Schatten gestellt. Ein glücklicher Zufall führte uns zum Bahnhof, der im Krieg stark zerstört und uninteressant war, jedoch über ein exzellentes Bahnhofsrestaurant verfügte. Eingerichtet im Stile der 50er Jahre, mit Tütenlampen an den Wänden, entsprechenden Mustertapeten, die Stühle eindeutig, und sogar der Tresen war unverfälscht erhalten. Auch die Speisekarte ließ keine Wünsche offen, deutsche Hausfrauenkost zu günstigem Preis, aber unübertroffen war das »für den eiligen Gast« bereitgehaltene Gericht »Kartoffelsalat mit Bockwurst«, offensichtlich nach einem Rezept aus der Zeit vor der Währungsreform zubereitet, mundete der ziehige Mayonnaiseschleim, in dem die Kartoffeln eingematscht waren, eindeutig nach Fixierbad. Die obszön dicke Bockwurst schien mit Gries gestreckt, die satt über den Salat gestreute Trockenpetersilie roch und schmeckte nach Heu.

Nicht zu übersehen waren die Kriegseinwirkungen in der Innenstadt: Ruinenhäuser, die Obergeschosse abgerissen, und im Grundrest Geschäftsräume ausgebaut, dazwischen erhaltene gründerzeitliche Bauten und schließlich, einmalig in einem Stadtbild, penisartige Bunker. Nach alten Plänen erkundeten wir die ehemaligen wehrtechnischen Fabriken und schließlich die kurz vor dem Abbruch stehenden wilhelminischen Kasernenanlagen mit ihren monströsen Bunkern. Ein Kleinod auch das Rathaus und das Theater. Wohl keine Stadt inspirierte Jaeger mehr zur eidetischen Bildersammlung als Wilhelmshaven, erst nach diesen Besuchen entstanden die wundervollen Blätter innerstädtischer Ansichten, die Badeszenen am industrieverseuchten Strand und jenes heute im Helms-Museum verwahrte Blatt: Trunkenbolde an der Trinkhalle.

Die gute finanzielle Situation aller erlaubte uns eine rege Reisetätigkeit, Vergnügungsreisen nach Dänemark, eine längere erholsame Winterreise an die Nordspitze Jütlands, Kurzreisen nach Naestved, zum »Festival«, ein Fünfstundenessen im Gamle Borgermester. Daneben begleiteten wir ihn zu seinen Auftritten nach Mainz in das Kleinkunsttheater Unterhaus, einen seiner liebsten Auftrittsorte. Die ebenfalls in Mainz veranstalteten Kleinkunsttheatertage liebte Jaeger weniger. Jene Zeit forderte protestierende *engagierte Kunst, kritisches, politisches Kabarett* und *jammernde Protestsongs*, dies alles war ihm ein Greuel und mit zu viel deutscher Schwerenot befrachtet. Demonstrativ, abgrenzend von den Engagierten, bezeichnete er sich als Komiker und fühlte sich geschmeichelt, wenn man ihn mit englischen Possenreißern verglich. Gut gelaunt war er, wenn er Freunde um sich hatte, vor allem Jürgen von Toměi und Hanns Dieter Hüsch, beide waren der Grund, daß er zu den Festivals nach Mainz fuhr und dort auch an den abendlichen Treffen unter Kollegen teilnahm.

Zuweilen wurde Jaeger vorgeworfen, daß es ihm an »Professionalität« gefehlt hätte, und in der Tat, bei allen seinen Auftritten hatte man den Eindruck eines zufällig dahergekommenen Arbeiters, Gelehrten, Theaterdirektors, monomanischen Bastlers, oder in welche Rolle er auch immer zu schlüpfen gedachte, und nie wäre man auf den Gedanken gekommen, eine einstudierte Rolle im Rahmen eines genau festgelegten Programms zu erleben. Das bedeutete für manche Veranstalter ein Risiko, denn Jaeger war selten bereit, mit seinem Publikum in einen Dialog zu treten oder gar durch professionelle Tricks sich den Zuhörern anzudienen. Wenn die Leute lachten, freute er sich, wenn nicht, war es auch gut, doch war es dem Publikum geraten zu lachen, denn Jaeger hatte genug Nervenstärke, seiner Zuhörerschaft auf den Wecker zu gehen. Eine solche Situation mußte der arme Wolfgang Pahde bei einer Livesendung aus dem Kölner Funkhaus durchleiden. Der Sendesaal war gut gefüllt, das Publikum von zwei Chansonsängerinnen nur einigermaßen animiert, zumindest wurden die Damen mit höflichem Beifall bedacht. Den zweiten Teil der Veranstaltung sollte Jaeger bestreiten. Angekündigt waren »komische Stegreifgeschichten« von Heino Jaeger, und ein wohlwollendes Publikum harrte nach den etwas anstrengenden Stimmen der Sängerinnen der Dinge. Hätte Jaeger von Tünnes und Scheel erzählt, rheinischen Frohsinn verbreitet, wie aus der Bütt gescherzt und faule Witze gemacht oder auch nur gepupst, die Leute hätten sich gebogen vor Lachen, Jaeger aber erzählte Alltagsgeschichten, schlimmer noch, er war das Publikum, der Schrebergärtner, der vor uns saß, die Frohnatur daneben, der Karnevalsspezialist eine Reihe hinter uns und die Hausfrau neben uns. Ihrer aller täglicher Allerweltsunsinn war doch nicht komisch, wo sollte man da nur lachen, in Köln, wo man doch Willi Millowitsch hatte. Außer ein wenig Lachgehüstel war keine Reaktion zu erzielen, und da es eine Livesendung war, hielt Jaeger durch, schaute zuweilen auf die Sendesaaluhr und sagte: »Jetzt müssen sie noch 10 Minuten, 5 und endlich 3 Minuten durchhalten.« Im Glasbäuschen der Regie rang Pahde die Hände, lief auf und ab, schaute zur Uhr, Jaeger aber blieb stoisch.

Obwohl ich Arges erwartet hatte, verlief es ganz anders bei einer Veranstaltung im Hause Knut Kiesewetters, der für eine Plattenaufzeichnung Künstlerfreunde in sein Haus geladen hatte. Wochen zuvor hatte sich Jaeger auf dem Freesenhof des Musikers einquartiert und telefonische Berichte durchgegeben, das Haus geschildert und das Familienleben beschrieben. Vermutlich ohne Einverständnis des Gastgebers hatte er mich eingeladen, ich müßte unbedingt kommen, es würde sich lohnen. In jener Zeit hatten sich die deutschen Gesangskünstler vom amerikanischen Country-Stil inspirieren lassen und als Liedermacher heimisches Mundartliedgut entdeckt, in Norddeutschland tönte es fortan allenthalben plattdeutsch, voran Knut Kiesewetter vom Freesenhof mit seinem Heimatlobgesang. Als Hüter der deutschen Volkskunde war mir diese neudeutsche Heimattümelei gewissermaßen ex officio verboten, weil es keine plattdeutsche Volksliedkultur gab und die wenigen niederdeutschen Kunstlieder jüngeren Datums waren. Traditionell gab es aber in der bäuerlichen Unterschicht komponierende Musiker, deren Noten ich gesammelt hatte. Heino Jaeger machte den Vorschlag, daraus eine Schallplatte zu produzieren, und durch seine Vermittlung fand ich einen Musiker, der auf alten Instrumenten die bäuerlichen Tänze spielte. Von Jaeger mitfinanziert, wurde die Platte ein großer Erfolg und warf sogar einen beträchtlichen Gewinn ab, obwohl das Originalgepupse nicht unbedingt ein Ohrenschmaus war, aber das waren die Ländlersongs der Liedermacher ja auch nicht. Mit dieser Aversion fuhr ich nach Friesland, als professioneller Gralshüter norddeutschen Volksgutes wollte ich en passant missionierend auf den Heimatbarden einwirken. Selbstverständlich kam es anders, Jaeger war bester Laune, Knut Kiesewetter liebenswürdig und derart auf Jaeger fixiert, daß sich keine Gelegenheit bot, meine besserwisserischen Ambitionen an den Mann zu bringen. Reumütig mußte ich bekennen, daß Kiesewetter sich engagiert um Jaeger kümmerte, ihm ein guter Gastgeber war und es mich schließlich nichts anging, nach welchen Vorstellungen er sein Landleben gestaltete und wie er seine neue Heimat musikalisch zu huldigen gedachte. Nach dem Fiasko in Köln waren wir auf die Plattenaufnahme mit Publikum im privaten Ambiente des Freesenhofes gespannt, und so beschlossen Regine und ich, Jaegers ausdrücklicher Einladung zu folgen. Um einen riesigen Rundkamin im Zentrum des Hauses hatte sich bereits eine große Zahl von Gästen versammelt, wie Jaeger meinte, alles prominente norddeutsche Künstler, von denen wir allerdings nur Hannes Wader, Volker Lechtenbrink und Helga Feddersen kannten. Jaeger war außerordentlich frohgemut und hatte sein Repertoire einfühlsam auf die Leute eingestimmt. Das Publikum reagierte auf jede Pointe, ein verzeihlicher Nachteil für die Schallplatten, denn zuweilen wurde behauptet, die Lachsalven wären im Nachhinein eingeblendet, tatsächlich aber hat Kiesewetter den Originalmitschnitt veröffentlicht.

Bewegte Bilder

Gute Nachricht brachte uns Regine, beruflich mußte sie für einige Zeit nach Berlin und hatte sich im noblen Dahlem in einer großbürgerlichen Villa eingemietet, zwar nur im Souterrain und nicht sehr komfortabel, aber groß genug, uns allen Quartier zu bieten. In dieser Zeit hatte ich für meine volkskundliche Arbeit eine sehr gute Filmkamera bekommen, die wir auch für uns zu nutzen gedachten. Angeregt vom Fellinifilm *Roma,* wollten wir entsprechend unserer Intention einen Deutschlandfilm drehen, verwarfen allerdings den Plan, als uns bewußt wurde, daß Fellini uns dazu animiert hatte, und da Jaeger sich stets über die deutschen Epigonen erregte, die alles kopieren und denen nichts Eigenes einfällt, ließen wir zunächst davon ab. Dennoch dokumentierten wir unsere Reisen weiterhin mit der Filmkamera, vielleicht würde uns anhand des gesammelten Materials etwas Neues einfallen. Nun, da wir in Berlin einen festen Standort hatten, wollten wir in der ehemaligen Reichshauptstadt beginnen, nicht ohne Grund, denn inzwischen hatte sich die politische Lage verändert, eine neue Regierung hatte mit der DDR den sogenannten Grundlagenvertrag geschlossen, den Kalten Krieg damit etwas gemildert und zum Beispiel den freien Zugang nach Berlin ermöglicht. Zu unserm Leidwesen waren damit die gestrengen Kontrollen an den Grenzübergängen weggefallen, und überdies, so befürchteten wir, war zu erwarten, daß Westberlin sich rascher wirtschaftlich entwickeln würde, zum Nachteil der alten Frontstadtstimmung.

Den Deutschlandfilm immer noch im Hinterkopf, suchten wir nach neuen Motiven. Nicht unbedingt nur wie sonst historisches, vor allem gründerzeitliches Ambiente, sondern auch Neubauten, vor allem die gefeierten Scharoun, Gropius und anderen Nachbauhausgreueltaten der 50er Jahre, die jetzt, zehn bis fünfzehn Jahre nach ihrer Erbauung, bereits einen maroden Eindruck machten. Noch vor Monaten wäre es uns undenkbar erschienen, die Kamera auf ein Einkaufszentrum wie das Europacenter zu richten, einer Eingebung folgend, postierten wir uns mit dem Filmgerät auf dem Kurfürstendamm, und kaum waren wir arbeitsbereit, flackerte in einer der unteren Etagen ein Feuerschein, der sich rasch zu einem lodernden Brand entwickelte. Nach wenigen Minuten war das Hochhaus in dicken schwarzen Rauch gehüllt, und bald quirlte der sich drehende Mercedesstern auf dem Dach den Qualm. Für Regine, die den Brand aus dem Hörsaal des Instituts für Städtebau beobachtete und die wußte, daß wir uns in der Nähe befanden, konnte das Feuer kein Zufall sein. Als Architektin hatte sie sich wiederholt Jaegers Ekel über die modernen Hochhäuser anhören müssen, sein Bedauern, nicht mit einem 8,8-Geschütz hineinfeuern oder zumindest Feuer legen zu dürfen. »Ich tät's« hatte er in Förnbachers Film gesagt, aber dafür wolle er dann doch nicht in den Knast gehen. In der gemeinsamen Mittagspause, die Feuerwehr hatte den Brand bereits gelöscht, besichtigten wir noch einmal den Katastrophenort, es roch nach verbranntem Plastik, die Schleimhäute ätzend, und Regine insistierte, wie der Brand entstanden wäre, betrachtete uns mit lauerndem Blick, fest davon überzeugt, daß wir die Brandstifter waren. Erhärtet wurde ihr Verdacht durch unseren Bericht über unsere Filmaufnahmen am Potsdamer Platz, im eingemauerten Niemandsland zwischen der DDR-Hauptstadt und Westberlin. Illegal hatten wir das Gebiet zwischen den Ruinen des Hauses Vaterland, dem Bahnhof Potsdamer Platz, dem Postgebäude und dem schwer beschädigten Hotel Bel-

levue betreten und als phantastische Bereicherung inmitten des überwachsenen Geländes einen riesigen brennenden Matratzenberg vorgefunden, dessen Flammen uns einen passenden Vordergrund für die Aufnahmen der Ruinen boten. Stundenlang durchstreiften wir das unheimliche Gelände, kletterten waghalsig in der Haus-Vaterland-Ruine herum, suchten die alten Varietéräume, das Kino und die Gesellschaftssäle. In der Post fanden sich noch vergammelte Postformulare, und schließlich entdeckte wir noch einen Schrank mit einer Postuniform.

Angesichts der filmischen Ausbeute in Berlin beschlossen wir, am Projekt festzuhalten, denn schließlich unterschieden wir uns mit unserem gesammelten Material von Fellini, und da wir ausschließlich dokumentarische Aufnahmen machten, würde ein anderes Ergebnis herauskommen. Das war uns außerordentlich wichtig, denn Fellini war uns uneingeschränkte Autorität, vor allem seine letzten Filme erfuhren unsere größte Bewunderung, so sehr, daß wir sogar einmal des Kinos verwiesen wurden. In einer Szene aß ein junger Mann ein Stück Wassermelone, deren Farbe seiner sonnenverbrannten Nase entsprach. Diese Komik wurde vom Publikum überhaupt nicht wahrgenommen, wir aber lachten derart hysterisch, daß die Beschwerde der Zuschauer: »Die lachen über nichts, daß sind doch Irre« beim Kinomenschen fruchtete und wir barsch zum Verlassen des Lichtspielhauses aufgefordert wurden.

In den nächsten Wochen und Monaten suchten wir in Hamburg nach »deutschen Motiven«, filmten im Neubauelend Steilshoop, machten Kamerabeobachtungen im Stadtpark, sammelten Freizeitvolk sowie Putz- und Ordnungsmenschen.

Über lange Strecken verfolgten wir einen Blessierten in seinem Rollstuhl, er hatte an der Rückenlehne ein blaues Schild mit der Aufschrift »Freie Fahrt für freie Bürger« angebracht, dem Kampfslogan eines deutschen Automobilclubs, mit dem gegen Geschwindigkeitsbeschränkungen protestiert wurde. Ein Slogan, dem Jaeger zustimmte, hatte er doch in der Schweizer Zeitschrift *Neutralität* die Aktion *Wochenendtod im Grünen* als Ultima ratio zur Überbevölkerung propagiert.

Überdies animierte ihn diese Freiheitsforderung, über den überstrapazierten Begriff Freiheit nachzusinnen. In überbevölkerten Zivilisationen ein absurder Begriff, wenn man unter Freiheit nicht nur die Erlaubnis versteht, die politischen Führer als Arschlöcher zu schmähen oder vorgegebene Kandidaten wählen zu dürfen. Zivilisatorischer Fortschritt bedeutete stets auch fortschreitende Freiheitsbeschränkung mit entsprechender bürokratischer Überwachung und Ahndung. Mag der von der Fron bedrängte

Bauer noch im 19. Jahrhunderts über die Abgaben gleichermaßen geklagt haben wie der freie Steuerbürger heute, wie unfrei hätte er sich aber wohl gefühlt, lediglich bei Grün über eine Straße gehen zu dürfen oder bei seinem Hausbau 250 Gesetze und Verordnungen beachten zu müssen. Undenkbar wäre es ihm gewesen, sich bei Verrichtung seiner Notdurft strafbar machen zu können. War es nicht auffallend, daß mit der zunehmenden Unfreiheit zugleich die Lobpreisung der Freiheit zunahm, also der Zivilisationsknast unbemerkt blieb. Nach einem Streifzug durch das schöne mittelalterliche Lüneburg befuhren wir eine Ausfallstraße in Richtung Hamburg. Im Weichbild der Stadt rief Jaeger plötzlich »Anhalten«, erschrocken bremste ich. »Man glaubt es nicht«, murmelte Jaeger und wies auf einen neu erbauten Supermarkt, der mit einem riesigen Schild »Verbrauchermarkt« um Kunden warb. »Man glaubt es nicht, jetzt lassen sie sich schon zum Verbraucher degradieren, und sie merken es nicht«, erregte er sich, dann lachte er und meinte: »Na ja, als ›Feinkost‹ kann man den Nahrungsschrott wohl auch nicht anbieten.«

Ohlendorf und Thailand

Die harmonische Freundschaft mit Regine, die vielen gemeinsamen Unternehmungen und gesellschaftlichen Auftritte ließ die Frage nach der bürgerlichen Anerkennung der Verbindung keimen. Sogar Jaeger riet uns zu, in den Ehestand zu treten, und tatsächlich fanden wir uns plötzlich in der Wohnstube des Hittfelder Bürgermeisters, dem Standesamt des kleinen Heidedorfes. Museumskollegin Erika und Heino Jaeger waren die Trauzeugen, doch beinahe wäre die Trauung noch an Jaeger gescheitert. Bereits in das Entrée des bärbeißigen Bürgermeisters vorgedrungen, fiel dessen Blick auf Jaeger, der an diesem schönen Sommertag ein T-Shirt mit einem aufgedruckten fletschenden Löwenmaul trug. »Haben Sie kein Jackett?« herrschte ihn der Eheschließer an, und als Jaeger verneinte, wurde uns bedeutet, erst eine Jacke besorgen zu müssen, denn ohne angemessene Kleidung würde die Trauung nicht stattfinden, schließlich sei das ein »feierlicher staatlicher Akt«. – »Haben Sie dafür ein Gesetz?« fragte ich pampig, woraufhin der Trauungsmensch uns anbot, in seinen monströsen Privatsesseln Platz zu nehmen, Jaeger streng fixierend, befahl zu warten, ein Handtuch holte, auf den Sessel legte und sagte: »Nun können auch Sie sich setzen!« Das staatlich befohlene Zeremoniell war schnell erledigt, der Bürgermeister blickte uns strafend an: »An dieser Stelle halte ich immer eine Ansprache an das Brautpaar und die Trauzeugen«, maulte er, »aber in Ihrem Fall ist das wohl nicht nötig!« Damit waren wir entlassen und verheiratet. Großzügig gab uns Jaeger bei Lembke, einem Hamburger Nobelrestaurant, ein Hochzeitsessen, anschließend mußte sich Regine wieder ihrer Prüfungsarbeit für das zweite Staatsexamen widmen, und Jaeger und ich betrachteten in einem Kino in St. Georg den Film *Schlachtschiff Bismarck*.

Für ein geordnetes Eheleben bedurfte es einer größeren Wohnung. Nach kurzem Suchen fanden wir ein Haus, eine aufgelassene Dorfbäckerei, die erst vor Tagen ihren Betrieb eingestellt zu haben schien, denn der kleine Laden mit Brotbänken, altertümlichen Schneidegeräten, der Backstube mit Ofen und Knetmaschinen war noch vollständig erhalten. Entscheidend für die Anmietung waren die Größe des Hauses, neun Zimmer und zwei große Speicher, und der Preis. Ausgenommen die Siedlungshäuser am Rande Ohlendorfs war es das häßlichste Gebäude im Ortskern, ein Rotklinkerbau mit Pappdach, verunstaltet durch Fenster aus den 50er Jahren, doch von der Gartenseite war es nicht so schlimm, im Sommer mit dem alten Baumbewuchs und großen Sträuchern fanden wie es sogar sehr romantisch. Für Jaeger hatten wir im Nebentrakt ein eigenes Zimmer eingerichtet, mit einem bequemen Bett, einem Schrank und einer Zeichenplatte; ein kleines Atelier, das er, das Landleben schätzend, häufig benützte. Merkwürdig war das Dorf. Die Bewohner waren in zwei unversöhnliche Parteien geteilt, die einen soffen, und die anderen frömmelten als pietistische Christen in einem eigenen, in Selbsthilfe errichteten Missionshaus. Solange nicht entschieden war, zu welchem Teil wir gehörten, blieben wir unbehelligt, doch nach einer angemessenen Zeit erschien ein Nachbar, examinierte unsere Glaubensfestigkeit und ermahnte uns Jungverheiratete, uns nicht der Fleischeslust hinzugeben. Heino Jaeger wurde geflissentlich übersehen, ein junges Ehepaar und ein weiterer Kerl unter einem Dach und manchmal auch allein mit der Frau im Haus, was das wohl bedeuten mochte? Noch mehr Argwohn ernteten unsere häufigen Hausveranstaltungen, zu denen wir nicht nur Freunde einluden, sondern auch Fremde, die wir aus dem Telefonbuch auswählten.

Gespannt warteten wir dann, ob überhaupt jemand kommen würde, und lauerten hinter dem Bäckereischaufenster, wie sich die Unbekannten unserem Haus näherten. Manche schritten forsch zur Haustür, andere umkreisten in ihrem Auto mehrmals unser merkwürdiges Anwesen, die meisten zögerten etwas unsicher, überwanden schließlich ihre Hemmungen und begehrten Einlaß. Bewirtet mit nachgewürzter und festlich hergerichteter Supermarktkost, unterhalten durch ein buntes Programm, fühlten sich die Gäste offensichtlich wohl, wobei ihr Rätseln, wie sie »zu dieser Ehre gekommen wären«, unser Hauptpläsier war. Das Auswahlverfahren nach dem Zufallsprinzip brachte erstaunlicherweise niemals unangenehme Gäste, im Gegenteil, das Los hatte einmal sogar den österreichischen Konsul getroffen, der nach einigen Tagen mit einem Handschreiben und einer Kiste Wein uns seinen Dank bekundete. Freunde und Bekannte luden wir zu »Heino-Jaeger-Abenden« ein, die kleinen Ausstellungen seiner Bilder und kurze Vorträge neuer Stegreifgeschichten, mit einem anschließenden Essen, erfreuten sich derartiger Beliebtheit, daß Jaeger Terminschwierigkeiten bekam. Ständige Reisen zur Aufnahme neuer Folgen der Sendereihe *Dr. Jaeger antwortet* beim Saarländischen Rundfunk, satirische Beiträge für die *Neutralität* mußten geschrieben werden, kleine Auftritte bei Firmenveranstaltungen und schließlich die Arbeiten für das Helms-Museum erbrachten einen soliden finanziellen Grund, schmälerten aber die Zeit für unsere Reisen und Stadtexkursionen.

Eine neue Rattenplage im Keller wurde nun auch Jaeger lästig, und abermals mußte eine neue Wohnung gefunden werden. Nach langer Suche entschied Jaeger sich für eine moderne sogenannte Einraumwohnung in der Martin-Luther-Straße in der Nähe des Michels, dem Wahrzeichen Hamburgs. Noch vor kurzem wäre es undenkbar gewesen, daß Jaeger in einem Neubau Wohnung genommen hätte, noch dazu in einem derart trostlosen Gebäude wie dieser riesige Karnickelstall. Auf vier Etagen reihte sich Wohnbucht an Wohnbucht, die über offene Galerien an der Rückseite des Hauses zu erreichen waren. Dahin gelangte man durch eine verpißte Toreinfahrt, die zum Innenhof und dem Treppenaufgang führte.

Der Umzug ging rasch vonstatten, Jaeger ließ wie gewöhnlich den Hausmüll in der alten Wohnung zurück und übergab dem Transportunternehmer lediglich die Bilder, Erinnerungsstücke und Bücher. Er trieb einen ungewöhnlichen Aufwand bei der Wohnungsgestaltung. Die Wände erhielten einen bräunlichen Anstrich, ein großes französisches Bett wurde gekauft, die alte Kommode gereinigt und poliert, und als Höhepunkt ließ er einen fliederfarbenen Teppich aus Kunststoffwirkware auslegen, von der er meinte, sie sei aus Glasfaser, weil die Spitzen des Flausches gläsern glitzerten. Ungewöhnlich war auch die Anschaffung eines Fernsehapparates, denn oft hatte er seinen Haß auf den »Gemeinschaftsempfang des deutschen Volkes« bekundet und dem Fernsehen die Schuld an der Volksverblödung zugeschrieben. Sogar Bettzeug wurde gekauft, zwar kein Linnen, sondern Felle, kuscheliges Schaf als Unterlage und eine chinesische Hirschdecke zum Zudecken.

Jaeger schien einen neuen, bürgerlichen Lebensabschnitt einzuleiten, kümmerte sich plötzlich um seine Mutter, die einen neuen Lebenspartner kennengelernt und auf ihre alten Tage spätes Glück gefunden hatte. Häufig besuchte er die Alten, lud sich zum Mittagessen ein oder ging mit ihnen in einer Vorstadtparkanlage spazieren.

Zu unserm Bedauern kam er immer seltener nach Ohlendorf, schließlich war er ein vielbeschäftigter Mann, der sogar einen Terminkalender führte und wie ein Geschäftsmann Erinnerungsnotizen in ein Heftchen eintrug. Einigermaßen regelmäßig trafen wir uns noch zum abendlichen Umtrunk in der Traube, eine von uns geheimgehaltene Art-déco-Weinstube in Altona, auf deren bläßliche Wirtin Jaeger ein Auge geworfen hatte. Zu bemerken war, daß er, dem Alkohol einst wenig zugetan, zunehmend trank und bisweilen sogar schwankend seinen Heimweg antrat. Das steigerte sich, als er beim Kaufmann in Ohlendorf kleine Fläschchen mit der Aufschrift »Jägermeister« entdeckte und – nomen est omen – sich verpflichtet sah, diesen sirupsüßen Kräuterlikör mitzunehmen, zunächst aus Spaß mal einen, bald aber mehr, und schließlich dazu überging, sich den ganzen Bestand in eine Plastiktüte schütten zu lassen und sich leider auch in größeren Mengen einzuverleiben. Man pflegt, den Zustand als »angeheitert« zu bezeichnen, so auch bei Jaeger, doch entsprechend seinem zerbrechlichen Gemüt gab es auch alkoholisierte Phasen mit schweren Depressionen oder aggressiven Unruhezuständen.

Unsere Versuche, ihn nach Ohlendorf zu locken und gemeinsame Fahrten vorzuschlagen, hatten zeitweise Erfolg, gutgelaunt erschien er einmal zur Nachtzeit, als kein Bus mehr fuhr, in der Bäckerei, und als wir ihn fragten, ob er mit der Taxe gekommen wäre, zeigte er uns auf dem Hof ein fabrikneues Moped, rot mit viel Chrom, »die Halbstarkenversion«, wie er sagte. Vor dem Fahrtwind schützte er sich mit einem Wildledermantel, grün bestickt und mit Schaffellfütterung, die an der Knopfleiste und an den Ärmeln herauszottelte. Auf dem Kopf trug er die feldgraue Skimütze, deren Ohrenschutz er wie ein Stalingradkämpfer heruntergezogen hatte. »Ganz schön kalt, nachts«, erklärte er. Jahrelang hatten wir uns über diese typischen Kleinkraftradopas mokiert, Rucksack umgeschnallt und womöglich mit Helm, und nun war uns Heino Jaeger mit einer solchen Knatterscheiße auf den Hof gefahren. Wir waren fassungslos, als er berichtete, mit dem Krad bis nach Cuxhaven gebrettert zu sein, immerhin hundert Kilometer, also mindestens acht Stunden im Sattel. Sein Angebot, ich könne auch mal damit fahren, lehnte ich strikt ab. Trotz der späten Abendstunde zelebrierten wir unseren tradierten Kameradschaftsabend, Jaeger war bester Stimmung, zeigte keine Spur depressiver Niedergeschlagenheit, und plötzlich gestand er uns, verliebt zu sein, ja mehr noch, auch er trage sich mit dem Gedanken zu heiraten. Zunächst glaubten wir, es wäre der Auftakt für eine Quatschgeschichte und warteten auf eine Pointe – doch es war ihm ganz ernst, seine Freundin wohne in Harburg, und wir würden sie auch kennen. Er hätte sie zwar noch nicht gesprochen, aber neulich hätte sie ihm ein eindeutiges Zeichen gegeben, sie würde ihn lieben, nur hätte er es zunächst nicht gemerkt. Regine und ich schauten uns an und wußten sofort, wer seine Liebe war: Eine hübsche junge Praktikantin im Helms-Museum, Studentin und bald zwanzig Jahre jünger als Jaeger, die von der ganzen Belegschaft des Hauses geliebt wurde, weil sie charmant und stets gutgelaunt eine angenehme Stimmung verbreitete. Ich hatte bereits wahrgenommen, daß Jaeger häufig ihre Gesellschaft suchte, ohne Arg bereitete sie ihm dann einen Kaffee, Jaeger machte Scherze, und sie lachte, fand ihn komisch und auch nett und ahnte noch nichts von ihrem Martyrium, das ihr in den folgenden Wochen bevorstehen sollte. Zunächst schwärmte er nur, lobte ihr ostisches Aussehen und die sinnlichen Bewegungen, sah sie »am Brunnen in russischer Weite«, vermied es aber, Avancen zu machen. Ganz plötzlich schien er das Interesse verloren zu haben, er kam nicht mehr in das Museum, meldete sich auch nicht und rief mich schließlich an, um mir zu sagen, daß er die Nase voll hätte, Deutschland sei eben doch eine einzige Scheiße, er hätte beschlossen auszuwandern. Noch am Abend trafen wir uns, morgen früh würde es losgehen, das Ticket hätte er schon, Gepäck würde er nicht mitnehmen, alle Zelte wären abgebrochen, und wahrscheinlich käme er aus Thailand nicht zurück. »Dann wollen wir die Nacht durchmachen«, schlug ich vor, und so besuchten wir noch einmal Köhler, trabten über den Kiez, und frühmorgens brachte ich ihn zum Flugplatz, einziges Gepäck war seine englische Militärtasche, in der Hosentasche hatte er ein ansehnliches Bündel Geldscheine. Bereits als Kind haßte ich Abschiede, heulte, wenn der Zug mit dem Tantenbesuch aus dem Bahnhof fuhr, wir zurückbleibend winkten. Auch dieser Abschied ließ mich mit einem mulmigen Gefühl zurück, lange blieb ich an der Absperrung stehen, vielleicht, so dachte ich, überlegt er es sich noch anders, doch er kam nicht, Heino Jaeger war abgereist.

Nach einigen Tagen lag in unserem Postkasten eine Ansichtskarte vom Bahnhof Bangkok, im Telegrammstil meldete er seine Ankunft, lobpreiste die ersten Eindrücke und seinen Entschluß, mit Deutschland Schluß gemacht zu haben. Endlich traf ein längerer Bericht ein, geschrieben auf Luftpostpapier aus dem Narai Hotel, 222 Silom Road, Bangkok (1985):

Lieber Herr P.

Das Hotel ist modern, Inhaber Schweizer, also Scheisse – und trotzdem geht es – Springbrunnen. Ich musste unbedingt Bad haben von der Strapaze Flug 7 _ Stunden bis Delhì, dann 44 Stunden Bangkok. Delhì Zwischenlandung enorm, grösster Flugplatz in Indien, modern – angeblich – Wartehalle beinahe aus Pappe mit Propellern, ausgetretene Teppiche, Inder mit Kindern, 2 Schachteln Zigaretten 2,50, beängstigend interessant, dass man sagen kann – zu viel zu sehen, dass man zittert vor Aufregung! Uniformen, teils englisch, aber mit Flecken und Löchern. Beim Abtasten musste ich lachen und er auch. War nachts – der Fussboden vom Flugplatz leicht ölig – im Scheinwerfer tropische Mottenschwärme – Warm!

Hier in Bangkok Flugplatz schon zu sauber – daher aber Betrug nicht so gross – Taxifahrt in die Stadt, wär ich fast durchgedreht! Schinesen, Autobusse ohne Fensterscheiben, wo die Leute raushängen. Palmen, die mehr an Tümpeln stehen, Linksverkehr, der mir gar nicht auffiel, weil so viel zu glotzen ist.

In der Gepäckkontrolle, wo nicht kontrolliert wurde – ob ich noch Kaffee habe – nein nur dies, weil ich nichts schleppen will – sagt er lächelnd, das wäre eine gute Idee und erzählte das einem anderen.

Die Mädchen im Hotelnachweis lächeln einen freundlich an. Militär und Polizei sieht bestens aus.

Selbst hier im Hotel – obgleich mir das hier modern erschien – halboffene chinesische Restaurants mit Propeller, essen mit Stäbchen, auf der Straße wird gewaschen, gekocht – humpelnde Schinesen, Thailänderinnen, Inderinnen – in solch ein Lokal hab ich mich wegen der Durchfallgefahr noch nicht reingewagt – obgleich der Zeitpunkt irgendwann kommen wird.

Wir fuhren auf einer Art verwahrlosten Autobahn, daneben eine Art Fluss oder Kanal wo welche im Wasser standen mit Netzen und Chinesenhüten. Holzvilla, dann Blechhütten und Einblicke in Straßen, dass man denkt das kann doch nicht angehen. Eben bot mir einer an: Ficken und Sauna, Mr. Yak Yee.

Das fällt schon mal weg, der beängstigende Geschäftsschluss wie in Gruseldeutschland oder besser Ratlos-Deutschland, es gibt keine verlassenen Strassen, sowie man runtergeht, ist was los …

Ein weiterer Bericht befaßte sich mit der Zukunft, die ihm in Thailand fragwürdig erschien, das Klima, keine Freunde, viele Fragen stellten sich:

Ich überlege nun schon, wie ich eine vom Lande mitnehme und hier in Thailand heirate, dann evtl. sogar Puff in Deutschland, ich würde dann nur ausgesuchte Dauerkunden nehmen, die viel Geld einbringen. Hätte enorme Lust jetzt Köhler zu treffen, selbst der könnte viel mehr machen. Da muß ich mich noch mit den Formalitäten hier erkundigen, der Taxifahrer und die Thail. Zuhälter, die er kennt, könnten mir das sagen. Ich weiß nicht, ob die Töchter von Reisbauern noch ›gekauft‹ werden. Allein schon die Stimmung, mit der im Flugzeug, Furchtbar – alleine zurück nach H.
Später könnte man hier einen Puff aufmachen, auch wieder als Geheimtip auf dem Lande, gibt es noch nicht. Bin hier überhaupt nicht müde. Der Thai-Taxifahrer kennt auch einen, der in Süddeutschland ein Lokal hat und eine Thailänderin geheiratet hat. Mir geht es gar nicht so sehr um Geld, hauptsächlich um Liebe und warum soll man das nicht miteinander verbinden. Seit dem ich es gewagt habe hier her zu fliegen, habe ich einen Unternehmungsgeist, der mich selber staunen lässt. Ich werde jetzt aus Bangkok verschwinden, ich weiß nur noch nicht ob nach Süden oder Norden, da kann mir mein sonst so sicherer Instinkt auch noch nichts sagen. Der Thail. Taxifahrer sagte, er geht selber zu chinesischen Ärzten, er meint besser als europ. Ärzte. Ich fragte ihn danach, einen weisen Chinesen muß ich noch kennen lernen. Chines. Musik gehört, enorm. Zwei Jungen wollten von mir Zigaretten haben, nahm sich jeder nur eine heraus. Das Land ist so enorm, ich möchte gleichzeitig in Richtung Singapur (zu meiner Bank, wenn ich ein Thaimädchen mitnehme) nach Rotchina und Indien, Zwei Nächte fast nicht geschlafen und nicht müde …

Heino Jaeger als hartgesottener Puffbesitzer oder gar Mädchenhändler, von armen Reisbauern die Töchter kaufend? Regine und ich mußten lachen, ausgerechnet Jaeger, der sich in manchen Telefongesprächen mit Regine über seine altmodisch-romantischen Anschauungen in partnerschaftlichen Beziehungen geäußert hatte und fest an die ideale Liebe glauben wollte, ihr Ratschläge bezüglich unserer Ehe gab, in der man Geborgenheit und Zuverlässigkeit finden müsse. Der nächste Bericht aus Bangkok klang bereits völlig anders. Sein Taxifahrer hatte ihm ein Mädchen besorgt, für Geld, wo er doch Liebe suchte:

Ich musste einen Fuß auf den Beckenrand stellen, Kerbe und Sack wird noch einmal abgespült, nun hätte es los gehen können, aber nun aufs

Bett, Sie legt sich nackt über mich und leckt die Brustwarzen, das hörte sich an, wie Enten die das Grün auf Teichen wegschnabbeln. Richtig fleißig und rührend, aber ich merke doch das Angelernte. Bin auf der Kippe. Der Bauch wird geleckt, es kitzelt, nun soll ich die Beine hoch machen, mehr wie beim Psychiater, und sie sieht so süß aus, ist aber nicht geil und ich merke jetzt schon, dass es ein Dienen bis zur Selbstaufgabe ist. Ich hätte heulen können, für dieses Volk. Die nun nur noch halbe Latte wichst sie so lange bis der Schwanz so klein wird, dass man eine Lupe holen müsste. Das Gesicht so lieb, der Körper so angenehm. Sie denkt sie macht was falsch und kann einfach nicht wissen, dass Mechanik nicht geht. Jetzt hätte eine Hamburger Nutte schon längst aufgegeben. Nun macht sie es mit noch mehr Geduld, tatsächlich kommt er wieder hoch, ich fick sie auch, nun imitiert sie Stöhnen, das macht noch nichts, aber nun macht Sie auf geil – ich lasse es – schliesslich zeigt Sie auf sich und gibt mir zu verstehen, dass Sie daran Schuld hat. Nun will ich aufs Land, ich bin trotzdem nicht verzweifelt, weil es in Hamburg noch schlimmer wäre. Auch für Wochen kann man sich welche mieten, aber da ist man auch zu sehr Röntgengerät.

Mit einer Postkarte teilte Jaeger uns mit, aufs Land gefahren zu sein, mit der Eisenbahn – Dampflok und phantastisch altmodischen Waggons. Knispel schien segnend seine Hand über das Reiseerlebnis gehalten zu haben. Aus dem Hua Hin Hotel in Hua Hin schrieb Jaeger:

Freitag, 18. April. Am Schienbein Sonnenbrand! Trotz Australischer Sonnenbrand u. Brandsalbe schlechtes Gehen nach einiger Zeit. Wenn das nicht besser wird, muss ich früher als beabsichtigt wieder zurück! Ich will es noch einmal bei einem Schinesischen Arzt oder so versuchen. Trotzdem ist es so heiss, dass alles anstrengend ist. Selbst am Meer weht beinah warmer Wind. Das Meer selbst lauwarm – obgleich grosse Brandung. März/April/Mai soll die heisseste Jahreszeit sein. Und trotzdem enorme Stimmung. Gestern abends im Ort gewesen. In so einem Art Bonbonladen was getrunken, dann in einem anderen Geschäft/Imbiss/ Restaurant gegessen. Man weiss nicht wie man es nennen soll. Es ist halb offen, viele Sachen stehen herum, Schinesen und Thailänder sitzen am Tisch, Blechkaffeekannen, dann flog so eine Heuschrecke durchs Lokal. Selbst zum Essen ist es beinahe zu heiss. Man geht an einer Thailändischen Polizeiwache im Kolonialstil vorbei, alles offen, Schreibmaschinengeklapper, es ist schon dunkel, aber überall sitzen noch Leute, alles ist

offen, manche liegen in den Wohnungen, die zur Strasse hin offen sind, auf einem kleinen Platz tanzen welche bei Trommel und Gesang, man wird angelächelt, wenn man zurücklächelt strahlen sie über das ganze Gesicht. Ich werde aufgefordert mitzutanzen, kann aber wegen des Sonnenbrands an den Beinen nicht. Wegen der Szenen hätt i mi schon längst a Photo gekauft – nur die Arbeit – bei der Hitze – bei der Hitze.
Vom Ventilator weht einem das Papier weg, trotzdem warm. Und grade die Hitze hat so eine altmodische Kolonialstimmung, schon muss man wieder was trinken, nur was einem hingestellt wird, wenn sie es nicht verstanden haben. Einmal habe ich zwei Gläser mit unterschiedlichen Getränken erhalten. Auf dem Tisch liegen Zeitungen mit schinesischer Schrift.
Beim Zahnarzt hingen ärztliche Schaubilder in bunt an den Wänden. Während er mir den Zahn zog, zog er die Vorhänge vom Fenster zu, während der Rikschafahrer auf einem Stuhl wartete.
Ja, mein lieber Herr Pintschovius, so geht die Zeit dahin. Überlege, wohin morgen, denn morgen will ich aus dem Badeort weg, weil ich ja sowieso mit dem Sonnenbrand nicht mehr baden kann. Tempel und Kunst, Sehenswürdigkeiten interessieren mich sowieso nicht, also erstmal Bangkok zurück und nach Norden, mal sehen – oder in Delhi noch bleiben. Ich weiss nicht. Leute alle sehr nett, höflich, ja liebenswert. Aber ---- de Hitze. Schauns bei de Hitz, da mächt ma sich net vill bewege, da mächt ma bei einem Glas Selter oder Bier (aan klens Bier nur) dasitzen und net fortmiesen ...

Es folgten noch zwei weitere, kurze Berichte, danach nahm die Hitze zu, die Zahnschmerzen waren durch den Eingriff des Wunderarztes zwar behoben, aber die Schilderung einer allgemeinen Unpäßlichkeit machte uns deutlich, Jaeger hatte genug, ja mehr noch, er hatte Heimweh.

Wir erwarteten jeden Tag seine Rückkehr und waren nicht überrascht, als in aller Herrgottsfrühe das Telefon klingelte und Jaeger sich meldete, er sei wieder da, am Abend zuvor in Hamburg gelandet, nun müsse man sich sehen, immerhin hätte er einiges zu berichten. Noch am selben Tag holten wir ihn ab, und sichtlich zufrieden blieb er einige Tage in Ohlendorf, verlangte einige Ausflüge, meckerte über Deutschland, aber nach Thailand würde er doch nicht wollen, wegen der Hitze und überhaupt, was sollte man auf Dauer dort machen. Mitgebracht hatte er skurrile eidetische Bilder, die er bereits in Ohlendorf auf Zeichenkarton übertrug. Ein ganz neuer Stil, Thai-Motive, aber auch aus dem alten Fundus geholte

Gestalten neben Geishas und in phantasievoller Kostümierung gekleidete Chinesen an der Seite englischer Bahnbeamter und Soldaten. An seine Wurzel erinnernde Textilentwürfe, ostasiatische Motive, aber auch deutsches Kittelschürzendesign umrandeten die Szenen.

»Probleme? Ein blödes Wort.«

In Ohlendorf erreichte ihn die Nachricht, daß seine Mutter im Krankenhaus läge, doch eine Reaktion war nicht zu bemerken, bis ich ihm schließlich anbot, ihn nach Hamburg zu bringen, worauf er bekannte, seine Mutter besuchen zu wollen. Nach dem Krankenhausbesuch trafen wir uns in seiner Wohnung, er schien nicht beunruhigt zu sein und berichtete witzelnd über die Krankenhausatmosphäre, seine Mutter wäre die ganze Zeit damit beschäftigt gewesen, ihre Schuhe ineinanderzustecken, sie hätte ihn kaum erkannt und dann »gar nicht mal so schlechten Blödsinn« geredet. Er lachte, aber ich kannte ihn zu gut, um nicht zu wissen, daß er wieder einmal seinen Kummer hinter der Maske der Clownerie verbarg.

Während seiner Abwesenheit war einige beunruhigende Post eingegangen, vor allem war er wieder in das Blickfeld des Finanzamtes gelangt, Formulare sollte er ausfüllen und sich melden. Jaeger glaubte, sein Geld sicher versteckt zu haben, mit viel Mühe hatte er ein Konto bei der Ostasiatischen Bank erhalten, die eigentlich keine Privatkonten führte und ihm erst nach einiger Überredung ein Sonderkonto eingerichtet hatte. Gefährlich aber waren die Meldungen des öffentlich-rechtlichen Rundfunks an den Fiskus, der somit genau Kenntnisse von diesen beträchtlichen Einnahmen hatte. Einstweilen aber mußte er seine Verpflichtungen beim Saarländischen Rundfunk erfüllen und zu neuen Aufnahmen nach Saarbrücken fahren. Bei der Gelegenheit wollte er auch Jürgen und Heide von Toméi besuchen, so daß wir mit einer längeren Abwesenheit rechneten. Als ich bei Toméis anrief, hörte ich, daß Jaeger dort nicht eingetroffen war, statt dessen aber rief mich die Praktikantin aus dem Museum an, völlig aufgelöst und den Tränen nahe teilte sie mir mit, daß Jaeger nächtens vor ihrem Haus gestanden hätte, wie ein Denkmal regungslos verharrend, das wäre ihr unheimlich und ich möge doch Jaeger bitten, das zu unterlassen. Mit einiger Mühe versuchte ich, das Mädchen zu beschwichtigen, Heino Jaeger wäre doch ein harmloser Mensch und schließlich hätte er doch offensichtlich aufgegeben. Das war leider nicht der Fall, am Nachmittag war er wieder da, trotz schwüler Sommerhitze trug er seinen Hippiepelz, vermutlich weil er sich auf eine erneute Nachtwache eingestellt hatte. Der inständigen Bitte des Mädchens, ihr zu helfen, konnte ich mich nicht verschließen, also fuhr ich nach Harburg, um Jaeger einzufangen. Tatsächlich stand er immer noch vor dem Reihenhaus, in seinem dicken Pelz schwitzend und von ungesunder bläulicher Gesichtsfarbe. Willig stieg er in mein Auto, stimmte zu, mit mir erst mal nach Ohlendorf zu fahren, dort könnten wir ja über seine Probleme reden, meinte ich. »Probleme?« kicherte Jaeger und sah mich strafend an. »Ein blödes Wort«, gab ich zu und meinte, daß Regine ihm vielleicht raten könnte. Auch diese Bemerkung fand nicht Jaegers Wohlgefallen, mitleidig schaute er mich an, schwieg trotzig und bemerkte nach geraumer Zeit, daß der bald heiraten werde. Unser Versuch, ihn in Ohlendorf zu behalten, blieb ohne Erfolg, noch am Abend mußte ich ihn nach Hause bringen. In dieser Nacht verzichtete er auf seine Liebeswache, auch am folgenden Tag war er nicht vor dem Hause seiner Angebeteten erschienen, statt dessen erhielt sie einen längeren Brief, einen förmlichen Heiratsantrag mit dem Versprechen, mit ihr eine richtige Familie mit Kindern und einer schönen Wohnung gründen zu wollen. Beigelegt war eine der schönsten Thai-Zeichnungen. Einige Tage verstrichen, und wieder stand er vor dem Haus, wieder fuhr ich in die Siedlung, doch als ich ankam, war er verschwunden. Nach Mitternacht rief das Mädchen an, weinend und dem Nervenzusammenbruch nahe, Jaeger hätte soeben vor ihrem Bett gestanden, zärtlich habe er sie gestreichelt, nicht einmal schreien hätte sie können. Man hatte vergessen, die Kellertür abzuschließen, und so wäre Jaeger in das Haus eingedrungen. Schließlich sei sie zur Besinnung gekommen und hätte die Familie mobilisieren können, die Jaeger liebenswürdig begrüßte, sich artig vorstellte, so daß man ihn mit freundlichen Worten hinauskomplimentieren konnte. Noch einige Male tauchte er vor dem Haus auf, dann gab er plötzlich auf und erschien nicht mehr. Das sonderbare Liebeswerben schien beendet.

Jaeger war verschwunden, telefonisch nicht zu erreichen, Klingeln an der Wohnungstür blieb fruchtlos. Ein Anruf klärte sein Verschwinden: Eine Therapeutin des psychiatrischen Dienstes der Sozialbehörde teilte mir mit, daß Heino Jaeger sich in der geschlossenen Abteilung des Krankenhauses Ochsenzoll befände, zwangseingewiesen durch die Innenbehörde. Noch am selben Tag fuhren Regine und ich in die Psychiatrie, marschierten mit mulmigen Gefühl durch das eindeutige parkartige Krankenhausgelände mit seinen bedrückenden kleineren und größeren typisch gründerzeitlichen Bauten. Verharrten in der Sicherheitsschleuse der *Geschlossenen Abteilung*, auf ein schrilles Klingelzeichen hin öffnete ein Pfleger die

Tür, die unmittelbar zum Aufenthaltsraum der Patienten führte. Was für Gestalten! »Lemuren«, flüsterte ich. Welch menschliches Elend saß dort an den Tischen, dumpf vor sich hintierend oder hospitalismuswippend, einige quittierten unsere Ankunft mit Grunzlauten und glotzten mit verschwiemelten Blick, andere schlurften brabbelnd durch die Tischreihen oder taperten uns wie geschubst entgegen. Ein beängstigender Hünenmensch streckte Regine die Hand entgegen: »Schö-ö-ö-n«, gurgelte er und versuchte, sie zu befingern. Plötzlich stand Jaeger vor uns. »Mein Gott«, hauchte ich, Jaeger mit irrem Blick, den Kopf schiefgelegt, Spucke sabbernd. Die Hände in Pfötchenhaltung, schien er uns mit einem unverständlichen Röcheln begrüßen zu wollen. Als ich mit verzweifelter, aber doch behindertengerechter Normalität zu reagieren versuchte, straffte er sich, lachte schallend und fragte: »Na, erschrocken?« Jaeger zeigte keine Spur von Depressionen, nichts Irres lag in seinen Augen, und mein hilfloses »Das ist ja furchtbar« erntete ein verschmitztes Grinsen. Sich an einem der Tische zu setzen, war nicht geraten, die Irren betrachteten uns auch als ihren Besuch, versuchten mit uns zu plappern, und als Jaeger beteuerte, er dürfe die »Geschlossene« verlassen, verlangten wir vom Pfleger, die Tür zu öffnen. Vergeblich, denn Jaeger war eingesperrt. Nach üblichem Rechtsbrauch hatte er »freiwillig« zugestimmt, sich in ›Idiotenhaft‹ nehmen zu lassen, andernfalls hätte ein Richter die Entmündigung verfügt. »Also gehen wir in das ›Außengehege‹«, schlug Jaeger vor, ein von einem hohen Maschendrahtzaun eingefriedigtes Karee, eine Art Voliere oder Raubtiergehege.

Amüsiert berichtete Jaeger, was geschehen war. Unerträglich heiß sei es in seiner Bude gewesen, kein Wunder, denn die ganze Wohnungsfront war aus Glas, und bereits in den späten Morgenstunden waren tropische Temperaturen erreicht, schlimmer als in Thailand. Schwer leidend hätte er nackend auf seinem Bett gelegen, völlig rammdösig nicht mal die Kraft gefunden, dem Brutofen zu entfliehen. Zusätzlich zu diesem Elend lärmte seine schwerhörige Nachbarin in ihrer Wohnung, Haushaltsgeräusche drangen durch die Wände und schließlich höllenlauter Fernsehlärm. Das war zu viel. Die letzten Kräfte sammelnd, wollte er um Ruhe bitten, und da ihre Wohnungstür offen stand und der Schlüssel außen im Schloß steckte, hatte er die Tür zugeknallt und die Alte eingeschlossen. Eine Weile krakeelte sie noch, daß sie ihn gesehen hätte und daß sie das ihrem Mann sagen würde, dann war es still. Es dauerte eine geraume Weile, und dann klingelte es bei Jaeger. Unbekleidet öffnete er zwei Polizisten die Tür, bat sie freundlich einzutreten. »Können Sie sich ausweisen?« hatten die Schutzmänner gefragt, worauf Jaeger ihnen statt eines Passes ein Büchlein über englische Panzer vorlegte. Dann streifte ihr Blick die merkwürdigen Bilder an den Wänden, sie schauten in die kleine Küche, die schwerlich bürgerlichen Maßstäben entsprach, sichtlich ratlos verabschiedeten sie sich mit der eindringlichen Ermahnung, die Nachbarin nicht noch einmal zu behelligen. Am Nachmittag hatte Jaeger kurz seine Wohnung verlassen, zurückgekehrt traf er die Alte am Treppenaufgang, feindselig musterte sie ihn mit giftigen Frettchenaugen und rief ihm nach: »Warten Sie nur, daß sage ich alles meinem Mann«, worauf Jaeger sich umdrehte, langsam auf sie zuging und leise sagte: »Dein Mann ist nicht mehr!«

Bald darauf stand die Polizei wieder vor der Tür, diesmal mit einem kurzen Dienstgeschäft beauftragt, wurde Jaeger aufgefordert, »zur Klärung eines Sachverhalts« der Staatsmacht zu folgen und mit auf die Wache zu kommen. Gehorsam folgte er der Festnahme, weigerte sich aber, in das Polizeiauto zu steigen, denn die Wache war nur einige Schritte entfernt, und im Auto erschien es ihm zu heiß, worauf einer der Polizisten ihn zur Dienststelle führte und der andere im Schrittempo nebenher fuhr. Als Jaeger die Dienstwaffe seines Bewachers berührte und fragte, »ob die echt sei«, wurde der Büttel ungehalten, schrie hysterisch und legte dem Delinquenten Handschellen an. Nach kurzem Verhör und Feststellung der Personalien kamen die Herren im weißen Kittel, geleiteten ihn zu einem Krankenwagen, dessen Ziel die Irrenanstalt Ochsenzoll war.

»Und nun?« fragte ich, als Jaeger seinen Bericht beendet hatte. Zuversichtlich glaubte er, jederzeit die Anstalt verlassen zu können, doch das war ein Irrtum, wie mir vom Pfleger bedeutet wurde. Mehr war nicht zu erfahren, denn die Ärzte waren nicht bereit, Nichtangehörigen Auskunft zu erteilen. Auf der Rückfahrt rätselten wir, ob Jaeger wirklich verrückt geworden war, kamen aber überein, daß er nicht den Eindruck eines Geisteskranken machte, zumal Anzeichen schwerer Depressionen, unter denen er ja zeitweise immer wieder gelitten hatte, nicht auszumachen waren. Außerdem hatte er mir beim Abschied einen Brief an das Finanzamt überantwortet, mit der Bitte, diesen zu frankieren und abzuschicken. Der Inhalt des Briefes war eine Aufforderung an den Fiskus, ihn wie alle Bürger Steuern zahlen zu lassen, auch wenn er in der geschlossenen Heilanstalt leben müßte. Es war sein letzter Brief an das Finanzamt, nie mehr wurde er zur Steuerzahlung aufgefordert. Fruchtloser blieben meine zahlreichen Telefonate mit den entsprechenden Behörden, ohne amtliche Legitimation gab es keine Möglichkeit, Jaeger zu helfen. In dieser prekären Situation war Hubert Fichte die Rettung, er hatte als Vorsitzender des PEN-

Clubs ein zweiseitiges Memorandum an die behandelnden Ärzte verfaßt, in dem er zunächst die Bedeutung Heino Jaegers als Kabarettist und Maler darlegte und schließlich dringend davor warnte, Jaeger mit persönlichkeitsverändernder Psychopharmaka zu behandeln. Mit dem ganzen Gewicht des PEN-Clubs bestand Fichte darauf, auf Jaegers Talent und Genialität Rücksicht zu nehmen und unter allen Umständen Vorsicht bei der medikamentösen Behandlung walten zu lassen.

Mit diesem Schreiben fuhren ein Bekannter Jaegers und ich in die Anstalt und bekamen auch tatsächlich einen Gesprächstermin mit dem behandelnden Arzt, einem sympathischen jüngeren Mann ohne distanziertes Weißkittelgehabe, der Fichtes Brief zu lesen begann, lachte und beiseite legte. Es war ein langes, sehr privates Gespräch, in dem deutlich wurde, daß auch er sich unsicher war, ob oder wie Jaeger zu therapieren wäre, bezüglich der Psychopharmaka gäbe es allerdings das Problem, daß Jaeger nachdrücklich danach verlange und ständig darüber klage, nichts zu bekommen. Da waren zum einen die absonderlichen Verschwörungstheorien, die sich um Henry Kissinger rankten und düstere Ahnungen lauernder Gefahren im Weltraum, von der NASA noch unbemerkt, und vor denen Jaeger warnen müsse. Typische Verrücktenstories – die aber soviel Witz hatten, daß man unsicher war, ob damit nicht eine neue Qualität seiner Stegreifgeschichten erreicht war. Entsetzt hörte man von my-

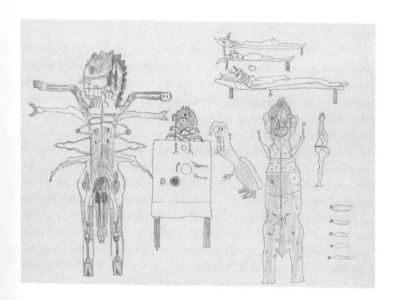

stischen Offenbarungen und schließlich die blasphemische Behauptung, den Herrgott gesehen zu haben. Wie er denn ausgesehen hatte, fragte ich, worauf Jaeger meinte: »Unfertig, ein riesiger Embryo«, womit er den Zustand der Welt recht eigentlich gut beschrieben hatte. Zum anderen waren da die Steuererklärung, die Sorge um den Bestand seines kleinen Vermögens und der listige Versuch, sich dem Fiskus zu entziehen. Die Zweifel wurden von Dr. Zentner bestätigt, einen Testbogen hatte er Jaeger vorgelegt, angefangene Sätze, die der Patient vollenden sollte. Den Satz: »Ich spiele Theater …« hatte Jaeger mit den Worten »und sie merken es nicht« fortgesetzt.

Nicht zuletzt durch die Bemühungen des Arztes wurde Jaeger nach wenigen Wochen aus der Psychiatrie entlassen, privat kümmerte sich Dr. Zentner weiterhin um ihn, öffnete ihm sein Haus, lud ihn zu Grillabenden ein und vermittelte kleine Ausstellungen in der Praxis einer befreundeten, kunstinteressierten Kollegin. In diesem neuen Bekanntenkreis verlangte man von ihm nicht, ein stets unterhaltsamer Geschichtenerzähler sein zu müssen, drängte man ihn nicht, immer witzig zu sein und das Klischee des Künstlers zu bedienen. Jaeger wirkte entspannt, trank kaum noch und entfaltete neue Aktivitäten, vor allem entstanden neue Bilder, Landschaftsaquarelle und märchenhafte Illustrationen.

Irrläufe

Mein Vorschlag, wieder kleinere Exkursionen zu machen, stieß auf Bedenken, »lieber nicht«, meinte Jaeger, die modernen Zeiten hätten vermutlich Wirkung gezeigt, bestimmt wären aus Muni-Werken Industrieparks entstanden, alte Kasernen abgerissen und Villen restauriert, dieses Elend sollte man sich nicht antun. Statt dessen streiften wir wie Stadtstreicher durch das nächtliche Hamburg, trafen uns im unverändert schönen Reichshof, einem Kleinod Hamburgs, dessen Ozeandampfer-Ambiente vor allem noch Japaner zu schätzen wußten. Oberkellner Schmidt geleitete uns zu Tisch, und wir erkundigten uns, wie es seinen in dreißig Berufsjahren plattgetretenen Füßen ging. Gegessen wurde auch bei Nagel, einer Kneipe am Hauptbahnhof, die seit den 20er Jahren jeglicher Modernisierung getrotzt hatte oder bei Daniel Wischer, einem ungemütlichen Fischrestaurant im Stile einer proletarischen Garküche. Meist beschlossen wir unsere Streifzüge in Dennis Pan, einem Musikkeller, in dem auch Laienkünstler für zehn Mark auftreten durften.

Bis dahin hatte man sich fast täglich getroffen, doch durch Jaegers Verpflichtungen, seine Auftritte und vor allem die regelmäßigen Aufnahmen beim Saarländischen Rundfunk, und auf Grund meiner neuen Zweitbeschäftigung als Lektor auf Kreuzfahrtschiffen, Schiffsfernreisen in die Karibik, nach Afrika, Amerika, in das Mittelmeer und das Schwarze Meer, sahen wir uns zuweilen über einen längeren Zeitraum nicht. Nach einer ausgedehnten Atlantikreise besuchte ich Jaeger, traf ihn aber zunächst nicht an, hungrig beschloß ich, zum Neumarkt zu gehen, um dort etwas zu essen. Auf dem Weg dorthin traf ich ihn völlig besoffen und, was ich in diesem Maße bei ihm bislang nicht kannte, unangenehm aggressiv. Solange wir uns kannten, hatte er stets von einer »Seifert-Spritze« geschwärmt, mit der er gerne einmal durch Hamburg ziehen würde. Ich hatte zunächst keine Ahnung, was das für ein Gerät war, fand dann aber heraus, daß ein Walter Seifert aus Köln sich aus einer Unkrautspritze einen Flammenwerfer gebaut hatte, dazu eine Lanze mit aufmontiertem Dreikantschaber, und so bewaffnet in eine katholische Volksschule eingedrungen war. Zwei Lehrerinnen und acht Kinder hatte der Unhold abgefackelt, eine entsetzliche Tat, die Deutschland monatelang beschäftigte. Jaeger zog in das Mitleid den Täter mit ein, welch eine Verzweiflung muß den Irren getrieben haben und, vor allem, was für ein böser Geist hatte hinter dem Täter gestanden, fragte er sich. Nach dieser Seifert-Spritze gelüstete es ihn nun, und ich war einigermaßen froh, daß sein handwerklicher Unverstand ihn nicht dazu befähigte, ein solches Gerät zu basteln. Mit viel Mühe gelang es mir, ihn zu besänftigen und nach Hause zu geleiten. Dort warf er sich auf das Bett, in dessen Fellen neues Leben zu sprießen schien. Überall lag Müll herum, und aus der kleinen Küche quoll Unrat, vor allem leere Dosen, aus denen es schimmelte.

Bedrückt fuhr ich nach Hause, um anderntags noch einmal nach ihm zu schauen. Am nächsten Mittag hatte er seinen Rausch ausgeschlafen, aus einer Dose aß er kalte Ravioli, nur wenige Löffel, die Dose mit dem Rest warf er in die Küche. »Ästheten sind die größten Schweine«, erklärte er, »sie ekeln sich derart vor dem Müll, daß sie ihn nicht anfassen mögen.« Bei meinem nächsten Besuch traute ich meinen Augen nicht, die Wohnung war aufgeräumt, die Küche müllfrei und geputzt. Die Sozialbehörde, Abteilung sozialpsychiatrischer Dienst, hatte sich seiner angenommen und schickte zweimal die Woche einen Zivildienstleistenden zum Aufräumen. Damit seine sozialen Kontakte nicht abrissen, übernahm das Amt auch die Telefonkosten, für die Behörde eine verhängnisvolle Maßnahme, denn Jaeger pflegte seine sozialen Kontakte mit der PR-Abteilung der NASA in Cape Canaveral. In stundenlangen Gesprächen erörterte er Fragen der Weltraumerkundung. Darüber hinaus versuchte er hartnäckig und daher kostspielig, Henry Kissinger zu kontaktieren. Die Kontakte zu den Freunden und Bekannten richteten sich nach dem Promillegehalt im Blut, kaum jemand hatte Lust, Jaeger besoffen zu ertragen. Auch seine Fahrten nach Saarbrücken gestalteten sich immer schwieriger, mit einem großen Vorrat an Bier und Jägermeister bestieg er ohne Fahrplankenntnisse in Hamburg irgendeinen Zug in Richtung Süden, blieb zuweilen an Endstationen stecken und lungerte bis zur Weiterfahrt auf Bahnhöfen herum. Oft schlief er auch betrunken ein und mußte von der Bahnpolizei betreut werden. Fahrkarten löste er grundsätzlich im Zug, aber nicht immer hatte er sich Geld eingesteckt, dann wurde er des Zuges verwiesen. Bei einer Kontrolle in Bayern war er zwar im Besitz einer Fahrkarte, doch das Fahrtziel war Saarbrücken und nicht Nürnberg. Auf die Vorhaltungen des Beamten reagierte Jaeger nicht, schließlich schritt die Polizei ein, worauf Jaeger ein grundgesetzlich verankertes Recht auf Transport reklamierte. »Davon wissen wir nichts«, hatten die Beamten gesagt und ihn auf die Bahnwache verbracht. Hier erklärte Jaeger, im Rundfunk zum deutschen Volk sprechen zu müssen, worauf er zunächst in der Zelle einsitzen mußte, dann aber erstaunlicherweise doch angehört wurde. Er gab den Beamten die Telefonnummer seines Redakteurs Schmieding, und da Jaeger keine Ausweispapiere mit sich führte, wurde von der Polizei diese Ermittlungsspur zur Identifizierung genutzt und beim Saarländischen Rundfunk angerufen. Als Schmieding Jaegers Angaben bestätigte und erklärte, daß man ihn dringend erwarte und der Rundfunk die anfallenden Kosten tragen werde, wurde Jaeger von der Bahnpolizei zur Bahnhofsdirektion überstellt, die fürsorglich den merkwürdigen Vogel auf den richtigen Weg brachte, mit den Medien, womöglich mit dem Fernsehen, wollte man es sich nicht verscherzen.

Der Vulkan ist erloschen

Die Liebe kommt, die Liebe geht. Wie sie kommt, ist physiologische Chemie, wie sie geht, ein steter Abstieg hinab in die Niederungen bürgerlicher Alltagszelebration: Beruf, Familie, Kinder, Hausbau, zwischen diesen Stufen liegt ein weites Feld, voll mit zermürbenden Kämpfen. Noch bevor ich begriffen hatte, daß die Trennung von Regine bevorstand, war dem dörflichen Bankangestellten das Gerücht unserer Scheidung zugeflogen, bereitwillig hatte er uns einen Kredit für den Ausbau einer Scheune gewährt, den er nun kündigte, zugleich sperrte er mein Konto. Über Nacht mittellos, suchte ich nach Einnahmequellen, mit dem letzten Geld annoncierte ich in *Bild:* »Schlafstörungen, ungelöste Probleme? Wünschelrutengänger und Pendler hilft. Tel.« Man mochte nicht glauben, wie viele Menschen aller Schichten unseres Volkes unter Schlafstörungen litten oder ihre Sorgen durch das Pendel geklärt wissen wollten und mir dafür freudig beträchtliche Summen guten Geldes zusteckten. Es mangelte nicht an Aufträgen, so daß ich wenigstens nicht bittere Not zu leiden hatte. In der Kunst der Radiästhesie hatte ich mich in Afrika versucht. Um meine Ehe zu befrieden, glaubte ich, für einige Zeit Deutschland verlassen zu müssen, und nutzte das Angebot, auf einer südafrikanischen Farm zu arbeiten. Nach der Rückkehr war der Rest der bürgerlichen Existenz dann endgültig in sich zusammengefallen.

Als ich Jaeger das Ende meiner Ehe mitteilte, war er nüchtern, aber wahrscheinlich hätte er besoffen die Neuigkeit auch nur mit einem schnöden »Och!« zur Kenntnis genommen. Weil es Brauch war, sollte Jaeger meine neue Liebe begutachten, Iris hieß sie, doch einstweilen kränzte noch ein foser Ökobauer in meinem Revier. Beiden, dem Ökobauern und Iris, schlug ich vor, gemeinsam Jaeger zu besuchen, Iris hatte bereits von ihm gehört, und der Naturkostjüngling wäre Iris überallhin nachgetrottet. Das Paar saß etwas ratlos in der rumpeligen Jaegerbude, die fast vollständig mit Zeitungspapier ausgelegt war, teilweise in mehreren Lagen, der etwas säuerlich-alkoholische Geruch ließ mich den Grund erahnen, Jaeger bedeckte damit Erbrochenes. Erstaunlicherweise war kein richtiger Gestank auszumachen, vermutlich weil Jaeger kaum noch Nahrung zu sich nahm und lediglich den Alkohol erbrach. Der Meister hockte wie ein Guru auf seinen Bettfellen und betrachtete aus weisen Augen die jungen Leute, lächelte milde, wandte sich dann mir zu und sprach lediglich ein beredtes »Na ja«. Als die beiden gegangen waren, enthielt er sich eines Kommentars, stattdessen imitierte er Hitler: »Schauens, Pintschovius, man muß froh sein, wenn ein Mädel etwas Nettes hat! 'S gibt doch nichts Schöneres als so ein junges Ding.«

Zu späterer Stunde beschlossen wir, einen Gang über den Kiez zu machen, schauten kurz bei Köhler im Palais d'Amour herein, aus irgendeinem Grund mußte er seinen »Wirtschafter« vertreten, dann schlenderten wir durch die Große Freiheit, wo wir zufällig Renate Durand trafen, die grade das Salmabo verlassen wollte. Ich erinnere mich nicht, jemals in Deutschland eine so herzliche Begrüßung erlebt zu haben, obwohl in Eile, zeigte sie sichtliche Freude, Jaeger zu sehen und lud uns ein, das Programm anzuschauen. »Für Heino und seinen Freund freie Getränke!« rief sie und bedauerte, uns allein lassen zu müssen. Jaeger hatte mir schon vor Wochen erzählt, daß Renate Durand ihm angeboten hatte, im Salambo zu zeichnen, eine tolle Idee, bestärkte ich ihn, wie Toulouse-Lautrec im Moulin Rouge, damit könnten Heino Jaeger und das Salambo unsterblich werden. Wie die beiden Lustgreise in der Loge der Muppet-Show saßen wir auf den besten Plätzen des Salambos, betrachteten zum einen das Programm, eine verwirrende Bumserei in der antiken Götterwelt, zum anderen das Publikum. Unter der Führung eines hemdsärmelig-groben Geschäftsmanns eine Gruppe Japaner, die trotzig der deutschen Stimmungskanone widerstanden und stockteif die Darbietung verfolgten; verlegene Muttis, die rätselten, warum ihr Gatte sie in dieses Etablissement geführt hatte; sich betätschelnde Liebespärchen und Wichstypen jeden Alters. Nach der Show wurde in der oberen Etage ein kleines Programm geboten, die Betreuung übernahmen vietnamesische Nackedeis, ein quirliges Völkchen, das ständig zwischen den Sitzreihen herumwuselte. Mit den Augen Jaegers sah ich ein Kaleidoskop von Motiven, doch Jaeger schüttete ein Bier nach dem anderen in sich hinein, betatschte kraftlos die Mädchen und schnitt Grimassen.

Es geht zu Ende, dachte ich, der Vulkan ist erloschen, er kann nicht mehr. Wenige Jahre zuvor, und es wären hier phantastische Blätter entstanden, witzige Impressionen und womöglich großartige Plakate für das Salambo. Jetzt war es zu spät, Jaeger mochte und wollte nicht mehr. Beim Aufbruch fiel mir mein Tageswerkzeug, das Pendel, aus der Tasche. Eines der Mädchen hob es auf, zeigte es einer anderen, und flugs begann ein aufgeregtes Plappern. Wie schwärmende Bienen klumpten sich die Mädchen um mich herum, ich sollte sie pendeln, Popo auf Popo wärmte meinen Schoß, Fragen flogen durch den Raum: »Bitte, finde ich einen deutschen Boyfriend« – »Heirate ich einen guten Menschen« – »Wie geht es Mutter, wie geht es Vater …« Der Aufruhr wurde immer peinlicher, doch an Flucht war nicht zu denken, kaum hatte ich mich von einem Nackedei befreit, saß schon der nächste auf meinem Oberschenkel. Jaeger amüsierte der Aufruhr und machte keine Anstalten, mich aus der unangenehmen Lage zu befreien. Endlich gelang es mir, der Mädchenschar zu entwischen. Wie ich befürchtet hatte, nahm Jaeger das Angebot, im Salambo zu zeichnen, nicht wahr, ich war enttäuscht, vor allem aber hoffte ich, daß Renate Durand sich nicht brüskiert fühlte, aber wahrscheinlich wußte sie, daß Heino Jaeger zu diesem Zeitpunkt bereits ein psychisch schwerkranker Mann war.

Es wurde immer schwieriger, sich mit Jaeger zu verabreden, entweder er war volltrunken und öffnete nicht die Tür, oder er strich stundenlang durch Hamburg. In klaren Momenten klagte er über Langeweile, wenn man ihm vorschlug, hinauszufahren, nach Haseldorf oder Wilhelmshaven, winkte er ab, das bringt nichts mehr, meinte er, es müßte einem etwas Neues einfallen, aber was? Eingefallen war ihm, als Stricher auf dem Hauptbahnhof herumzulungern, das wäre doch mal etwas ganz anderes. Tatsächlich wurde er von einem greisen Typen angesprochen, Jaeger willigte ein und folgte dem Lüstling, der bereits im Bus zu tätscheln begann. Mit einem zickigen »Äh-Äh« versuchte er, den altgeilen Bock zu menagieren – vergeblich, worauf Jaeger an der nächsten Station ausstieg. Das war's also auch nicht. Die Sauferei, Mietkosten und sinnlose Einkäufe zehrten an seinen Konten, die Ostasiatische Bank teilte eine Überziehung mit, und auf seinem normalen Girokonto wurden immer weniger Tantiemen verbucht. Hauptbelastung waren die immensen Kosten für den Schlüsseldienst, ständig vergaß er den Wohnungsschlüssel oder ließ ihn von innen stecken. Eines Tages erschien er bei dem Galeristen Hauptmann, der eine konfuse Geschichte von Schlüsseln und Handwerkern zunächst nicht begriff, wohl aber verstand, daß Jaeger Geld benötigte. Hauptmann gab ihm das Geld, und Jaeger versprach, ihm dafür eine Zeichnung zu bringen. Damit war ihm eine neue Geldquelle eröffnet, denn nun tauchte Jaeger häufiger bei Hauptmann auf und verkaufte ihm zum Preis einer Flasche Schnaps die schönsten Zeichnungen.

Wir trafen uns seltener, Freunde und Bekannte berichteten mir, Jaeger in der Hamburger Innenstadt gesehen zu haben, an der Alster, in Kaufhäusern und an den stadtbekannten Säuferecken in der Nähe sogenannter Trinkhallen. Auch Fans, die ihn von seinen Sendungen kannten und verehrten. Jahre später berichtete Olli Dittrich über eine Begegnung im Warenhaus Alsterhaus:

»Einmal, in den 80ern, sah ich ihn in der Lebensmittelabteilung des Hamburger Alsterhauses. Er stand vor einem Dosenregal, in der Hand eine Büchse mit Bohnen. Laut murmelnd las er sich selbst die Ingredienzien vor und lachte dabei. Als er weg war, nahm ich die Dose und las die Zeilen ebenfalls. 10- bis 20-mal. Und plötzlich mußte ich auch lachen. Ich weiß bis heute nicht wirklich, warum. Aber er hatte recht. Es war komisch.«

Trotz der schleichenden Selbstzerstörung gab es immer wieder Phasen genauer Wahrnehmung und klarer Gedanken. Selbst Freunde irritierte zuweilen, daß Jaeger unvermittelt lachte, kein irres Lachen, was Olli Dittrich hätte vermuten können. Trotz Alkohol hatte er sich seine gnadenlose

Beobachtungsgabe bewahrt. Dosenaufschriften waren ihm seit eh und je eine Quelle höchsten Vergnügens, und noch im Keller hatte er eine stattliche Sammlung vor allem englischer Dosen.

Ich sah Jaeger immer weniger, selten kam er in das Museum, nur einmal tauchte er in meiner neuen Wohnung in Otter auf. Über all die Jahre hatten wir uns zeitweise jeden Tag getroffen oder zumindest miteinander telefoniert, bei dieser Intensität unserer Freundschaft hatten wir es für gut befunden, auf das vertraute »Du« zu verzichten. In all den Jahren waren wir einander »Herr Jaeger« und »Herr Pintschovius«. Auf dieser altmodischen Distanz beharrten wir, auch wenn die Freunde das zunächst merkwürdig fanden. Sonderbar war es mir, als Jaeger mit dem Beginn seiner Krankheit mit mir im vertrauten »Du« sprach und ich befürchtete, daß damit eine andere Beziehung zu ihm eingeleitet war. Meine Ahnung erwies sich als nicht unbegründet: Im Museum rief mich wieder einmal der sozialpsychiatrische Dienst an und teilte mir mit, daß Jaeger in ein Krankenhaus eingeliefert worden wäre, es hätte in seiner Wohnung gebrannt und ich sollte mich auf der Dienststelle der Polizei am Neumarkt melden. Unverzüglich machte ich mich auf den Weg, zunächst wollte ich mir die Wohnung ansehen, eruieren, wie hoch der Schaden war. Entsetzen wäre angebracht gewesen, doch der Anblick entbehrte nicht des Komischen. Im Feuersturm hatte er sich all die Jahre die modernen häßlichen Bauten gewünscht, sich im wahrsten Sinne des Wortes ausgemalt, wie das Betonelend im Ruinenzustand wirken würde. Zur Ruine war der Karnickelstallbau in der Martin-Luther-Straße nicht heruntergebrannt, aber im dritten Stock konnte man in eine der Buchten wie in eine Puppenstube hineinschauen, freilich nur in ein schwarzbrandiges Loch, aus dem der Brandschutt bereits entsorgt war. Der Qualm hatte die oberen Stockwerke geschwärzt, und ich war mir sicher, daß wir unbetroffen einige Freude am Brandgeschehen gefunden hätten. Auf der Polizeiwache hatte man mich bereits avisiert, ein bedächtiger älterer Wachtmeister musterte mich prüfend und erklärte mir des Langen und Breiten, was ich bereits durch Inaugenscheinnahme zur Kenntnis genommen hatte: Die Wohnung des Herrn Jaeger ist durch Brandeinwirkung total zerstört, dann holte er ein Plastikkörbchen, in dem ein angekohlter Reisepaß und ein rußgeschwärzter Photoapparat lagen. »Das haben die Kollegen von der Feuerwehr bergen können«, sagte der Polizist, und ob ich Vollmacht hätte, die Gegenstände in Empfang zu nehmen. Die hatte ich nicht, worauf der Polizist das Körbchen wieder in Verwahrung nahm. Mehr war also nicht übriggeblieben, die Bilder, unzählige Zeichnungen, Texte, ein angefangener

Roman, und die vielen Familienfotos, nur noch Brandschutt, Schutt und Asche, wie man so sagt.

Diesmal hatte man Jaeger nicht in die Geschlossene Abteilung der Psychiatrie verbracht, und als Iris und ich das Brandopfer besuchten, war er äußerst aufgeräumter Stimmung. Beruhigt stellten wir fest, daß keine seiner Gliedmaßen angekohlt waren. »Schauen's«, begrüßte er uns, »ausgebombt bin i.« Gut ginge es ihm, und nun suche er eine Wohnung. Lauernd sah er Iris an: »Hast du eine größere Wohnung?« fragte er und sich mir zuwendend: »In Otter ist wohl nicht genug Platz?« Wir überhörten die Frage, und um ihn von seinem zentralen Thema, der Wohnungssuche, abzulenken, erkundigte ich mich nach dem Brandgeschehen. Besoffen wäre er mit einer Zigarette eingeschlafen, wahrscheinlich aber hätte er mehr gedöst. Eine Zeitung hatte gekokelt, und plötzlich sei Feuer über den Teppich gehuscht, blaulila hatte das ausgesehen. Eigentlich wäre das Feuer noch zu löschen gewesen, aber, er wog bedenklich den Kopf, »mit Feuer ist nicht zu spaßen«. In unmittelbarer Nachbarschaft, etwa zweihundert Meter von seiner Wohnung entfernt, befand sich eine Feuerwache, dahin war er nackend gegangen, hatte artig geklingelt und dem öffnenden Beamten mitgeteilt, daß es bei ihm brennen würde. Zu diesem Zeitpunkt aber rückte schon ein Feuerwehrzug aus, wahrscheinlich war es den Nachbarn bereits etwas heiß geworden. Nach langer Verhandlung mit dem Wachhabenden, wo es denn brennen würde und wieso er persönlich vorsprechen würde, begriff man, daß die Kollegen schon am Brandherd waren, und ein Beamter begleitete Jaeger mit einer Decke zum Katastrophenort. Dort waren schon die Mitbewohner evakuiert, aus dem Quartier hatten sich bereits die Schaulustigen versammelt, in den Fenstern der unmittelbaren Nachbarschaft hingen die Gaffer, Polizei traf Absperrmaßnahmen, und ein Krankenwagen war eingetroffen. Zunächst glaubte die Einsatzleitung, der Mieter hätte sich, wie die Mitbewohner hofften, mit dem Brandschutt vereint, wäre verkohlt, doch als die aufgebrachten Nachbarn, die das ja alles schon vorausgesehen hatten, des Brandstifters ansichtig wurden, barg man Jaeger im Krankenwagen und es ging – begleitet von der Kriminalpolizei – geradewegs nach Ochsenzoll. »Und nun?« fragte ich. »Brauch ich eine Wohnung«, blieb Jaeger hartnäckig. Geldfragen und die Organisation eines Neubeginns schienen ihn weniger zu interessieren.

Befriedigt zeigte er sich auch über eine großzügige Verabreichung von Psychopharmaka, deren Medikation wir im Verlauf eines kleinen Spaziergangs erfuhren. Vor dem Krankenhaus befand sich eine Trinkhalle, dorthin lenkte er unsere Schritte, ließ sich von uns Geld geben, kaufte sich eine Flasche Bier, in die er einige Pillen schüttete, ließ die Flasche ein wenig kreisen und trank alsdann genüßlich den Cocktail. »Das knallt«, meinte er zufrieden.

Die Psychiatrie bedeutete ihm keinen Schrecken, zum einen sah er sich vor privatrechtlichen und behördlichen Nachstellungen beschützt, zum anderen trachtete er danach, kostengünstig an Pillen zu kommen, möglichst von der Sorte *Sorgenfrei* oder *Happy*. Wenn ihm überdies noch schlafbefördernde Medikamente verabreicht wurden, mixte er das ganze Angebot in einem alkoholischen Getränk zu einer neuen Kreation zusammen. Die Wirkung war unterschiedlich, besonders schätzte er es, wenn sich nach einem Rauschzustand ein tiefer Schlaf einstellte. Nach Auskunft der Ärzte war Jaeger ein einfacher Patient, willig und überaus freundlich nahm er die therapeutischen Maßnahmen an, wobei er bisweilen in den Gesprächen das Arzt-Patienten-Verhältnis umkehrte und mit Fragen wie »Berichten Sie doch einmal, warum Sie das Fach Psychologie oder Psychiatrie wählten« die Therapeuten therapierte. Über seinen wahren Gesundheitszustand war von den schweigeverpflichteten Ärzten nichts zu erfahren, schließlich waren wir nicht mit ihm verwandt, und eigentlich wollte ich es auch nicht wissen. In unserem Freundeskreis gab es etliche Psychologen, durchweg schwere Fälle, die ihre eigene Seelenlast kaum zu tragen vermochten und uns wenig Autorität waren. Auf die Frage, was denn die menschliche Seele sei, ist bis heute keine Antwort gefunden worden, und dennoch glaubt die Psychologie, dem unbekannten Phänomen mit unterschiedlichen und gegengesetzlichen Theorien beizukommen. Als Ultima ratio prostituierte sich das Fach zum Beispiel in der Werbung oder in der staatserhaltenden Gehirnwäsche jener Außenseiter, die sich des gesellschaftlichen Normendiktats entzogen und mit fragwürdigen Psychotaschenspielertricks zur Einhaltung »normalen« Brauchs gezwungen werden.

Es war ein lebenslanger Kampf, sich den blödsinnigen Normen zu entziehen, und mit Stolz hatte man auf den Prozeß der »Ausgliederung« zurückgeschaut, einer zwangsweisen »Wiedereingliederung« entzog sich Jaeger durch Passivität. Je mehr seine Hoffnung schwand, sich in einer eigenen Wohnung zurückziehen zu können, verfiel er in Lethargie und überließ es anderen, über sein weiteres Schicksal zu bestimmen. In naivem Unverständnis glaubte ich, Jaeger an die guten Zeiten erinnern zu müssen, doch er hatte die Vergangenheit in seinem Hirn gelöscht.

Letzte Hoffnungen

Als letzte Möglichkeit glaubten Iris und ich, mit einem spektakulären Erfolg den steten psychischen Niedergang hemmen zu können. Einen der großen Hamburger Galeristen zu bitten, eine Jaeger-Ausstellung zu machen, wäre mit Sicherheit auf Ablehnung gestoßen, und so beschlossen wir, konspirativ vorzugehen. Mit der Autorität eines Museumsmitarbeiters rief ich die Galeristen an, gab vor, an einem Heino-Jaeger-Werkkatalog zu arbeiten und bat um Mitteilung, ob sich in ihrem Depot Gemälde und Zeichnungen befänden. Beiläufig erwähnte ich, daß ein Brand den Großteil der Bilder vernichtet hätte und daher die Katalogisierung unaufschiebbar wäre. En passant erfuhr ich, daß diese Kunsthändler tatsächlich über die Jahre Arbeiten erworben und teilweise zum Gegenwert einer Flasche Schnaps von ihm direkt gekauft hatten. Als ich dem Galeristen Michael Hauptmann meine Story erzählte und er vom Brand hörte, zögerte er keinen Moment, spontan sagte er zu, sofort eine Ausstellung zu organisieren. In nur wenigen Wochen hatten wir aus dem Besitz von Freunden, Galeristen und nicht zuletzt meinem Bestand eine repräsentative Auswahl vor allem von Zeichnungen zusammenstellen können. Michael Hauptmann hatte wieder einmal sein gutes Gespür für Kunst bewiesen, bereits die Vernissage war ein grandioser Erfolg, die Besucher drängten sich durch die Räume, und bald entbrannten Kämpfe um einige herausragende Zeichnungen, weil die *Welt* berichtet hatte, daß bereits in der Vorbereitungszeit der Ausstellung »eine ganze Reihe interessierter Kollegen einige der besten Arbeiten gesichert hatten«.

Mit etwas Mühe hatten wir mit dem Krankenhaus vereinbart, daß Jaeger zu so später Stunde an seiner Ausstellung teilnehmen konnte. Müde und kaum auf alte Freunde reagierend, ließ er sich feiern, dann setzte er sich in einen Hinterraum und empfing freundlich, aber wortkarg seine Verehrer. Freundin Hilka hatte einen Blumenstrauß mitgebracht, den er sogleich mit den Worten: »Was soll ich damit?« weiterreichte. Als sie ihm zur Ausstellung gratulierte, drehte er sich um und sagte: »Das hätte ich gern zu meinen Lebzeiten erlebt.«

Als wir ihm in den folgenden Tagen die Pressekritiken brachten, legte er sie beiseite, sie interessierten ihn nicht. Herbert Albrecht hatte in der *Welt* in einem umfangreichen Artikel euphorisch berichtet und unter anderem geschrieben: »Seine Blätter sind nicht eigentlich komponiert, sondern mit so glaubhafter Intensität erzählt, daß alles in sich seinen Sinn hat, ohne daß man es eigens auf ein rationales Szenario hin entwerfen müßte. Hier siedelt sich niemals ein Illustrator an. Nirgends wird das deutlicher als da, wo doch allem Anschein nach eine ›wahre Geschichte‹ erzählt wird, wie in der Darstellung eines Kirchplatzes mit vier fragwürdigen Figuren und einem photographierenden Amerikaner: eine sehr böse sozialkritische Studie, erfüllt von fulminantem Witz und gewiß auch Mitleid mit der Kreatur ...« Im *Stern* hieß es: »Fast alle Blätter kennzeichnet eine merkwürdige Mischung aus Imagination und Obsession: Seltsame Fabelwesen tragen Raketenköpfe, ein mit Insektenrüssel versehenes Flugzeug stürzt auf eine Wiese, wo Spargel neben Maßliebchen wächst und die Pflanzen Mikrofonen ähneln. Im Hintergrund regiert ein Roboter ...« Der *Spiegel* würdigte das »Multitalent Heino Jaeger«, und sogar *Bild* verwies auf die Ausstellung. Meinen Versuch, ihm einige Passagen vorzulesen, unterbrach er mit der Bemerkung: »Man wüßte gerne, wer ihnen gesagt hat, das gut zu finden.«

Gegen das Ende zu

Für das Krankenhaus Ochsenzoll wurde der obdachlose Jaeger ein Problem, eine Entlassung in ein selbstbestimmtes Leben war zweifellos nicht zu verantworten, im Krankenhaus konnte er jedoch auch nicht länger bleiben. Nach einigen Wochen überwies man ihn an das Sengelmann-Krankenhaus, eine Einrichtung in ländlicher Umgebung, die von der evangelischen Kirche unterhalten wurde. Zunächst glaubte ich ihn in die Einöde abgeschoben. Doch mit jedem Besuch war eine Besserung seines Gesundheitszustandes zu bemerken. Was ich nicht für möglich gehalten hatte, war geschehen, eine fähige Therapeutin erkannte, daß Jaeger nicht in die Maltherapie gehörte, und hatte ihm in den Therapieräumen einen Arbeitsplatz eingerichtet. Tatsächlich nutzte er die guten technischen Möglichkeiten, fertigte sogar wieder Kaltnadelradierungen – hervorragende Arbeiten, die zwar nicht die Qualität früherer Zeiten erreichten, aber immer noch den Meister erkennen ließen. Mit der Hoffnung auf eine fortschreitende Besserung machte es wieder Freude, Jaeger zu besuchen, gemeinsam ausgedehnte Spaziergänge zu machen, auch wenn sich wenig Gesprächsstoff bot, denn nach wie vor hatte er die Vergangenheit ausgeblendet.

Bei einem meiner Besuche kündigte er mir eine Überraschung an, er hätte bei der Krankenhausleitung einen Termin mit mir vereinbart, den ich doch möglichst wahrnehmen sollte. Auf meine Frage, worum es ginge, antwortete er mir nicht präzise, er deutete lediglich an, daß es sich um finanzielle Dinge handele. Jaeger nannte mir Datum und Uhrzeit, und mit gemischten Gefühlen erschien ich zum festgelegten Termin in der Verwaltung des Krankenhauses. Dort wurde mir eröffnet, daß Jaeger mich zum amtlichen Betreuer vorgeschlagen hatte, ein bürgerliches Ehrenamt, wie mir mit feierlichem Ernst bedeutet wurde. Den wütenden Blick, den ich Jaeger zuwarf, quittierte er mit einem infamen Grinsen. Mein Versuch, dem Herrn meine Unfähigkeit in der Regelung der eigenen persönlichen Angelegenheiten darzulegen, wurde kein Glauben geschenkt, und nach dem drohenden Hinweis, daß der Richter beim Vormundschaftsgericht einen entsprechenden Beschluß fassen könnte, dem nur schwer zu widersprechen wäre, willigte ich schließlich unter Protest ein. »Na bitte«, sagte Jaeger und beauftragte mich, vor allem die eingehenden Tantiemen und sonstige Einnahmen im Auge zu behalten. Wenige Tage nach dieser Zwangsverpflichtung erhielt ich eine entsprechende Urkunde vom Vormundschaftsgericht und die Anweisung, für Jaeger ein mündelsicheres Konto einzurichten.

In seiner Vaterstadt Harburg fand Jaeger wenig Beachtung. »Alte« Harburger kannten den Photographen Hein Jaeger, aber seinen berühmten Sohn hatte man nicht wahrgenommen. Für Kunst und Kultur bestand in der zur Trabantenstadt Hamburgs mutierten Stadt kaum Bedarf, und entsprechende Bemühungen fielen auf wenig fruchtbaren Boden. Das änderte sich mit einem Wechsel der Museumsleitung des Helms-Museums, dessen neuer Direktor, Ralf Busch, die Stadt mit zahlreichen Kulturinitiativen bereicherte. Mit einem sicheren Gespür für Kunst vermochte er namhafte Künstler an das Museum zu binden und mit weit über die Grenzen der Stadt beachteten Ausstellungen gelang es ihm, mit einer neuen Besucherschicht das provinzielle Vorgeschichtsmuseum zu beleben. In der Galerie Hauptmann entdeckte Busch Heino Jaeger, und gemeinsam mit Michael Hauptmann wurde zum 50. Geburtstag Jaegers eine größere Werkausstellung im Helms-Museum beschlossen. Gegen zahlreiche Widerstände gelang es Ralf Busch, einen aufwendigen Katalog zu finanzieren, alte Künstlerfreunde wie Michael Mau, Jürgen von Toměi, Hanns Dieter Hüsch schrieben Beiträge, neue Freunde wie die Germanistin Bettina Clausen und Ralf Busch rückten, unbelastet von der in den vielen Jahren der Freundschaft entstandenen Nähe zu Jaeger, neue Aspekte seines künstlerischen Wirkens in den Vordergrund. Vor allem Bettina Clausen war es zu danken, auf das literarische Werk des Meisters gebührend hingewiesen und – unterstützt von Eckhard Henscheid – unermüdlich dafür gesorgt zu haben, daß Jaeger vor dem Vergessen bewahrt blieb.

Die zahlreichen Leihgaben für diese Ausstellung machten offenkundig, daß vor allem Künstlerkollegen Arbeiten Heino Jaegers gesammelt hatten: Almut Heise, Paul Wunderlich, Manfred Limmroth, Jürgen von Tomëi und Harold Müller. Entsprechend war auch die Ausstellungseröffnung ein Treffen alter Freunde, Mitschüler aus der Mahlauklasse, längst aus den Augen verlorene Künstlerfreunde, Bekannte und Verwandte aus Hamburg, die jüngere Schwester mit ihrer Tochter. Jaeger, der von seiner Therapeutin begleitet wurde, war kaum wiederzuerkennen. Gutgelaunt und sichtlich erfreut über diese Ausstellung, begrüßte er die Freunde, unterhielt sich mit ihnen und zeigte keine Spur einer depressiven Stimmung. Als Schatten über der Vernissage lag ein vom Krankenhaus verfügtes absolutes Alkoholverbot. Ausgeschenkt wurden Selters und Fruchtsäfte, im Hinblick auf Jaegers Alkoholprobleme eine vom Publikum mit Verständnis hingenommene Vorsichtsmaßnahme. Jaeger allerdings fühlte sich nicht davon betroffen, die Örtlichkeiten des Museums kennend, hatte er sich im Keller der Handwerker mit Bier versorgt und stolzierte alsdann mit der Flasche in der Hand provozierend grinsend durch das Ausstellungspublikum.

Wohl auf Grund der großen Presseresonanz bekundete erstmals auch der Norddeutsche Rundfunk Interesse an Heino Jaeger. Einem kurzen Bericht über die Ausstellung sollte ein größerer Beitrag folgen, wobei sich die Schwierigkeit ergab, daß Jaeger kaum noch bereit war, Interviews zu geben, und das enervierende Prozedere der Dreharbeiten nicht mochte. Mit dem sensiblen, stets nur mit kleinem Equipment arbeitenden Kameramann Mickey Metzdorf hatten wir gute Erfahrungen gemacht, und als der NDR einwilligte, übernahm Metzdorf die Dreharbeiten. Mit ungeheurer Geduld und sensiblem Einfühlungsvermögen gelang es ihm, das Vertrauen Jaegers zu gewinnen und – wie es sich herausstellen sollte – ein letztes Mal Jaeger vor der Kamera agieren zu lassen. Zu unserer Verwunderung erkundigte sich Jaeger sogar nach Sendezeit und Sendeplatz der Dokumentation, und bald wurde uns klar, warum er sich so kooperativ zeigte, im Abendprogramm vor einem großen Fernsehpublikum aufzutreten war eine gute Gelegenheit, seine Wohnungssuche kundzutun, und so bewarb er sich zunächst einmal »bei den lieben Mitbürgern, draußen am Fernsehapparat« um eine Wohnung.

Es war offenkundig, daß die umsichtige Therapie Früchte trug, Jaeger schien auf dem Wege der Besserung. Nach einem langen Gespräch mit der Krankenhausleitung teilte man mir mit, Jaeger in eine sozialpsychiatrisch betreute Wohngemeinschaft in Hamburg entlassen zu wollen. Das Ambiente seines neuen Heims mußte Jaeger gefallen, eine gründerzeitliche Großbürgervilla in einem verwunschenen ungepflegten Garten, doch im Inneren kontrastierte dazu die Arme-Leute-Sperrmülleinrichtung, mit der die Heimbewohner auf ihr zukünftiges Leben in Armut eingestimmt werden sollten. An einer Wandtafel hingen Plakate, die vor Aids und Alkohol warnten, mit sogenannten Infos an die Wohngemeinschaft, Geboten und Verboten, »aus gegebenem Anlaß« vom »Hausrat« verfügt, wurde vom einzelnen und von der Gemeinschaft die Pflicht zur Sauberkeit und Ordnung eingefordert.

Jaeger hatte man ein fast leeres Zimmer unter dem Dach zugewiesen. Im düsteren Raum fanden sich zur Depressionsbeförderung lediglich ein Feldbett, ein Tisch, ein Stuhl, ein Spind und als Raumschmuck ein Plakat. Die Bewohner durften sich frei bewegen, standen aber unter dem demokratischen Mitbestimmungsdiktat des »Hausrats« und wurden von der Heimleitung unauffällig und wohlwollend streng beobachtet. Hin und wieder wurde zu einer routiniert-sachlichen Ermahnungstherapie gebeten, die vor allem dazu diente, herauszufinden, wie es die Bewohner mit dem Alkohol hielten. Als Iris und ich Heino Jaeger in dieser wohltätigen Institution besuchten, verfielen wir bereits auf der Treppe in eine depressive Stimmung, die es uns zum unverzüglichen Alkoholgenuß gelüsten ließ. Jaeger trafen wir schlafend im Bett an, er arbeitete daran, einen Rekord aufzustellen. 14 Stunden habe er bereits geschafft, berichtete er stolz, und vielleicht würde es ihm gelingen, eines Tages nicht mehr aufzuwachen.

Zum Kaffee hatten wir ihn eingeladen, doch zielstrebig führte er uns in eine typische Säuferkneipe und erreichte es in kürzester Zeit und mit wenigen alkoholischen Getränken, sich in eine animierte Stimmung zu versetzen. Iris hatte dafür Verständnis, doch bei mir überwog die Sorge, als amtlich bestellter Betreuer Jaeger besoffen in das abstinente Heim zurückbringen zu müssen. Zu verhindern war es nicht, nach kurzem Ausflug wankte Jaeger sturzbetrunken zurück in seine Korrekturanstalt. Wie erwartet war dort kein längeres Bleiben, nach wenigen Wochen meldete er sich wieder aus dem Sengelmann-Krankenhaus, rausgeschmissen hätte man ihn aus dem Bewährungsheim, kicherte er, zu seiner eigenen Sicherheit, wegen der Treppe, die war er nämlich besoffen hinuntergestürzt.

Im Heim

Einige Wochen vergingen, und wieder zitierte man mich in das Krankenhaus. Dort hatte man sich über den Verbleib Jaegers Gedanken gemacht, ein selbstbestimmtes Leben in einer eigenen Wohnung wurde für illusorisch gehalten, auch eine Wohngemeinschaft kam nicht in Frage, also blieb nur die Einweisung in ein sozialpsychiatrisches Heim. Vorgeschlagen wurde das Haus Ingrid in Bad Oldesloe, und erstaunlicherweise zeigte sich Jaeger damit einverstanden, nachdem er sich vergewissert hatte, dort nicht eingesperrt zu sein. Ohne jeglichen Besitz drückten ihn keine Umzugssorgen, lediglich mit ein paar Klamotten, Waschzeug und einigen amtlichen Papieren in einer Tasche übersiedelte er nach Oldesloe. Inzwischen hatte ich für ihn ein paar tausend Mark zu verwalten, über die wir beide nicht verfügen konnten, jeglicher Zugriff mußte dem Gericht mitgeteilt werden und wurde nur für den Kauf von Kleidung oder anderen nützlichen Dingen gestattet. Das war eine herbe Enttäuschung für Jaeger, der seine neue Freiheit vor allem zum Saufen genutzt wissen wollte. Entsprechend schlecht gelaunt empfing er uns im Haus Ingrid, saß mit uns schweigend in dem großen Aufenthaltsraum, der durchaus einem Nobelaltersheim entsprach. Eine ungemütliche Kneipe in der Nachbarschaft hatte er schon ausgemacht, und obwohl Kaffee und Tee im Heim angeboten wurden, drängte er uns, in besagtem Lokal einen Kaffee zu trinken. Als ich die Bestellung aufgab, korrigierte er mich und verlangte ein Bier, es folgten ein weiteres und noch ein drittes. Meine inständige Bitte, auf mich Rücksicht zu nehmen, ich könnte doch als Betreuer nicht mit ihm besoffen im Heim erscheinen, fand kein Gehör. Die Gelegenheit nutzend, trank er noch ein viertes Bier und meinte, er könne ja auch alleine zurückgehen, neulich wäre er sogar besoffen in ein anderes Zimmer gegangen und hätte sich in ein falsches Bett gelegt. Wie er an den Alkohol kam, war der Heimleitung ein Rätsel, mir aber verriet er seine Quelle. Die Arbeiter auf dem benachbarten Friedhof, vor allem die sogenannten Kuhlengräber, würden alle saufen, wenn er dort lange genug herumlungern würde, fielen auch für ihn ein paar Flaschen ab.

Im Verlauf der Zeit hatte er sich im Haus Ingrid eingelebt, klagte nicht und äußerte auch nicht den Wunsch, eine eigene Wohnung haben zu wollen. Im Gegenteil, mehrmals wurde ihm von der Heimleitung eine abgeschlossene Einraumwohnung angeboten. Stets lehnte er ab, mit dem Hinweis, dann würde er sich noch mehr langweilen. Statt dessen teilte er sein Zimmer mit einem debilen Greis, mit dem er sich zwar nicht unterhalten konnte, auf dessen Lebensgeräusche er aber nicht verzichten wollte. Iris und meine Besuche waren jedes Mal von seinen Saufgelüsten überschattet, und zudem mangelte es am Gesprächsstoff, nur selten wollte er über die Vergangenheit sprechen, hin und wieder fragte er nach alten Freunden:

»Malt der immer noch?« Oder: »Spricht der immer noch über Einstein?« Oder: »Hat der noch seinen Puff?« Wenn ich dann ausholend berichten wollte, winkte er ab, so genau wollte er es dann doch nicht wissen. Mit all dem, was sie da draußen machen, hatte er abgeschlossen, konsequent und unbeirrt. Auch am Heimgeschehen nahm er zunächst nicht teil, »zu langweilig«, meinte er, und alle Versuche, ihn zum Zeichnen zu bewegen, blieben erfolglos. Erst in den letzten Lebensjahren änderte sich das. Für die Hausmitteilungen entwarf er die Deckblätter und fertigte kleine Illustrationen an. In jungen Jahren hatte Jaeger die »kokelige« Stimmung organisierter Busreisen gesucht, war mit dem Reichsbund auf Kaffeefahrt gefahren und mit der Kirchengemeinde zur Tulpenblüte nach Holland. Nun kletterte er wieder in den Bus, nahm an den von der Heimleitung angebotenen Ausfahrten teil, nach der Wende sogar nach Mecklenburg. »Tatsächlich ein Richtungsschild nach Lübtheen gesehen«, berichtete er, und erstmals glaubte ich, wehmütige Erinnerung herausgehört zu haben. Nur selten bekam Jaeger Besuch, von den alten Freunden nur Heide und Jürgen von Toméi, wenn sie alljährlich im Sommer in den Norden fuhren. Rührend um Jaeger kümmerte sich Christian Meurer, der genug Sensibilität zeigte, aus den wenigen Äußerungen Jaegers, der merkwürdigen Gelassenheit, aber vor allem der sonderbar wachen Augen wegen die einstige Größe dieses Mannes zu erspüren.

»Ein Mozart der Komik«, nannte Eckhard Henscheid Heino Jaeger, mag sein, daß der Vergleich zutreffend ist, auf jeden Fall aber drängen sich Parallelen von Jaegers und Mozarts letzten Erdenstunden auf.

»Ein Herr Jaeger«

Nach einigen Tagen Kurzurlaub mit Iris im schönen Mecklenburg, wieder in Otter, hörte ich auf dem Anrufbeantworter die besorgte Stimme des Heimleiters, daß Heino Jaeger schwer erkrankt wäre und ich dringend kommen sollte. Noch bevor ich zurückrufen konnte, rief er abermals an, diesmal mit der Nachricht, daß Jaeger nach einem Schlaganfall im Krankenhaus gestorben wäre. Ob ich Angehörige benachrichtigen könne und wie es mit der Beerdigung wäre, wurde ich gefragt. Das Angebot mit dem Beerdigungsunternehmen, alles Weitere zu regeln, nahm ich dankbar an, den Zeitpunkt der Trauerfeier würde man noch besprechen müssen. Bereits am nächsten Tag schien alles geklärt, die Beerdigung wurde festgelegt, das Heim wollte für eine anschließende Bewirtung aufkommen. Wenige

Tage darauf rief noch einmal das Heim an, die Beerdigung müsse abgesagt werden, es hätte sich kein »Kostenträger« gefunden, das zuständige Hamburger Sozialamt hätte sich geweigert zu zahlen – nun müsse man sehen, wie es weiterginge.

In diesem Moment wußte ich, daß Heino Jaeger eingegriffen hatte, um aus himmlischen Sphären der irdischen deutschen Ordnungswelt einen letzten Streich zu spielen. Tagelang telefonierte ich mit Behörden, erzählte den Amtspersonen von Heino Jaeger, dem bedeutenden Maler, Graphiker und Kabarettisten, hätte das aber genausogut einem Alzheimer-kranken Taubstummen erzählen können, ich bekam keine Reaktion, das alles ging keinen etwas an, so sei das nun mal nach geltender Rechtslage. In der himmlischen Kommunikation ungeübt, versuchte ich dennoch in Zwiesprache mit Heino zu treten, was er davon hielt und was nun zu tun sei, und schließlich glaubte ich, sein vertrautes »Och« zu hören, sein Abwinken zu sehen, mit dem er sein gelassenes »egal« bekundete. Also beschloß ich, mich nicht aufzuregen und abzuwarten. Ich mußte lange warten, Tage, Wochen, bis schließlich ein Herr des Ordnungsamtes der Stadt Oldesloe anrief und mich davon in Kenntnis setzte, daß nach geltender Rechtslage »ein Herr Jaeger« unter die Bestimmungen des Bundesseuchengesetzes falle und das Amt unverzüglich tätig werden müsse. Das klang nach Entsorgung, jedenfalls nicht nach einer würdigen Beerdigung, und auf meine Frage, wie man denn trotzdem eine pietätvolle Beisetzung ermöglichen könnte, sagte der Herr, daß er das auch nicht wisse. Meine folgenden Telefonate mit dem Sozialamt und der Senatskanzlei der Stadt Hamburg gestalteten sich schwierig. Kaum war es mir möglich, die makabre Situation in angemessener Form vorzutragen, ständig schien Jaeger dazwischenzureden beziehungsweise mir unangemessene Worte in den Mund zu legen, um noch mehr deutschen Gesetzesschwachsinn den Beamten zu entlocken. Letztlich war durch meine telefonischen Rundsprüche ein derartiges Behördenchaos entstanden, daß kein Gesetz und keine Verordnung mehr auf Jaeger zutraf, keine Behörde und kein Amt für ihn zuständig war. Rettung war schließlich die Kulturbehörde, deren Senatsdirektor-Chefsekretärin Mitleid empfand, sich im Archiv der Behörde über Heino Jaeger informierte und an höchster Stelle intervenierte. Auch wenn er sich lange gesträubt hatte, schließlich geleiteten wir dennoch Heino Jaeger zur letzten Ruhe, auf dem schönen alten Friedhof in der Kreisstadt Bad Oldesloe.

JAEGERMAGAZIN

Weinsorten

Guten Abend meine Damen und Herren – das aktuelle Jaegermagazin. Zur guten Laune gehört Wein, zum Wein gehört Sonne – wie Wein getrunken wird und wie man Weinkenner wird, erfahren Sie aus unserem Beitrag:

Hier stehen ja allerhand altertümliche Flaschen, der Staub scheint hier ebenso wichtig zu sein wie sein köstliches Naß, was diese Kellerei anbetrifft – Herr Weißpferdel, was muß man wissen, wenn man eine gute Flasche Wein, einen alten Wein trinkt?

Einen Wein – einen guten Wein, den nippt man – einen sehr guten Wein. Einen guten Wein, den – schlürft man. Sagen wir, einen Rießling, einen Oberhäuser Zwergenrießling, oder einen unteren Rießling, der an einem erstklassigen Eschenwasser gewachsen ist, wie die Wärnlagen, den trinkt man.
    Die andern Weine, die mundigen Weine, wie den Theresentaler, ein schattiger Wein vom Oberwassener Rieß, den beißt man.

Herr Weißpferdel, wo wächst nun der Wein?
Die oberen Wärnlagen, die ein erstklassiges Eschenwasser ist, die Munterdran, die mündet in die Holzwärnlagen hinein, die unteren Holzwärnlagen – das gibt einen vollmundigen Wein ab, ähnlich wie von den oberen Holzwärnlagen – einen Steinwein, dann der Höllentaler Stufenwein, der Weinbeiner Steinwein, ähnlich wie der muntere Wein von den unteren Holzwärnlagen – ein munterer Wein, den die oberen Holzwärnlagen nicht abgibt.

Herr Weißpferdel, wieviel Weinsorten gibt es? Na, so auf Anhieb? Etwa?
Die Steinweine, ähnlich wie die Eschenweine – die volleren Weine, den Unterhöllener Steinglanz – die wachsen direkt auf den Holzwärnlagen, dann die munteren Weine, Kabinettweine – wie der Rollenhöller Kabinettverschluß, der Beißberger Zwergenwein, der Schneeberger Abschlußwein, der Seifenberger Brausewein, der Frauenberger Magenöffner, der Stuhlberger Pfennigburger, der Silberwein als Reisewein, der Riesenwein als Zwergenkabinett, dann die Butterweine, um nur einige zu nennen.

Ratgeber/Föhnluft

Guten Abend meine Damen und Herren – das aktuelle Jaegermagazin. Wenn hierzulande bundesweit Millionen Bundesurlauber ihren Urlaub, ihre Ferien im sonnigen Tessin verbringen – auch diese Saison bevorzugt den sonnigen Süden – dem ist nicht so – mit über mehr als 8tausend Ferienplätzen, ist die Schweiz wieder einmal an erster Stelle gerückt.
    Unser aktueller Ratgeber, Herr Dr. Schimkus aus Bern, sagt Ihnen, wie und was Sie machen müssen. Hierzu unser Bericht:

Heute möchte ich mit Ihnen über Föhnluft plaudern.
    Ich höre oft von meinen Patienten: »Heute fühle ich mich hundeelend.« oder: »Ich kann nicht mehr.«
    Das ist Föhnluft.
    Woher kommt das? Unser Organismus reagiert bekanntlich viel empfindlicher, als wir meinen. Die innere Uhr des Menschen ist noch auf die beschaulichen Wintermonate eingestellt. Diese Innenschau wird nun durch das Anklopfen des Frühlings gestört. Der Wärmeschock macht unserem Körper schwer zu schaffen. Wir können unseren Körper daher auch als Seismographenstation bezeichnen. Viele Vorgänge in uns sind nur durch den Psychoanalytiker zugänglich. Er kann uns auch sagen, wie wir uns bei Föhnluft verhalten sollen.
    Doch das später.
    Föhnluft und Berge gehören zusammen. Berge gibt's in der Schweiz wie Sand am Meer. Und wie steht's nun mit der Föhnluft?
    Ja, freilich, Föhnluft gibt's zum Glück nicht so häufig, als es Berge gibt in der Schweiz. Dann wären halt die Spitäler so überfüllt, daß daheim die Arbeit niederliegen müßte.
    Nein, das Zustandekommen von Föhnmassen auf vorderglazialen Rumpfgebirgszügen mit Staufferchakter ist mithin viel komplizierter, als es sich der gebildete Laie immer wieder vorstellt.
    Der Föhn hat wenig gemein mit dem Haarfön, mit dem wir uns die Haare trocknen, sind diese einmal naß geworden.
    Und doch haben beide vieles gemeinsam. Föhn gibt es nicht nur im Frühjahr bei uns, in der Schweiz haben wir ihn im Sommer, man spricht dann von einem Sommerföhn, im Herbst, Winter und Frühjahr. Außer im Engadin, da ist es gerade umgekehrt.

In Graubünden, kurz vor Solothurn und in der rätischen Schweiz, also im unterglazialen Mergelbecken des Alpentuffs, tritt der Föhn sporadisch auf. Daher finden wir dort auch sehr schöne Versteinerungen vor. Föhnwetter ist Wetterwechsel. Und Wetterwechsel bringt meist einen Wechsel des Wetters mit sich.

Das kann Wetterfühligkeit, die gottlob nicht immer mit Niedergeschlagenheit einherzugehen braucht, hervorrufen. Unser Vergleich mit einer Seismographenstation ist daher nicht ganz unzutreffend. Unbekannte Kräfte im Verborgenen unseres Organismus, in diesem Falle im bei weitem nicht immer schlummernden Teil unseres Über-Ichs, im sogenannten Unter-Über-Ich (Jung, Seite 106) sorgen dafür, daß unser Haushalt auch während des Schlafes mit Glykose weiterhin versorgt wird. Es kommt zu einem Anwallen zum Kopf hin. Der Körper sagt: Wetterwechsel!

Ja nach den Temperaturschwankungen baut der Körper nun Glykose ab, damit Sorbinsäure frei wird. All diese Vorgänge passieren im Schlummernden, gewissermaßen bei einer geheimen Konferenz, während wir schlafen. Ich möchte sie daher als das Schlummernde bezeichnen. Vergleiche hierzu auch mein Büchlein:

Schlummern und Schummern als Dämmerzustand, Fulda, Verlag für Geistesblitze, 1964, Halbleinen.

Auch meine Schrift: Gesichtskosmetik und Wetterleuchten im Zeichen des Orions, Zickzack-Verlag, Zürich, Wetterleuchtengasse 2, geht auf Föhnluft in Zusammenhang mit dem Tragen von Larven im Kanton Unterwalden auf Seite 49 eingehend ein.

Hierbei wird auch auf das Tragen des Gesundheitsleibchens aus Baumwolle von Dr. Schnurschicker-Fallersleben hingewiesen.

Wegen der Föhnluft findet Reformkleidung bei uns ja auch so viel Gefallen. Beim Alpenföhn soll das Fenster weit geöffnet werden. Bei echtem Föhn bleibt dasselbe jedoch verriegelt. Brust und Kreuzbein werden gehörig mit Zinksalbe eingewichst. Man atme in langen Zügen. Krätschmer rät sogar lingius lapus lates et santes. Ich halte nicht viel davon, weil die Gefahr lingus ruptus oder gar rubes rubea fraktur zu groß ist.

Am besten hat sich noch scabeus taxus in Verbindung mit Hornmehl erwiesen. Schöller rät zu Teufelsdreck mit Rabenanblick; es sei günstig, die Raben im Osten zu blicken. Auch ein Klinikum auf Dimithylamolbasis läßt die Abgeschlagenheit und Kapillarverengung rasch abklingen. Zu häufige Anwendung führt jedoch zu vasomotorischen Affekten.

Daß Föhnluft zur Alabasterhaut führt, habe ich in der Ärztlichen Rundschau, Heft 11, aufgezeigt.

Ich rate daher zu Reformjacke »Föhnluft« von Dr. Scholz, auch der Wollanzug »Schweizer Föhn« wird von der Bergwacht immer wieder warm ans Herz gelegt.

Tja, das wär's wieder einmal, vielleicht haben Sie sich das eine oder andere notiert – ich darf mich von Ihnen verabschieden, bis zum nächsten Mal.

Falschfarbenbefliegung

Guten Abend – wie immer um diese Zeit – das aktuelle Jaegermagazin. Diesmal zu Gast im Studio Herr Dr. Nöldege vom Erforschungsinstitut für Falschfarbenbefliegung in Erlangen:

Herr Dr. Nöldege, Falschfarbenbefliegung zur Ermittlung und Auswertung von Daten aus der Luft – was hat das eigentlich auf sich?

Grade durch die Falschfarbenbefliegung sind wir in der Lage, aus größeren Höhen durchaus prüfbare Messungsmaßstäbe festzustellen. Sei es zur Früherkennung von Feststellungen, deren Meßwerte, etwa in der Verwirbelung von Kühlwasserfahnen – Abgasfahnen für Kühlzwecke, die dem Labor entnommen werden, oder Fehlfarbenaufnahmen direkt aus der Luft – ein kleines Beispiel voran: der Kühlwassereinleiter der Blitz leitet in die Ruhr ein – durch Fehlfarbenaufnahmen werden auch Nebenverwirbelungen festgestellt – im Foto als grüner Schleier erkenntlich.

Herr Dr. Nöldege, Falschfarbenbefliegung, ist das eigentlich nicht eine große Hilfe für Sie?

Ja und nein – man kann nicht alles aus der Luft erkennen. Wenn wir die Filme entwickeln, stellen wir oft etwas ganz anderes fest, grade bei Fehlfarbenfotos. Um nur ein kleines Beispiel zu erwähnen, im Falschfarbenlabor stellen wir plötzlich fest, daß wir aus Versehen einen hellblauen Kombiwagen mit auf dem Negativ haben, bei der Entwicklung stellt sich heraus – die Autonummer ist gefälscht, auf dem Dach ist ein Koffer befestigt, durch Herausvergrößerung des Koffers stellen wir fest, daß auf der Infrarotaufnahme der im Koffer liegende Paß ebenfalls gefälscht ist – der Mann konnte somit der Polizei übergeben werden.

Vielen Dank Herr Dr. Nöldege, für unsere Hörer noch ganz kurz: Achten Sie darauf, daß Ihr Paß nicht ungültig geworden ist, wenn Sie in den Urlaub fahren, prüfen Sie nach, ob die grüne Karte gut lesbar ist, und meiden Sie zu direkte Sonneneinstrahlung – wir schalten zurück ins Funkhaus.

Bremer Wochenmarkt

Guten Abend meine Damen und Herren – das aktuelle Jaegermagazin. Der Bremer Wochenmarkt zieht immer noch viele Besucher an: Auf dem Wochenmarkt sind mehr Bewerber als Stellplätze.

Jochen Wilpe berichtet:

Daß der Bremer Wochenmarkt auch heute noch attraktiv sein kann, das beweisen nicht nur die vielen Schaubuden, Darsteller, Verkäufer, Buden, Karussells – Darbieter sind sich darin einig. Soll der Freimarkt erhalten bleiben?

Ich will mal sagen, ja, warum nicht. Nich? Ich mein, wenn es so bleibt?

Was sagen Sie zum Wochenmarkt:

A   Bremer Freimarkt

Solange alles im Rahmen bleibt, bin ich kein Gegner des Freimarktes. Wenn es Leute gibt, die das befürworten – warum nicht?

Ich bin durchaus der gleichen Meinung – warum soll nicht ein Volksvergnügungsmarkt wäre nicht das richtige Wort – ein Markt mit äh, durchaus, äh, ich bin der Meinung, ein Wochenmarkt – ein Freimarkt, eine Einrichtung, die durchaus im wesentlichen das bietet, was im Grunde genommen – einmal sind es hier ja doch Buden, zum andern Karussells, Würstchenstände – sicher hat das alles hier Jahrmarktscharakter – einmal abgesehen von der Anziehungskraft, die unser Bremer Freimarkt auch heute noch hat, und weiterhin genießen wird.

Tja, soviel vom Bremer Freimarkt – darf mich von Ihnen verabschieden, auf Wiedersehen bis zum nächsten Mal.

Schuhbranche

Guten Abend meine Damen und Herren, wie immer um diese Zeit – das aktuelle Jaegermagazin, diesmal zu Gast in der Lederbranche. Im Schuhgeschäft hat sich einiges getan, Leder und Schuhe oder Schuhe und Leder – was wären Schuhe ohne Leder? Wir schalten um zur diesjährigen Schuhmesse in Konstanz, Ditmar Möhnkopf berichtet:

Schuhe hin Schuhe her, wir sind hier auf der internationalen Schuhmesse in Konstanz, viele Schuhfirmen sind hier vertreten, Berge von Stiefeln für das Winterhalbjahr, Halbschäfter, Langschäfter – Frau Dammroh, wie sehen Sie die Chancen für und wider den Käufer?

Ich meine, daß *der* Schuh, den der Käufer sucht, schon immer seinen Käufer gefunden hat. Schaun Sie, ein Schuh muß gut sitzen, er muß aber auch dem Partner gefallen.
  Schaun Sie, ein Schlüpfschuh, der muß halt schlüpfen, sonst ist es kein Schlüpfschuh.

Frau Dammroh, wie steht der Käufer dem immer größer werdenden Warenangebot gegenüber? Fühlt er sich letztlich nicht doch verunsichert und hintergangen?

Im Gegenteil! Jeder Käufer sucht sich seinen passenden Schuh aus. Er geht ins Fachgeschäft hinein und nimmt sich einen Schuh in die Hand und hat nun das Gefühl, das ist nun mein Schuh.
  Später ist es ja mal sein Schuh. Sehen Sie, der Langschäfter will etwas ganz andres als der Perlschuh oder die Sandalette. Die Sandalette verlangt Halt in der Ferse, sie muß aber auch dem Fuß folgen können, wenn er übermüdet ist. Der übermüdete Fuß, das braucht kein Schweißfuß zu sein – ist der eigentliche Sandalettenfuß.
  Dazu die freundliche Socke, grade in der Herrensandale wird auch die Socke jetzt etwas farbenfroh, gradezu schreiende Farben im Büro.

Frau Dammroh, wer trägt nun Schuhe?

Das Angebot ist so durchaus reichhaltig, das muß aber auch sein – nur ein kurzer Überblick – vom blockfreien Absatz bis zum Miniteens in der Damenmode, der Herrenpöms wird wieder etwas plumper, Sportschuhe werden etwas kürzer, Hausschuhe werden noch molliger, besonders Nadelfilz- und Kammgarnstiefel für die Herren, die eigentlich im letzten Sommer bissel zu kurz gekommen sind – aber auch Kinderschuhe für zwischendurch, ganz groß: Damenstiefel für stärkere Damen, die nicht viel Zeit haben, enganliegende Travler, dazu auswechselbares Futter, totschicke Räubergamaschen für den Stadtbummel in Schockfarben – der große Zeh bleibt auch im Winter frei und darf das ganze Frühjahr über gezeigt werden.

Der letzte Trend für den Autofahrer: Beheizte Stiefel mit Matrizeneinlagen zum Durchstarten.

Ganz schick und ländlich: Kinderstiefel aus Steingut.

Tja, soviel aus der Schuhbranche, auf Wiedersehen, bis zum nächsten Mal.

Thema: Übergewicht

Guten Abend meine Damen und Herren!
Wie immer um diese Zeit, das aktuelle Jaegermagazin – wir hier im Studio und viele Bundesdeutsche nicht zuletzt stellen sich die Frage: Essen wir zuviel?
Hören Sie hierzu unseren Diskussionsbeitrag!

Herr Lepzien, Sie sind Fachberater zu dem Thema, weswegen wir hier im Studio zusammensitzen, Diskussionsthema Übergewicht.

Es dürfte als übertrieben gelten, wir äßen zuviel. Sicher, wir nehmen mehr Nahrungsstoffe zu uns, als wir unbedingt im Körper umsetzen – zum andern sorgt ja unser Haushalt selbst dafür, das Mehr an Genuß zu binden, in Form von Übergewicht.
Das Mehr an Genuß heißt König Süßigkeit – mehr Süßigkeit heißt Nahrungs-Plus, heißt Übergewicht.
Übergewicht heißt Diät.
Diät heißt aber auch Übergewicht.

Herr Lepzien, müßte es nicht vielmehr heißen, Diät um des Übergewichts willen?

Nein, Übergewicht und Diät sind zwei völlig verschiedene Dinge. Wenn ich sage, der hat Übergewicht, oder die junge Dame da hat Übergewicht – so kommen wir nicht weiter.
Wie will ich als Pharmakologe oder sagen wir einmal als Arzt wissen, wer Übergewicht hat?

Herr Lepzien, Sie sind Psychologe, Sie sprachen vorhin ganz kurz die Diät an, was ist das, Diät?

Diät ist einmal, ich will von meinem Übergewicht herunterkommen – zum andern braucht Diät nicht heißen: So, nun gönne ich mir nichts mehr. Ab heute gibt's nur noch Knäckebrot. Nicht wahr? Im Gegenteil, bei vernünftiger Ernährung ist es sogar möglich, Ihr Übergewicht beizubehalten, auch ohne Diät. Das ist natürlich nur ohne Diät möglich, also,

wenn Sie kräftig und reichlich essen und zwischen den Mahlzeiten hin und wieder etwas zu sich nehmen.
Bei einem vernünftigen Übergewicht schadet Diät nur.
Es sei denn, Sie essen weniger.

Tja, soviel über unser Thema, das wär's für heut.

Textilbranche

Guten Abend meine Damen und Herren – hier ist das aktuelle Jaegermagazin. Dieser Tage zu Gast in einer Zwirnerei, Reporter Jochen Wollweber, Gastgeber Walter Stricker – hören Sie hierzu unseren Kommentar:

Gebranntes Kind scheint allemal die Textilbranche zu sein, hier, wenige Kilometer von der Zonengrenze entfernt, ein wenig vergessen, so scheint mir, fast legendär – langgestreckte Gebäude – Herr Stricker, als Teilhaber der Strickerei und vor allem wohl Zwirnerei Riek & Stricker haben Sie sich hier im Zonenrandgebiet niedergelassen, seit wann sind Sie hier?

Ich bin hierhergekommen und habe den Betrieb wieder aufbauen müssen, drüben war ja alles drunter und drüber, nicht wahr, und da kannte ich einen gewissen Stech, der kam aus der Niederlausitz und hatte eine der ersten Zwirnereien mit erworben – der sitzt heute in Krefeld und ist Hauptaktionär der sächsisch-anhältischen Zwirnerei & Wirkwarenfabrik Bielefeld. Ich kam aus Gera und stieß zu den Stechs, als der alte Stech in Zwickau, und das ist ganz putzig – die stammen eigentlich alle aus der Döbeler Ecke, nicht wahr – die Zwirnerei ist ja doch so sehr vom Wasser abhängig...

Herr Stricker, können wir uns vielleicht die Zwirnerei ein wenig von innen anschauen?

Wir verzwirnen eigentlich alles, von der Rohfaser bis zum Tierhaar. Hier ist unser Haarmagazin – die meisten Haare, die wir verarbeiten, stammen von Hasen und Kaninchen. Sehen wir uns mal um – das sind sächsische und böhmische Haare, weiter oben blondes Merinohaar, daneben Belgier und Nutria, dafür hab ich nach dem Krieg gegeben, das Pfund 48 Mark, da zahlen Sie heute in Brüssel auf dem Haarmarkt mindestens das Dreifache.

Wir haben während des Krieges noch reines Menschenhaar verzwirnt, für U-Boot-Dichtungen, aber auch für Leibchen – sehen Sie, hier im Regal das ist Menschenhaar aus Rangun. Am begehrtesten waren natürlich die langen Zöpfe, die von unseren Mädels gespendet wurden.

Wir sehen jetzt einmal die Zwirnerei, zunächst in die Nähgarnzwirnerei und Wirkerei. Die Nähseide wird halbsynthetisch verzwirnt, verwirkt und für Halbfabrikate veredelt.

Negerhaar wird noch für Steppdecken, Rheumadecken und für die Elektrobranche verzwirnt, für technischen Bedarf, zur Umwicklung von Glühstrümpfen und Isolierung von Kochplatten.

Als guter Wärmeleiter hat sich immer noch Katzen- und Frettchenhaar erwiesen, Grannenhaare werden für Filzpantoffeln verzwirnt und finden für gute Rasierpinsel Verwendung.

Wir danken Ihnen für dieses Gespräch und schalten zurück ins Funkhaus.

Unser Kochrezept

Guten Abend meine Damen und Herren – hier, das aktuelle Jaegermagazin. Lukullisches und Lukulinarisches hat ehedem schon unsere Urgroßmütter an den heimischen Herd gefesselt – unser Chefkoch für das aktuelle Jaegermagazin hat diesmal ein Kochrezept für Feinschmecker zusammengestellt. Hierzu unser Kommentar aus der Chefküche des aktuellen Jaegerstudios:

Wir lassen ¼tel Pfund gute Kochmargarine in einer Pfanne zergehen, in einem Sieb oder Leinenbeutel lassen wir feingestoßene Mandeln gut abtropfen, geben den Schnee von einer halben Kartoffel bei kleiner Flamme hinzu, reinigen bei halbgeöffnetem Fenster eine Garnele, zuvor bürsten wir mit einer Fischbürste einen Kopf Blumenkohl über kleiner Flamme ab und zerlassen unter Umrühren einen Salm. In einer Kasserolle dünsten wir ein Kaninchen – wir füllen nun eine Berberitze mit Buchstabennudeln, gießen das Fett ab und lassen einen Fleckhering in einem Gummi- oder Wachstuch auf der Fensterbank liegen.

In der Zwischenzeit wickeln wir das Bratenfett und ein Bund Sellerie in eine Steppdecke ein.

Das Wasser vom Blumenkohl können wir nun abgießen.

Der Blumenkohl wird kalt serviert, die Berberitze können wir mit Eierlikör und einigen Kirschen garnieren.

Das Kaninchen müssen wir jetzt aus der Kasserolle nehmen und geben den zerlassenen Salm hinzu, garnieren können wir mit Keksen und Cognacbohnen.

Das übrige nehmen wir jetzt auch von der Flamme, wickeln die Zutaten aus den Tüchern und seihen das Ganze in eine Schüssel aus Werkstoff oder Ton.

Unser Menü ist nun fertig und wird serviert.

Bevor die Gäste da sind, umlegen wir den Fisch mit Tannenzweigen und stecken in den Braten nach westfälischer Art hin und wieder Birkenreiser, gereicht wird warmer Kirschlikör.

Tja, soweit unser Kochrezept für Feinschmecker, auf Wiedersehen bis zum nächsten Mal.

Und nun unser Kochrezept:
Deckweiß, ein halbes Pfund Mahagoni, 4 Zitronen, gutgehäufelte Karollen, so man hat – ein Tütchen Backwunder, nicht zuviel von dem Zeugs, wer hat, nimmt gleich Niespulver – inzwischen lösen wir eine Kneifzange unter ständigem Rühren in einer möglichst teuren Soße auf, fügen Spachtelmasse hinzu, unter ständigem Umrühren – immer noch – bis wir mit der Soße unsere Tapetenrollen, wo hab ich den Quast bloß hingelegt?

Sehen Sie, das ist gar kein Kochrezept – doch, hier geht's weiter: 4 Paar Schuhe in den Backofen schieben, und nun guten Appetit. Nee, das muß ich doch verwechselt haben. Ach – nun ist ja alles geklärt, warum nicht gleich so, das ist 'n Kochbuch aus der Haushaltsschule des Bundesküchenhilfswerkes Alfeld im Sauerland. Na, daß die da schon Schuhe essen ...

Ach, hier ist noch 'n schönes Beispiel: Man besorge sich ein Lot Safran. Nun gehn Sie mal los und besorgen sich mal 'n Lot Safran.

Gruß aus Wilhelmshaven

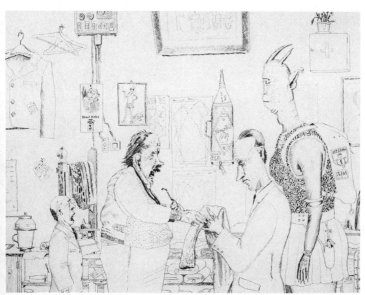

JAEGERLATEIN

Heino Jaegers Kommentar des Monats
in der Schweizer Zeitschrift *Neutralität*

Der Urlaubstip

Die Meinung des Autors deckt sich nicht unbedingt mit der der Redaktion (Red.).

Lieber Leser!

Es ist wieder soweit! Urlaubszeit!

Die Angebote sind überaus reichhaltig. Da werden billige Reisen nach Holland angeboten, nach Kärnten oder gar nach Mallorca. Aber lassen wir uns nicht durch attraktive Angebote an den Schönheiten der Natur vorbeilocken! Erst die eigene Heimat kennenlernen, sagte einmal Goethe. Und er hat recht behalten. Nun – ich habe Ihnen, wie immer um diese Jahreszeit, unseren aktuellen Wandervorschlag anzubieten, bei dem sowohl der pflanzenkundlich interessierte Laie, als auch der Laien-Ornithologe, aber auch der prontologisch interessierte Laien-Wanderer zu seinem Recht kommt.

Die Wege sind alle gut ausgezeichnet und werden auch von der Bergwacht empfohlen.

Unsere Wanderung beginnt im innerbödnerischen Weisertalgebiet, also mithin dem linksseitigen Quellgebiet der Aar, in der Höhe von Zögenlutsch und Wuz (Anfahrt mit der Eigerbahn oder Lötschtalbahn bis Zupf, wer von Thun aus den Zug in Richtung Altwasser und Bitschtalhugli nimmt, steigt aufs Tram nach Stoß über den Steigerzopf und geht

Richtig ausgerüstet ist dieser Wanderer, der mit Besonnenheit in die Weite sieht.

Dieses Kind leidet an Parodontose, nicht selten die Folge von zu wenigem Wandern.

dann 3 bis 4 Minuten zu Fuß). Wir wenden uns nun nach halbrechts und finden dort den vom mitteleuropäischen Wanderbund und dem Bündner Bundesverband des Wanderbundes für oberbergisches Wandern sehr gut ausgeschilderten Wanderweg 219 nach Lauffen, von dort geht's rechts am Elektrizitätswerk herum und dann links über die Militärbahn nach Murach, dann wieder halbrechts über den Steigerwald und am Truppenübungsplatz Mooshorn nach Oberfuß (in der dortigen Wandrerklause erhalten wir auf Nachweis eines Bergausweises einen labenden Trunk Sauerwasser für 5 Rappen, ein Glas Fichtenwasser für 6 Rappen, und ein erfrischender Becher Bernhardiner-Tee wird kostenfrei abgegeben). Hier ist die Aussicht auf das Pfärchinger-Massiv und die drei Nonnen lohnenswert. (Bei diesiger Sicht ist nur die mittlere Nonne zu sehen.) Unten sehen wir dann die Nähmaschinenindustrie von Musdoffental. Rechts davon die Nadlerspitze mit dem Nadelöhr, unmittelbar daneben sehen wir den großen und den kleinen Salzstock und die alte Salzkirche mit der weltbekannten Lederorgel.

An Ausrüstung sollten schweißaufsaugende Wollensachen nicht fehlen. Die Schuhe sollten von einem Orthopäden angepaßt werden (Graubündener Höhenschuhe oder Norwegische Selbstbinder). Der Rucksack mit dem unvermeidlichen Verbandszeug sollte immer dabeisein, die Riemen sollten nur aus gewalktem Leder sein (Zwetschkenleder oder Marineleder). Auf Pfaden, die mit einem F ausgezeichnet sind, sollten sich die Wanderungsteilnehmer anleinen und nur auf Widerruf des Bergführers oder Wanderältesten das Entleinen vornehmen. Die Leinen und das Lederzeug müssen gehörig gewichst sein. In der Labetasche müssen vorzufinden sein: 10 g harte Mettwurst (Alpenwurst), 15 g Bergkäs sowie 80 g Bernhardinerbrot, gesalzen. In der Bereitschaftstasche befinden sich selbstredend Berghaken, Leuchtraketen in genügender Zahl sowie Munition für 8 Tage. Bei Wanderungen, die uns in respektable Entfernung zur Kantons- bzw. Bundesgrenze führen, also bei echten Grenzwanderungen, kann die kleine Panzerfaust GT 12 am Gurt getragen werden.

Ich selbst kam nicht umhin, Ihnen, meine sehr geneigten Leser, zu verraten, daß ich, wenn ich ohne Bergführer, ganz auf mich allein gestellt, den Blick stolz zu den erhabenen Bergriesen gerichtet, durch die schweigende Bergwelt wanderte, nur einen Gedanken dachte: – Mein Führer! Sollte dieses Denken etwa altmodisch sein?
Ich glaube nicht.

Ihr Heino Jaeger

Badegäste

Lieber Leser!

Viel gemunkelt wird dieser Tage von den 98 Todesopfern, die Zahl hat sich inzwischen auf 99 erhöht, die ums Leben kamen, weil, so die Büsumer Vorschau (Auflage 200), Badegäste Wurst aus EWG-Beständen verzehrt hatten. In der Wurst seien Salmonellen gewesen, so der Untersuchungsausschuß der Kurverwaltung. Anders der Tagesvorstand der Inter-Tiefkühlketten GmbH Frischfleisch-Lagerung Emden:

Die Badegäste hätten selbst schuld gehabt. Inzwischen meldete sich der Hauptvorstand des Verbandes Nahrung und Genuß, Abteilung Fleisch, der auch der Nauwag-Deurag in Detmold untersteht, zu Wort, und vermeldet lauthals: Sämtliche Kurgäste seien durch holländisches Abwässergift in der Nordsee ums Leben gekommen. Bereits eine Woche später bildet der Ausschuß für gesamtdeutsche Fragen zusammen mit dem Kurausschuß ein Gremium und befindet: Die Wurst ist radioaktiv!

Auch der Ausschuß für Umweltfragen bildet ein Komitee und stellt fest: Der Strand ist radioaktiv, und Untersuchungen hätten ergeben, daß an Badegäste feilgebotene Krabben DDT-verseucht seien, auch wären Fleischkonserven bestimmter Herkunft ungenießbar, Trinkwasser wäre hingegen durch Karbonat-Zusätze für die Kurgäste durchaus zumutbar.

Wir sprachen mit Herrn Dr. Drüsenberg aus Bonn.

»Herr Dr. Drüsenberg, seit geraumer Zeit eskalieren Gerüchte, die Nordsee sei nicht mehr, oder vielmehr, entspräche nicht mehr den EWG-Vorschriften.«

Dr. Drüsenberg:

»Es steht zu befürchten an, und wir haben hinlänglich erwogen, ob und wann es an der Zeit ist, den Badebetrieb, das heißt das Baden an und für sich, aufzuheben; das wird aber in keiner Weise den Kurbetrieb einengen, und ich denke da in erster Linie an den Badebetrieb in der unmittelbaren Nähe des Atomkraftwerkes.«

»Hat sich die Feststellung, die Nordsee sei an dieser Stelle besonders abwässerverseucht, erhärtet?«

Dr. D.: »Ja und nein, die Nordsee ist an dieser Stelle nicht stärker verseucht als irgendanderswo auch, ich denke da an unser Bauvorhaben, das direkt an der See ein Naherholungszentrum vorsieht für nahezu 80 000

Beschäftigte für Bund und Länder, sowie ein Projekt der Nord-Fleisch AG mit 70 000 Beschäftigten. Wir denken da auch an ein großzügiges Heim für Umweltgeschädigte, denn im Rahmengesetz sind nochmals 30 Millionen DM sogenannter Schleudergelder bewilligt, die bis Ende Februar abgestoßen werden müssen.

Allein rund 70 Millionen DM werden in Form einer sogenannten Umweltbombe als Ballast im Meer versenkt, und nur 20 Millionen DM werden als schwimmende SPD-Gelder ins Straßennetz für die Freizeitgestaltung gesteckt, ich denke da auch an die Aktion Straßentod im Grünen.«

»Herr Dr. Drüsenberg, wir danken Ihnen für dieses Gespräch.«

Ja, und wenn Sie am Wochenende hinausfahren, denken Sie bitte daran, nichts achtlos auf die Waldwege zu werfen! Und auch an unsere Freunde in der Schweiz und Graubünden: Helft mit, die Schweiz sauberzuhalten!

Äs gseht doch eso gäng viel besser us!

Meinen Sie nicht auch?

Ihr Heino Jaeger

An dieser Wurst, die dem Gremium zur Untersuchung vorgelegt wurde, starb vermutlich auch die Familie W. Zuckermann aus Remagen. Ob die Wurst jedoch aus EWG-Beständen stamme und in dem Bunker gelagert habe, könne wegen des schlechten Zustandes nicht mehr mit Sicherheit ermittelt werden.

Das Kuratorium für gemeinsame Fragen berät, was mit dem restlichen Bier werden soll. Von links nach rechts: Erwin Scheibenhonig, Minister für Fachwissen, Otto Heinz Klabautermann, Minister für Schreibmaschinenpapier, Willi Schmidt, Kugelstoßen 3 Meter, Rudi Karell mit Gattin, daneben Frau Werner von Schwachholz-Dünnkirchen, Sonderbeauftragte für das Frauenwesen.

Olympiade

Jäger über Jaeger oder: Jaeger über Jäger

Wir stellen auf dieser Seite erstmalig den Journalisten H. Jaeger vor. Wenn er nicht schreibt, malt er, wenn er nicht malt, studiert er ein neues Theaterstück ein oder pult sich, wie sein Freund und ständiger Basler Berater von Thomëi, ständig in der Nase. Das ist immer noch besser, als ständig zu pfurzen. Jaeger hat auch eine brandneue Schallplatte herausgebracht. Sie heißt: »Wie das Leben so spielt«, Philips, 63 05 066. Er arbeitet in seinem Hamburger Heim zur Zeit an seinem siebentürigen Sondertriptychon »Arbeit macht frei« sowie an seinem neuen Schlager »Er wird immer wieder Frühling«. Jaeger gewinnt immer mehr an Beliebtheit (er trat mit viel Erfolg an einem bunten Abend in Stuttgart auf, wo er auch zum ersten Mal den Sänger Bill Ramsey kennenlernte und mit dem er sich später in Eingeborenen- und Affensprache unterhielt, rülpste und Epileptiker nachmachte.) Diese schöne Art alten griechischen Theaters ist fast am Aussterben. Manche Geste ist uns bis heut noch geblieben, z. B. in Basel in der Fasnacht in Form der Mehlsuppe oder als Trommeln.

Aber zurück zu H. Jaeger. Geboren am Neujahrstage 1938, besuchte er später die Hochschule für bildende Künste, war einen Monat auf einem Feuerschiff und schreibt nun jedesmal an dieser Stelle zum größten Teil großen Mist, denn er muß sich ja auch anpassen.

Die Meinung des Herrn Jaeger deckt sich nicht mit der der Redaktion.

Auf diesem Spezial-Slalom-Stuhl holte sich der Finne Möner seinen Weltrekord.

Lieber Leser!
Nicht unjüngst strahlt kein geringeres Ländlein als die stolze Bergnation Schweiz; ehedem schon bekannt geworden durch das Rote Kreuz, nunmehr wieder vom Gold- und Silberglanz des Olympiade-Spektakels, so geschehen auf der anderen Erdhalbkugel, fast schon wieder legendär, olympatisch die einen, olympathisieren die andern, die Olympiade sei ein spektakuläres Brimborium.

Nun, Olympiade hin, Olympiade her, in Sapporo indessen hat Marie-Theres Nadig (so heißt sie), und die bald ihren 18. Geburtstag feiern kann (auch das stimmt), das Wunder vollbracht.

Wir fuhren nach Sapporo und fragten den Damentrainer Hans Schweinegruber: »Herr S., die pausbackige Flumserin, die fast ebensogern Fußball spielt wie Ski fährt, gewann das Abfahrtsrennen am Mont Eniwa und wurde dadurch nicht nur Olympiasiegerin, sondern gleichzeitig auch Weltmeisterin, das heißt Nachfolgerin der Adelbodnerin Annerösli Zryd. Wie war das Wetter?«

Schweinegruber: »Ausgezeichnet!«

Wir unterhielten uns auch mit dem japanischen Wettläufer Herbert Lutufoutschi und fragten ihn:

»Herr L., man spricht schon jetzt davon, daß man Sie zum internationalen Seifenkistenrennen in die Dolomiten einladen wird. Werden Sie auch dieses Mal wieder absagen?«

Herbert Lutufoutschi: »Tou, hato utajo, nagasaki. Na ja, tohaki nato foto hang nong wang, ja kaki toto saporo oma.«

Für unsere Nichtjapaner: Herbert L. meint strahlend: »Die vielversprechenden Leistungen, insbesondere im bisherigen Slalom, dürften auch im Rennen um das Mont-Blanc-Massiv, besonders im Damenabfahrts-

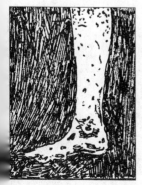

Rechter Fuß des inzwischen abgestürzten schweizerischen Nord-Norwegers Benson aus Rhodesien bei seinem 0,4-Sieg in Remscheid, Italien.

Der Schwede Eric Peterson mit seinen ölgeheizten Warmwasser-Skiern.

lauf, man denke nur an Uwe Nakobowski und Rosi Donnerwetter, die beide in buchstäblich letzter Minute von der Bergwacht und dank der Hilfe unserer vierbeinigen Freunde (man sollte nicht denken können, daß der aus Ottawa eingeflogene Berner Leih-Bernhardiner Werner Lüsli die pausbackige Flumserin mit dem vielen Gold, sowie unseren Uwe N., der einen Teil seiner Schecks in einer Wand des japanischen Eigermassivs unter einer Büßerschneedaunendecke wiederfand), so viel Freude bereitete.«

Wir sprachen mit Otto Wimmel, dem Präsidenten des Dachverbandes zum Schutz gegen das Einlaufen von Schuhen bei Sportbetätigung von internationalem Rang, e. V., in einem gemütlichen Weinlokal in der Nähe von Sapporo: »Herr W., es hat geheißen, daß die Skibretteln von den slowakischen Abfahrtsteilnehmern geheizt gewesen sein sollen.«

Wimmel: »Geheizt scheint mir etwas unfachlich ausgedrückt. Wir wissen ja, daß sich zum ersten Mal die Jugoslawen mit geheizten Skiern in Uruguay die goldene Kappe geholt haben und anschließend den silbernen Anzug noch dazu.«

»Herr W., wir danken Ihnen für dieses Gespräch.«

Wenn wir nun in den nächsten Tagen allen Grund zum Feiern unserer Wettkampfsiege haben, so meine ich, sollten wir dann nicht auch an unsere gefiederten Freunde denken und an unser Wild, das es gewiß nicht leicht hat, und nicht zuletzt an die vielen hungernden indischen Kinder?

Auch sie verdienen eine schlichte Medaille im Hungerwettstreit.

Meinen Sie nicht auch?

Ihr Heino Jaeger

Entwicklungspolitik

Das Thema Entwicklungspolitik ist ernst. Der Hamburger Satiriker Heino Jaeger mokiert sich hier über jene Leute, welche über die Lösung der dräuenden Entwicklungs- und Menschheitsprobleme ganz eigene Vorstellungen haben. (Red.)

Lieber Leser!

Ich möchte heute mit Ihnen das Thema »Der dritte Weltkrieg als Gesundheitspolizei« durchsprechen! Aus ärztlicher und tiefenpsychologischer Sicht sieht dieses Thema natürlich sehr viel nüchterner aus als das vielfach verworrene Bild, das sich der Laie unter »Krieg« vorstellt.

Der Kongreß des Weltgesundheitsrates der Vereinten Nationen ergab, daß die durch den 3ten Weltkrieg ausgelöste Bevölkerungsreduzierung ausreicht, um die Welt vor einer Hunger- und Wirtschaftskrise weltweiten Ausmaßes zu bewahren.

Ein Gremium von anerkannten Wissenschaftlern und Futurologen warnte unlängst davor, durch Unterdrückung des 3ten Weltkrieges eine weit größere Katastrophe auszulösen, die in eine weltweite Krise führen könne.

Das Gremium warnte allerdings davor, die Kriegsführung dem Zufall zu überlassen. Vielmehr müsse der 3te Weltkrieg durch eine humane Führung friedensartigen Charakter bekommen, der auch erkennen ließe, daß es an gutem Willen nicht fehle. Eine »gesunde« Anwendung von atomaren Waffen unter Kontrolle des Weltsicherheitsrates und Vertretern der UNO sei durchaus vertretbar.

So vorsintflutlich sah noch im 2ten Weltkrieg eine Waffe aus! Hier im Bild die Dicke Berta vor Dünkirchen, auch dicker Hermann genannt, beim Einschießen. Heute genügen solche Waffen den modernen Anforderungen nicht mehr.

Untersuchungen von amerikanischen und europäischen Wissenschaftlern von internationalem Rang ergaben, daß bei Fehlen des 2ten Weltkrieges die Bevölkerungsexplosion bereits ausgereicht hätte, um eine ernsthafte Ernährungskrise mit weltweiten Folgen auszulösen. Unterstellt man, der 1te Weltkrieg hätte auch nicht stattgefunden, so würde bereits die doppelte Weltweizenproduktion nicht mehr ausreichen, um den durch die beiden Kriege verhinderten Bevölkerungszuwachs zu ernähren.

US-Wissenschaftler stellten fest, daß es noch so lange weltweiter Kriege als Regulatoren bedürfe, bis etwas anderes die Bevölkerungsexplosion stoppen könne.

Es wurde festgestellt, daß denn auch immer dort Kriege regulieren würden, wo pro Kopf eine zu große Bevölkerungsdichte erreicht wurde, also wo echte Überbevölkerungsprobleme herrschen.

Futurologen sowie Mitarbeiter der NASA und des Welternährungsrates sind dabei, ein Programm auszuarbeiten, das einen stufenweisen Abbau des weltweiten Krieges vorsieht. Die ersten Stufen bestünden darin, sich mit einer vernünftigen Anwendung von Atomwaffen zu beschränken, deren Sinn es wäre, auch wirklich nur Ballungszentren zu treffen, aber dünn besiedelte Gebiete zu schonen.

Aus dieser Sicht wird natürlich dem Krieg all das Düstere, Undurchsichtige, scheinbar Schreckliche und Kriegsromantische genommen, das wir immer wieder, und nicht zuletzt aus Unkenntnis, bereit sind in ihn hineinzuprojizieren.

Ihr Heino Jaeger

Erwin Kabunke

Die Meinung des Autors deckt sich nicht unbedingt mit der der Redaktion (Red.).

Lieber Leser!

In letzter und besonders in allerjüngster Zeit, so scheint mir, häufen sich die Meldungen in Presse und Fernsehen über brutale Überfälle; Mord und Raubmord scheinen ebenso an der Tagesordnung zu sein wie Kindsentführungen und brutale Kindesmißhandlungen.

So wird am 12. Juli 1969 in den Grünanlagen am Rentnerweg in Bad Godesberg die erst 10jährige und schwer drüsenkranke Gudrun Offermann von einem Gastarbeiter überwältigt und in der Waschküche eines leerstehenden Fertighauses am Putzlappenstieg 121 niedergeworfen und mißbraucht.

Doch dies nur am Rande.

Es scheint nun in der allerjüngsten Zeit der mehrfach gesuchte Gewaltverbrecher Otto oder Erwin Kabunke die Öffentlichkeit zu beschäftigen. Erwin Kabunke hat keinen festen Wohnsitz. Mehrere Triebverbrechen und Raubüberfälle im Raum Duisburg-Homberg gehen auf sein Konto.

Arbeitet Erwin Kabunke mit der Baader-Meinhof-Gruppe zusammen? Hat Erwin Kabunke auch den gemeinen Mord an Hans-Detlef Seifennacken aus Großen-Aspe auf dem Gewissen? Wer hat Erwin Kabunke vor seinem großen Raubüberfall im Isartal mit seinem Fahrrad und in Begleitung einer brünetten, ansprechenden jungen Frau in Minilederrock und einer weißen Krapplack-Handtasche gesehen? Wer hat Kabunke in seinem grauen Opel zusammen mit dem Doppelmörder Willi Fick aus Gelsenkirchen gesehen? Kabunke hat auch vermutlich den Steckdosenmörder

Hier wohnte Kabunke, bevor er Angelika W. kennenlernte.

Aus diesem Fenster sprang Angelika unbekleidet in die Tiefe, als sie von Erwin Kabunke mit dem Küchenmesser bedroht wurde.

Walter Röschman auf dem Gewissen. Kabunke ist gemeingefährlich und läßt sich gern in blauen Trainingshosen auf abgelegenen Waldgrundstücken als Waldläufer sehen, um dann ahnungslose Liebespärchen oder Kinder nach der Tageszeit zu fragen.

Er wurde zuletzt von Frau Gertrud Ledermöse aus Wanne-Eickel-Waldsiedlung vor einem Lampen- und Fahrradgeschäft gesehen. Er soll sich dort neue Fahrradklammern sowie eine hellgraue Kombizange und ein Voltometer mit Wildledergriff gekauft haben. Seit diesem Tag fehlt jede Spur von Erwin Kabunke. Wer kann Hinweise geben auf Personen, die mit Kabunke geschlechtlich verkehrt haben oder mit ihm gemeinsame Spritztouren in seinem weinroten Fiat 600 unternahmen?

Erwin soll bis 1964 an alleinstehende Frauen Schukostecker, Frauentaschenlampen und Hausschuhe verkauft haben. Er soll sich oft unsittlich und unzüchtig in Feinkostgeschäften gezeigt haben. Aus einem Ladengeschäft stahl er mehrere Stücke Kernseife, nachdem er den Inhaber nach der Erna-Sack-Straße gefragt haben soll. Auf Erwin Kabunke paßt auch die Personenbeschreibung des Triebtäters Herman Pohanke aus Hamburg-Rothenburgsort. Erwin K. trägt stets ein Maxim-Doppelklingen-Vierkantmesser italienischer Herkunft mit der Prägung »Solingen, rostfrei« bei sich und hat 8 ungleich große Hoden.

Die Leute aus seiner Nachbarschaft nannten ihn oft Onkel Zick-Zack oder Onkel Rumms. Auch der Name Onkel Omo soll öfters gefallen sein. Kinder nannten ihn oft Onkel Bimbam aus dem Tut-Zugland oder Onkel Bumm-Bumm aus dem Tuku-Takuland. Er soll vergiftete Füllhalter an Kinder verschenkt haben.

Erwin Kabunke ist nur einer von vielen gesuchten Triebtätern in der Bundesrepublik.

Welches ahnungslose Kind wird sein nächstes Opfer? Welche Mutter wird als nächste am Grab ihres für immer geschändeten Kindes trauern müssen?

Ihr Heino Jaeger

So wurde die erst 13jährige bildhübsche Verkäuferin Gudrun S. im Gebüsch am Zeller See bei Tuttlingen gefunden.

Vermutlich ist dies die Leiche von Hans-Detlev P., der oft in der Wohnung der hübschen und attraktiven Ingrid F. war, bis Erwin Kabunke die beiden kennenlernte.

Weihnachtszeit

Lieber Leser,

es gibt wohl kaum einen erwartungsvolleren Monat im Jahr als den Dezember. Die Schaufenster sind geheimnisvoller als sonst, drum stehen ja auch die Kleinen davor und drücken sich die Näslein platt. Mandelgeruch und der Duft von Bratäpfeln zieht durch die winterlichen Gassen, und die Erwachsenen zupfen sich unwillkürlich die Kappe fester ins Gesicht, so stark schneit's.

Ja, warum's so ist? – Nun, ich will's euch verraten:

Dezemberzeit – Weihnachtszeit – frohe Zeit, aber auch hohe Zeit – hohe Zeit nämlich, ja, höchste Zeit, der fröhlichen Aufforderung nachzukommen, den anderen beschenken zu dürfen: Mit einer selbstangefertigten Wollendecke oder einer selbstgeschnitzten Zigarettenspitze für den Vater, einem Weihnachtsapfel, den wir hübsch bemalt haben, oder einem Gedicht, ja mit einem Weihnachtslied, das wir fehlerfrei singen können. Also ist auch die Weihnachtszeit eine Zeit des Singens. Wir können also auch sagen: Dezemberzeit – Sangeszeit!

Was sollen wir nun aber singen? Nun, es wird sich von selbst niemand einfallen lassen, etwa am Weihnachtsabend ein Mailied zu singen. Im Mai, wo alles blüht, würden wir ja auch kein Weihnachtslied singen, und umgekehrt. Und so höre ich dann immer wieder als Chorleiter und Oberscharführer: Ja, was sollen wir denn eigentlich singen?

Meine Antwort: Grundsätzlich alles, was mit Weihnachten in Einklang zu bringen ist. Darauf fragte mich ein Blondschopf: Auch Deutschland, Deutschland über alles? Es war mein schönstes und schlichtestes Weihnachtserlebnis.

Die Unsitte, Handgranaten oder etwa Panzerfäuste in den Weihnachtsbaum zu hängen, wie ich das kürzlich bei einem bayrischen Landtagsabgeordneten erleben mußte (ich möchte den Namen nicht nennen), halte ich persönlich für: sich am Weihnachtsfest geradezu vorbeibenehmen.

Ich meine, daß auch ein schlichtes Christfest echte Weihnachtsteilnahme zeigen kann. Ein kräftiger Linseneintopf kann durchaus, und ich denke da besonders an die ärmere Bevölkerungsschicht, den Gänsebraten ersetzen. Es muß also nicht immer das Beste sein. Und wer sich keinen Christbaum leisten kann, stellt sich einen Besenstiel (Vogeltrittholz) auf, an den ein paar Querleisten (40 Rappen) genagelt werden. Daran hängen wir braune Kuchen und Trockenobst, es genügt auch Schwarzbrot, kleingeschnitten, oder zur Not Hundekuchen. An Heiligabend können wir dann davor gut singen.

Christbaum, siehst so ärmlich aus!
Doch wir machen uns nichts draus.

In der Vor- und Nachweihnachtszeit können wir auch singen:

Kinder, laßt uns musizieren
und die Geige schnell probieren. Dideldum.

Am brennenden Christbaum, wenn es noch nicht zu spät ist, singen wir:
Zisch, zisch, zisch, schon brennt der ganze Tisch! (und etwas später dann:)
Raus, raus, raus, es brennt das ganze Haus!

Auch im Soldatenheim wird der Christbaum geschmückt! Weihnachten feiert die Truppe wie eine große Familie. Nun können wir unbesorgt die Feiertage genießen, denn nun wissen wir: sie beschützen uns und halten Wacht an der Grenze – auch zum Christfest!

Der Winter zaubert merkwürdige Formen. Elke B. aus Stäublingen gelang dieser seltene Schnappschuß einer Eiszapfenbildung in 2000 m Höhe in der Nähe von Chur. Fast möchte man meinen, ein Baumeister hätte hier gewirkt. Mit viel Phantasie kann man das Schweizer Kreuz erkennen.

Sehr nett sieht es auch aus, wenn man sich Walnüsse in die Nasenlöcher steckt und die Augen mit Buntpapier zuklebt. (Alter Weihnachtsbrauch im Südschwarzwald und im Kanton Bern.)

Frohe Festtage und ein glückliches neues Jahr wünscht Ihnen – wie immer zu dieser Jahreszeit

Ihr Heino Jaeger

Als Weihnachtsmann verkleidet hat sich dieser Spion an der deutsch-lettischen Grenze. Im Sack sind keine Liebesgaben, sondern Sprengstoff!

Der Mißbrauch von Sprengstoff

Lieber Leser!

Nachdem die Großstädte der Bundesrepublik tagtäglich von linksradikalen Kräften mit Bombenterror bedroht wurden, fragen wir uns zu Recht, wann werden diese aus Moskau eingeschleusten Helfer und Helfershelfer die neutrale Schweiz mit Bomben bedrohen? Ein an den Schweizerischen Bankverein gerichteter anonymer Brief veranlaßt nun auch die Schweiz zu ernsthaften Schutzmaßnahmen. Im Springer-Verlagshaus in Hamburg klafft ein Loch als mahnendes Zeichen, als zu bitterer Wirklichkeit gewordene Drohung bolschewistischer Umtriebe!

Nachdem nun das Springer-Hochhaus in Schutt und Asche gelegt worden ist, fragen wir uns, wann wird die schöne Stadt Stuttgart mit ihrem Glockenspiel und dem fast fertiggestellten neuen Bahnhofsvorplatz in der City in Trümmern versinken?

Eine Terrorgruppe beunruhigt unser Leben, läßt Mütter um ihre Kinder bangen, raubt unseren Berufstätigen den Schlaf, den sie so nötig haben, nach oft anstrengender Arbeit im Büro, am Schraubstock, in glühender Hitze am Hochofen oder am Fließband in unserm Volkswagenwerk. Diese Terrorgruppe nennt sich RAF. Schon einmal wurden unsere deutschen Städte durch die RAF dem Erdboden gleichgemacht, es war die Royal Air Force.

Unsere Bevölkerung hat den Mut nicht verloren. Wir sprachen mit dem Vorsitzenden des Dachverbandes gegen den Mißbrauch von Sprengstoff, Herrn Schätzlein, der zugleich 1. SPD-Vorsitzender und Reichstagsabgeordneter im Reichsfrauenbund Baden-Lippe ist und lange Zeit CDU-Vorsitzender der SPD, später der Waffen-SS war und sich im Kampf gegen den Mißbrauch von Ämterhäufung vor allem im Rahmen der Wiederherstellung der Körpergesetzgebung verdient gemacht hat.

»Herr Schätzlein, wie kann sich die arbeitende Bevölkerung, ich denke da in erster Linie an den Pendler, der seinen Betrieb verläßt, gegen den Autolärm schützen?«

Herr S.: »Gegenwärtig haben wir angeordnet, das heißt, es steht zu befürchten an, daß mit weiteren Bombenanschlägen zu rechnen ist, wir rechnen mit 80 000 Toten. Es handelt sich sowohl um die direkte Abwendung der Gefahr als auch um, ich denke da an den Zivilschutz, bis zur

Stunde ist noch nicht bekannt, wieviel Tote im direkt betroffenen Gebiet zu erwarten sind.«

»Welche Maßnahmen sind bisher in Kraft getreten?«

Herr S.: »Außer dem Ausweiszwang ist das Ausgehverbot und die Urlaubssperre hinzugekommen. Die CDU fordert Konzentrationslager für kommunistisches Gesindel und politische Aufrührer roter Herkunft, wir konnten uns jedoch mit der SPD zusammen dahingehend einigen, daß der Jugend nahegelegt wird, sich bei staatlichen Barbierstellen kostenfrei die Haare schneiden zu lassen, in Schulen und Kasernen sollen politische Friseure bereits unter Polizeischutz aktiviert sein. Die Haare werden für U-Boot-Dichtungen verwendet.«

»Herr S., wir danken Ihnen für dieses Gespräch.«

Hier in Berlin am Bahnhof Zoo rollen inzwischen Lastwagen auf Lastwagen vorbei, bis oben hin vollgepfropft mit Büchern, es soll sich hierbei um beschlagnahmte linke Literatur handeln, auf einem Wagen steht: Berlin bleibt sauber! Auch die Jugendlichen scheinen erleichtert, scheinen fröhlicher, und wir fragen uns, warum sollen sie nicht ebenso schaffen dürfen für ein Großdeutschland wie wir!

Ihr Heino Jaeger

Hier regt sich nichts mehr. Durch Spreng- und Brandbomben stark betroffenes Wohnviertel in Berlin-Neukölln. Wo einst blühendes Leben war, ragen nur noch ausgebrannte Wohnhäuser in den Himmel. Insgesamt wurden 96 Milliarden Tonnen Bomben abgeworfen. Die Baader-Meinhof-Gruppe verfügte über ähnliche Mengen. Sollten so unsere Städte aussehen?

Geschichtliches

Lieber Leser!

Wenn wir heute im warmen Sessel sitzen dürfen, die Frau uns die Abendmahlzeit anrichtet und wir uns auf das hergestellte Bett freuen dürfen, uns noch ergötzen dürfen am vergangenen Tag, mein Gott, das war nicht immer so.

Schwer arbeiten mußten einst die Menschen dafür, ehe sie ruhen durften.

Ja, heute ist das ganz anders!

Ich habe auch mein gemütliches Heim, ein Aquarium, meine Frau schafft ohne Unterlaß, ich liebe Weib, Wein und Gesang!

Verfolgen wir die Geschichte, so müssen wir feststellen, daß Zufriedenheit zu allen Zeiten zur wohlersehnten Ruhe führte. Selbst zur Biedermeierzeit war das nicht anders, das war in der Studentenkrise so, das war in der Zeit der Umtriebe so, schon im alten Griechenland – immer das gleiche: Wer lang hat, der läßt lang hängen.

Doch nun zum Thema:

Finden wir auf den Halligen ein nur recht spärliches Wandergewerbe vor, so sind wir nicht schlecht erstaunt, wenn etwas südlicher, nämlich im warmen Florenz, zur gleichen Zeit der Dreispitz erfunden wird.

Wieder finden wir unseren Grundsatz bestätigt, daß Handel Wandlungen unterzogen ist. Nach dem Imkerkrieg im wilden Kurdistan wird im fernen Patagonien der Bumerang entdeckt; der Dreibund wird ins Leben gerufen. Nach und nach ziehen elsässische Siedler ins fruchtbare Welpenland ein, um die finnische Fahne zu hissen; der erste Gutshof wird gegründet.

In Franken, in einem Wäldchen bei Löwenstadt, entdeckt Liebig die unendliche Uhr. Auch im protestantischen Schweden unter Ludwig dem Starken schießen die Städte wie Pilze aus dem Boden, nachdem Schott die Schottsche Karre über die ganze Welt verbreitet hat. Nun entstehen überall Faktoreien, in Bombay sendet Albert Lincoln die ersten galvanischen Strahlen zur Venus, auf den Fidschiinseln erregen die ersten vulkanischen Schuhe die Weltöffentlichkeit. Zur gleichen Zeit wird in Budapest der Byzantinische Frieden geschlossen. In der ganzen Welt leuchten elektrische Glühbirnen auf, in New York wird der erste gasbetriebene Paternoster in Betrieb genommen, und in Deutschland wird der erste brauchbare Trockenfeuerlöscher für Kinder in das Ausland exportiert.

Die Weltpresse überbietet sich mit Schlagzeilen, als am 12. Mai 1928 das erste Warmwasserflugzeug von Alfred Behm zur Sonne geschossen wird.

Schon 5 Jahre später entwickelt Otto Taube auf der Sonne die erste Hollorithmaschine, 2 Jahre danach folgt das erste flügellose Segelflugzeug von dem Deutschen Adolf Sauer. Zu dieser Zeit gärt in Galizien der böhmische Aufstand, die Juden reißen in Odessa den russischen Verkaufsstand nieder; Ungarn legt seiner Nichte, der Prinzessin zu Baden-Lippe, Dalmatien zu Füßen. Indessen schwelt in Galizien die Brandfackel, und in Umbrien weht die schwedische Fahne. Der König von Gent verhängt die Ausgangssperre, aber noch immer zaudert der belgische Thronfolger! Die Russen fallen im Bamberger Dom ein, Thorn steht und fällt mit dem Vertrag der Hanse!

Europa gerät ins Wanken! Der Fenstersturz zu Prag erschüttert die Weltöffentlichkeit. Nun tritt auch Portugal in den Krieg ein; im Weißen Haus in Washington weht die Russenfahne; in Europa gehen die Lichter aus – Uwe Seeler wird Reichspräsident, Hindenburg tritt ab, der Führer spricht zum ersten Mal im Saarland. Das Radio wird erfunden. Adenauer spricht zu den Buchenlanddeutschen, und der Kronprinz von Serbisch-Turkestan steht von seinem Krankenlager auf, Rumänien steht in Flammen. Ein Jahr später: Die Reifenfabrik Dr. Flage & Sohn brennt bis auf die Grundmauern nieder. Der Papst bleibt unentschlossen. Im Jänner '49 legt der älteste Sohn der Schmiederei Willi Dohrmann den Hammer nieder, der Arzt sagt: Schwäche! Im frostfreien Monat Juni fällt die gesamte Familie des Familienbetriebes August Prien, Hoch- und Tiefbau, aus dem Fenster ...

Schlaflosigkeit – Dr. Jaeger weiß Rat!

Lieber Leser!

Ich möchte heute mit Ihnen ein wichtiges medizinisches Alltagsproblem besprechen: die Schlaflosigkeit!

Die Schlaflosigkeit ist, wie mir scheint, zu einer fast alltäglichen Begleiterscheinung des modernen, gebildeten Menschen geworden.

»Ich werde mit dem Schlaf nicht mehr fertig«, oder: »Ich schrecke nachts immer auf!« höre ich oft in meiner Praxis. »Ich kann nicht mehr«, hatte neulich ein Patient mit Schlafstörungen berichtet.

Viele schlafen deshalb nicht, weil sie ihren dickvollgepackten Rucksack ungelöster Probleme nicht vor der Schlafzimmertür abstellen können. Häusliche Konflikte, Angst vor dem 3ten Weltkrieg (vergl. meinen Beitrag: Der Dritte Weltkrieg als Gesundheitspolizei), Furcht vor Arbeitslosigkeit (verdrängte Arbeitsscheu). Unstete Träume können den Schlaf schmälern und die Aufmerksamkeit im Betrieb herabsetzen.

So erschien unlängst eine Patientin in meiner Praxis und klagte darüber, sie träume unentwegt von quälenden Feuersbrünsten und brennenden Gebäuden, die im Traume einstürzten. Nach einer psychiatrischen Behandlung stellte sich heraus, daß der Ehegatte der Patientin bei einem Großfeuer ums Leben gekommen war; daher befaßte sich auch der Traum mit dem Thema des Feuers.

Bei all diesen Schlafstörungen bietet sich das autogene Training als Schlafhilfe an. Zu diesem Zwecke begeben wir uns in einen gutbelüfteten Raum (möglichst Waldnähe) und entledigen uns der Kleidung (Ruhestellung). Wir sagen uns nun vor: Ich bin vollkommen ruhig – ich bin schwer. Ich bin schwer – wohlige Wärme umgibt mich. (An schwülen Tagen: angenehme Kühle umfängt mich.)

Und nun kann bereits speziell der Schlaf mit all seinem Drum und Dran angesprochen werden, z. B.:

Heute träume ich nicht wieder vom Büro.

Ich schlafe fest bis morgen früh um 6 Uhr und freue mich aufs Büro.

Wenn wir erwachen:

Ich bin frischwach – wachfrisch.

Das autogene Training sollte stets von einem Psychotherapeuten überwacht werden. Denn nicht selten kommt es vor, daß unser Unterbewußtsein seine eigenen Wege geht. Wie der Fall einer nervös-bedingt schlafgestörten Frau:

Die Patientin machte mit Erfolg Fortschritte im autogenen Training. Allein nach der Übung: ich bin ganz schwer – bleischwer; ich bin vollkommen ruhig (nach Dr. Bassermann), erwachte die Patientin nicht mehr; auch Lauenburger Einläufe, Gesichtspackungen und Herzrhythmusübungen konnten Frau Z. nicht wieder zum Leben erwecken.

Ursachen für Schlafstörungen, Alpträume können aber auch häuslicher Natur sein. Ein unbequemes Bett, ein schlechtliegendes Kopfkissen, ein verrutschter Nachtanzug, ein überheiztes oder zu kaltes Schlafgemach können die Ursache mithin auch sein.

Auch die Unsitte, im Hochsommer zu heizen und im Winter im Freien zu schlafen, führt uns schnurgerade auf unsere Schlafstörungen zu. Nachdem bei einem Patienten das autogene Training nimmer und nie anschlug, suchte ich dessen Schlafstatt auf. Bei näherer Untersuchung fand ich im Bett mehrere Glasscherben, eine Rasierklinge, eine Glühbirne und mehrere Schamottsteine, wie sie die Ofensetzer benützen. Die Schlafschmälerung war hier eine rein mechanische.

Etwas anderes ist es, wenn Verunfallte, so wie ich dies erst kürzlich in einem Hospiz sah, mit Gewichten an Beinen und Rumpf die Nacht verbringen müssen. Daß auch Klammern im Kopf Schlafstörungen hervorrufen können, erfuhr ich in einem Siechenhaus in Ch. Dort hatte man bei einer schwierigen Operation (2ter Weihnachtstag) die Klammern vergessen herauszunehmen. Der Patient klagte nun 8 Jahre lang über Schlafstörungen. Nachdem nun die Klammern entfernt worden waren, klagte der Patient wieder über Schlaflosigkeit. Eine eingehende psycho-diagnostische Untersuchung ergab, daß der Patient sich im Laufe der Zeit so sehr an die Klammern gewöhnt hatte, daß die Schlaflosigkeit nun vom Verlust der Klammern herrührte.

Unsere Abb. zeigt ein feuerfestes Spezialbett für Patienten, die nicht schlafen wollen. (In der Flasche befindet sich Heißluft, Gummidecken sorgen für ausreichendes Schwitzen; in Wien noch gebräuchliches Altenheimbett.)

Von Schlaflosigkeit durch Mörteltragen weiß Kretschmer zu berichten (siehe Schlaflosigkeit durch Mörteltragen, Jahrbuch für Schlafstörungen, Band 3. Siehe auch: Alpträume und Alpdrücken in den Vorderalpen von Conrad Otto Emanuel Duft, oder: Voralpines Jucken als Traumsymbol, im Kletterverlag).

Mag der Schlaf heute noch so unergründet sein, mag die Hast des Alltags die Wichtigkeit des Schlafes hinwegwischen wollen; wie wichtig der Schlaf ist, beweisen hirnelektrische Daten an Diarrhöe erkrankter Baumwollschwärmer:

Bei 5000 Baumwollschwärmern wurde Zucker abgebaut, bei den übrigen 400 sogar der im Traum so wichtige Zuckerersatzstoff Moltosol und Testbenzin.

Wußten Sie übrigens schon, daß Ihr Körper bei nur 4 Stunden Schlaf 18 Liter Molke absondert?

Achten Sie mal darauf!

Ihr Heino Jaeger

Herbst ist eine Übergangszeit – Dr. Jaeger weiß Rat!

Lieber Leser!

Bald ist es wieder soweit! »Die Weihnachtszeit?« – meinen Sie? Ja, sicher – ich weiß, Sie freuen sich schon auf die Zeit der Besinnung, wenn all der Trubel vorbei ist.

Nein – ich meine noch eine andere Zeit. Nun? Ja, ganz richtig! Ich meine den Herbst! Und manche von Ihnen, und manche von euch, ja ich meine euch Kleinen – ihr macht doch auch eine Herbstwanderung mit? – Oh, jetzt habe ich etwas verraten. Aber jetzt wissen es wenigstens alle. Ja, wir wollen in den Herbst hinauswandern. Viele haben ihren Urlaub hinter sich – der Strand konnte gar nicht voll genug sein! Aber wir sind jetzt bei den Urlaubsvorbereitungen! Auch unser Gepäck sieht ganz anders aus! Umsonst sucht man in unseren auf den Parkettfußboden ausgebreiteten Haufen nach Schwimmflossen. Auch keinen Badeanzug wirst du dort finden. Wohl ein kräftiges Fernglas! Und sieh, dort hinten, wo die Herbstsonne all die Kringel und Streifen auf das Marschgepäck malt, – ja dort, neben dem prallgefüllten Rucksack! Das unscheinbare Büchlein? Ganz recht! Illustrierter Führer der Schweizerischen Alpen, steht darauf gedruckt. Und unter den gestapelten Socken schaut noch das spitze End' vom Eispickel hervor.

Soviel über die Vorbereitungen. Und eines schönen Tages, wenn die Morgensonne den Langschläfer in der Nase kitzelt, hatschi, und noch mal: hatschi, oder war es der Duft des Herbstlaubes? – dann geht's los.

Ah, da hat's geläutet. Das ist sicher der Dr. Graupener vom Sanatorium, der will auch mit. Und Waldi, der läuft bellend zur Türe. Ob wir ihn mitnehmen? Sicher! Was wäre ein Herbsturlaub ohne den Waldi. Aber nun habe ich genug Stimmungsbilder skizziert. Halt! Das Wichtigste fehlt noch! Hast du schon in fahlem Herbstlicht die Schönheit des Waldes geatmet?

Oder selbstvergessen in den Hallen des Hochwaldes gestanden, wenn kein Laut an deine Ohren drang; doch, ein gelbes, welkes Blatt fiel zu Boden. Tropfte es nicht eben ganz deutlich, oder war es nur die Königin der Phantasie, die dich auf ihre Schwingen hob? Ach da kommt ja schon der Waldi und Dr. Graupener! Und Frau Bergis kommt mit einem großen Herbststrauß!

Vergleiche auch mein Büchlein: Auf großer Fahrt in den Seealpen, und: Kaulquappen im voreiszeitlichen Schiefer im Graubündner Gebirgsrost, Leinen, mit hübschen Aquarellen vom Verfasser.

Doch nun hat der Arzt sein Wort:

Herbst ist eine Übergangszeit, d. h. wir haben ähnlich wie im April mit hohen Temperaturschwankungen zu rechnen (besonders im Unterglazial der Ostalpen). Ein Hemdenpullover oder ein Pulloverhemd sind bei Tagesmärschen unbedingt zu empfehlen. Am besten ist der Alpenvorzugspullover mit Schwitzfutter von Dr. Prager. Morgens vorm Tagesmarsch mit einer Stahlbürste abfrottieren, Nachtlager auf Strohmatratze bevorzugen! Hühneraugen werden vor und nicht in der Almhütte geschält. Entzündete Füße werden in einem Sud aus Kuhmist und saurer Milch gebadet. Schweißfüße werden heiß gebadet, aber nicht gekocht, wie ich das in einigen Lagern sah. Mückenstiche werden mit Fahrradöl, sonst Autokriechöl, eingerieben und mit Rostschutzmittel nachbehandelt. Abfrottieren mit Brennessel macht jeden gegen Insektenstiche immun und wirkt abhärtend.

Nicht immer ist das Wetter im Herbst beständig, doch auch bei Regen sollte die Zeit genutzt werden. Zum Beispiel Zelt überprüfen, Strümpfe und U-hosen überwachen, Schuhe wichsen u. ä. Bei längerer Regenperiode wenden wir uns zu: den Museen. Hier sei daher angezeigt, wo welche Museen wo und wann zu finden sind: Das Landesmuseum für Versteinerungen, Bern, bei Herrn Wietzerfüssli; das Museum für Warenkunde, Basel, im Fachgeschäft des Herrn Stuber; das Staubsaugermuseum in Biel; Museum für Leibeskunde, nur im Sommerhalbjahr; das Schraubenmuseum in Luzern, Januar bis Oktober; das Luftwaffenmuseum in Freiburg; das Museum für gefallene Mädchen, Ludwigshafen, Auskunft bei Frau Ina Stillwell oder Herrn Walter E. Byrd; ferner das Museum für die Verständigung der Völker der westlichen Welt und das Ueberseekabelmuseum (in diesem Museum sind 3400 m Überseekabel ausgestellt); das Museum für Fußbekleidung in Hamm, hier ist z. Z. die Sammlung für Gummischuhe wegen Umbau geschlossen; das Planktonmuseum Hamburg (im Hochparterre 7000 Planktonarten, davon über 6000 kartiert, im Keller vorglaziale Planktonarten, dazu die Sonderausstellung: Plankton und Meeresleuchten im Malaiischen Archipel), sehr interessant ist auch die Ausstellung im Nähnadelmuseum Ulm: Zwerge unter Nähnadeln, bis März. Viel Freude, ein wenig Glück wünscht Ihnen wie immer an dieser Stelle

Ihr Heino Jaeger

Leserbriefe – Dr. Jaeger weiß Rat!

Lieber Leser!

Besonders in letzter Zeit sind wieder viele Fragen aus der Leserschaft an mich herangetragen worden; so viele, daß wir beschlossen haben, unseren Lesern zuliebe einige Fragen zu veröffentlichen, soweit es die Diskretion, z. B. bei der Ehehygiene, zuläßt.

Die nachfolgenden Briefe wurden mit Einverständnis der Redaktion und in Beisein eines Notars unverändert abgedruckt. Für meine Ratschläge übernehme ich jedoch keine Gewähr, selbst wenn in einzelnen Fällen ein Psychologe hinzugezogen wurde.

So schreibt Irmgard B. aus T.:

Lieber Herr Dr. Jaeger!
Ich bin erst 21, mein Verlobter will von mir, daß ich bei ihm die Nacht über bleiben soll, obwohl wir erst 7 Jahre verlobt sind. Nun ist mir kürzlich etwas ganz Schreckliches passiert; als mein Verlobter mich nach Hause fuhr, faßte er mich unsittlich an, obgleich ich noch nie von einem Mann angefaßt wurde und mein Verlobter mir versprochen hatte, bis zum Ende meines Psychologiestudiums zu warten. Erst zu Hause beim Wäschewechseln stellte ich fest, daß mein Verlobter an mein Geschlecht gekommen sein mußte. Trotzdem ich immer noch unberührt bin, hat mein Verlobter meine Vorstellung von einer Heirat gänzlich zerstört. Was soll ich nur tun?

Nicht selten ist es der Psychotherapeut, der den jungen, gestrauchelten Menschen wieder in seine rechte Bahn lenkt.

Eine Visite in der chirurgischen Abteilung einer modernen Klinik kann erst beurteilen, ob die Operation gelungen ist.

Antwort:

Liebes Frl. B.!
Ihre Angst, die ich verstehen kann, ist völlig unbegründet. Sie müssen sich damit abfinden. Ihr Erlebnis zeigt Ihnen, daß Sie eine reife und erfahrene Frau geworden sind, die alle Situationen in ihrem Leben meistern wird. Seien Sie nicht traurig darüber, daß Ihr Mädchendasein ab nun beendet sein wird. Auch der nun folgende Lebensabschnitt als Frau fordert von Ihnen viel Tapferkeit und Taktgefühl. Ihre moralische Einstellung als Schweizerin wird Sie hierin unterstützen. Geben Sie Ihrem Ich einen Schubs und entscheiden Sie sich für eine Zweisamkeit in einem gemütlichen Heim, vielleicht wird daraus bald eine Dreisamkeit. Ihr häuslicher Typ wird auch die mütterliche Komponente ausbauen helfen und Ihnen einen mannigfaltigen Aufgabenbereich bieten, der sie vor echte innere und häusliche Probleme stellt.

Frau Lüda Ö. aus W. schreibt uns:

Ich habe einen 16jährigen Sohn, dem ich am Wochenende beim Baden den Rücken wasche. Jetzt ist etwas vorgefallen, mit dem ich nicht fertig werde. Mein Sohn war in der Wanne stark erregt und bat mich, ihn mit der Hand zu befriedigen. Statt dessen habe ich ihn mit einer Kohlenschaufel geschlagen, worauf seine Erregung zurückging. Ich weiß nicht, ob ich richtig gehandelt habe. Wie soll ich mich zukünftig verhalten?

Antwort:

Auf den plumpen Wunsch Ihres Sohnes sollten Sie nicht eingehen. Ihn jedoch mit einem ohnehin ungeeigneten Gegenstand zu schlagen, halte ich als Pädagoge für nicht mehr zeitgemäß. Schicken Sie Ihren Sohn für einige Zeit in die Berge, da wird ihm dieses Laster schon vergehen. Sollte dies nicht mehr nützen, kann Ihrem Sohn heute schon durch fast schmerzlose Operationen geholfen werden.

Herr Otto Z. aus CH schreibt:

Ich leide unter meinem übergroßen Geschlechtsteil. Von meinen Arbeitskollegen werde ich gehänselt, und meinen ehemaligen Beruf als Bademeister habe ich durch diesen Umstand verloren. Was soll ich tun?

Antwort:

Über Ihre großen Geschlechtsteile brauchen Sie sich nicht zu schämen. Ein großes Geschlechtsteil sollte in unserer Zeit kein Kündigungsgrund mehr sein. In diesem Falle hätte Ihnen das Arbeitsgericht sicher geholfen. Etwas anderes ist es natürlich, wenn Sie damit prahlen. Strenge Diät, Molkenkuren und Einläufe nach Dr. Wassermann (500 gr essigsaure Tonerde, 20 gr Quecksilbersulfat und 1 Löffel grönländischer Lebertran auf einen Eimer Wasser) haben hier oft Wunder gewirkt. Auch regelmäßiges Abfrottieren mit einer Drahtbürste rät Ihnen jeder Arzt.

Inzwischen hat auch die Chirurgie durch tief eingreifende Operationen Mittel und Wege gefunden, hier lindernd zu helfen. Durch nahezu farbgetreue Plastiknachbildungen werden Sie auch wieder Ihren alten Beruf ausüben können.

Ihr Heino Jaeger

Versuche mit Chemikalien – Dr. Jaeger weiß Rat!

Lieber Leser!

Es wird heute so viel über Umweltschutz geschwafelt, daß einem schlecht davon werden könnte. Die Zeitschriften sind mittlerweile voll davon. Da beschweren sich Anrainer über die Erstellung eines Chemiewerkes in unmittelbarer Wohnnähe, da klagen Schulkinder über Atembeschwerden, da fallen Kühe tot um usw.

Nun ergaben zwei Tagungen mit international anerkannten Wissenschaftlern, darunter der Futurologe Edward E. Coll, Vertreter der NASA und der UCBCC (United Commission of Burning with Chemical and Chlor), sowie dem Oberbeauftragten der Sonderkommission für die Reinhaltung der Flußläufe mit flußartigem Charakter, Herrn Innensenator Willi Fisch, und zahlreichen anderen Repräsentanten des In- und Auslandes, daß die Umweltverschmutzung auch ihre guten Seiten hat.

Versuchsserien zeigten, daß bei Beri-Beri-Erkrankten diejenigen, die in unmittelbarer Nähe eines Chemiewerkes wohnten, unverhältnismäßig schnell genasen, daß Arbeiter, die ständig Äther einatmen, viel ausgeglichener arbeiten können als ihre Kollegen, daß der bei der Duralgewinnung abfallende Natriumkohlenstoffdioxydgehalt der Luft zwar die Kunststoffverkleidung der Wohnbauten »anknapperte«, die Anrainer in dem betroffenen Gebiet aber merkwürdigerweise bei einer Epidemie nicht erkrankten.

Asthmakranke wurden mit geringen Dosen Quecksilbersulfat behandelt; die Erkrankung ging zurück. In einem Altersheim mit hoher Quote an Schwerhörigen wurden dem Trinkwasser geringe Mengen an Salzsäure hinzugesetzt, der Erfolg war verblüffend. Säuglingen wurde die Atemluft mit Ätülhexamin versetzt, der Erfolg war: die Ohren wurden größer. Bei einer andern Versuchsgruppe wurden die Ohren kleiner. Bei wieder einer andern Versuchsgruppe blieben die Ohren unverändert (Hallersches Syndrom?).

Bei einer Versuchsgruppe in Kalifornien fiel der Rhesusfaktor positiv aus; bei bedingter Sensivität des Hormonspiegels. In der Fishgardklinik im US-Staat Wisconsin wurden Versuche mit Ätznatron in Verbindung mit Auspuffgasen an freiwilligen Patienten, die sich in der Mehrzahl aus unterhaltlosen Insassen rekrutierten, durchgeführt. Auch in den Rheinlanden wurden Arbeitende, die in abgelegenen, den Ballungsgebieten abgewandten Ortschaften mit wenig Einwohnern leben, Tests mit in Großstädten üblichen Auspuffgasmengen mit Erfolg unterzogen.

In einem Chemiekonzern werden dem Kantinenessen geringe Mengen Blei hinzugesetzt; obgleich die Versuchsserie noch nicht ganz abgeschlossen ist, sind die Zwischenergebnisse bereits erfolgreich.

In Kagoshima (Japan) können Fische ohne Quecksilbergehalt nicht mehr verkauft werden. Von 100 Befragten wollten 91 lieber an einer belebten Autobahn wohnen, nur vier Personen zogen ein Heim im Grünen vor. In den Raststätten einer amerikanischen Gesellschaft befindet sich außer den üblichen Gewürzen auch eine Streudose mit einer Quecksilberverbindung auf den Tischen, selbst der Aufdruck »Danger« mit einer Erklärung konnte nicht verhindern, daß dieses »Gewürz« am meisten benutzt wurde.

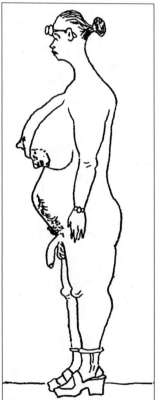

Diese Oberschülerin aus Illinois wurde mit dem Präparat CD 391 in Verbindung mit Schwefelsäurepolihexavitriol behandelt. Sie arbeitet inzwischen an dem Buch: *A chemical Wonder?* In den Jeans fällt das gar nicht auf, meint sie.

Waldameisen wurden mit Tetülamexolsäure gefüttert; der Erfolg war ein bisher unübertroffenes Größenwachstum. Wissenschaftler haben festgestellt, daß der Größenunterschied unterentwickelter Völker (Klein- und Zwergwuchs) und den Amerikanern (Größenwuchs) auf die zukunftsweisende Ernährungs- und Verhaltensweise der Amerikaner zurückzuführen sei. Amerika ist eine noch junge Nation, die uns viele Perspektiven eröffnet. Raumfahrer haben uns gewiß vieles gezeigt: auf längere Zeit auf engstem Raum zu leben, ihre Bedürfnisse auf ein Minimum zu reduzieren, Rückgewinnung des Trinkwassers aus den eigenen Ausscheidungen.

Selbstdisziplin zugunsten einer großen Aufgabe: Die Menschheit in eine andere Welt mit andern Maßstäben und andern Dimensionen hineinzuführen. Vergleiche mein Werk: »Kunststoff als Schmuck in den Bildungszentren«, oder: »Vom Faustkeil zum Elektroherd«, 800 Seiten, Leinen, mit vielen Federzeichnungen vom Verfasser.

Eines ist klar zu erkennen: Der Wohnraum wird kleiner und kostbarer (Steigen der Mietpreise), aber der Mensch muß mit dem Problem Überbevölkerung fertig werden. Versuche und nicht zuletzt die NASA haben gezeigt, daß der Mensch, wenn er dazu bereit ist, auf engstem Raum leben kann (ein Quadratmeter)!

Neuere Versuche haben gezeigt, daß eine Person mit einem halben Quadratmeter Lebensraum auskommen kann; ohne Anzeichen von körperlichen Entzugserscheinungen. Versuche haben gezeigt, daß Menschen 14 Tage ohne Schlaf auskommen können (japanischer Rekord: 30 Tage ohne Schlaf!). Die Zukunft hat schon begonnen.

Ihr Heino Jaeger

PRAXIS DR. JAEGER

Sprunggerät

DR. JAEGER: Ja, Doktor Jaeger!
BASTLER: Ich bin den ganzen Tag über im Garten. Punkt acht steh ich schon auf, dann sammel ich die Blätter ab, denn geh ich noch mal in die Himbeeren, vorn hab ich Winterastern – wie gesagt, ich hab vollauf im Garten zu tun.
DR. JAEGER: Wie gesagt, Sie haben vollauf im Garten zu tun.
BASTLER: Mehr als ich schaffen kann.
DR. JAEGER: Mehr als Sie schaffen können.
BASTLER: Nun hab ich im Laufe der Zeit ein Gerät aus Latten entwickelt, zuerst Abfallatten – ich will mal sagen – unten Stelzen, oben hab ich Gummihalter mit 'ner Klingel dran, damit verjag ich gleichzeitig die Kaninchen. Damit stolzier ich durch die Beete, denn komm ich überall besser dran – zum Absammeln hauptsächlich.
DR. JAEGER: Zum Absammeln im Garten.
BASTLER: Nun hab ich das allmählich zum Sprunggerät weitergeändert, entwickelt. Nun bin ich neulich zufällig am Fahrradgeschäft vorbei – und hab denn noch 'ne zweite Klingel drangemacht. Na, jedenfalls spring ich damit die Beete ab. Neulichs bin ich übers Erbsenbeet gesprungen – da sind noch Büsche vor – wenn man rechts davor steht. Mit diesem Gerät mach ich Weit- und Nahsprung. Nun wollte ich Sie mal fragen, ob solche Sprunggeräte geschichtlich datiert sind – und ob Rekordleistungen mal vorgekommen sind?
DR. JAEGER: Der größte Rekord im Weitsprung ist mit dem Sprunggerät »Westphalen« gemacht worden, und zwar über den Panamakanal. Schon die Azteken kannten Sprunggeräte, mit deren Hilfe sie den Atlantik überquerten. Das Doppelgerät »Walter« erlaubt es, daß zwei Sportler zugleich über weite Entfernungen springen können. Es wird heute im Taunus beim Tannenzapfensammeln verwendet.
BASTLER: Das ist ja hochinteressant.

Einwegflaschen

DR. JAEGER: Ja, Doktor Jaeger!

ANRUFERIN: Ich hab furchtbare Probleme mit Freizeit – Einwegflaschen. Wir haben soviel Einwegflaschen im Hause und möchten damit gern anderen Menschen helfen.

DR. JAEGER: Einwegflaschen sind Wegwerfflaschen.

ANRUFERIN: Ja, das weiß ich, nur ich hab gehört, daß man aus Einwegflaschen auch Lampen oder künstlerisch wertvolle Gebrauchsgegenstände verfertigen kann.

DR. JAEGER: Ja, das stimmt.

ANRUFERIN: Nun hab ich mich mit Glasfarben versucht.

DR. JAEGER: Ja, besonders Glasfarben sind ja geeignet, Gegenstände aus Glas und Porzellan zu bemalen.

ANRUFERIN: Woher wissen Sie das? Wir haben tatsächlich Glasfarben zu Hause – die sind mit der Zeit eingetrocknet – aber man kann auch viel mit Hilfsmitteln machen.

DR. JAEGER: Von Hilfsmitteln würde ich Ihnen abraten.

ANRUFERIN: Das hat mein Mann auch schon gesagt. Trotzdem wissen wir nicht, wohin damit. Grade die Einwegflaschen – die kann man ja nicht einlösen, wieder, beim Kaufhaus – da wo wir sie hergeholt haben. Deswegen mach ich da schon Blumenkästen – das gerade nicht – aber so was Ähnliches daraus – nur wer nimmt das denn noch.

DR. JAEGER: Das Einwegflaschenproblem ist weitaus schwieriger als man denkt.

ANRUFERIN: Das dachte ich auch. Nur wenn Sie wüßten, wie die hier überall rumstehen.

DR. JAEGER: Aus Einwegflaschen, also typischen Wegwerfflaschen, lassen sich viele hübsche und auch gefällige Gebrauchsgegenstände herstellen. Zum Beispiel: Aschenbecher, Allroundvasen, Ziergegenstände, Lampenfüße für Jung und Alt. Besonders im Kinderzimmerbereich findet diese Flasche viel Verwendung.

ANRUFERIN: Das wußte ich noch nicht, vielen Dank Herr Doktor.

3 Paar Schuhe

DR. JAEGER: Doktor Jaeger!
ANRUFERIN: Ich bin mit meinem Mann seit über 35 Jahren glücklich verheiratet, und ich kann eigentlich nicht klagen. Mein Mann ist in einem Sandsteinwerk beschäftigt. Ich nehme an, daß sie da diese Sandsteine herstellen, und nun mache ich meinem Mann morgens immer das Brot zum Mitnehmen, das heißt, das mach ich meistens schon abends – das ist für Zwischendurch mal, denn er kriegt da warm. Nun wollte ich Sie mal was fragen: Mein Mann zieht immer drei Paar Schuhe übereinander an. Als ich ihn fragte, ich sag: Ist es denn da so kalt? Sagt er nichts. Sagt nur, da hätte ich nicht reinzureden. Und in der Übergangszeit zieht er sogar vier Paar Schuhe übereinander an. Und im Bett zieht er sich noch zwei Paar Handschuhe an, obwohl gut durchgeheizt ist. Nun wollte ich Sie fragen, was kann ich da machen?
DR. JAEGER: Das ist an sich noch kein Grund zur Beunruhigung. Schauen Sie, ich habe auch, wo ich mit Ihnen spreche, zufällig zwei Paar Schuhe an. Sollte sich Ihr Mann jedoch noch das fünfte Paar Schuhe anziehen, dann würde ich an Ihrer Stelle einmal einen Heilpraktiker aufsuchen.

Wetterfrosch

DR. JAEGER: Doktor Jaeger, Psychologe!

RENTNERIN: Ich habe einen Wetterfrosch – sobald das Barometer fällt, bleibt der Frosch auf der Leiter sitzen. Ich hab schon beobachtet, wenn diese langen Wolken aufziehen – ich trag dann immer ein ärmelloses Kleid – denn klettert auch der Frosch die Leiter hoch.

DR. JAEGER: Wetterfrösche sind sehr ansprechend auf die Veränderungen, was unsere Temperaturschwankungen anbelangt.

RENTNERIN: Nun hab ich beobachtet, wenn kleine Wolken am Himmel sind, bleibt der Frosch auf der Leiter. Dann bleibt das Wetter beständig. Nur wenn es drückend ist und der Frosch will und will nicht auf die Leiter – denn hab ich schon beobachtet, daß er denn schon um vier doch noch nach oben klettert – und dann bleibt er da auch.

DR. JAEGER: Ja, das hat nichts zu bedeuten.

RENTNERIN: Das dachte ich auch schon ...

DR. JAEGER: Sehn Sie, unser Wetterfrosch ist kein Wissenschaftler.

RENTNERIN: Das dachte ich mir – sehen Sie, das ist ein Laubfrosch – sonst, intelligent ist er –

DR. JAEGER: Der Laubfrosch ist einer der intelligentesten Zier- und Nutzlurche, soweit man ihn überhaupt in die Familie der Lurche eingliedern kann.

RENTNERIN: Nun wollte ich mal wissen, ob mein Wetterfrosch, der steht vor der Fensterbank, da hab ich noch Hyazinthenzwiebeln und Äpfel, Boskopäpfel, die sehen jetzt noch schrumpelig aus – ob mein Wetterfrosch das Wetter – wenn das Wetter umschlägt, anzeigen kann?

DR. JAEGER: Ja, durchaus!

RENTNERIN: Dann will ich ihn mal da stehenlassen – also recht vielen Dank.

DR. JAEGER: Ja, bitte sehr.

Stadtdrossel

DR. JAEGER: Ja, Doktor Jaeger!

ORNITHOLOGE: Herr Doktor, ich beobachte besonders in Herbsttagen und im Frühjahr den Wanderzug der Amseln und beschäftige mich mit der Entwicklung der Stadtdrossel.

DR. JAEGER: Die Stadtdrossel ist ja bekanntlich ein heimischer Sänger, der in den Wohngebieten und unseren Gärten und Vorgärten durch seinen Gesang den vogel- und naturinteressierten gebildeten Menschen gewissermaßen kostenlos erfreut und zum Nachdenken anregt. Unsere Amsel ist ein besonders fleißiger Sänger.

ORNITHOLOGE: Darauf wollte ich gerade hinaus. Besonders am Abend sitzt dieser bescheidene Vogel in seiner schwarzgehaltenen Tracht auf den Giebeln und spendet durch sein Lied viel Freude. Das »Trülü-Trülü«, besonders im Vorfrühling, wenn die ersten Knospen zu treiben beginnen, das heißt soviel wie Wonne. Besonders die Amsel fühlt sich ja in unserer Nähe wohl. Die Amsel ist ja sehr bescheiden ...

DR. JAEGER: Die Amsel ist sehr bescheiden.

ORNITHOLOGE: Nun hab ich festgestellt, daß die Amsel von Mittenwald anders singt als die Amsel im Norden. Das hängt mit den Kometenlaufbahnen zusammen. Auch daß die Amsel zugezogen ist und ein Vogel ist, der sehr viel fliegt, also sich in der Luft aufhalten kann, hängt damit zusammen. Ich hab das alles schriftlich festgehalten, unsere Amsel kommt ja aus dem Gebiet, wo die Wolga und die Weichsel einen großen Bogen beschreibt – und mit dem großen südsiebenbürgischen Gebirgsjoch eine Art Hufeisenform beschreibt. Nun wollte ich Sie mal fragen, wieweit diese Tatsache bekannt ist.

DR. JAEGER: Da muß ich Sie leider enttäuschen, unsere heimische Amsel, also die Stadtdrossel, ist ein Stadtvagabund und kommt im 13. Jahrhundert im Elsaß in einer Beschreibung vor: Als Johannes in den Wald geht und mit den Goten zusammen nach Rom flüchtet. Daß die Amsel aus dem tiefrußigen Raum, nämlich aus der Wolga- und der Donau Niederung, die ja sehr mückenreich sind, stammt, ist uns nicht bekannt.

ORNITHOLOGE: Das ist nett, daß Sie mir das sagen können, denn damit ist mir sehr viel weitergeholfen.

Fernsehen

DR. JAEGER: Doktor Jaeger!
ANRUFERIN: Ich versteh mich mit meinem Mann gut, nur manchmal haben wir kleine Meinungsverschiedenheiten. Zum Beispiel mit dem Fernsehprogramm. Ich sehe furchtbar gerne *Spiel ohne Grenzen*. Das sieht mein Mann an und für sich auch gern, aber denn war *Aktuelles vom Sport*, und dann hat mein Mann einfach umgeschaltet. Den Tag hab ich mich furchtbar geärgert, und wir wohnen im vierten Stock, nich, das ist doch ungezogen.
DR. JAEGER: Ja, das ist ungezogen, das gehört sich nicht.
ANRUFERIN: Oder – ich guck gern *Heiteres Beruferaten* mit Robert Lembke, das war am Donnerstag. Nee, da war die ... da war die Puppenfee, also haben sie wunderschön gezeigt, die Kostüme – und denn setzt mein Mann die Fernsehbrille ab und setzt die Lesebrille auf und sucht die *Hör zu* – ne gar nicht wahr – die *Funk Uhr* – die *Hör zu* war uns ja zu teuer, nich wahr, und sucht im Programm. Ich sag: Was hast du denn? Darauf sagt er ganz frech, – ne das war bei Daktari – wissen Sie, dieses mit dem Löwenbaby und denn ist da wohl noch 'n Affe mit dabei, ich kann das ohne Brille immer schlecht erkennen. Und darauf sagt mein Mann ... – Daktari war das auch nicht – da kommt im Moment der kleine Enkel hoch ...
DR. JAEGER: Ja.
ANRUFERIN: Na, jedenfalls hab ich mich darüber furchtbar geärgert ...
DR. JAEGER: Es gibt doch sehr schöne Sendungen, die Ihr Mann sicher auch gern sieht.
ANRUFERIN: Ja, bestimmt.
DR. JAEGER: Könnten Sie sich nicht einigen, indem Sie mal einen Tag sehen, was Sie gern sehen, und am nächsten Tag darf Ihr Mann sein Programm sehen, sagen wir mal, Ihr Mann sieht an geraden Tagen und Sie an ungeraden Tagen.

Paßkontrolle

DR. JAEGER: Doktor Jaeger!
ANRUFERIN: Mein Mann war früher bei der Paßabfertigung tätig, und er ist jetzt im Ruhestand. Wir führen sonst ein harmonisches Eheleben. Nun leidet er sehr darunter, daß er nicht mehr im Dienst ist. Und nun müssen wir zu Hause ständig den Paß zeigen, angeblich, ob er noch gültig ist. Da hätte ich ja auch noch gar nichts gegen einzuwenden, wenn das nicht Formen angenommen hätte, die schon fast Schikanen sind. Jetzt hat er sich im Flur aus Sperrholz einen Schalter gebaut, und immer wenn wir ins Wohnzimmer wollen, müssen wir den Paß vorzeigen. Wenn ich einkaufe, muß ich den Paß bei mir haben, sonst läßt er mich nicht rein. Er begründet das damit, ich könnte ja auch ein Fremder sein. Wenn die Kinder zur Schule gehen, müssen sie den Paß vorzeigen, sonst läßt er sie nicht raus. Wenn ich aufgeschlossen habe und den Mantel ausziehe, hör ich schon: Die Pässe bitte! Neulich mußten Freunde wieder umkehren, weil sie ihre gültigen Pässe nicht mithatten. Und neuerdings stempelt er die Pässe sogar, und jeder bekommt einen Laufzettel, der zum Aufenthalt im Wohnzimmer bis 21 Uhr berechtigt. Wissen Sie, ich bin das alles bald leid ...
DR. JAEGER: Ja, nach dem Paßgesetz ist Ihr Mann sogar verpflichtet, in die Pässe einzusehen. Er ist sogar berechtigt, die Pässe einzuziehen und zeitweilig zu sperren. In diesem Falle handelt Ihr Mann völlig korrekt.
ANRUFERIN: Ja, das wußte ich ja gar nicht, vielen Dank.

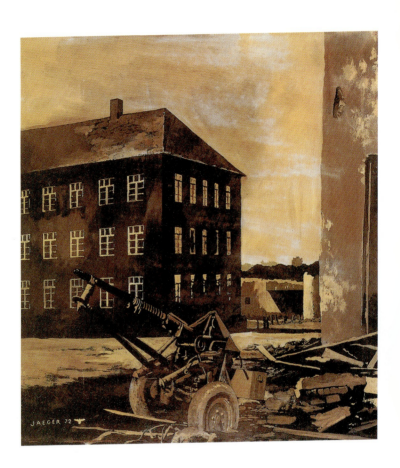

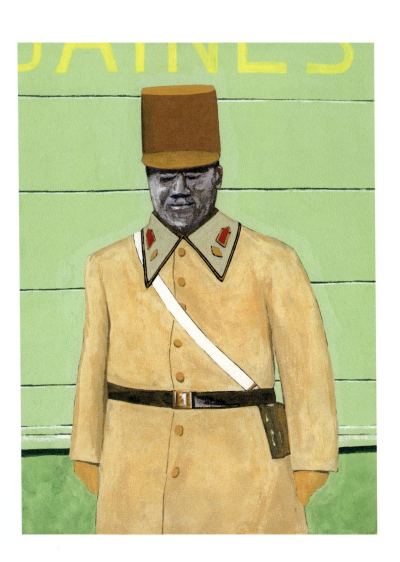

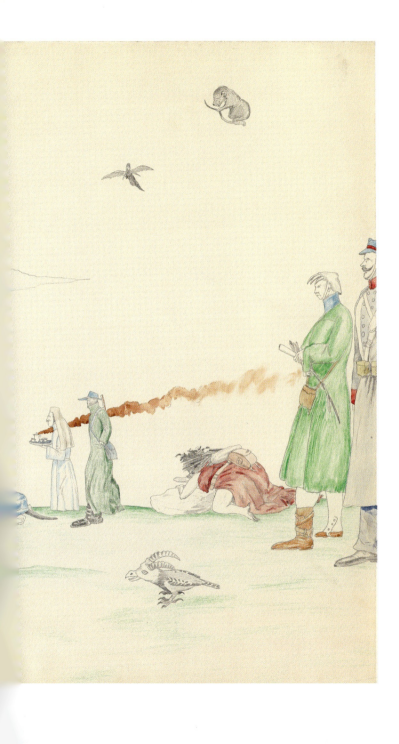

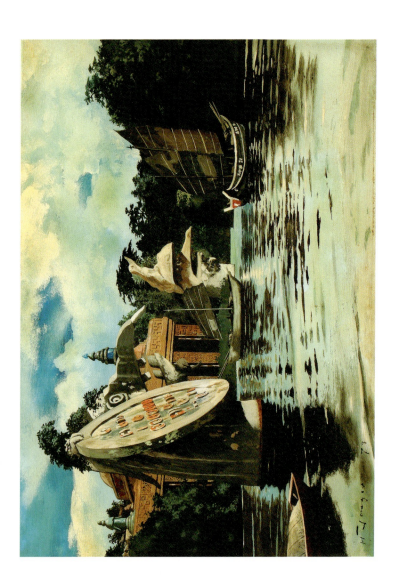

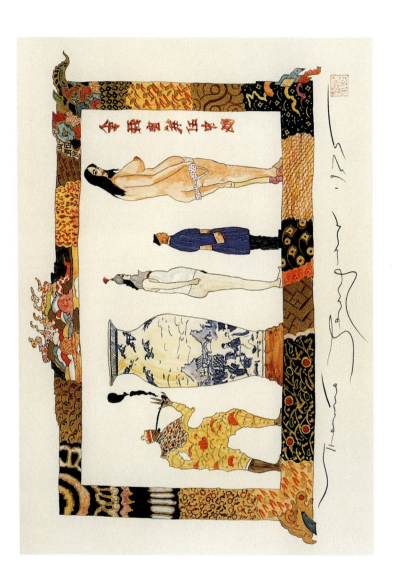

Kupferpfennig im Brötchen

DR. JAEGER: Doktor Jaeger!

BÄCKER *(heiser)*: Ich bin Bäckermeister und mach alles allein. Uns Bäckern wird nichts leicht gemacht, aber ich hab viel Freude an meinem Beruf...

DR. JAEGER: Sie sind selbständig...

BÄCKER: Ich bin selbständig – ich mach den Rosinenkuchen selbst, dann bereite ich alles vor – der Teig muß ja vorgeknetet werden und aussäuern, um zur Gärung zu gelangen...

DR. JAEGER: Um zur Gärung zu gelangen.

BÄCKER: Ich arbeite ja noch mit Handgärung, bevor die Brötchen reinkommen, halte ich den Teig noch ca. 5 bis 8 Minuten in der Hand. Durch die Körperwärme säuert der Teig noch mal natürlich nach – ja jede Backware muß ja vorher zugerichtet werden, besonders Butterbrötchen. Butterbrötchen, also Landbrötchen, müssen einen Vormittag offen am Fenster liegen – am besten zum Hof hin – an schwülen Tagen deck ich da noch ein Leinentuch darüber oder häng den Teig im Leinenbeutel im Flur ab.

DR. JAEGER: Sie lassen den Teig also abhängen.

BÄCKER: Jeden Teig – jedes Backwerk bis zum Zwieback muß ausmälzen.

DR. JAEGER: Das ist ja doch auch notwendig.

BÄCKER: Je nachdem. Ich back in die Stadtbrötchen immer 'n Kupferpfennig mit ein.

DR. JAEGER: Ist das nun Tradition?

BÄCKER: Keineswegs – das Stadtbrötchen kommt auf 9 Pfennig, der Kunde bezahlt 10 Pfennig, und ob ich nun einen Pfennig gleich mit einback oder dazuleg – bei Zigaretten wird ja der Pfennig mitverpackt.

DR. JAEGER: Ja, viele Backanstalten sind schon dazu übergegangen, den Rückgabebetrag mit einzubacken.

BÄCKER: Sehn Sie, die Konkurrenz macht das auch schon.

DR. JAEGER: Das trifft natürlich nur bei Pfennigbeträgen zu, soweit es sich um Kupfermünzen handelt – das wissen viele Backanstalten nicht. Es hat ja diesen Prozeß gegeben mit dem eingebackenen 10-Pfennig-Stück – da es sich hierbei um Nicht-Kupfermünzen handelte.

BÄCKER: Das wollt ich nur wissen.

DR. JAEGER: Ja, bitte sehr.

Kaffee

DR. JAEGER: Ja, Doktor Jaeger!
MANN: n'Abend Herr Doktor! Wir haben ein Terrassenhaus, das ist vorne mit Eternit und dann kommen da so – ich will mal sagen Mosaik, so 'n Mosaikübergang. Nun sitzen wir viel auf der Terrasse.
DR. JAEGER: Sie sitzen viel auf der Terrasse.
MANN: Ja, Herr Doktor, das ist 'ne Halbterrasse, also wenn man reinkommt, dann liegt die Terrasse mehr nach Süden hin. Von der anderen Seite mehr nach nördlich hin.
DR. JAEGER: Dann wohnen Sie also gewissermaßen im Grünen.
MANN: Das kann ich mit gutem Gewissen mal sagen – bestätigen. Nun trinken wir viel Kaffee, also mal sagen – wir trinken gar nicht mal soo viel Kaffee, auch nicht mal. Das auch nicht mal. Nur meine Frau – also ich bin verheiratet – meine Frau ist eine leidenschaftliche Kaffeetrinkerin.
DR. JAEGER: Wieviel Tassen Kaffee trinkt denn Ihre Frau?
MANN: Ich will mal sagen, im Durchschnitt 10 Tassen pro Tag, aber nur auf der Terrasse, sonst nicht. Also bei gutem Wetter, wenn es nu regnet, dann sind wir ja drinnen, dann machen wir ja die Tür zur Terrasse zu, nich. Nur mal sagen, wenn durchwachsenes Wetter ist, denn sitzen wir zwar auch draußen, da hab ich Brombeeren gepflanzt, da kann man so mit der Hand reinreichen – nur immer sitzen wir denn auch nicht mal draußen. Das auch nicht mal.
DR. JAEGER: Aber das mit den 10 Tassen Kaffee, das stimmt?
MANN: Das stimmt, nur meine Frau wird davon nicht dicker, nur sie ist etwas nervös, besonders bei Gewitterluft und denn die Brummer, das kann sie nicht ab. Obschon – bloß, wie gesagt, sie wird nicht dicker. Nun wollt ich mal fragen woran das liegen kann?
DR. JAEGER: Reiner Bohnenkaffee macht auf keinen Fall dick. Auch die 10 Tassen pro Tag sind nicht unbedingt zuviel. Das trifft aber auch für anderen Kaffee zu. Daß Kaffee dick macht, ist mir eigentlich nicht bekannt. Im Kaffee befindet sich eine Bromenovat-Verbindung, die sich aus Chlorwasserstoffbleiche zusammensetzt. Das verhindert das Dickmachen, besonders bei reiferen älteren Menschen.
MANN: Also vielen Dank, Herr Doktor, denn bin ich in diesem Punkt wesentlich beruhigter.

Tier-Rechtspfleger

DR. JAEGER: Praxis Doktor Jaeger!
RECHTSPFLEGER: Ich bin Rechtspfleger und habe besonders die in der Botanik so sehr vernachlässigten Rechtsfehler nachgewiesen. Ich habe die *Rechtskunde der Tierwelt* herausgebracht im Eigenverlag. In Vorbereitung ist eine *Rechtskunde der Pflanzenwelt* unter besonderer Berücksichtigung der Rechtswinder und Selbstkletterer in Heim und Vorgarten.
DR. JAEGER: Das dürfte für unsere Hörer von einigem Interesse sein.
RECHTSPFLEGER: Ja, ich habe nachgewiesen, daß auch Pflanzen durchaus ein Rechtsgefühl besitzen, besonders Balkonpflanzen. Die Balkonpflanze wächst durch ihr Rechtsempfinden nur auf dem Balkon und würde es sich niemals einfallen lassen, in den Garten hineinzuwuchern. Ich möchte daher diese kleine Broschüre besonders Eltern und Erziehern ans Herz legen.
DR. JAEGER: Wenn sich unsere Jugend, besonders Jugendliche mit Abiturabschluß, an dem gesunden Rechtsverhalten dieser bescheidenen Pflänzlein einmal ein Beispiel nehmen würden, dann wären wir, glaube ich, einen Schritt weiter.
RECHTSPFLEGER: Ja, ganz richtig.
DR. JAEGER: Vielen Dank für Ihren Hinweis.

Wurstwarenfabrikant

DR. JAEGER: Doktor Jaeger!
WURSTWARENFABRIKANT *(wienerisch)*: Ich bin Fleisch und Wurstwarenfabrikant.
DR. JAEGER: Sie sind Wurstwarenfabrikant.
WURSTWARENFABRIKANT: Nun wollte ich an Sie herantreten, ohne Ihnen nahetreten zu wollen.
DR. JAEGER: Ja.
WURSTWARENFABRIKANT: Ich mache nur feine Wurstwaren, ich mach in Wellfleisch, Milzwürste, abgebräunt und Wollwurst, außerdem noch Saumwurst und Sättigungswurst für Vollschlanke...
DR. JAEGER: Für Vollschlanke.
WURSTWARENFABRIKANT: Nun möchte ich mit meiner Jägerwurst an Sie persönlich herantreten. Ich dachte an Werbung für Sie und für mich.
DR. JAEGER: Schauen Sie, das würde den Rahmen dieser Sendung sprengen, wenn wir mit unseriöser Werbung den Charakter der Sendung beeinflussen würden.
WURSTWARENFABRIKANT: Bitte, wie wäre es mit Jägerbraten oder wenigstens Jägersuppe, Jägerkleese... Sie müssen ans Geschäft denken... aans Geschäääft. Fienfzig Prozent! Mein Herr! Sechzig Prozent – siebzig – Dann mach ich's Geschäft eben alleine.

Fahrstuhl

DR. JAEGER: Praxis Doktor Jaeger!
ANRUFER: Herr Doktor! Wir haben einen Fahrstuhl im Haus, der ist für zwei Personen.
DR. JAEGER: Für zwei Personen.
ANRUFER: Ja, da muß dem Architekten ein Fehler unterlaufen sein. Wenn eine Person fährt – alles in Ordnung. Bei zwei Personen rauscht der in den Keller.
DR. JAEGER: In den Keller.
ANRUFER: Ja! Dann sind Gegengewichte noch zusätzlich eingebaut worden, und nun landen wir immer auf dem Boden – auch der Besuch.
DR. JAEGER: Es gibt einen Gewichtsausgleich für Fahrstühle – da müßten Sie sich dann mal mit dem Hauseigentümer in Verbindung setzen.
ANRUFER: Ja, das ist auch schon gemacht worden, dann bleibt der Fahrstuhl immer in der Mitte stehen, das ist noch schlimmer, dann kommt man überhaupt nicht mehr raus.
DR. JAEGER: Es wird heute so viel mit dem Auto gefahren, mit dem Fahrstuhl. Der Mensch braucht ein bisserl Bewegung, nehmen Sie als überlegener Bundesbürger die Treppe in Anspruch.
ANRUFER: Vielen Dank.

Kakteenzüchter

DR. JAEGER: Doktor Jaeger!
ANRUFERIN: Mein Mann ist Kakteenzüchter, und wir wohnen im Raum Pinneberg und mein Mann kommt aus dem Sauerland. Nun züchtet er sehr große Kakteen, bis 12 Meter, nich beruflich – das ist sein Hobby. Nun wollt ich mal fragen, ob Kakteen ein Scheidungsgrund sind?
DR. JAEGER: Ja, worum geht es denn?
ANRUFERIN: Es ist folgendes. Ich weiß nich mehr, wohin mit den Kakteen. Seine Arbeitskollegen haben schon alle, und am Arbeitsplatz hat er selber 4 Töpfe, also ein Kugelkaktus und 3 diese größeren, das hat der Chef ihm erlaubt, weil sehr fleißig ist. Aber zu Haus krieg ich Ärger mit mein Mann. Und die Kinder fühlen sich zu Hause auch nich mehr wohl. Überall stehen Kakteen, und wenn ich welche wegschmeiß, denn holt mein Mann sie aus'm Ascheneimer wieder raus. Ich war schon beim Arzt, weil ich überall diese feinen Stachel hab. Auch im Bett sind schon Stacheln.
DR. JAEGER: Seit wann hat Ihr Mann denn das Hobby?
ANRUFERIN: Och, eigentlich seit wir uns kennengelernt haben.
DR. JAEGER: Haben Sie schon mal mit Ihrem Mann darüber gesprochen?
ANRUFERIN: Er läßt mich ja nicht ausreden, nur als er mal selber Stacheln im Kaffee hatte, wissen Sie, denn hat er die Kakteen aus der Küche rausgenommen. Aber nur die direkt auf'm Elektroherd stehen.
DR. JAEGER: Wenn Sie Ihrem Mann mal sagen: Entweder die Kakteen oder die Familie – beides geht nicht, sonst müßten Sie die Scheidung einreichen. Wenn Sie Ihrem Mann das mal in aller Deutlichkeit sagen ...
ANRUFERIN: Ich mag ja selber gern Kakteen.
DR. JAEGER: Ja, das müssen Sie selber wissen.
ANRUFERIN: Denn will ich mir das mal überlegen.

Rätsel

DR. JAEGER: Doktor Jaeger!

RÄTSELFREUND: Ich löse furchtbar gerne Kreuzworträtsel und beschäftige mich mit Quizfragen und ähnlichen Aufgaben. Überhaupt alles, was mit Denksportaufgaben zu tun hat – ich hab die ganzen Rätsel, die hab ich auf'n Nachtschrank zu liegen, und wenn ich denn nicht schlafen kann, denn geh ich bei die Rätsel bei, denn lös ich erst mal, was ich weiß, und nehm die Hefte denn inne Firma mit – ich bin Portjee – und lös da denn die schweren Fragen. Zeit hab ich ja, und was soll ich da rumsitzen und nur vor mir hindösen – das macht mein Kollege, der mich ablöst – ich sag, Walter, les doch was, denn pack ich ihm immer die Zeitschriften hin, die ich schon durch hab, denn sagt er nur – kenn ich schon. Ich sag: oder Rätsel, Walter. Denn sagt er: Rätsel, da muß er zuviel überlegen. Ich sag: Denn kommst Du aber von Grübeln weg.

DR. JAEGER: Ja, Kreuzworträtsel lösen ist ja doch auch ein Weiterbilden, das sollte man nicht unterschätzen.

RÄTSELFREUND: Genau, das hab ich ihm auch gesagt. Aber ein anderer Arbeitskollege löst auch Rätsel, der löst nun mehr Bilderrätsel – nun ist eine Frage entstanden, da hab ich auch schon den Chef gefragt, der wußte das auch nicht, der weiß sonst alles, der hat die Zeitschrift *Denksport* und *Denk mal nach*, die hat er mir mal hingelegt, als ich nich da war, und da steht viel drin, auch Nüsseknacken und die Schachecke – nu konnten wir eine Frage nich lösen, und zwar: Wie oft der Ganges in den Kölner Dom reingeht und wie oft man den Kölner Dom aufeinanderstellen muß, damit man den Erdumfang kriegt.

DR. JAEGER: Der Ganges geht 26mal in den Kölner Dom, in der Trockenzeit sogar 31mal, und um den Erdumfang zu erreichen, müßte man den Kölner Dom genau eintausendundneunundvierzigmal aufeinanderstellen, natürlich nur in der Theorie, denn praktizieren könnt man's halt nicht, der würde ja immer wieder herunterfallen.

RÄTSELFREUND: Ja, vielen Dank Herr Doktor, ich hab das aufgeschrieben, dann kann ich das nachher dem Chef geben.

Rückenleuchten

DR. JAEGER: Praxis Doktor Jaeger!

RENTNERIN: Herr Doktor, ich wollte mal fragen, meine Nichte geht zur Schule, na die hat auf'n Tornister hinten Rückenleuchten, das ist jetzt wohl Vorschrift. Nun geb ich ihr denn immer was mit, 2 Tafeln Schokolade, 2 Tickeier kriegt sie mit, nich, ganz unten leg ich denn noch Knäckebrot, dadrunter mit Wurst beschmiert, 2 Apfelsinen, eine Banane und Weinbrandbohnen, damit sie in den Pausen...

DR. JAEGER: Ja, das mit den Weinbrandbohnen würde ich ja ganz weglassen, das ist eine reichliche Ausstattung, dann noch der schwere Tornister...

RENTNERIN: Ja der Tornister ist ja schon durch das Warndreieck so schwer, tut das denn not...

DR. JAEGER: Das Warndreieck ist für Schulkinder in Hessen und Niedersachsen zur Pflicht geworden, es genügt aber das kleine Warndreieck aus Gummilüster mit Leuchtfarbe.

RENTNERIN: Nun hat die Lehrerin gesagt, sie soll das Warndreieck nur in Notfällen aufstellen.

DR. JAEGER: Ja, das trifft bei Schneefall zu, besonders bei Neuschnee, ist aber von den Ländern und Gemeinden abhängig, wo und wann das Dreieck aufgestellt wird. Wann verläßt Ihre Nichte denn das Haus?

RENTNERIN: Ja die verläßt Punkt halb 8 das Haus und hat ja dann einen weiten Schulweg. Sie geht dann bei uns den Maiglöckchenweg runter, dann biegt sie in die Hauptstraße ein, da ist mitunter schon der Berufsverkehr, da fahrn ja die großen Laster, die haben auch alle Rückenleuchten, und denn ist sie ja gar nicht mehr zu unterscheiden. Sie hat ja drei Rücklichter auf dem Tornister.

DR. JAEGER: Ja, drei Rücklichter ist Vorschrift in Rheinland-Hessen, fünf Rücklichter ist Vorschrift in Niedersachsen und Hamburg und ein Rücklicht und eine Notleuchte genügt in Holstein, allerdings darf die Nebelleuchte bald in allen Bundesländern nicht mehr fehlen.

RENTNERIN: So – das ist mir neu.

DR. JAEGER: Wieviel Watt hat die Notbeleuchtung im Tornister Ihrer Nichte?

RENTNERIN: 60 Watt, Herr Doktor.

DR. JAEGER: Ja – das ist zuviel – für solch ein Schulkind, 30 Watt sind nur zulässig. Außerdem ist neu: die Leuchtplakette, die deutlich sichtbar angebracht werden muß, wenn der Schulweg innerhalb der Bundesrepublik liegt.

RENTNERIN: So – dann werd ich die Leuchtplakette mal dazukaufen, dann weiß ich ja Bescheid.

DR. JAEGER: Ja das würde ich unbedingt empfehlen.

Kojoten

DR. JAEGER: Doktor Jaeger!
ANRUFER: Ich hab einen Kojoten im Garten – ich dachte erst, das Geheul kommt aus'm Fernseher – ich seh oft Western. Ich sag zu meiner Frau: Der sitzt draußen, draußen muß der irgendwo sitzen. Meine Frau sagt: Stell doch mal den Fernseher ab. – Nichts zu hören.
DR. JAEGER: Sowie Sie den Fernseher abstellen, ist nichts mehr zu hören.
ANRUFER: Ist nichts mehr zu hören – ich sag, das kommt von draußen. Na ich zieh meinen Parallelo über und leuchte draußen alles ab. Ich sage zu meiner Frau: Bleib du bloß drinnen oder zieh dir 'ne Jacke über, meine Frau hat – also hier – 'ne weiße Strickjacke und denn sind da so, na, so wie Karos, nich, und ich sag: Der muß sich da unten irgendwo verkrochen haben, nich, der muß da irgendwo sitzen. Der Kojote sitzt ja bekanntlich unter mexikanischen Maulbeerbüschen, soweit er nicht unterwegs ist.
DR. JAEGER: Wo wohnen Sie denn?
ANRUFER: Ich wohn in der Nähe von Brunsbüttelkoog – also bei klarem Wetter seh ich die Lotsendampfer. Nun hat aber meine Frau inzwischen auch schon – das ist mehr so, ich will mal sagen wie zwischen Katzen- und Hundegeheul. Wir haben schon die Polizei alarmiert, die haben auch mal 2 Einsätze gemacht, aber ohne Erfolg.
DR. JAEGER: Es kann durchaus schon mal vorkommen, daß Kojoten sich bis in die Vorgärten unserer Siedlungen vorwagen. Der Kojote kommt auch in der Mythologie vor – an der Stelle, wo Lyra den Speer wirft, soll Rama, als er von der Schlange gebissen wird, ausgerufen haben: Oh, ihr Kojoten!
ANRUFER: Ja, vielen Dank Herr Doktor, denn weiß ich Bescheid.
DR. JAEGER: Nicht wahr, das würde ich nicht so ernst nehmen.

Hundebellen

DR. JAEGER: Doktor Jaeger!

RENTNERIN: Wir haben bestimmt ein harmonisches Familienleben, auch bei Tisch. Ich hol immer schräg gegenüber vom Billigmarkt, das ist alles schon fertig, das brauch ich bloß noch aufzuwärmen, und denn kann mein Mann das beim Fernsehen essen. Nun wollte ich Sie mal was fragen, Herr Doktor. Nun hat mein Mann immer die Angewohnheit, bei Tisch zu bellen. Ich nehm an, das kommt noch von der Kriegsgefangenschaft, da haben sie meinem Mann immer alles weggenommen. Naja ...

DR. JAEGER: War Ihr Mann deswegen schon mal bei einem Psychologen?

RENTNERIN: Nein, das würde er niemals machen. Er sagt: Da geht er nicht hin, die haben alle einen an der Murmel.

DR. JAEGER: Ja – und wenn Sie nun erst mal mit ihm darüber sprechen?

RENTNERIN: Dann bellt er mich an.

DR. JAEGER: Haben Sie mal einen Hund gehabt?

RENTNERIN: Das würde mein Mann niemals dulden. Er sagt: So ein Hund, das ist nichts auf der Etage, das macht zuviel Krach, nich. Ich hab mal 'ne Katze gehabt, die hat er rausgeekelt.

DR. JAEGER: Hm – macht Ihr Mann das, weil er sich vielleicht benachteiligt fühlt?

RENTNERIN: Herr Doktor, ich brauch nur zu fragen, ob er noch was Dünnes nachhaben will, denn kommt er schon. Neulichs wollte ich nur den Bindfaden von der Roulade abmachen, denn bellt er schon und ißt lieber den Bindfaden mit, als daß er sich helfen läßt. Als ich ihm Goulasch nachfüllen wollte, da hat er auch geknurrt, er verdreht dann auch die Augen, nich, und bei der Gelegenheit hat er mich auch gebissen. Ich kann Ihnen das zeigen.

DR. JAEGER: Dann würde ich Ihnen raten, Ihrem Mann mal Hundekraftnahrung mitzubringen, da ist alles drin, was so ein Hund braucht. Es könnte auch Kalkmangel sein. Einen Napf bekommen Sie schon recht preiswert in Geschäften, wo es Tulpenzwiebeln und Vogelfutter gibt.

Elektrogeräte

DR. JAEGER: Ja, Doktor Jaeger!
ANRUFER: Ich hab im ganzen Hause, da leg ich die Steckdosen selber. Die hab ich so verteilt, daß ich überall Steckdosen hab. Damit sie überall Anschlüsse haben. Ich hab alle 20 cm eine Steckdose. Je eine. Nun wollte ich mal fragen – was ich – also was ich da überall anschließen kann.
DR. JAEGER: Man kann heute überall Geräte erwerben, die sich zum Anschluß eignen. Sei es ein Heizlüfter, oder Mixgeräte und dergleichen.
ANRUFER: Das hab ich schon. Im Kinderzimmer hab ich Sportgeräte angeschlossen. Das ist aber nicht alles – ich hab mir 'n Lüfter gebaut, da fliegt aber alles durch die Gegend, ich kann Ihnen sagen, das sieht bei uns aus – wie nach der Schlacht. Da fliegen sogar Torten durch die Gegend. Naja, fast. Jedenfalls fliegt die Tischdecke vom Tisch – aber im hohen Bogen, kann ich Ihnen sagen. Nun hab ich die Tischdecke festgeklebt – mit Kleber. Nun hab ich aber einen elektrischen Tischabräumer selbst gebaut – der räumt den Tisch, also wenn was drauf steht, innerhalb von 6 Minuten ratzekahl ab.
DR. JAEGER: Das ist ja sehr praktisch. Ist das nicht ein wenig umständlich?
ANRUFER: Ich bin dauernd am Verbessern. Neulich hab ich mal ein Gartengerät ausgetüftelt – da ist so ein elektrischer Spaten bei rausgekommen. Damit grab ich innerhalb einer halben Stunde alles um. Ich brauch nicht mal auf die Uhr zu gucken.
DR. JAEGER: Sie brauchen nicht mal auf die Uhr zu sehen. Was haben Sie denn sonst noch alles gebastelt?
ANRUFER: Mir fällt nichts mehr ein.
DR. JAEGER: Was halten Sie denn davon, wenn Sie die Steckdosen noch dichter legen – z. B. 5 cm Abstand?
ANRUFER: Ja.
DR. JAEGER: Haben Sie schon einen elektrischen Ohrenreiniger?
ANRUFER: Noch nicht.
DR. JAEGER: Außerdem kann ich Ihnen die Broschüre *Elektrizität einmal anders gesehen* empfehlen. Mit den Bausätzen *Elektrische Schuhe und Gabeln*, ferner dem Magnet-Bausatz *Was klebt denn da?*
ANRUFER: Herr Doktor, da bin ich Ihnen sehr dankbar, dann kann ich endlich weiterbasteln.
DR. JAEGER: Bitte sehr!

Tauben

DR. JAEGER: Doktor Jaeger!
TIERHALTER: Ich bin Tierhalter, vor allen Dingen aus Liebhaberei, ist mein Hobby. Nu hab ich ein Taubenschlag mit preisgekrönte Brieftauben. Meine Frau sagt schon immer: Du und deine Tauben, du hast nur noch die Tauben im Kopf, und da hat sie in gewisser Weise auch recht. Also, ich bin jede freie Minute im Taubenschlag. Meine Frau weiß dann schon, wenn ich nicht unten bin, dann bin ich oben im Schlag zugange – ausmisten, die Tauben zählen und – da ist eigentlich immer was zu tun – und, wie gesagt, es handelt sich hierbei um preisgekrönte Brieftauben. Nun entdecke ich beim Ausmisten plötzlich 'n Stapel Luftpostbriefe im Schlag. Einer ist sogar aus Helsinki dabei, mit Sammlerbriefmarken. Nun wollte ich Sie fragen, ob ich die Briefe durch meine Tauben zu den Absendern fliegen lassen kann, weil das ja auch Luftpostbriefe sind – oder muß ich die bei der Post abliefern?
DR. JAEGER: Hierzu kann ich Ihnen keine rechtsverbindliche Auskunft geben, zumal sich das internationale Brieftaubenabkommen geändert hat. Auf jeden Fall sollten Sie sich erst einmal beim Bezirksamt erkundigen, ob Sie als Privatperson Luftpostbriefe ausfliegen lassen dürfen.

Tieradoption

DR. JAEGER: Doktor Jaeger!

TIERFREUNDIN: Wir wohnen am Waldrand und sind kinderlos geblieben. Nun haben wir im Fernsehen gesehen, daß man auch Tiere adoptieren kann.

DR. JAEGER: Ja, ganz richtig.

TIERFREUNDIN: Wir haben ein Waldgrundstück, und mein Mann ist von Beruf Tierpfleger – ich selbst bin sehr tierlieb – wir sehen regelmäßig alle Tiersendungen im Fernsehen, und nun haben wir im Laufe der Zeit über hundert Tiere auf unserm Grundstück: 11 Rehe, 2 zahme Füchse, 1 Maultier, dann 5 Hunde und 3 Störche – dazu noch Kleintiere: 2 Rehe haben wir in der Wohnung, die schlafen auch im Wohnzimmer, im Schlafzimmer haben wir eine zahme Möwe, die ist uns zugeflogen. Es ist alles sehr hygienisch, das muß auch bei so vielen Tieren sein.

DR. JAEGER: Das muß sein, denn auch Tiere brauchen Hygiene.

TIERFREUNDIN: Ja, das ist Voraussetzung – deshalb hat mein Mann auch den Teich für die Schwäne gekachelt, und jeden Morgen seifen wir die Tiere gründlich ab – und die Tiere, die besonders zahm sind, haben auf ihrem Handtuch ihren Namen.

DR. JAEGER: Das haben Sie sicher im Fernsehen gesehen.

TIERFREUNDIN: Nein, wir haben dieses persönliche Verhältnis zu den Tieren schon seit 1945 – seitdem unterhält sich mein Mann mit einem Marabu, und wir essen gemeinsam mit unserem Hansi, das ist ein Edelmarder, von einem Teller.

DR. JAEGER: Durch dieses persönliche Verhältnis sind Sie sicher auf die Idee gekommen, Gott, warum adoptieren wir nicht einfach einen Teil der Tiere an Kindes Statt.

TIERFREUNDIN: Ja, wir haben uns das lange überlegt.

DR. JAEGER: Wie viele Tiere wollen Sie denn adoptieren?

TIERFREUNDIN: Wir haben an 16 Tiere gedacht. Nun haben wir auch gehört, daß für einen Teil Kindergeld gewährt wird, können Sie uns da Genaueres sagen, Herr Doktor?

DR. JAEGER: Ja, Kindergeld wird gewährt bis zu 8 Tieren, wenn ein Tierstammbuch vorliegt. Die Tiere müssen in der Altersversorgung einer Klein- und Haustierversicherung versichert werden, ausgenommen

Iltisse und Meerschweinchen. Bedürfen die erkrankten Tiere eines Kleintierklinikaufenthalts, wird bis zu 2 DM Taschengeld gewährt. Haustierweiterbildung wird nur bei sprechenden Tieren gewährt.

TIERFREUNDIN: Recht vielen Dank, Herr Doktor!

Toiletten

DR. JAEGER: Doktor Jaeger!

ANRUFERIN: Wir wohnen in einem Penthaus, und nun ist es so, daß auf 10 Familien nur 2 Toiletten kommen.

DR. JAEGER: Mit anderen Worten, auf 5 Familien kommt ein WC, das ist etwas knapp.

ANRUFERIN: Ja, wir wohnen zwar recht preisgünstig – das ist eine Sozialwohnung – und auch nach Süden raus, aber wenn wir mal müssen, dann ist oft besetzt, daß wir das denn meist aufgeben, ich mein, wenn man mal muß, das ist ja nichts Schlimmes weiter – und man kann das ja nicht immer aufhalten.

DR. JAEGER: Haben Sie das nicht mal mit Ihrem Vermieter besprochen, daß mehr Toiletten eingerichtet werden?

ANRUFERIN: Das sollte schon im letzten Jahr gemacht werden, da standen auch schon die Becken im Treppenhaus – die sind dann aber wieder abgeholt worden, weil die passenden Rohre nicht da waren, so wurde jedenfalls gesagt – und nun gehen wir schon immer in Wald, ich nehm mir dann Klopapier mit – und nun wollte ich Sie mal fragen, wie man der Sache abhelfen kann.

DR. JAEGER: Es gibt eine transportable Toilette, die auch tropengeeignet sein soll und nur geringen Platz einnimmt, von einer Firma in Göttingen. Der Spülmechanismus wird von einem Elektromotor betrieben, und das Becken ist zusammenklappbar und hat bei Nichtgebrauch das Aussehen einer Geschirrspülmaschine. Dieses WC kann also ohne weiteres in einer Kochnische aufgestellt werden. Ich würde das WC allerdings nicht unbedingt neben Lebensmittelvorräten aufstellen, weil der Geruchsvertilger noch einige Fehler aufweist.

ANRUFERIN: Recht vielen Dank, Herr Doktor, damit ist uns sehr geholfen.

Blasenkrank

DR. JAEGER: Praxis Doktor Jaeger!
ANRUFERIN: Herr Doktor, ich hab mal 'ne Frage, meine Tochter is blasenkrank, und die muß immer häufig austreten, und wenn sie mal aufs Klo geht, oder verschwindet auch im Garten, und wenn sie dann strullert, dann guckt immer mein Schwiegervater, also der muß immer dabeisein und zugucken, und dann fühlt sich meine Tochter immer beobachtet. Ich hab das gesehen, dann liegt er hinterm Gebüsch mit 'nem Fernglas und schreibt sich auf Tabellen, wie lange sie dazu braucht. Ich mag Ihnen das gar nicht erzählen. Was für Schritte kann ich dagegen unternehmen?
DR. JAEGER: Ja, wie alt ist denn Ihr Schwiegervater?
ANRUFERIN: Meine Tochter ist 18.
DR. JAEGER: Und Ihr Schwiegervater?
ANRUFERIN: Der geht jetzt auf die 69 darauf zu.
DR. JAEGER: Ich würde doch sagen, daß Sie mit Ihrem Schwiegervater die Sache absprechen. Und wenn das nicht aufhört, dann kommt er in eine Anstalt.
ANRUFERIN: Er mag das ja auch nicht.
DR. JAEGER: Vielleicht ist das ja auch eine vorübergehende Altersneugier, und dann kommen die goldenen Jahre der Reife, so sagt man ja. Das sprechen Sie mal mit ihm durch.
ANRUFERIN: Also – vielen Dank Herr Doktor!

Schlüsselbund-Museum

DR. JAEGER: Ja, Dr. Jaeger!
ANRUFER: Herr Doktor! Ich hab mal 'ne Anfrage.
DR. JAEGER: Ja gerne.
ANRUFER: Ich bin Hausmeister.
DR. JAEGER: Sie sind Hausmeister von Beruf.
ANRUFER: Ja – nun hab ich ja für alles aufzupassen, also ich geh denn noch mal rum, nach Feierabend, und guck mal, ob alles abgeschlossen ist.
DR. JAEGER: Ja, das hat ja auch seine Richtigkeit.
ANRUFER: Eben, nun hab ich ja viel mit Schlüsseln zu tun, nich, und nun hab ich – meine Frau sagt, ich hab 'n Tick – nun hab ich angefangen, als Hobby Schlüssel zu sammeln, ich hab 'ne richtige Schlüsselsammlung. Ich sammle Sicherheitsschlüssel, Haustürschlüssel, dann die Schlösser – auch Vorhängeschlösser – und dann gehe ich abends dabei und putze die Schlüssel.
DR. JAEGER: Wieviel Schlüssel haben Sie denn so im Laufe der Zeit gesammelt?
ANRUFER: Also Haustürschlüssel hab ich an die 400 und Sicherheitsschlüssel ungefähr noch mal das Doppelte. Aber nu hab ich auch noch angefangen mit Schalter zu sammeln – und Stecker, Schukostecker, dann die Schalter von der Kochplatte, Elektroherde, Kippschalter, Doppelstecker, Dreifachstecker, und nun wollte ich Sie mal fragen, ob es ein Museum gibt, die so was haben, wo man sich das mal angucken kann?
DR. JAEGER: Ja, da gibt es einmal das Fachmuseum für Doppelstecker in Wuppertal, dann das Schlüsselbundmuseum in Fulda, das Haustürschlössermuseum in Cochem und das Museum für deutsche Haustürschlüssel in Siegen, das hat aber nur halbtags geöffnet. Ferner das Kippschaltermuseum in Wattenscheid und das Museum für wasserdichte Schalter und Steckdosen in Hildesheim mit über sechzigtausend Steckdosen.
ANRUFER: Ja recht vielen Dank, Herr Doktor. Da gibt es bestimmt viel Anregendes zu sehen.

Schlafen

DR. JAEGER: Ja, Doktor Jaeger!

ANRUFERIN: Herr Doktor, ich hab mal eine Frage, ich lieg immer so verquer, dann rutscht mir beim Schlafen die Zeitung weg – nich immer – nur wenn ich dann auch noch auf'm Buch lieg, dann wach ich auch noch nich mal auf, sondern – das auch noch nich mal – ich lieg dann hellwach, mal sagen, wenn dann noch Licht an ist.

DR. JAEGER: Wenn noch Licht an ist.

ANRUFERIN: Das auch noch nicht mal. Ich bin wie gerädert – auch nicht mal. Ich steh dann auf, les noch mal die Leihhefte durch – die les ich nur an, denn ich muß mich ja noch um die Kochnische kümmern. Meistens hab ich da Suppe aufgesetzt. Damit die Kartoffeln nicht anbrennen, laß ich Licht an, denn laß ich die Tür so eben und eben angelehnt, auch das Küchenfenster beschlägt dann – das nicht mal.

DR. JAEGER: Das Küchenfenster beschlägt.

ANRUFERIN: Selbstverständlich, da hab ich aber Abhilfe getroffen. Nur ich kann bei beschlagenen Scheiben nicht durchschlafen, ich schlummer dann nur, denn schlaf ich meist auf der Wohnchaise ein, und zwar pack ich mir das Sofa mit Leihbüchern voll – da leg ich mich auch noch drauf. Denn das drückt ja so durch, denn nehm ich die geblümte Steppdecke und schlag sie halb zurück, so mehr als wenn ich ins Bett will.

DR. JAEGER: Mehr als wenn Sie ins Bett wollen.

ANRUFERIN: Nein, will ich ja nicht mal – denn ich döse schon mittags, dann schlaf ich vor, damit ich abends nicht so furchtbar rammdösig bin. Nun wollte ich Sie mal fragen, was es für eine gesunde Schlaflage gibt – eine Gesundheitsdecke hab ich ja, sogar mit Heizschlangen.

DR. JAEGER: Die Schlaflage ist sehr wichtig. Am bekanntesten ist die Kreuz- und Rückenhalblage. Wenn Sie dann noch ein gutes Buch zur Hand nehmen und zwar Reiselektüre oder Fortbildungshefte, die kann man schon sehr billig erwerben, es könnten auch gebrauchte Hefte sein, zum Beispiel im Winterschlußverkauf wird ja sehr stark herabgesetzt, und wenn Sie dann mal die gesunde Schlaflage von Dr. Bauer benutzen – da kann eigentlich nichts mehr schiefgehen.

ANRUFERIN: Recht vielen Dank Herr Doktor, damit werd ich besser durchschlafen.

Nichtraucherin

DR. JAEGER: Doktor Jaeger!
NICHTRAUCHERIN: Herr Doktor, ich möchte mal mit einer Frage an Sie herantreten.
DR. JAEGER: Ja.
NICHTRAUCHERIN: Ich wohne zur Untermiete und beschäftige mich hauptsächlich mit geistigen Dingen, ich lese sehr viel und liebe alles, was mit Blumen zu tun hat. Ich bin Nichtraucherin und alleinstehend. Nun hätte ich mal eine Frage, nun wohnt unter mir ein alleinstehender Herr, und der ist Raucher. Ich habe schon alles mit Schaumgummi abgedichtet...
DR. JAEGER: Ja und das nützt nichts.
NICHTRAUCHERIN: Nein, das nützt überhaupt nichts, und ich muß ja schließlich mal lüften und wissen Sie, dann zieht der Rauch von unten hoch, und das ist ja auch für die Blumen nicht gut. Die Gardinen leiden auch darunter.
DR. JAEGER: Haben Sie mal mit dem Mieter unter Ihnen darüber gesprochen?
NICHTRAUCHERIN: Das ist unmöglich, wenn ich da runtergehe, muß ich ja den ganzen Rauch einatmen. Ich lebe gesund, und dann ist die ganze Reformkost, von der ich seit Jahren lebe, umsonst. Ich trage bereits Reformkleidung aus nikotinabweisender, rein pflanzlicher Wolle. Ich bin im Vegetarierbund, Sektion für Berufstätige des geistigen Lebens, ich bin Bibliothekarin und ich lese hauptsächlich Reformbücher gegen das Rauchen, und der 1. Vorsitzende des Vegetarierbundes, den ich persönlich sehr gut kenne, predigt immer wieder wie doch Zigarettenrauch die ganze Reformernährung ungünstig beeinflussen kann, besonders bei Vegetariern, also reinen Geistesmenschen.
DR. JAEGER: Ja.
NICHTRAUCHERIN: Das sagt auch Frau Dr. Hildegard Knappers-Busch-Behring von der Reformbuchgilde in Darmstadt.
DR. JAEGER: Ja. Es gibt in verschiedenen Städten in der Bundesrepublik Nichtrauchersiedlungen, damit hat man recht gute Erfahrungen gemacht. Auch das geistige Niveau, hat man festgestellt, soll in diesen Nichtrauchersiedlungen gestiegen sein. Wenn Sie sich da mal informieren, sind Sie schon einen Schritt weiter...

Finger

DR. JAEGER: Praxis Doktor Jaeger!

ANRUFER: Kuden Tag Herr Doktor, isch wollt Se mal um Rat fragen. Mir haben in Nürnbersch een peleschtes Prötschen gegessen.

DR. JAEGER: Sie haben in Nürnberg ein belegtes Brötchen gegessen.

ANRUFER: Ja, das ischt an un für sich nischt ungewehnliches, aber nu stellen Se sich vor: Da war ein Finger mit drauf.

DR. JAEGER: Wo haben Sie das verzehrt?

ANRUFER: Im Hauptbahnhof Nürnbersch am Imbißstand.

DR. JAEGER: Ja sehen Sie, gerade auf Bahnhöfen, da kann so was schon mal vorkommen, in der Eile. Wem gehörte denn der Finger?

ANRUFER: Ja das wissen wir auch nicht.

DR. JAEGER: Das Brötchen hätten Sie an und für sich im Fundbüro abgeben müssen.

ANRUFER: Ja das ham mir ja net gewußt.

DR. JAEGER: Haben Sie das Brötchen verzehrt?

ANRUFER: Na eben, mir hams ja och eilig, sonst hätten mir den Anschlußzug nach Dobern nich mehr gekriegt, da is meine Schwägerin, die hat da ein Schreibwarengeschäft.

DR. JAEGER: Da würde ich mir weiter keine Sorgen machen. Sehen Sie, in unserer schnellebigen Zeit, da kann so etwas schon einmal vorkommen. Essen Sie zukünftig nur abgepackte Eßwaren.

ANRUFER: Das Brötschen war ja in Kunststoff verbackt.

DR. JAEGER: Ja eben, das kann auch mal vorkommen. Essen Sie mehr Obst, da ist auch alles drin, was der Körper braucht.

Saline

DR. JAEGER: Praxis Doktor Jaeger!

ANRUFERIN: Guten Tag Herr Doktor, wir wohnen in Lüneburg, Herr Doktor, wir haben 'ne Saline unterm Haus.

DR. JAEGER: Sie haben eine Saline unter dem Haus, na so was.

ANRUFERIN: Ja, und nun schmeckt alles nach Salz, wir brauchen das Essen gar nicht mehr salzen. Ich mein, wir sparen Salz, das sind genau 44 Pfennig im Monat. Nun wollte ich mal fragen, ob wir das unserm Hauswirt melden müssen?

DR. JAEGER: Na da würde ich Ihrem Hauseigentümer gar nichts von sagen, sonst erhöht er noch die Miete um 44 Pfennig.

ANRUFERIN: Vielen Dank, Herr Doktor.

Höhensonne

DR. JAEGER: Praxis Doktor Jaeger!
ANRUFER: Guten Abend Herr Doktor, und zwar hab ich mal 'ne Anfrage: Wir haben uns eine Höhensonne zusammen vom Munde abgespart.
DR. JAEGER: Eine Höhensonne?
ANRUFER: Ja, wissen Sie, solche Heimsonne. Ja und nun ist so ein Schutzgitter davor ...
DR. JAEGER: Ein Schutzgitter.
ANRUFER: Ja – und nun wagen ich und meine Frau uns kaum noch auf die Straße, weil wir das Muster vom Schutzgitter auf der Haut haben.
DR. JAEGER: Ja, das ist äußerst unangenehm.
ANRUFER: Ja, Bekannte sagen, wir sehen aus wie gegrillt.
DR. JAEGER: Na so was, das ist unangenehm.
ANRUFER: Ja, sehr unangenehm.
DR. JAEGER: Da gibt es einen Spray, der auch bei Brathähnchen verwendet wird, wenn sie zu dunkel werden. Allerdings probieren Sie es erst einmal an einem unauffälligen Körperteil aus.
ANRUFER: Schönen Dank, Herr Doktor.

Zeche

DR. JAEGER: Doktor Jaeger!

ANRUFER *(Ruhrpott)*: Ich wohn direkt an der Zeche, ne, unt da is ne Wohnjemeinschaft also von der Knappschaft. Unt wenn der Wind so auf die Siedlung steht, nich, also dann kommt de janze Ruß hier runter. Ich mach dreimal am Tag die Wohnung sauber, da is so ne Schmutzschischt auf dem Fernseher. Bunte Möbel kann man gar nich stellen – oder bunte Vorhänge – dat wirt schon nach paar Tage alles grau. Die Fernsehsessel, dat sind so Cocktailsessel, solche Flauschsessel, ne, wissen Sie, wie die heut aussehen, dat kann ich Ihnen gar nich sagen.

DR. JAEGER: Ja, das ist allerdings unangenehm, dann sind Sie also gewissermaßen von der Umweltverschmutzung betroffen, davon hört man ja heute hin und wieder.

ANRUFER: Also Umweltverschmutzung dat is gar nichts, wenn meine Frau dat Essen für mich hinstellt, wenn ich von der Arbeit komme, da muß sie die Plastikfolie drübertun, sonst kann man dat nich essen. Wenn wir zusammen essen, dann knirscht dat so zwischen den Zähnen, dat wir immer viel Zwieback und Knäckebrot essen müssen, damit dat nich so auffällt.

DR. JAEGER: Was sagen die anderen Mieter dazu, haben Sie mit denen darüber gesprochen?

ANRUFER: Ja, wir haben schon eine Staubgeschädigten-Gemeinschaft gegründet, die ist auch der Liga gegen den Mißbrauch von Abgasen e.V. angeschlossen, und da sammeln wir Stimmen.

DR. JAEGER: Und da kommt doch sicher allerhand zusammen.

ANRUFER: Ja dat is so, inzwischen sind so viele von den Betroffenen jestorben, dat die Stimmenzahl immer weniger wird.

DR. JAEGER: Es gibt doch solch einen Raumspray, der den Staub bindet. Man hat vor allem im Ruhrrevier damit gute Erfolge erzielt. Die Nebenwirkung durch den Spray sollen so gering sein, daß das Gesundheitsministerium diesen Spray freigegeben hat. Nur bei Allergien sollte ein Arzt aufgesucht werden.

Gasherd

DR. JAEGER: Doktor Jaeger!
ANRUFER: Herr Doktor, wir haben einen Gasherd auf Gummirädern.
DR. JAEGER: Einen Gasherd auf Gummirädern.
ANRUFER: Die Räder muß ich immer mit der Luftpumpe aufpumpen, und das nur, weil meine Frau überall kochen will, wo sie gerade ist, mal im Wohnzimmer, mal im Kinderzimmer, mal im Schlafzimmer. Denn ist da 'n Schlauch dran, der reicht durch alle Räume, da stolpern wir immer drüber.
DR. JAEGER: Da stolpern Sie drüber.
ANRUFER: Ja, weil meine Frau so faul ist...
DR. JAEGER: Ihre Frau kann kochen, wo sie will, das ist durch kein Gesetz verboten, sowohl das internationale Koch- und Bratgesetz wie auch das Gasherdgesetz erlauben es Ihrer Frau, sogar vom Bett aus zu kochen. Schmeckt das Essen denn wenigstens?
ANRUFER: Überhaupt nicht, vielen Dank Herr Doktor, dann muß ich wohl doch die Scheidung einreichen.

Heidegastronomie

DR. JAEGER: Ja, guten Abend, Doktor Jaeger!
ANRUFER: Mein Name ist Rollmann, und ich bin Gastronom.
DR. JAEGER: Sie sind Gastronom, das ist ja doch ein dienender Beruf ... ein lukullischer Beruf, der sich ganz dem Gast widmet ...
ANRUFER: Ja, das möchte ich, äh aus – schon aus Liebe zur Sache schlankweg behaupten, denn anders geht es nicht, anders geht es nicht. Nun hab ich sehr viel Stammgäste von Bremen, Hamburg, Hannover – wir liegen mitten im Herzen der Heide, also im Naherholungsgebiet. Sehr beliebt ist die Rollmannplatte, mein Rollmann-Eintopf – ich steh selbst in der Küche und stell selber den Magenfahrplan zusammen. Jeder Gast wird persönlich von mir begrüßt, per Handschlag. Aspik mach ich selbst, nich, – Erbsensuppe gibt es so reichlich, daß ich schon welche rausschmeißen mußte. Dann mach ich mal einen Tag »Aal satt« – Erbsensuppe gibt's jeden Tag satt, Linsensuppe satt zu essen, Kartoffeln satt – nich, also bei mir kann sich bestimmt keiner beschweren – zumal ich alles, äh, ausgebaut habe. Oben und denn in de Nischen Wagenräder, an de Wände hab ich diese drei Meter großen Holzlöffel – nich ...
DR. JAEGER: Mit anderen Worten, an Gemütlichkeit und Gastlichkeit fehlt's nicht, und gerade das Auge will doch auch etwas haben.
ANRUFER: Das möcht ich wohl meinen – und wer sich danebenbenimmt, fliegt raus. Die Balken hab ich mit Speckschwarten eingerieben, nu möchte ich noch meinen Speisezettel bereichern, da wollt ich Sie mal fragen, ich hab in erster Linie Autofahrer, was kann man da wohl noch anbieten?
DR. JAEGER: Ja, sehr beliebt ist der Schregenhagen-Sauerländertopf, insbesondere für Gäste mit stark sitzender Beschäftigung geeignet, dann die Räuberplatte, die sehr gern von Autofahrern mal so zwischendurch verzehrt wird. Unbedingt empfehlen möchte ich den Räubertisch, davon kann sich jeder so viel nehmen, wie er will. Ganz zum Abschluß: Fahrerhäppchen – Kirsche oben drauf – kalt servieren.
ANRUFER: Ich möchte mich ganz herzlich bei Ihnen bedanken, Herr Doktor!

Gefahrenzulage

DR. JAEGER: Doktor Jaeger!
ANRUFERIN: Guten Abend, Herr Doktor.
DR. JAEGER: Guten Abend.
ANRUFERIN: Mein Mann wollte Sie schon immer anrufen, aber er hat nicht den Mut dazu.
DR. JAEGER: Ja, um was handelt es sich denn?
ANRUFERIN: Das ist so, mein Mann arbeitet bei einer Firma, die hat mit Gerüstbau zu tun. Nun kriegt er Gefahrenzulage, denn das ist ja gefährlich. Er sagt, er steht manchmal nur auf einem Brett, und denn sieht er die Autos unten ganz klein – ich mein, er hat keine Angst, aber ich sag, wenn du dich mal nich vorsiehst – ich mein, er braucht sich ja nur mal zu weit vorbeugen.
DR. JAEGER: Ja, und was sagt Ihr Mann dann?
ANRUFERIN: Er sagt, denn ist es zu spät.
DR. JAEGER: Hat Ihr Mann denn darüber auch mal mit seinem Chef gesprochen?
ANRUFERIN: Ja, der Chef sagt, das ist ein Risikoberuf, deshalb kriegt er ja Gefahrenzulage. Nun macht er auch Sandstrahl – weil er denn noch Staubgeld kriegt, und als sie die Elbbrücken angestrichen haben, hat er noch jeden Tag ein Liter Milch umsonst gekriegt, das steht ihm zu. Ich mein – er verdient gut – von der Gefahrenzulage haben wir uns jetzt das neue Schlafzimmer in hell Eiche gekauft. Nur, er sagt, er kriegt jetzt nicht mehr nach Stockwerkhöhe, sondern jetzt machen sie das anders, jetzt ziehen sie ihm das sogar ab, das kann doch nicht stimmen.
DR. JAEGER: Da muß ich Sie korrigieren, da muß Ihr Mann etwas falsch verstanden haben. Mit zunehmender Stockwerkhöhe braucht nicht auch das Berufsrisiko zu wachsen. Man hat nur herausgefunden, daß ab einer bestimmten Stockwerkanzahl das Risiko zur Invalidität abnimmt, danach hat man die neuen Sätze angeglichen. Und so kommt es, daß im zwanzigsten Stockwerk die Zulage abgezogen wird, denn der Gesetzgeber geht davon aus, daß dem Arbeitnehmer die Höhenluft und die weite Aussicht zugute kommt.
ANRUFERIN: Schönen Dank Herr Doktor, denn bin ich ja beruhigt.

Tapezieren

DR. JAEGER: Dr. Jaeger!
ANRUFERIN: Ich wollt Sie mal was fragen. Mein Mann ist in einer Tapetenfabrik beschäftigt. Er verdient gut, und wir kommen bestimmt gut zurecht. Nun renovieren wir viel.
DR. JAEGER: Sie renovieren viel.
ANRUFERIN: Mein Mann kriegt die Tapeten ja billiger, er ist da sehr beliebt, der Chef sagt oft: Nimm man mit und steckt meinen Mann denn Tapeten zu, nich, so beliebt ist mein Mann da. Nun sind unsere Hausnachbarn schon neidisch, daß wir es uns leisten können, so oft zu tapezieren, nich. Wir tapezieren jede Woche neu, nich, dadurch sieht es bei uns tiptop aus. Vom Fußboden können Sie essen, so glänzt unsere Wohnung.
DR. JAEGER: Wegen der Tapeten?
ANRUFERIN: Mein Mann nimmt nur die teuren Tapeten fürs Wohnzimmer, und wenn nun Besuch kommt, dann sagen die schon immer: Ach wieder neue Tapeten! Uns macht das Spaß – die Möbel sind ja schnell von der Wand gerückt, wenn ich Großreinemachen mach, denn wird alles gleich neu tapeziert, das sieht ja viel gemütlicher aus. Letzte Woche hatte ich Besuch aus der Ostzone, und da hatten wir diese goldgelbe Tapete mit den Kullern dadrauf und dann auch da so zarte Streifen durch …
DR. JAEGER: Ja.
ANRUFERIN: Ja – und da wollte ich Sie fragen, man kann doch so oft tapezieren wie man will, oder gibt es da ein Gesetz über, das das irgendwie …
DR. JAEGER: Sie können Ihre Wohnung nach dem neuen Wohnungsbaugesetz und auch nach dem Mietergesetz so oft tapezieren wie Sie wollen, daran kann Sie niemand hindern. Es ist völlig im Rahmen der Nutzung und Instandhaltung einer Wohnung, wenn Sie Ihrer Wohnung jede Woche ein neues Gesicht geben. Etwas anderes wäre es, wenn Sie Ihre Wohnung nun täglich neu tapezieren würden, das wäre bereits ein öffentliches Ärgernis.
ANRUFERIN: Vielen Dank, Herr Doktor.

Wunderkind

DR. JAEGER: Doktor Jaeger!
ANRUFERIN: Herr Doktor, ich will Sie mal was fragen, unser Jüngster, ich hab 'n Kleinkind im Hause. Er is dreiantertalb Jahre jetzt. Und nun dirigiert er immer im Bett, also im Kinderbettchen, wenn er schlafen soll, dirigiert er und dirigiert. Auch vorm Fernseher, das sieht so possierlich aus; dann sagt er immer: Sike – Sike – Sike – Sike. Mehr kann er noch nich sagen. Nun haben wir gehört, daß es Frühbegabungen gibt. Nun wollte ich Ihnen ma fragen, ob es Zweck hat, für den kleinen Enkel schon Noten zu kaufen, ob er die schon erkennen kann? Nun haben wir schon nach 'n Notenständer geguckt, was die Dirigenten im Fernsehen auch so haben, den müßten wir denn absägen. – Was können Sie dazu raten ...
DR. JAEGER: Zunächst würde ich Ihnen raten, noch ein bisserl zu warten, einundhalb Jahre zu warten, dann stellt sich meistens heraus, ob es sich wie in diesem Falle um eine Frühbegabung handelt. Das Dirigieren im Bettchen kann auch ein Zeichen für Freude und Ausgelassenheit sein.
ANRUFERIN: Recht vielen Dank, Herr Doktor.

Leuchtender Schinken

DR. JAEGER: Doktor Jaeger!
RENTNERIN: Ich bin Rentnerin, und ich hab mir zum Wochenende ein Stück Schinken von schräg gegenüber gekauft. Das ist ein neuer Supermarkt. Da kauft man sonst sehr gut. Und nun wollt ich Sie mal fragen, wenn Schinken schillert, ist er denn noch gut? Das sagt man doch im allgemeinen...
DR. JAEGER: Das kommt darauf an, das kann ich so auch nicht beurteilen. Wann haben Sie denn den Schinken gekauft?
RENTNERIN: Am Donnerstag.
DR. JAEGER: Ja also das glaub ich nicht. Sehn Sie, der ist dann ja noch frisch.
RENTNERIN: Ja, das dachte ich auch erst, aber ich hab den abends mit auf den Teller gepackt, wo Aufschnitt drauf ist, und ich eß abends immer in Schummern, und da seh ich, daß der Schinken leuchtet.
DR. JAEGER: Ja – das ist bedenklich.
RENTNERIN: Nich – und der Schinken, das sind vier große Scheiben, der ist so hell, daß ich im Dunkeln dabei die großen Buchstaben von der Programmvorschau für das Fernsehen lesen kann und die Uhrzeiten. Nu spar ich dafür elektrisch.
DR. JAEGER: Dann ist allerdings der Schinken verdorben. Das Leuchten rührt von Fäulnispilzen her, die Phosphor erzeugen. Wir kennen ja alle das Phänomen, wenn Glühwürmchen in warmen Mainächten leuchten. Den Schinken können Sie auf keinen Fall essen.
RENTNERIN: Ja, schönen Dank, dann werd ich den Schinken nicht mehr essen.

Haarvorschrift im Dienst

DR. JAEGER: Doktor Jaeger!

ANRUFER *(gelispelt)*: Ich trage etwas längeren Haarschnitt, nun ist es so, ich bin Bediensteter. Nun ist das ja in Mode gekommen, die Haare mal länger zu tragen.

DR. JAEGER: Das ist durchaus möglich. Wie alt sind Sie denn?

ANRUFER: Über das Alter spricht man ungern – nun, ich bin noch gut 34 Jahre, also letztes Jahr war ich 33, und nun ist es etwas schwierig. Ich meine beim Tanzen, oder wenn ich mal auswärts bin – ich trink auch nach meinem Dienst mal einen – nicht zuviel.

DR. JAEGER: Wo sind Sie denn tätig?

ANRUFER: Ich will mal sagen – ich bin Wachdienst, früher Bahnpolizei im Innendienst, jetzt Außendienst. Nun hänseln mich die Kollegen immer, auch wegen der Koteletten, dann hab ich mal 'n Bart versucht, aber dazu bin ich zu voll im Gesicht, wissen Sie. Nun hab ich hinten so strähniges Haar.

DR. JAEGER: Sie haben strähniges Haar?

ANRUFER: Ein Kollege, der hat auch etwas länger, aber gekräuselt und graumeliert.

DR. JAEGER: Graumeliert.

ANRUFER: Nun wollt ich mal fragen, wenn ich im Außendienst bin, also wie lang das Haar bei der Bahnpolizei sein darf. Denne, wenn ich das kürzer hab, ma sagen, dann sind meine Chancen bei Mädchen – nun verdien ich ja auch nicht so viel, noch nich und dann hab ich beim Tanzen kein Erfolg, nich –

DR. JAEGER: Ja – das Haar darf vom Außenrand der Dienstmütze in Niedersachsen 3 cm weit bis zum Kragen reichen, im Elsaß 2,5 cm. In Hessen und Schleswig-Holstein rechnet man vom Kragen ausgehend, und zwar muß hier 1 cm freier Nacken sichtbar sein. Bei Neben- und Privatbahnen gelten die Bestimmungen für Neben- und Schmalspurbetrieb. Bei der zuständigen Bahnmeisterei können Sie bei Dringlichkeit ein Frisurenmusterbuch beantragen.

ANRUFER: Ach so, das wußte ich nicht. Also vielen Dank – Herr Doktor.

DR. JAEGER: Bitte sehr.

Putzmittel

DR. JAEGER: Praxis Doktor Jaeger!
ANRUFERIN: Ich wasch furchtbar gern auf, also ich wasch eigentlich den ganzen Tag über. Das heißt auch nicht immer. Wenn ich wasch, dann wasch ich gleich alles mit. Dann fühl ich mich putzmunter.
DR. JAEGER: Dann fühlen Sie sich putzmunter.
ANRUFERIN: Abends bin ich gerädert. Nun nehm ich alle Putzmittel, die ich kriegen kann – nur ich krieg die Türrahmen nicht blank. Denn geh ich mit Sandpapier rüber, und das nützt nichts. Denn sehen die noch rauher aus als vorher.
DR. JAEGER: Noch rauher als vorher.
ANRUFERIN: Das ist es ja eben.
DR. JAEGER: Ob das nicht vom Sandpapier kommt?
ANRUFERIN: Das glaub ich beinahe auch. Nun geh ich beim Fernseher mit Putzwolle bei, ich putz die Scheibe mit Scheuersand, nun ist die ganz blind.
DR. JAEGER: Nun ist die Scheibe ganz blind.
ANRUFERIN: Nicht ganz, aber beim Fernsehen kann man nichts mehr sehen. Ich nehm nun an, daß das vom Scheuersand kommt. Mein Mann sagt schon, den Fernseher kannst du doch nicht mit Scheuersand scheuern. In der Beziehung hat mein Mann recht.
DR. JAEGER: Da hat Ihr Mann ganz recht.
ANRUFERIN: Nun ist alles voller Putzmittel, ich steig da schon nicht mehr durch. Wir verwechseln nun schon alles. Mein Mann putzt sich schon aus Versehen die Zähne mit Handwaschpaste. Ich bin so durcheinander, daß ich die Kinder schon mit Scheuermittel abscheuer, aber nur aus Versehen.
DR. JAEGER: Nur aus Versehen.
ANRUFERIN: Was ich von Ihnen mal wissen wollte ist, wie kann man das nun mal ändern?
DR. JAEGER: Das ist nicht so gefährlich, wie Sie denken. Sie müssen nur vorsichtiger mit Waschmitteln umgehen. Gerade bei der Kinderpflege, da würde ich bei Chlorbleiche bleiben. Wenn Sie mit Ätznatron ganz vorsichtig die Möbel behandeln, sowie es zuviel ist, rufen Sie einfach mal wieder an.
ANRUFERIN: Schönen Dank, Herr Doktor.

Einsamkeit

DR. JAEGER: Ja – Doktor Jaeger!

ANRUFERIN: Herr Doktor, ich hab mal eine Frage, ich wohne in der Nähe von Kassel, und ich habe einen sehr schönen Garten, Südabhang und bin dort eigentlich, solange es die Jahreszeit erlaubt, draußen. Ich beschäftige mich mit den Blumen und der zahlreichen Pflanzenwelt. Ich kann an und für sich nicht klagen, und nun taucht ein Problem auf, das wohl eigentlich uns älteren Menschen immer wieder begegnet: Das ist wohl die Einsamkeit, ich leide sehr unter Einsamkeit, ich bin sehr einsam.

DR. JAEGER: Ja, wie sieht es denn aus mit häuslicher Beschäftigung?

ANRUFERIN: Mein Mann ist sehr früh eingeschlafen, und ich habe ein Aquarium, das hat mein Mann gehabt, und ich pflege das nun. Das ist ein beleuchtetes Aquarium, und ich muß Ihnen sagen, das hilft mir nicht mehr so recht. Es sind auch einige Fischlein gestorben, denn ich weiß damit ja nicht Bescheid. Und nun ist es doch so furchtbar still geworden.

DR. JAEGER: Ja, das ist ja doch immer wieder das gleiche Problem, meine ich. Die Einsamkeit, das ist ja doch das Gefühl, allein gelassen zu sein. Ich kann nun ohne weiteres Ihr Schicksal verstehen. Vielleicht sollten Sie einfach mal statt des zu beschaulichen Sitzens vor dem Aquarium es einmal mit Handarbeit versuchen.

ANRUFERIN: Ja, das wurde mir auch schon oft gesagt.

DR. JAEGER: Nicht wahr, da gibt es sehr schöne Vorlagen mit bäuerlichen Motiven. Daß Sie das einfach mal versuchen, damit über die Runden zu kommen, sonst kommen Sie doch einfach mal zu mir in die Praxis, würde ich sagen.

ANRUFERIN: Ja, schönen Dank, Herr Doktor.

Raucher

DR. JAEGER: Doktor Jaeger!
ANRUFER: Ich hätt mal 'ne Frage. Nun rauch ich an sich nich immer, aber wenn ich rauche, also wenn Länderspiel ist, denn kommt da schon was zusammen. Ich will mal sagen, also 6 Schachteln sind gar nichts, nich?
DR. JAEGER: Ja.
ANRUFER: Also ich rauch nich immer 6 Schachteln am Tag, das schaff ich gar nicht. Aber meine Frau schimpft schon: Wie sehn die Gardinen wieder aus, das krieg ich dann zu hören. Nun haben wir so 'n weißes Kuschelsofa, das krieg ich billiger aus 'se Firma, und das ist schon richtig gelb von Nikotin, also daß da meine Frau über verärgert ist, das kann ich verstehen.
DR. JAEGER: Wieviel rauchen Sie denn nun täglich?
ANRUFER: Also im Schnitt?
DR. JAEGER: Ja.
ANRUFER: Also im Schnitt rauch ich an die 5 Schachteln, also 5 Schachteln kann ich auch nicht sagen, aber 4 Schachteln bestimmt.
DR. JAEGER: Das dürfte zuviel sein.
ANRUFER: Ja – das weiß ich ja auch, aber ich komm da nicht von weg. Nun eß ich schon Schokolinsen und Praletten, sone Art Pralinen zwischendurch, aber das hilft nich. Der Arzt sagt, das verträgt sich nich. Er sagt, entweder soll ich bei den Pralinen bleiben und das Rauchen aufgeben oder nur rauchen, aber keine Schokolade zwischendurch, das verträgt sich nich.
DR. JAEGER: Ja haben Sie sich denn schon mal an den deutschen Nichtraucherbund gewandt?
ANRUFER: Nein.
DR. JAEGER: Das würde ich an Ihrer Stelle mal machen. Der Nichtraucherbund führt auch Therapien mit Schokoladenzigaretten durch. Da müssen Sie das Rauchen nicht ganz aufgeben, denn da sind so Einsätze mit Rauchentwicklung drin, wie bei Modelleisenbahnen.
ANRUFER: Da werde ich mich mal erkundigen.

Uniformkundler

DR. JAEGER: Doktor Jaeger!
UNIFORMKUNDLER: Ich bin Uniformkundler und persönlicher Beauftragter von SM (Anm. »Seine Majestät«). Ich möchte Sie nun fragen, ob die Reichsfarben heute noch bei der Bundeswehr existieren, denn die deutschen Farben sind von der Reichswehr übernommen worden, bleiben also gültig, mit Ausnahme des Federbuschs. Der Federbusch war ja ursprünglich von den Offizieren getragen und ist dann allein dem vom Reichsbanner ernannten Brigadeältesten zugestanden worden, mit Ausnahme in Brandenburg und Sachsen-Anhalt.
DR. JAEGER: Ja, das ist ja hochinteressant.
UNIFORMKUNDLER: Ja-ja-ja – äh – die Reichswehr trug bis in die Neuzeit hinein – das ist ja durch von Papen alles vermasselt worden – die großen Rockaufschläge und Achselklappen in Silberlitze. Was mich nun interessiert ist, was davon bei der Bundeswehr noch übriggeblieben ist?
DR. JAEGER: Die Bundeswehr darf seit 1957 zum ersten Mal Unterwäsche aus Perlon tragen – mit Ausnahme von Heer und Marine – die tragen Nylon.
UNIFORMKUNDLER: Ja-ja-ja-ja – das ist völlig verkehrt, wenn der Soldat transpiriert, dann schafft's doch dies Kunststoffzeug nicht mehr, den Schweiß aufzusaugen – das wollte ich nur bestätigt wissen. Anders bei der Volksarmee, die sind vom NVA-Bekleidungsamt heute noch mit Kammgarnunterhosen ausgestattet.
DR. JAEGER: Das ist mir völlig neu.
UNIFORMKUNDLER: Na eben, das können Sie auch nicht wissen, trotzdem, vielen Dank.

Sicherheit

DR. JAEGER: Doktor Jaeger!
ANRUFER: Ich bin in der Verwaltung tätig und möchte meinen Beruf auch nicht aufgeben, da ich in einem Jahr Beamter werde und somit unkündbar bin. Nun komm ich aus 'm Urlaub zurück und erkenn meinen Arbeitsplatz gar nicht wieder.
DR. JAEGER: Sie erkennen Ihren Arbeitsplatz nicht wieder.
ANRUFER: Ja, ich hab erst mal einen Schreck gekriegt. Ich denk, wir haben mobil gemacht – ich hab das ja alles miterlebt – ich war oben in Kurland bei der Bodenabwehr Heeresgruppe A – da sind ja die ganzen Minensuchboote vorbeigefahren. Ich weiß nicht, ob Sie davon mal gehört haben.
DR. JAEGER: Nein, das ist mir nicht bekannt.
ANRUFER: Na, jedenfalls ist unser Verwaltungsgebäude – da ist ein Stacheldrahtzaun und dann spanische Reiter aus Beton – also ich red von jetzt.
DR. JAEGER: Ja, das versteh ich schon.
ANRUFER: Nich – und vor den Fenstern sind Eisenklappen – ich sag, was ist denn hier los? Ja, das sind Sicherheitsvorkehrungen für die Baader-Meinhof – nun wollte ich Sie mal fragen: Ich hab sonst 10 Minuten zum Arbeitsplatz gebraucht und dann noch mal 5 Minuten zur Kantine und jetzt brauch ich fast 2 Stunden, weil ich ganz am Stacheldraht und dann an den spanischen Reitern vorbei und dann durch das Ostportal, früher Nordportal durchmuß. Nun wollt ich Sie mal fragen, was kann man dagegen machen?
DR. JAEGER: Ja – da müßten Sie am besten die Baader-Meinhof-Gruppe fragen, nur die werden Ihnen keine Auskunft geben. Um unsere demokratischen Grundrechte zu schützen, werden solche vorübergehenden Sicherheitsmaßnahmen schon notwendig sein. Auch der Bau von Bunkern auf Kommunalebene gegen Terrorgruppen und -grüppchen ist nur ein Schritt zur Demokratie. Wer die Demokratie mit Füßen tritt, muß damit rechnen. Auch im Hinblick darauf, daß Sie in einem Jahr unkündbar sind, würde ich an Ihrer Stelle diese kleine Hürde hinnehmen.
ANRUFER: Das ist mir noch nie so klar geworden – wie jetzt. Recht vielen Dank.

Bundesbahn

DR. JAEGER: Ja, Doktor Jaeger!
BAYER: Guten Tag, Doktor Jaeger.
DR. JAEGER: Guten Tag!
BAYER: Doktor Jaeger, mein Zug ist abgefahren.
DR. JAEGER: Ihr Zug ist abgefahren.
BAYER: Ja, mein Zug ist abgefahren, und keiner kann mir eine Verbindung nachweisen, ich muß nach Holzkirchen.
DR. JAEGER: Wo stehen Sie denn?
BAYER: Na, jetzt in Schwächingen Gleis 3. Aber vorher, da hab ich in Nieder-Rüsselsheim gestanden, da hat man mir einen Triebwagen nachweisen können, aber da gingen die Türen nicht auf.
DR. JAEGER: Ja, ich verbinde Sie mal mit der Auskunft.

Bitte warten ... Bitte warten ... Bitte warten ... Bitte warten ... Bitte – Hier ist der automatische Anrufbeantworter der Fahrplanauskunft linksseits der Weser. Sie haben Anschluß an einen Personenzug nach Großen-Aspe über Otter 1, Weiterfahrt nach Scheesel mit einem Triebwagen von Bahnsteig 6 B. Wir wünschen Ihnen eine gute Reise. Wegen dringender Bauarbeiten am Tunnel Bebra-Schreckenstein-Massiv wird gebeten, die Fenster geschlossen zu halten. Wir geben nun Fahrplanauszüge in Richtung Flensburg-Weiche, Nordstemmen und Bremerhaven-Lehe bekannt ...

BAYER: Ja so ein Saudreck, verflucht noch a mal, wär ich bloß in Holzkirchen geblieben.

Steinpilze

DR. JAEGER: Doktor Jaeger!
ANRUFER: Ich wollt Sie mal was fragen, also wir haben 'ne Wohnstube – und nu is das so, in unsere Wohnstube wachsen Steinpilze. Das is so gekommen. Wenn meine Frau saubermacht, denn kommt sie immer schlecht hinter den Fernseher, der steht über Eck. Und nu hab ich ihn mal über's Wochenende weggerückt, und auf diese Weise hab ich diese – ich will mal sagen – die Steinpilze entdeckt. Also wir wohnen parterre – meine Frau ist bestimmt sauber – und dann hab ich überall nachgeguckt, auch unters Sofa und im Schlafzimmer, überall wachsen Steinpilze. Ob das daran liegt, wir wohnen ziemlich dicht am Wald, das kann ich nicht sagen, jedenfalls gibt es jetzt schon jeden dritten Tag Steinpilze, wir mögen schon gar nicht mehr. Nun wollte ich Sie mal fragen, was man dagegen tun kann?
DR. JAEGER: Das kommt an sich selten vor. Wir haben es da mit einem echten Wohnungssteinpilz zu tun. Der Wohnungssteinpilz ist sehr schmackhaft und läßt sich, genau so wie sein Bruder, der echte Steinpilz, vielseitig als Pfannengericht oder gedünstet zubereiten. Wenn er zu sehr in der Wohnung wuchern sollte, hilft häufig Brechsteinwein oder Schwarzwurzeltinktur.
ANRUFER: Vielen Dank, Herr Doktor.

Flüchtling

DR. JAEGER: Doktor Jaeger!
FLÜCHTLING: Herr Doktor ich suche Se mal um Rat. Ich bin von drüben frieh rieberjemacht und hab ja nix mitnehmen kennen, und nu hab ich alles missen nei anschaffen missen, die Mebel von Versandhaus, da hab ich von der Bahn dazugekriecht, aber es jiebt ja nich viel, und wer so auf die Beheerdenstellen zu laufen weiß – ich hab alles jekleebt bis 1979 im voraus. Na, nu hab ich auch ne neue Kieche, wissen Se diese modernen Kiechen, wo alles gleich am Ort ist, wo man nicht so laufen zu braucht, ja und nu is die Kieche eingelaufen. Die verarbeiten ja heute so schlecht – bei uns war frieher alles so solide – ich bin gleich von Bromberg zurück – Na, als ich die Kieche jeliefert bekam, hat noch jrade alles gepaßt, aber im Winter durchs Einheizen waren die Schränke schon um 10 cm einjelaufen. Genau die gleiche Schlamperei im Schlafzimmer, die Betten sind so einjelaufen, daß die Fieße rausragen. Nu hab ich ans Werk jeschrieben – ohne Antwort, an die zuständige Beheerde, die schreib och nich zurück... Und nu darf ich Sie fragen, an wen muß ich mich wenden?
DR. JAEGER: Ja, da gibt es in Bad Godesberg eine neue Behörde, die speziell diese Angelegenheiten regelt. Die ist meines Erachtens im Auswärtigen Amt untergebracht. Sie müssen allerdings mit einem Jahr Wartezeit rechnen.

Warnomat

DR. JAEGER: Doktor Jaeger!

ANRUFERIN: Bei uns in der Gegend wird so viel eingebrochen.

DR. JAEGER: Dort, wo Sie wohnen?

ANRUFERIN: Ja, darum hab ich ein »Warnomat« an der Wohnungstür, da muß ich immer 10 Pfennig einwerfen. Der »Warnomat« ist Eigentum der Gewowa.

DR. JAEGER: Also die Gewowa ist Eigentümerin von dem Warnomat?

ANRUFERIN: Von dem Warnomat, ja, nun ist die Gebühr auf 30 Pfennig erhöht worden.

DR. JAEGER: Auf 30 Pfennig.

ANRUFERIN: Auf 30 Pfennig. Das ist aber nicht das Schlimmste. Nun paßt die Tür aber nicht mehr, weil sie den Warnomat ausgewechselt haben und der neue klemmt, und dann tropft immer Öl auf den Teppich. Das muß ich mir doch nicht bieten lassen?

DR. JAEGER: Ganz richtig, das brauchen Sie nicht. Für Härtefälle gibt es jetzt einen Brummomat von der Firma Dennoch in Siegen. Der einzige Nachteil ist der ständige Brummton.

ANRUFERIN: Schönen Dank Herr Doktor, dann werd ich das mal machen, ich leide sowieso unter Kopfschmerzen.

Grün

DR. JAEGER: Doktor Jaeger!
ANRUFER: Guten Abend! Ich bin verheiratet.
DR. JAEGER: Sie sind verheiratet.
ANRUFER: Ja, sehr glücklich, wenn ich das mal so sagen darf, und das kommt wohl daher, weil meine Frau und ich leidenschaftliche Wanderer sind. Wir wohnen 10 km von einem Naherholungsgebiet. Ich schwimm nebenbei noch viel, ich bin sehr für Sport – ich seh sehr viel Sport, sei es im Fernsehen oder bei anderer Gelegenheit – auch Tierfilme, ich bin sehr tierlieb, das möchte ich auch noch hervorheben.
DR. JAEGER: Sie sind sehr tierlieb.
ANRUFER: Ja, das kann ich mit gutem Gewissen sagen – und an jedem Wochenende, also jede freie Minute sind wir draußen, also, nich – fahren wir raus und belauschen Tiere in freier Wildbahn.
DR. JAEGER: Und Ihre Frau auch?
ANRUFER: Ja, meine Frau auch, selbstverständlich. Nun hatte meine Frau seinerzeit immer 'n roten Flauschmantel, und da liefen die Rehe weg, nich.
DR. JAEGER: Da liefen die Rehe weg – weil Rot eine Warnfarbe ist.
ANRUFER: Ganz richtig. Ich sag zu meiner Frau, wenn wir Tiere belauschen wollen, denn mußt du dir was Grünes anziehen, sag ich, das hat meine Frau auch gemacht.
DR. JAEGER: Da ist Ihre Frau also von der Warnfarbe zur Tarnfarbe übergewechselt.
ANRUFER: Genau wie Sie sagen, Herr Doktor, und nun ist meine Frau sehr modebewußt, nun hat sie alles auf Grün abgestimmt, also ein mittelgrünes Laubgrün, denn das soll ja im Gebüsch nicht weiter auffallen. Und nun hat sie richtig so 'n Tick mit Grün gekriegt. Die Handtasche ist grün, mir hat sie zu Weihnachten 'ne grüne Aktentasche geschenkt, das Klo ist grün, wir haben moosgrüne Auslegeware, schwere Qualität, denn wenn Auslegeware, dann soll das ja auch nach was aussehen – nich. Nu geht es aber los mit Grünkohl, Salat oder Spinat, Gurken, der Lampenschirm ist grün, das Aquarium ist grün – Grünkohl-Spinat-Spinat-Grünkohl, grüne Gardinen. Die Bäume sind grün – das regt mich so auf – nun will meine Frau noch Eidechsen haben.

DR. JAEGER: Ja – Wissenschaftler haben herausgefunden, daß Grün eine beruhigende Wirkung, besonders bei berufstätigen, mitten im Leben stehenden Menschen hat. Auch Psychologen sind der gleichen Meinung. Ihre Frau scheint also ein guter Psychologe zu sein. Wenn Sie sich jetzt noch über das viel Grün aufregen, ist das ein Zeichen, daß Sie sich erst an die beruhigende therapeutische Wirkung gewöhnen müssen. Sie müssen das Grün lange auf sich einwirken lassen. Ich kann Ihnen hierzu die Broschüre empfehlen: *Grün in Haus und Hof.*

ANRUFER: Ja, recht vielen Dank – Herr Doktor, damit haben Sie mir sehr geholfen.

Cocktailparty

DR. JAEGER: Doktor Jaeger!
ANRUFERIN: Herr Doktor, ich hab mal 'ne Frage: Wir haben uns dieses Jahr eine Reise nach Mallorca gegönnt ...
DR. JAEGER: Ja.
ANRUFERIN: Nich – Wir waren vorher sonst immer im Schwarzwald, jedes Jahr. Ich mein, es war bestimmt nett, die kennen uns schon – das ist eine Pension am Titisee, die Dias kann ich Ihnen zeigen, da bin ich im Dirndlkleid drauf, und mein Mann sagt: Du hast dich überhaupt nicht verändert. Nun wollten wir dies Jahr mal was Extravagantes.
DR. JAEGER: In diesem Jahr wollten Sie etwas Extravagantes, mal etwas Besonderes.
ANRUFERIN: Ja, mal was außer der Reihe – und da haben wir den Flug bestellt, das muß man ja buchen, hat der Herr uns gesagt, auch der Reiseleiter war bestimmt nett, wir haben viel gelacht, aber wir fahren nun nächstes Jahr wieder in den Schwarzwald ...
DR. JAEGER: Nächstes Jahr fahren Sie wieder in den Schwarzwald.
ANRUFERIN: Ja – denn da unten in Mallorca, da waren uns zu viele Ausländer, die sprechen ja auch ganz anders wie wir, und mein Mann war mit dem Bus auch nicht zufrieden. Ich wollte Filterkaffee haben – denn wollte mein Mann Kartoffeln zum Schaschlik haben – ich sag: das kennen die hier nich – und überhaupt immer die Palmen. Wir waren vom Schwarzwald her die schönen Tannen gewohnt, weil wir ja so oft da unten hinfahren. Also, uns hat es gar nicht gefallen. Wir haben uns nachher an ein Ehepaar aus Köln gehalten. Nun wollt ich Sie fragen – wir sollten auf eine Cocktailparty mit eingeladen werden, wir sind aber nicht hingegangen, das war uns zu ... Wir wußten nich, was da gemacht wird – das hätten die uns auch auf deutsch sagen können, und nun wollte ich Sie mal fragen, was das auf deutsch heißt?
DR. JAEGER: Ja – Cocktailparty heißt wörtlich übersetzt, soweit sich das in unserem Sprachgebrauch überhaupt ausdrücken läßt: »Hahnenschwanzfest«, denn Cocktail heißt ja Hahnenschwanz!
ANRUFERIN: Ach so! Das ist ja unerhört, na ein Glück, daß wir da nich hingegangen sind. Schönen Dank auch.

Scheuerteufel

DR. JAEGER: Doktor Jaeger!
ANRUFERIN: Ich bin verheiratet. Nun sagt mein Mann, ich bin ein Scheuerteufel. Da hat er in gewisser Weise recht, aber trotzdem finde ich das beleidigend, nich, so was sagt man nicht.
DR. JAEGER: So was sagt man nicht ...
ANRUFERIN: Ich mein, ich bin bestimmt sehr reinlich, aber das muß eine Frau doch auch sein. Ich bin bis heute noch anziehend auf mein Mann.
DR. JAEGER: Ja.
ANRUFERIN: Nich – und in einem ordentlichen Haushalt, da muß eben alles blitzen, finde ich jedenfalls als Hausfrau – nich. Und ich mach alles gründlich sauber. Ich wasch gleich alles ab, und wenn ich dabei bin, denn wasch ich auch gleich die Wäsche mit 'm Schrubber ab, da kommt denn was runter, das kann ich Ihnen sagen. Und denn wird immer gleich jede Woche das Wohnzimmer feucht übergewischt, auch das Sofa und die Flauschmöbel. Alles was reingeht, steck ich in die Waschmaschine, nur den Fernseher, den laß ich ganz vorsichtig im 1. Waschgang kurz durchlaufen, denn sieht er wieder wie neu aus.
DR. JAEGER: Und Ihr Mann wird ärgerlich?
ANRUFERIN: Mein Mann wird dann ärgerlich. Er sagt, wo ist wieder der Fernseher. Auch wenn ich Obst kauf – das kommt ja meistens aus Italien und aus diese schmutzigen Länder, also nicht schmutzig, die sind ja in der EWG, aber da ist es so unhygienisch, nich, das haben sie mal im Fernsehen gezeigt, und denn tu ich das Obst auch erst mal in die Waschmaschine, aber dafür nehm ich nur Pril. Ich eß sowieso kein Obst, aber die Kinder. Na ja, das ist mein Mann alles nicht recht.
DR. JAEGER: Ja, eine gewisse Reinlichkeit muß sein, das müssen Sie Ihrem Mann klarmachen. Nur das Obst würde ich nicht in der Waschmaschine waschen – auch nicht mit Feinwaschmittel. Wenn Sie das Obst ganz vorsichtig mit einem Fensterreinigungsmittel abwaschen, das genügt vollkommen ...

Haltung

DR. JAEGER: Ja – Doktor Jaeger!
ANRUFERIN: Guten Abend Herr Doktor! Ich seh jünger aus als ich wirklich bin – nicht mal vollschlank, weil ich sehr auf mein Gewicht halte. Ich wieg mich jeden Abend und halte auch auf meine Körperhaltung. Ich soll in der Schule schon so krumm gesessen haben – deshalb leg ich sehr viel Wert auf gerades Gehen. Nun hab ich Stöckelschuhe.
DR. JAEGER: Sie tragen Stöckelschuhe.
ANRUFERIN: Mit langen Hacken, nur dadrin knick ich immer um, besonders wenn ich flanieren geh und dann muß ich ja auf meine Haltung aufpassen, denn ich hab noch ein anziehendes Wesen.
DR. JAEGER: Sie haben ein anziehendes Wesen.
ANRUFERIN: Ja, nur wenn ich zu Hause bin, dann laß ich mich gehen, dann trage ich Puschen, das ist vorne so 'n Bommel aus Fell drauf. Nun bin ich sowieso so pummelig, ich bin kein Hausfrauentyp, sondern leg auf meine Haltung – auch wenn ich vor'm Fernseher sitz, denn schlag ich die Beine übereinander, das sieht vorteilhafter aus.
DR. JAEGER: Das ist sehr wichtig, die Sitzhaltung.
ANRUFERIN: Nun leg ich aber mehr Wert darauf, wie ich geh. Manche Leute die treten ja übern großen Anton. Nun hab ich solche Gummischuhe – denn mach ich Übungen mit 'm Buch auf 'm Kopf, nur dann fällt das Buch runter, dann heb ich das Buch nicht mal auf. Nur ich hab nichts davon, denn mal muß ich das Buch ja doch aufheben, und wenn ich mich bück, dann platzt mir meistens der Reißverschluß, nur ich muß soviel auf meine Haltung aufpassen, da wollt ich Sie mal fragen, was es dafür so gibt?
DR. JAEGER: Besonders die Haltung im Sitzen oder Gehen ist sehr wichtig für unser Wohlbefinden, denn schlechtes Sitzen ist auch aufschlußreich auf den Charakter. Besonders bei Kalkmangel ist es gut, wenn man durch forsches Auftreten versucht, sich zu betätigen. Das wird Ihnen auch jeder guter Haltungspsychologe sagen. Das mit dem Buch würde ich nicht so ernst nehmen – Kuchen und Sahne sollten Sie meiden, haben Sie aber Heißhunger darauf, dann würde ich sagen: Ein Stück Kuchen tut Ihrer schlanken Linie keinen Abbruch.
ANRUFERIN: Vielen Dank, Herr Doktor! Ich muß gleich nach hinten. Ich hab was aufgesetzt...

Falsch verbunden

DR. JAEGER: Doktor Jaeger, Praxis Dr. Jaeger!
DR. JAEGER II: Ja hier Doktor Jaeger, Waldsanatorium.
DR. JAEGER: Wie kann das angehen, das muß ein Versehen sein.
DR. JAEGER II: Das glaub ich auch.
DR. JAEGER: Wollen Sie mich auf den Arm nehmen?
DR. JAEGER II: Keineswegs, Sie etwa?
DR. JAEGER: Hören Sie mal, wie ist das möglich? Sind Sie etwa der Urologe Dr. Jaeger?
DR. JAEGER II: Keineswegs.
DR. JAEGER: Hier ist Doktor Jaeger vom Saarländischen Rundfunk aus der Sendereihe *Fragen Sie Dr. Jaeger*. Wollen Sie einen Rat?
DR. JAEGER II: Ich Sie einen Rat fragen? Ich bin der bekannte Internist Dr. Jäger Waldsanatorium Meckelfeld bei Harburg.
DR. JAEGER: Sind Sie nicht zufällig mit dem Kinderarzt Professor Jaeger von Fallersleben verwandt? Der hat jetzt eine gutgehende Praxis in Bad Tölz, sein Neffe ist der Rechtsanwalt Jaeger, der hat mit seinem Bruder Dr. Conrad Jaeger eine Praxis als Grundstücksmakler im Engadin.
DR. JAEGER II: Ja das ist gut möglich, wenn Sie geschäftlich mit mir in Verbindung treten wollen, müssen Sie meine Starnberger Rufnummer benützen. Dort finden Sie mich unter Professor Jaeger, Weinkellerei oder Fachverband für das internationale Hygienewesen …
DR. JAEGER: Ach so, recht vielen Dank Herr Professor Jäger.
DR. JAEGER II: Auf Wiedersehen, Herr Dr. Jaeger, der Beitrag ist äußerst gering gehalten, das wird Sie vielleicht interessieren …
DR. JAEGER: Nochmals, herzlichen Dank.

Motorrad

DR. JAEGER: Doktor Jaeger!
ANRUFERIN: Ich bin seit 2 Jahren mit meinem Freund verlobt, und ich tanz sehr gern, wir gehen sehr gern aus.
DR. JAEGER: Ja.
ANRUFERIN: Nun haben wir eine sehr schöne Mansardenwohnung nach Süden hin. Ich bin sehr häuslich, und mein Verlobter eigentlich auch.
DR. JAEGER: Also ist Ihr Verlobter eigentlich mehr ein häuslicher Typ.
ANRUFERIN: Das ist er bestimmt, Herr Doktor. Nun ist das Problem, daß mein Verlobter alles sehr genau nimmt. Nun ist mein Verlobter ein leidenschaftlicher Motorradfahrer, und er nimmt das Motorrad mit rauf in die Wohnung und stellt es direkt neben das Bett im Schlafzimmer, auch wenn wir zusammen schlafen und wenn ich mal was von ihm will, denn fummelt er am Motorrad rum und vertröstet mich. Ich bin das schon leid –
DR. JAEGER: Ja.
ANRUFERIN: Oder er läßt das Motorrad nachts an, ich wach davon regelmäßig auf, denn die Maschine steht ja direkt neben dem Bett, das müssen Sie sich mal vorstellen. Selbst die Nachbarn im Haus wachen davon auf. Ich bin schon beim Arzt gewesen, wegen der Kopfschmerzen.
DR. JAEGER: Ja wie alt sind Sie denn?
ANRUFERIN: Ich bin 21.
DR. JAEGER: Sprechen Sie doch mal mit Ihrem Verlobten und sagen ihm, wenn du mich heiraten willst, dann geht das aber nicht. Wenn du schon das Motorrad mit nach oben nimmst, dann laß wenigstens den Motor nicht laufen, das ist in einer Wohngemeinschaft nicht möglich, das ist ruhestörender Lärm – so in dieser Art würde ich mal mit ihm reden.

Säuglingsschwester

DR. JAEGER: Doktor Jaeger!
ANRUFERIN *(württemb. Dialekt):* Meine Tochter ist Säuglingsschwester.
DR. JAEGER: Ihre Tochter ist Säuglingsschwester.
ANRUFERIN: Ja – nun ist sie sehr kinderlieb, daß sie kleine Säuglinge immer mit nach Haus bringt.
DR. JAEGER: Die nimmt sie mit nach Haus.
ANRUFERIN: Ja – das darf sie gar nicht, die gehören ihr ja gar nicht rechtmäßig.
DR. JAEGER: Ach – die gehören ihr nicht.
ANRUFERIN: Eben, nun mach ich den Kleiderschrank auf, weil ich wechseln mußte, weil wir Betriebsfeier hatten, und da seh ich die Bescherung – liegt da ein Säugling – ein Kleinkind drin.
DR. JAEGER: Ja merken die das denn nicht im Krankenhaus, das muß doch auffallen ...
ANRUFERIN: Scheinbar nicht.
DR. JAEGER: Dann dürfen Sie das Baby nach dem neuen Artikel 16a des Neugeborenen- und Findlingsgesetzes behalten.
ANRUFERIN: Auch das noch ... dann muß ich Birgitt sofort aus dem Säuglingsheim nehmen.

Reinlichkeit

DR. JAEGER: Doktor Jaeger!
ANRUFERIN *(Norddeutsch):* Ich hab 'n ordentlichen Haushalt, wie sich das gehört, und ich mach alle 4 Tage Großreinemachen, dann nehm ich die Gardinen alle ab und wenn ich denn schon dabei bin, wird auch der Wellensittich im Seifenwasser abgespült, und dann geh ich alle Zimmer Stück für Stück durch, dann seif ich alles ab, auch den Fernseher, bevor ich den Fernseher abbohnern kann, geh ich da erst mal mit Seifenwasser bei. Tagsüber genügt ja, wenn ich mit 'm Mop mal die Scheiben vom Fernseher saubermach, na, ich denk, das kann ja wohl nicht schaden, mal hab ich ihn in Badewasser mal ordentlich untergestukt und mit 'ne Drahtbürste abgeschrubbt. Seitdem hab ich keinen Empfang mehr ... und die Farbe ist auch ab – das ersetzt mir ja keiner mehr. Können Sie mir da was raten, worunter der Fernseher beim Saubermachen nicht so leidet, denn nu kann ich die Tagesschau nicht sehen...
DR. JAEGER: Es kommt leider sehr häufig vor, daß der Fernseher unter dem Reinlichkeitszwang leiden muß. Durch Wasserschäden werden allein gegenwärtig in der Bundesrepublik ca. 80% der Fernsehgeräte außer Betrieb gesetzt. Es genügt völlig, wenn Sie das Gerät vorsichtig mit einer speziellen Fernsehpaste eincremen und nachpolieren ...

Flausch

DR. JAEGER: Praxis Doktor Jaeger!

ANRUFERIN *(verwirrt):* Alles ist in meine Wohnung mit Flausch – also Flausch nicht mal direkt – also Flauschmöbel schon, nur der Teppich ist ausnahmsweise nicht aus Flausch, doch der auch.

DR. JAEGER: Der Teppich auch?

ANRUFERIN: Das weiß ich nicht mal richtig.

DR. JAEGER: Das wissen Sie nicht mal richtig?

ANRUFERIN: Doch, wissen tu ich das schon, das ist tatsächlich ein Flauschteppich.

DR. JAEGER: Ein Flauschteppich.

ANRUFERIN: Ja nun hab ich so viele Kuscheltiere – so viele auch nicht mal – also so viele sind das auch nicht mal – ach doch, das sind sogar sehr viele, die stehen ja überall rum. Ich weiß gar nicht, woher ich die alle hab – doch – geschenkt bekommen.

DR. JAEGER: Die haben Sie geschenkt bekommen.

ANRUFERIN: Auch das noch.

DR. JAEGER: Wo haben Sie die denn, wenn ich mal fragen darf?

ANRUFERIN: Sag ich nicht ... Ich kriegte wohl hin und wieder welche, nur woher, weiß ich nicht mal ... Weiß man's ...

DR. JAEGER: Sie müssen doch wenigstens wissen, von wem.

ANRUFERIN: Das ist es doch nicht mal, sehen Sie, ich hab so viel anderes zu tun ... ich hab so viel um die Ohren, sich noch darum zu kümmern, das wäre zuviel für mich, denn so viel Flauschtiere sind das auch nicht mal – doch schön viele – deshalb wollte ich mal fragen, ob Kuscheltiere was zu bedeuten haben?

DR. JAEGER: Kuscheltiere geben das Gefühl für Gemütlichkeit, Sie sind ein Mensch, der viel von Gemütlichkeit hält. Es gibt Flauschtiere in vielen Farben, hellbraun, hellblau und flamingofarben. Auch die Tiere selbst schwanken von Rehnachbildungen bis zu Tierarten, wie sie im Garten vorzufinden sind oder in der freien Wildbahn vorzufinden sind – Sie sind ein gemütlichkeitsliebender Mensch.

ANRUFERIN: Das stimmt genau – also recht vielen Dank, Herr Dr. Jaeger. Darauf wär ich nicht gekommen.

Etikette

DR. JAEGER: Doktor Jaeger!
ANRUFERIN *(gebildet):* Ich wollte mal fragen, ob mein Mann über seinem ärmellosen Pullover leger seinen Baumwollpullover rüberhängen kann?
DR. JAEGER: Darf ich mal vorsichtig fragen, was für ein Amt Ihr Mann bekleidet?
ANRUFERIN: Ich glaube, Sie haben es schon erraten – mein Mann bekleidet tatsächlich einen verantwortungsvollen Posten beim Bundesschatzamt. Er hat vor allem dafür zu sorgen, daß bei Anlässen, die unsere Gäste aus dem Ausland betreffen, die Etikette als auch das äußere Bild stimmt.
DR. JAEGER: Wenn mich nicht alles täuscht, sind Sie die Gattin Ihres doch sehr auf die Etikette haltenden Mannes?
ANRUFERIN: Ja – das bin ich auch schon aus Tradition heraus.
DR. JAEGER: Das sind Sie bereits aus Tradition heraus – bei welchen Anlässen will denn Ihr Mann leger erscheinen?
ANRUFERIN: Vor allem im Beisein der Kinder – bei der Gartenarbeit, ohne die er sich einfach nicht zu Hause fühlt.
DR. JAEGER: Wenn Ihr Gatte nach Hause kommt, dann will er einfach mal das sein, was andere auch sind, und ungezwungen sich bewegen können, aber möglichst auch im Heim die Etikette nicht verletzen?
ANRUFERIN: Ja, das entspricht meinem, wie auch seinem Wunsch.
DR. JAEGER: Ihr Mann kann ohne weiteres einen Pullover oder eine Strickjacke tragen. Er muß allerdings darauf achten, daß mindestens 3 Knöpfe offen sind, sonst könnte es ihm passieren, daß ihn der englische Schatzmeister nicht beachten würde. Auch Hosenträger sind durchaus in, ebenso ein Frotteehemd.
ANRUFERIN: Haben Sie recht herzlichen Dank, Herr Doktor.

Bienenzucht auf der Etage

DR. JAEGER: Doktor Jaeger!
ANRUFER: Ich bin Imker, das heißt auch nicht richtig, jedenfalls ich beschäftige mich mit Bienenvölkern. Zwei Völker sind mir voriges Jahr weggeflogen, die sind mir abhanden gekommen, wissen Sie.
DR. JAEGER: Die Biene ist eines der fleißigsten Insekten, im Laufe eines Monats liefert eine Biene eine Tonne Honig ...
ANRUFER: Meine Bienen sind so fleißig, die wecken den Honig selbst ein, die Eimer brauch ich nur noch zur Post bringen. Ich züchte selbstverständlich auch.
DR. JAEGER: Sie züchten die Bienen – und wo?
ANRUFER: Auf der Etage, Herr Doktor – die fliegen nur immer bei den Nachbarn in die Fenster, nun beschweren die sich, weil meine Völker sehr stechfreudig sind.
DR. JAEGER: Nach dem Bundesbienen-Zuchtgesetz und dem Rahmen-Imkergesetz sind die Bienen gesetzlich geschützt. Unser Staat hat anerkannt, daß die Bienen noch fleißiger sind als mancher Steuerzahler, besonders im Sommerhalbjahr, wo viele Bundesbürger Urlaub machen, sammeln unsere Bienen fleißig Honig ...
ANRUFER: Recht vielen Dank für diese Auskunft.
DR. JAEGER: Bitte sehr, guten Abend.

8/5 Takt

DR. JAEGER: Doktor Jaeger, Psychologe!

ANRUFER: Ich spiele in einem Kammerkonzert mit – nun spiele ich sehr viel Dreiviertel-Töne eine Oktave höher als im Bachwerkverzeichnis unbedingt angegeben ist – Vierviertel-Takte, also zum Beispiel: da – da – da – dam – dam – damm, also Stakkato als Tremolo spiel ich, ha ha ha – haah ...

DR. JAEGER: Ja, welches Instrument spielen Sie denn, wenn ich mal ganz vorsichtig fragen darf?

ANRUFER: Ich beherrsche jedes fünfstimmige Klavier – ich hab zusammen mit dem Dirigenten Rainer-Maria Wulf seinerzeit am Gulda-Dirigentenkreis mitgewirkt, selber Darmstädter Sezessionsschüler – nicht wahr – und nun taucht unversehens die Frage auf, darf, oder vielmehr kann man das Klavier so sehr überspielen, daß man nachher keine Geige mehr raushört?

DR. JAEGER: Vierviertel-Takte kann man auch in Fünfsechstel-Takte übersetzen, jeder Sechsachtel-Takt wird dann zum Achtfünftel-Takt, wenn man beim d-Moll den letzten Takt vorn wieder ansetzt. Umgekehrt kann der Blechbläser auch ein Holzbläser sein. Beim Konzert für neun Klaviere in der e-Moll-Messe von Tannhäuser spielen acht Holzbläser auf einem zehn Meter langen Eisenklavier nur in Dreiachtel-Tönen. Friedrich Luft hat in seinem Volkswagenkonzert Propangas verwendet, um den Zweidrittel-Takt flämischer Rautenmusik einem breiteren Publikum zuzuführen.

ANRUFER: Aha – das freut mich zu wissen ...

DR. JAEGER: Ja – bitte sehr.

Badekappe

DR. JAEGER: Doktor Jaeger!
ANRUFERIN: Ich bin sehr korpulent. Nun trage ich ein Kittelkleid aus Wachstuch, oben schließt das Kleid mit einem Gummikragen ab.
DR. JAEGER: So etwas ist ganz nebenher auch hygienisch und kann durchaus auch modebewußt sein.
ANRUFERIN: Nun komm ich da in der Küche immer an den Gasofen – ich mein, das Backfett wasch ich mit Perlon wieder ab, nur unten wird der Rock jetzt allmählich brüchig und rentiert sich nicht mehr. Da hab ich aber einen Kittelrock gesehen, der war in der Lesemappe angeboten – oben gehört noch ein pflegeleichtes Mieder dazu – nun trag ich aber zum Einkochen in der Waschküche immer eine Badehaube, meine Nachbarin macht das auch.
DR. JAEGER: Man kann durchaus beim Einwecken eine Badekappe benutzen, wie das allgemein üblich ist.
ANRUFERIN: Nun wollte ich mal fragen, ob ich so zu einer Bekannten in der Nachbarschaft – die sagt, ich soll doch mal kommen – da hab ich noch eine abwaschbare Übergangsjacke aus Wachstuch mit angestrickten Ärmeln, da kann ich ja auch eine Strickjacke überziehen.
DR. JAEGER: Als Straßenkleidung wird heute schon sehr viel Preisgünstiges aus Dralon und Vollsynthetik angeboten. Auch Wachstuchkostüme und kleidsame Kappen können durchaus mit getragenen Sachen in Einklang gebracht werden.
ANRUFERIN: Nun wollte ich noch fragen, ob ich auf der Straße eine Badekappe tragen kann?
DR. JAEGER: Ohne weiteres!
ANRUFERIN: Vielen Dank, Herr Doktor.

Waldwohnung

DR. JAEGER: Ja, Doktor Jaeger, Psychologe!
ANRUFERIN: Ich wohn in einer Komfortwohnung mitten im Walde, wissen Sie, das duftet so herrlich im Sommer, das ist reiner Nadelwald.
DR. JAEGER: So, dann sind Sie ja doch begnadet, so herrlich, da draußen zu wohnen.
ANRUFERIN: Ja, wenn man mitten im Wald wohnt – ich studiere von meinem Fenster aus die Eichkatzen – nur es ist ja sehr dunkel …
DR. JAEGER: Durch den Wald?
ANRUFERIN: Ja – durch den Wald, wissen Sie, und ich sitz dann im Dunkeln, und wenn draußen die Bäume rauschen, dann werde ich ängstlich und bekomm es mit der Angst, aber nur wenn ich mich ängstige, habe ich Angst.
DR. JAEGER: Wenn Sie also ängstlich sind, dann haben Sie nur Angst?
ANRUFERIN: Nur wenn ich Angst hab, dann ängstige ich mich, sonst nich. Wenn ich keine Angst habe, dann merkwürdigerweise nicht – dann habe ich keine Angst.
DR. JAEGER: Sind Sie dann, wenn Sie's mit der Angst bekommen, grundsätzlich ängstlich?
ANRUFERIN: Überhaupt nicht!
DR. JAEGER: Dann sind Sie einer von vielleicht tausend Menschen, die einfach keine Angst haben. Sie sagen selbst, obgleich wenn Sie ängstlich sind, bekommen Sie einfach keine Angst, selbst wenn bei Ihnen Sparkassenräuber übernachten würden, ich unterstelle das jetzt einfach mal, man kann Ihnen einfach keine Angst beibringen. Wovor haben Sie eigentlich noch Angst?
ANRUFERIN: Das hab ich noch nicht gewußt – also recht vielen Dank auch, Herr Doktor …
DR. JAEGER: Gern geschehen, auf Wiederschauen.

Beheiztes Schwimmbad

DR. JAEGER: Doktor Jaeger, Psychologe!

ANRUFERIN: Wir waren auf Borkum, und da ist ein beheiztes Schwimmbad, wissen Sie, drinnen – aber auch draußen – da kann man so durch 'ne Gummiklappe nach draußen schwimmen, und draußen ist denn auch geheizt, das Wasser...

DR. JAEGER: Solch ein Bad ist ja doch gerade für die Übergangszeit sehr erholsam.

ANRUFERIN: Wir waren im Oktober da, da kann man ja noch nicht baden ... Das ist drinnen alles gekachelt. Ich hab gar nicht geschwommen, aber mein Mann.

DR. JAEGER: Ihr Mann schwimmt also gern?

ANRUFERIN: Er schwimmt leidenschaftlich gern, dann setzt er sich die Badekappe auf und dann schrubbt er sich erst mal gründlich ab, mit Kernseife.

DR. JAEGER: Ja, gerade Seife ist ja doch zur Reinigung unerläßlich.

ANRUFERIN: Nun ist er durch die Gummiklappe nach draußen geschwommen, und seitdem fehlt jede Spur von meinem Mann. Er ist dann noch von einem Trawler vor Borkum gesehen worden ... Nun wollt ich Sie mal fragen, wo man sich da erkundigen kann?

DR. JAEGER: Erkundigen können Sie sich beim Seefahrtsheim oder mal in Jugendherbergen nachfragen, ob Ihr Mann dort inzwischen mal gesehen wurde.

ANRUFERIN: Nun hat er mir inzwischen aus Australien eine Karte geschickt.

DR. JAEGER: Das würde ich als Zeichen sehen, daß Ihr Mann noch am Leben ist.

ANRUFERIN: Ja, recht vielen Dank Herr Doktor. Er schreibt, daß er versehentlich nach Australien geschwommen ist.

DR. JAEGER: Na bitte, dann hat's ja geklappt. Auf Wiedersehen.

Fliegende Füchse

DR. JAEGER: Doktor Jaeger, Psychologe!

ANRUFER: Ich sehe hauptsächlich Tiersendungen, zum Beispiel Galapagosinseln, dann war da mal ein Film, wenn Schnecken ausschlüpfen, das wurde an einem Teich gefilmt – aber auch Naturkundefilme seh ich mir an. Bergsteigerfilme – kürzlich wurde mal gezeigt, wie Raubvögel, wenn die tauchen, sich unter Wasser das Futter wegschnappen. Denn, Eisbärbabys im Zoo. Da wurde gezeigt, wieviel Milch die trinken – also im Nu war die Flasche leer.

DR. JAEGER: Ja – gerade Eisbärbabys trinken furchtbar gerne und recht viel aus der Flasche, besonders aus der Babyflasche, wenn die Bären noch klein sind.

ANRUFER: Ich seh aber auch zu gern, wenn Affenbabys aus der Flasche trinken. Also der Wärter ist kaum da, dann braucht er noch nicht mal die Flasche gezeigt haben, dann wissen die Affenbabys schon: Jetzt gibt es was. Nun war da mal eine Sendung, da kamen fliegende Füchse drin vor – nun hab ich den Anfang nicht gesehen, nu wollt ich mal fragen, wie weit die fliegen können?

DR. JAEGER: Fliegende Füchse erreichen erstaunliche Entfernungen. Ähnlich wie die Wildgänse verlassen sie im Herbst ihre Heimat und ziehen in Keilformation über den Stillen Ozean.

ANRUFER: Ja – das wurde im Fernsehen auch gezeigt.

DR. JAEGER: Wenn fliegende Füchse einmal in der Luft sind, bleiben sie dort, ähnlich wie Seeschwalben, und landen nur, wenn die Sicht schlecht ist. Im Zoo gewöhnen sie sich schnell an, dem Wärter im Vorbeiflug gebackene Bananen aus der Hand zu fressen.

ANRUFER: Vielen Dank auch.

DR. JAEGER: Ja, bitte sehr, auf Wiederschauen.

Ehevermittlung

DR. JAEGER: Praxis Dr. Jaeger!

ANRUFERIN: Ich bin vom Eheinstitut vermittelt worden – nun sind wir verwechselt worden – das müssen ja immer Partner sein.

DR. JAEGER: Ja schauen Sie, ohne Partner geht es ja nicht.

ANRUFERIN: Auf 'm Foto sieht man das ja nicht so – das müßte einem ja vorher gesagt werden, vor allem, das ist ja fürs ganze Leben.

DR. JAEGER: Eine Partnerwahl ist ja doch eine in das Leben eingreifende Entscheidung. So etwas sollte man sich schon vorher überlegen.

ANRUFERIN: Ich hätte das ja auch gemacht, Herr Doktor, wenn die Fotos nicht so klein gewesen wären. Das ist immer so 'n Bogen, da sind 20 Mann drauf – da sind nur die Köpfe draufgekommen. Unten, das kann man ja nicht sehen.

DR. JAEGER: Entscheidend ist ja doch, ob Ihnen der Partner gefällt.

ANRUFERIN: Der hat mir gar nicht zugesagt. Auf dem Foto sah er ja noch ganz manierlich aus – man muß ja dann immer einen von denen nehmen; da wären bestimmt noch jüngere gewesen. Ich hab da mal, als er in der Kartei geblättert hat, welche gesehen – ich wollte nur nichts sagen – und dann hab ich mal, als er ins andere Zimmer gegangen war, da hab ich mal da heimlich gestöbert – da warn welche dabei, erst mal ganz drauf, und dann in anderen Umständen – ich bin beinahe rot geworden.

DR. JAEGER: Sie sind beinahe rot geworden?

ANRUFERIN: Nun hab ich nicht mal den Partner auf dem Foto gekriegt, das läuft ja alles über den Computer – sondern 'n ganz anderen gekriegt.

DR. JAEGER: Ja schauen Sie, man muß halt im Leben über diese Dinge hinwegsehen können. Wie alt ist denn Ihr Partner?

ANRUFERIN: Er hat mir das erst verschwiegen – er ist schon 98.

DR. JAEGER: Ja, schauen Sie, ein Mann mit solch einer Reife und Lebenserfahrung hat ja doch ganz andere Kenntnisse ... Das rundet doch die Eheharmonie entscheidend ab. In dem Alter beginnt doch eigentlich die beschauliche Seite des Lebens.

ANRUFERIN: Ja – da haben Sie recht, er sieht gerne Fernsehen, oder er kann sich stundenlang mit der Lesemappe beschäftigen.

DR. JAEGER: Ein unbedingtes Zeichen der Beschaulichkeit, Sie werden das Leben mit Ihrem Partner mit Besonnenheit meistern.
ANRUFERIN: Ja – vielen Dank Herr Doktor, das hab ich mir gleich gedacht.
DR. JAEGER: Nichts zu danken, auf Wiedersehen.

Tierzüchter

DR. JAEGER: Doktor Jaeger!
ANRUFER: Ich bin Kleintierzüchter.
DR. JAEGER: Sie sind Kleintierzüchter.
ANRUFER: Ja, ich mache von allen Tieren Kreuz- und Parallelzüchtungen, um zu neuen Ergebnissen in der Hobbytierhaltung zu gelangen.
DR. JAEGER: Ja, das ist ja hochinteressant.
ANRUFER: Worauf ich schon immer hinauszüchten wollte, war eine Kreuzung zwischen Zierfisch und Stubenvogel. Die Zwischenergebnisse waren zunächst unbefriedigend: Der schwimmende Vogel hat es nicht lange im Aquarium ausgehalten, und der fliegende Fisch, ein Südamerikaner, ein Schillerfisch, hat es nicht lange auf der Stange ausgehalten ...
DR. JAEGER: Der hat es nicht lange auf der Stange ausgehalten.
ANRUFER: Ja – nun hab ich einen Fisch mit Federn gezüchtet, der sogar trillert ...
DR. JAEGER: Es ist immer wieder interessant, wenn uns solche Anrufe erreichen, denn gerade derjenige, der viel Freude an possierlichen Tieren hat, dem ist sicher mit dieser Neuheit gedient. Also recht herzlichen Dank!
ANRUFER: Bitte sehr.

Flutlicht

DR. JAEGER: Ja, Doktor Jaeger!
ANRUFERIN: Guten Abend, Herr Doktor.
DR. JAEGER: Guten Abend.
ANRUFERIN: Mein Mann ist sehr für Sport.
DR. JAEGER: Ihr Mann ist sehr für Sport.
ANRUFERIN: Ja, er geht fast jedes Wochenende zum Stadion – denn guckt er Fußball. Nun ist er so begeistert von Flutlicht – er sagt, das ist fast so hell wie am Tag.
DR. JAEGER: Ja, Flutlicht ist so ausreichend hell, daß auch unbeschadet nachts Sportveranstaltungen abgehalten werden können.
ANRUFERIN: Ja, nun hat mein Mann bei uns auf dem Grundstück – wir hatten vorher Neon im Garten – solche Flutlichtanlage gebaut. Ich kann Ihnen sagen, das ist so hell, daß wir unser Haus schon von weitem sehen können. Wissen Sie, ich mach das nich leiden. Nun sagt mein Mann – gegen Diebe oder wenn man mal was im Garten sucht. Nun wollt ich Sie mal fragen, das tut doch nicht not?
DR. JAEGER: In spätestens drei Jahren wird das Flutlichtgesetz bei uns in der Bundesrepublik heraus sein. Das heißt, daß dann empfohlen wird auf größeren Grundstücken solche Flutlichtleuchten zu installieren. Bereits jetzt zählt die Bundesrepublik zu den bestausgeleuchteten Ländern der Welt. Ihr Mann hat als Sportler das richtige Verhältnis zum Licht.
ANRUFERIN: Recht vielen Dank, Herr Doktor, das werde ich meinem Mann gleich sagen.

Bohnern

DR. JAEGER: Ja, Doktor Jaeger!
ANRUFERIN: Herr Doktor, sind Sie das?
DR. JAEGER: Ja, Doktor Jaeger.
ANRUFERIN: Ach so, denn bin ich ja richtig. Ich wollte mal wissen, ob Bohnern was ausmacht. Ich bohner leidenschaftlich gern.
DR. JAEGER: Sie sind im Haushalt tätig.
ANRUFERIN: Ja, erst wachs ich alles ein, dann wiener ich hinterher.
DR. JAEGER: Damit der Fußboden blank wird.
ANRUFERIN: Ja, erst wichs ich alles ein, dann wird blankgewienert. Denn das soll ja alles gemacht sein. Nach dem Wienern ist es ziemlich glatt – so glatt, daß die Kinder auf 'm Flur Schlittschuh laufen. Stellen Sie sich das mal vor. Wie kann ich denen das denn verbieten?
DR. JAEGER: Das würde ich anders machen.
ANRUFERIN: Das hab ich auch schon versucht. Ich hab schon versucht, anders zu bohnern. Nur dann laufen die Kinder immer gegen den Schrank. Und da ist unser Geschirr drin.
DR. JAEGER: Denken Sie doch mal drüber nach, ob Sie vielleicht nicht mal das Bohnermittel wechseln sollten.
ANRUFERIN: Das stimmt überhaupt.
DR. JAEGER: Nicht? Wenn Sie nun ein Mittel mit Scheuersand verwenden.
ANRUFERIN: Das hab ich mal eine Zeit lang gehabt. Nur wissen Sie, damit mach ich mir auf die Dauer gesehen die Fußböden kaputt. Denn wird das Linoleum so rauh.
DR. JAEGER: Haben Sie mit diesem Mittel schon mal in die entgegengesetzte Richtung gebohnert?
ANRUFERIN: Das hab ich noch nicht mal versucht.
DR. JAEGER: Versuchen Sie das mal.
ANRUFERIN: Sie meinen, dann rutschen die Kinder auch nicht so aus. Nur ob der Fußboden das abkann. Sie meinen das geht.
DR. JAEGER: Nicht, versuchen Sie das mal. Es gibt noch Bohnerwagen dazu passend. Ihre Räume sind doch quadratisch.
ANRUFERIN: Ja, viereckig.
DR. JAEGER: Sehen Sie, dann nehmen Sie den viereckigen Bohnerwagen von der Firma für Naßbohnerwagen in Ems.
ANRUFERIN: Recht vielen Dank, Herr Doktor.

Bauernhof

DR. JAEGER: Praxis Doktor Jaeger!
ANRUFER: Guten Abend, Herr Doktor, ich hab'n Bauernhof, leider fehlt die Weide dazu.
DR. JAEGER: Das ist doch dann kein Bauernhof.
ANRUFER: Doch, nur leider hat das Dach kein Stroh.
DR. JAEGER: Also, Ihr Bauernhaus hat kein Strohdach.
ANRUFER: Genauso ist es.
DR. JAEGER: Also doch kein Bauernhof.
ANRUFER: Doch.
DR. JAEGER: Dann haben Sie Eternitdach.
ANRUFER: Nein, auch nicht mal, vier Etagen. Und darüber noch mal drei Etagen.
DR. JAEGER: Also insgesamt sieben Etagen. Das ist doch kein Bauernhof.
ANRUFER: Doch, in der obersten Etage hab ich nämlich Kühe, die hab ich da untergebracht.
DR. JAEGER: Dann sind Sie also doch Landwirt.
ANRUFER: Nur ohne Weide.
DR. JAEGER: Warum stehen die Kühe denn ausgerechnet im siebten Stockwerk und nicht unten, sagen wir einmal im ersten Stock? Dann haben Sie es doch einfacher.
ANRUFER: Wieso, ich hab ja keine Weide. Also ich will mal sagen, 'ne Weide schon, nur im siebten Stock, da fahr ich mit'm Fahrstuhl rauf.
DR. JAEGER: Sie haben also die Weide im siebten Stock.
ANRUFER: Das hab ich alles mit Neon beleuchtet. Das Gras ist aber künstlich – nun ist das so ein grelles Grün. Das macht aber nichts. Nur die Kühe sehen – also ich will mal sagen etwas bläulich aus – das kommt aber vom Licht.
DR. JAEGER: Das kommt vom Licht.
ANRUFER: Nur die Milch ist grau – manchmal sogar schwarz. Nun wollte ich Sie mal fragen, was man da machen kann.
DR. JAEGER: Jede Meierei färbt heute ihre Milch. Sie geben dem Frischerzeugnis bleifreies Bleiweiß hinzu. Bis sie reinweiße Milch erhalten. In der Molkerei wird das Bleiweiß wieder heruntergebuttert und durch Butananteile für den Endabnehmer angeweißt, so daß auch der Erzeuger auf seine Kosten kommt.

ANRUFER: Ja, vielen Dank Herr Doktor, denn hab ich das doch richtig gemacht. Mein Bruder hat 'ne Farbenfabrik.
DR. JAEGER: Na, sehen Sie.
ANRUFER: Also nochmals vielen Dank.
DR. JAEGER: Bitte sehr.

Schreibmaschine

DR. JAEGER: Praxis Doktor Jaeger!
ANRUFER: Herr Doktor, ich hab mal eine Frage, ich bin Schriftforscher.
DR. JAEGER: Sie sind Schriftforscher.
ANRUFER: Ja, nicht direkt – ich beschäftige mich mit Schreibmaschinenschrift. Ich hab eine Schreibmaschine gebastelt, auf der verschiedene Sprachen drauf sind. Rumänisch und Chinesisch, der Rest in deutscher Sprache gehalten, also die Typen.
DR. JAEGER: Die Typen sind also gemischt, wenn ich recht verstehe.
ANRUFER: Die Typen sind gemischt. Die Tasten sind aus Holz. Die Schreibmaschine ist zwei Meter lang. Damit betreibe ich Forschungsarbeiten. Die chinesischen Typen bediene ich mit einem Fußpedal, aber nicht alle. Die deutschen Schrifttypen sind gemischt, Plattdeutsch ist ganz vorne, und Hochdeutsch ist in Versalien angeordnet. Nun ist es so, wenn ich H drück, denn wird auch zugleich Tö getippt, damit setz ich gleichzeitig eine Musikwalze in Bewegung, und dann setzen sich automatisch die rumänischen Buchstaben in Fraktur in Bewegung.
DR. JAEGER: Dann setzen sich gleichzeitig die rumänischen Buchstaben in Bewegung.
ANRUFER: Nicht immer – denn ich kann auch chinesisch und plattdeutsch alleine tippen.
DR. JAEGER: Das ist ja hochinteressant.
ANRUFER: Über den Typen hab ich Hochfrequenzlampen installiert und eine Lupe, die ich verstellen kann. Nun wollte ich mal anfragen – da ich ja wissenschaftlich arbeite – tagsüber hab ich im Garten vollauf zu tun und hab noch Geflügel zu versorgen –, ob es möglich ist, diese hochqualifizierte Maschine in der Forschung oder Schreibmaschinenindustrie anzubieten.
DR. JAEGER: Soviel ich weiß, gibt es in Göttingen ein Institut, das sich mit Schreibmaschinen aus Halbmetall in Verbindung mit Hochfrequenzlampen und Halbleitern beschäftigt. Da müssen Sie Ihre Schreibmaschine mal einreichen. Ob Sie damit zurechtkommen, weiß ich nicht. Trotzdem wünsch ich Ihnen schon jetzt viel Erfolg.
ANRUFER: Da wär ich nicht mal draufgekommen, also erst mal vielen Dank, das werd ich sofort in die Wege leiten.

Räucheraal im Aquarium

DR. JAEGER: Praxis Doktor Jaeger!
ANRUFER: Ich hab 'n Aquarium.
DR. JAEGER: So, Sie haben ein Aquarium.
ANRUFER: Das hab ich selbst gebastelt, alles vollhygienisch, denn die Fische brauchen ja auch Luft und Hygiene. Denn ich hab 'n Terrarium gehabt, da warn Goldhamsterpärchen drin – und das stank mir zu sehr. Deshalb bin ich ganz auf Fische übergegangen.
DR. JAEGER: Deshalb sind Sie ganz auf Fische übergegangen.
ANRUFER: Ja, also Zierfische.
DR. JAEGER: Was haben Sie denn für Zierfische, wenn ich mal fragen darf.
ANRUFER: Ja, Zierfische sind das auch nicht. Das sind größere Fische.
DR. JAEGER: Das sind größere Fische.
ANRUFER: Z.B. hab ich 'n Räucheraal im Aquarium.
DR. JAEGER: Das ist ja merkwürdig.
ANRUFER: Nun hab ich das Aquarium nicht waagrecht, sondern hochkant – nun schwimmen aber die Fische auch senkrecht.
DR. JAEGER: Weil das Aquarium senkrecht ist.
ANRUFER: Weil das Aquarium senkrecht ist. Oben halt ich denn immer 'n Kopf Blumenkohl rein, damit die Fische was zum Knabbern haben. Oder grüne Gurken. Das ist mal was anderes.
DR. JAEGER: Ja, Grünes ist als Beigabe für Fische genauso gesund wie für uns Menschen.
ANRUFER: Nun hab ich aber auch Bratheringe im Aquarium.
DR. JAEGER: Der Brathering ist ja ein reiner Verzehrfisch.
ANRUFER: Das will ich nich mal sagen. Der macht sich im Aquarium ganz gut. Nun wollte ich Sie mal fragen, wie lange sich Räucheraale im Aquarium halten.
DR. JAEGER: Wo steht das Aquarium?
ANRUFER: Ja, das Aquarium steht im Schlafzimmer.
DR. JAEGER: Haben Sie im Aquarium Neonlicht installiert?
ANRUFER: Ja, aber verdeckt.
DR. JAEGER: Dann halten sich grade Räucheraale ungefähr zwei bis drei Monate.
ANRUFER: Ja, recht vielen Dank, Herr Doktor.
DR. JAEGER: Ja, bitte sehr.

Sternzeichen

DR. JAEGER: Ja, Doktor Jaeger!
ANRUFER: Herr Doktor, ich trete mal mit einer Frage an Sie heran.
DR. JAEGER: Um was handelt es sich denn?
ANRUFER: Also ich halte sehr viel von Sternzeichen und les auch diese Horoskope alle durch. Meine Frau ist Skorpion. Das ist auch nicht übertrieben. Ich mein – sie sieht nich so aus. So ähnlich auch nicht mal – nur sie hat viel Eigenschaften davon.
DR. JAEGER: Ja, also sie ist Skorpion.
ANRUFER: Ich bin Sternzeichen Brikett. Und nun zanken wir uns immer viel. Nun hab ich in der Funk-Illustrierten gelesen, daß Skorpion und Sternzeichen Brikett nicht zusammenpassen.
DR. JAEGER: Ihre Frau ist also kompliziert?
ANRUFER: Kompliziert auch nicht mal – kann ich auch nicht mal sagen. Meine Tochter ist Sternzeichen Sichel. Also mehr fürs Einfache. Nur die verträgt sich wieder nicht mit meinem Sohn, also dem Jüngsten – der Lütte ist Fische.
DR. JAEGER: Ihr Jüngster ißt gerne Fische, wenn ich das recht verstanden habe.
ANRUFER: Er ist Sternbild Fische – er ißt wohl mal Fische, aber nur, wenn's unbedingt sein muß. Nun ist meine Schwägerin Sternbild – ich glaube Union, sie ist auch sehr eigen. Nun hab ich sehr viel dadrüber gelesen, daß das mit den Planeten-Laufbahnen zu tun hat – also wenn sich Sterne verschieben – das soll auch mit Sternschnuppen was zu tun haben – wenn Kometen wegkippen. Ich hab mal so einen Kometenschwarm im Fernsehen beobachtet. Nun wollte ich mal fragen, wie das mit dem Sternzeichen zusammenhängt.
DR. JAEGER: Ja, schauen Sie, jeder Mensch ist ja anders veranlagt. Sternzeichen Waage ist mehr abwägend. Sternzeichen Union ist mehr für das Künstlerische. Je nachdem wie die Sterne sich verschieben, so entstehen Sternbild-Konstellationen. Der Union-Geborene wird von den Sternbildern Sichel und graues Dreieck in der Nähe Saturn beeinflußt. Da der Saturn viereckig ist, ist auch der Union-Geborene sehr eigen, also für viereckige Formen. Tischdecken, Bücher, Schnellhefter. Während der Skorpion mehr fürs Runde ist.
ANRUFER: Recht vielen Dank, Herr Doktor.

Bildermuseum

DR. JAEGER: Ja, Doktor Jaeger!
ANRUFERIN: Herr Doktor, also ich bin sehr kunstinteressiert. Ich interessiere mich besonders für Farbdias, denn Postkarten – also überall wo Tiere und Zweige drauf sind. Nun warn wir in der Kunsthalle – das auch nich. Wir warn im Bildermuseum, wo nur Bilder sind. Das nannte sich – ich glaub, Diskothek auch nicht, da geht meine Tochter immer hin, das war in München, Pikothek, jetzt fällt's mir wieder ein.
DR. JAEGER: Pinakothek.
ANRUFERIN: Ja, richtig, Pikanothek in München. Nun haben sie da so Bilder, wo alles schief und krumm drauf ist, der Name von dem Maler, der malt alles so durcheinander – Pikanno.
DR. JAEGER: Sie meinen vielleicht Picasso, kann das sein?
ANRUFERIN: Picossa, richtig, der gefiel uns gar nicht, da hängen die Bilder auf'm Kopf, und alles so kreuz und quer. Aber andere Bilder, der Mann mit dem Silberhelm, das war in Gold gehalten, der hieß glaub ich – Uwe Seeler auch nicht – der hieß Brand auch nicht, irgendwas mit Brand.
DR. JAEGER: Sie meinen Rembrandt, der Mann mit dem Goldhelm.
ANRUFERIN: Ja, richtig, der Mann mit dem Silberhelm, das hat uns aber nicht ganz so gut gefallen. Da war noch was anderes, mit Tulpen, die konnte man auch auf Postkarten kriegen. Ich will das zum Verschenken haben. Wo kricht man nun so was?
DR. JAEGER: Tulpen sind ja besonders zierlich und dekorativ. Postkarten mit Tulpen wirken auch beruhigend.
ANRUFERIN: Nun warn da auch Postkarten, da warn so Tupfer drauf.
DR. JAEGER: Farbtupfer?
ANRUFERIN: Ja, aber nicht so deutlich.
DR. JAEGER: Warn das Kunstpostkarten?
ANRUFERIN: Ja. Das sah so aus wie Linoleummuster. Nur verschwommen. Denn waren da so wie Kurven drüber.
DR. JAEGER: Sie meinen vielleicht abstrakte Abbildungen.
ANRUFERIN: Ja, aber handgemalen.
DR. JAEGER: Die werden im Boppard hergestellt. Das ist eine Schaumstoff-Fabrik, die aber auch diese doch sehr ansprechenden Postkarten von dressierten Tieren malen lassen.

ANRUFERIN: Dann will ich mich da an mal wenden. Von Tieren stand da auch was.
DR. JAEGER: Ja, das hilft Ihnen bestimmt.

Fahrrad in der Antike

DR. JAEGER: Doktor Jaeger, Psychologe!

ANRUFER: Ich habe eine Fahrradhandlung und versende auch Fahrradzubehör ins Ausland – zum Beispiel Fahrradklingeln für Neger.

DR. JAEGER: Ja. Besonders im schwarzen Erdteil wird ja doch noch sehr gern geradelt.

ANRUFER: Nur, die kleben sich die Klingeln an den Hut – wissen Sie, da unten sind andere Bräuche – auch die Radwege sind ja in Afrika nicht das, was sie hier sind.

DR. JAEGER: Die Rad- und Gehwege sind besonders im Erdteil Afrika sehr schlecht ausgeschildert. – Wie alt sind Sie denn?

ANRUFER: Ich hab die Fahrradhandlung seit 1937 – vormals Klemmschuh und Adolf Schmidt – schräg gegenüber war die Reifenfabrik Otto Wrage – der alte Wrage ist ja beim Brand der Reifenfabrik mit umgekommen. Nun wollte ich Sie ja eigentlich fragen, ob in der Antike unser Fahrrad schon bekannt war?

DR. JAEGER: Das Fahrrad wird erwähnt in den Annalen der Schloßkirch des Großherzogs von Schwerin im Jahre 1400 – dann hat man lange nichts mehr davon gehört. Schon lange vor den Azteken war es üblich Radzufahren – auch auf alten Steinreliefs sehen wir immer wieder die Szene dargestellt, wie Fahrräder von Hohepriestern geopfert werden! In einer Inschrift wird sogar der Antrieb eines Mopes beschrieben – Fahrradbereifung kannten bereits die Kelten und Normannen.

ANRUFER: So, das ist ja doch hochinteressant zu wissen, ich danke recht herzlich.

DR. JAEGER: Ja, bitte sehr – auf Wiederschaun!

Bettzeug

DR. JAEGER: Ja, Doktor Jaeger!
ANRUFER: Guten Abend, Herr Doktor.
DR. JAEGER: Ja, guten Abend.
ANRUFER: Ich hab mal 'ne Anfrage. Ich muß Sie ma' was fragen.
DR. JAEGER: Ja, was hätten Sie denn gern gewußt?
ANRUFER: Meine Frau stärkt immer das Bettzeug. Das ist in letzter Zeit so mürbe, daß wir schon Schwierigkeiten damit haben. Wissen Sie, das platzt denn immer und reißt so weg, wenn wir ins Bett steigen.
DR. JAEGER: Wenn Sie ins Bett gehen.
ANRUFER: Immer wenn ich die Decke mit dem Inlett hochziehen will, dann bricht mir das Bettzeug ab.
DR. JAEGER: Dann bricht Ihnen das Bettzeug ab. Wie ist das denn möglich?
ANRUFER: Ja, das kommt so, wissen Sie, meine Frau ist so überakkurat – und sie stärkt immer alles mit Wäschestärke.
DR. JAEGER: Mit Wäschestärke.
ANRUFER: Ja, die Bettwäsche, also die stärkt sie so, daß das Bettzeug richtig so wegreißt. Das reißt so weg, wenn wir die Decke hochziehen wollen. Ich faß dann meist immer an eine Ecke an und ratsch – denn hab ich nur noch Flicken in der Hand. Ich mach Ihnen das gar nicht zeigen.
DR. JAEGER: Dann stärkt also Ihre Frau das Bettzeug zu stark.
ANRUFER: Das ist es überhaupt.
DR. JAEGER: Was halten Sie denn davon, wenn Sie mit Ihrer Frau mal durchsprechen, daß das Bettzeug davon zu mürbe wird?
ANRUFER: Ja.
DR. JAEGER: Nicht, sprechen Sie das ruhig mal durch. Und dann kann ich Ihnen empfehlen, wenn Sie ihr das mal sagen – das Bettzeug nach dem Stärken etwas einweichen und ganz vorsichtig einölen. Dann reißt das nicht so weg.
ANRUFER: Das werd ich meiner Frau mal sagen. Nur mein ich – also wenn meine Frau das Bettzeug einölt, das is doch auch nicht so angenehm.
DR. JAEGER: Sie darf das natürlich nicht übertreiben.
ANRUFER: Das werd ich ihr mal sagen.
DR. JAEGER: Das sprechen Sie mal durch.
ANRUFER: Nun sind die Schlafanzüge so mürbe.

DR. JAEGER: Ja, besonders empfindliche Menschen, besonders für Langschläfer, da gibt es Wachstuchüberzüge für die Schlafanzüge.
ANRUFER: Also richtige Schonüberzüge.
DR. JAEGER: Richtige Schonüberzüge.
ANRUFER: Das ist genau das richtige – da wird meine Frau sich aber freuen. Vielen Dank auch.
DR. JAEGER: Bitte sehr.

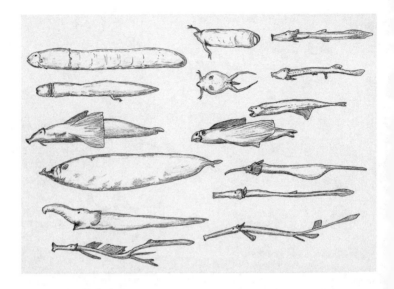

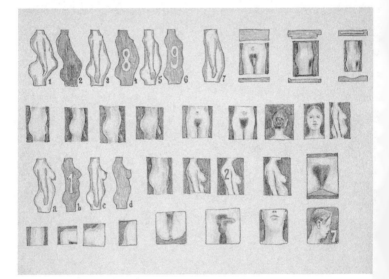

PATIENTENKARTEI

Patient Wolfgang Unnisch

Herrn Dr. Vorburg
Psychiatrische Klinik und Landesheim, Birkenhof
Gutachtenabteilung
Weisenhäuserstr. 7

Betr. Überweisung des Patienten Wolfgang Unnisch, zZ. Jugendfürsorgeheim Waldfrieden, Nieder-Großenhaide, Täuften bei Oberkassel-Lichtenrade=Neubredo/Kassel-Oberkasselberg.

Krankengeschichte:
Patient ist ca 1,89 groß, Längenwuchs, linguistischer Typ, eher hellhäutig, 24 Jahre alt, braunäugig, Neigung zu eufralen Affekten, Hypothermie, verminderte Kausalaffekte, Spasma, Leukoplasmen, Höhen- und Platzangst, Zungenbiß (Tragen einer Mundklemme erforderlich), Torax 1–2, starke bis abnorme Eßlust, Neigung zu Erbrechen, labiler Puls, Kopfschmerz, nächtliches Aufschreien, Schreckhaftigkeit, zunehmende Ermüdbarkeit, vasomotorische Krämpfe, Harnstottern, Appetenz, Phlegma, angewachsene Ohrläppchen.

Patient singt auch im Sommer Weihnachtslieder, will Dirigent, bisweilen auch Operndirektor werden. Dirigiert nachts im Bett, Übergang in unübersichtliches Gestikulieren, Anfälle. Dirigiert nach Zurechtweisung der Wärter auch auf dem Abort weiter. Bekommt nun Injektionen mit Granulan 1 zu 5, Alaun-Einläufe. Verrichtung der Notdurft nur im Beisein zweier Pfleger. Will neuerdings seine Exkremente sammeln bzw. aufbewahrt wissen. Angeblich für Forschungszwecke. Auch Behandlung in der Dunkelzelle ohne Erfolg. Eher Verschlechterung. Auch Drohung nützt nichts. Beißt bei der Visite Pfleger, gelegentlich sogar Ärzte, danach Anfall. Beißt sich an der Mundklemme wund. Behandlung mit vittersaurem Natron und Sorinal in Verbindung mit sauerwarmen Einläufen nach Dr. Wehner. Danach Verschlechterung. Erst nach Traubenzuckerbeh. Besserung, wird auf bessre Kost gesetzt, alle 2 Monate Ausgang im Anstaltspark im Beisein von Pflegern. Singt wieder Weihnachtslieder, nach Androhung von Dunkelarrest auch ein Frühlingslied, wenngleich ohne Heiterkeit. Im Bett wieder heftiges Dirigieren, Beschädigung des Inventars. Behandlung mit Sorinal sowie Unterwassereinläufe. Umsichschlagen, Sichfesthalten an Türen, Betten u. dergl. Muß in der Badewanne festgeschnallt werden, trotz Injektion von Sebonol bis 1 zu 3.

Befund:
Patient ist eher labil-paranoid mit konträr-vasomotorischer Affektstörung, infantil-transparente Vorstellungen, Regressionen, feuchtwarme Hände, trockene bis weiche Stimme, schlechte Merkfähigkeit, Indolenz. Patient sonst ordentlich.

Überweisung zwecks Gutachten, evtl. Landesaufnahme erforderl.

Zusammenfassung:
Stigma, Psych. Ant., hyperton. Kar. Pr. 1–6, Hemianopie.
Tragen einer Wärter-Zugleine nach Welser-Getschmann empfohlen.
   Prof. Röhrig
   Landesanstalt für Geisteskrankenpflege
   Baden-Baden

Patient Wolfgang Paleschke

Herrn Dr. Tümmler zur Ansicht
Betrifft Neueinbettung des Patienten Wolfgang Paleschke, bisher Samariterheim (Pflegefall, Nässer).

Beschreibung:
Der Paleschke hat sich auch im Samariterheim nicht an die Heimordnung gehalten, war ungeduldig und hat sich an Gemeinschaftsspielen nicht beteiligt.

Er ist ein ruhiger, besonnener Mensch, der auch fleißig sein kann, wenn er dazu angehalten wird. (Bisher: Heidelberger Wannenbäder, Stockhiebe nach Dr. Wassermann.)

Er ist hellhäutiger, eher sanguistischer Typ, hieraus ist auch seine Zanksucht zu erklären.

Trotz jüdischer Kopfform (bei gedrungenem Rumpf!) ist Patient folgsam und gehorcht dem Personal, allerdings nur nach verabfolgten Schlägen auf den Kopf. Schläge auf Gesäß, Genital und Extremitäten fruchten nicht.

Er ist bisweilen verträglich, ißt seinen Napf leer und folgt den Wärtern bis zum Abort. P. wird jedoch unpäßlich, sobald die Schläge weggelassen werden.

Zusammenfassung:
P. ist ein etwas dramatisierender Mann, seine Vorstellungswelt darf daher als übertrieben angesehen werden. Seine Handlungen stimmen nicht mit seinen Überlegungen überein. P. gibt sich gern als nur vorübergehender Patient aus. Er will nicht wahrhaben, daß er keine Angehörigen hat und deshalb bei uns bleiben soll (typische Ekleksis). P. ist sonst aufgeschlossen und ein aufmerksamer Beobachter, wenn Fragen und Aufgabestoff in ihm angemessener Form und Rahmen bleiben.

Bewertung:
Der Wolfgang Paleschke kann zusammenfassend als ein durchaus fleißiger und durchschnittlich gebildeter junger Mann mit starker Neigung zur Willenslosigkeit und Vagabundage dargestellt werden. Hinzu tritt ein stark ausgeprägter Zug zur Verwahrlosung. P. hat nur unzusammenhän-

gende, offenbar noch unreife Vorstellungen über ein soziales Zusammenleben, Ehe, Beruf. Er will sich immer nur ein Zimmer mieten, ohne irgendeine Berufsvorstellung zu haben. Er will plötzlich Kapitän werden, ein andermal Dirigent. P. erzählt auch oft von einer Erbschaft in Kalifornien. Auch Kopfnüsse bringen ihn von dieser Idee nicht ab.

Bisweilen will P. eingesehen haben, daß ihm die Schläge z.B. auf die Beine und Gelenke gutgetan haben sollen, da er sowieso an Rheuma leide. Auch die Schläge auf den Kopf sieht er schließlich ein. Da würden endlich mal die vielen schwarzen Gedanken, die ihm kämen, vertrieben. Auch die Anzahl der Schläge habe für ihn die verschiedenste Bedeutung. 7mal sei gerecht, oder 17. 8 sei weise, 8 sei vorausblickend (vielleicht weil 8 Hiebe in der Regel verabfolgt werden?). Er spricht auch oft davon, daß die Stadt Hephitrigon 8mal von den Etruskern geschlagen wurde.

Patienten Köster, Goldberg und Bernitzky

An das Landesgesundheitsamt Bad Tölz

Herrn Dr. Brokate zur Ansicht.

Betr.: Untersuchungsergebnis zur Beschwerdesache im Hauptkrankenhaus Döllenburg. In der Nebenklage/Entziehungsheim Döllenburg, Döllerwerderberg. Laufende Aktenstückendnummer 1200/Q64 bo (Bitte in der Begutachtung angeben!)

a) Allgemeiner Eindruck:
Ich habe den Eindruck, daß sich die klagende/nebenklagende Personengruppe zum großen Teil zur Klage hat hinreißen lassen.

Ausgegangen sein mag die Beschwerde von den Patienten Köster und Goldberg, die sich auch in der Behandlung als schwierig und unduldsam hervorhoben. Nach den Krankenhausberichten neigte besonders Köster zu handgreiflichem Aufbegehren gegen das Pflegepersonal, so daß dieser durch eigenes Verschulden festgeschnallt und durch Bäder beruhigt werden muß, nachdem auch medikamentöse Dämpfung ganz offenbar zu sehr gesundheitliche Verschlechterung mit zur Folge hat.

b) Vorgeschichte:
Zur Erhellung des Tatbestandes dürfte die Krankengeschichte des vermutlich als Hauptkläger in Frage kommenden Walter Bernitzky von Interesse sein, wodurch auch auf die Bedeutung der Erbbelastung bei somattransfusiorischer Hyperdistose und deren Folge auf die direkte Irritierung des Umweltempfindens des Patienten ein Licht geworfen wird.

Patient wurde mit folgenden bereits vorhandenen Daten in die Neurolog. Abt. übernommen:
Starke Epidermis nach als Scharlach diagnostizierte Kinderkrankheit, Spermenkranzbelastung durch falsche Diät während der Schulzeit, stark pubertierend, Spasma, linkes Ohrläppchen angewachsen, starke sexuellparanoide Veranlagung durch d. Mutter, Vater weniger, Verkehr mit Eltern nicht möglich, da konvexer Stupor, aber Elternerlebnis, zuerst Schlafzimmer, dann Küche, daher Ekel vor Speisen? Falsche »Sommerdiät«,

Diarrhö, Harnstottern nach regelmäßigen Elternerlebnissen i. elterl. Schlafzimmer und später im Freien (seltener), Erwachsenenabneigung, später nach Erlebnissen an Kindern (Etagenwohnung) »Empfindlichkeit im Schritt«, Behandlung mit Höhensonne und Halbmassagen. Kurzwellenbeh., danach immer öfter »abstehende Hosen«, nun Harnandrang, sobald der Vater im Hause ist. Ist die Mutter in d. Nähe, habe er die Höschen nicht mehr in der Gewalt, von nun ab Verkehr mit d. Mutter (Magdeburg), Entwöhnungsheim, nachdem d. Mutter schwängert und die ausgetragene Tochter zu große Beziehungen mit dem Sohne eingeht, u. durch Mutter überrrascht werden. Vollkuren (Molkekuren) im Franziskanerheim für gefallene Kinder, nach einem Erlebnis mit e. Betbruder der Fröbelgilde stellt sich eine Bauchsenkung ein, labiles Phlegma, Katakombengang, Frösteln, Utensiliensucht (nach Kretschmer), Kinderbartbildung am Unterbauch (Jugendkleid), Samtpfötchen, Heizerlunge, latente Ganglien.

Rebelliert auf der Station, wenn die Schwestern ihn zum Baden führen, verweigert die Verpflegung (Vollkost), wird auf halbe Kost gesetzt, läuft 14 Tage in der Teildiät mit, auch hier kein Erfolg, selbst Naßarrest nützt nichts.

Als er von den Nachtschwestern beim Masturbieren überrascht wird, streitet er alles ab, und auch Gliedhiebe in Beisein von Prof. Bade bringen ihn nicht von diesem Laster ab.

c) Gesamteindruck:
Insgesamt läßt sich folgendes sagen:
Da die Beweißkraft des unter Einflußnahme der Krankheit stehenden Patienten sehr stark eingeschmälert ist, wofür der Patient freilich ebensowenig kann, wie der Gesunde für seine Gesundheit; so müssen wir, grade aus der Sicht des Arztes heraus und grade in der Neuropraxis auch die Prozessiersucht als Symptom sehen, weswegen der Kranke ja bei uns ist und ihm geholfen werden muß.

Mit der Bitte um ein objektives Gutachten und baldige Rücksendung!
Dr. E. Hallasch

Halbakustische Wortbilder als Zwischenträger bei obligatorischen Diagnosen

Die ständige obligatorische Einschränkung bei Sammeldiagnosen bringt es mit sich, daß gerade in der Praxis des Speed-Therapeuten die Gefahr lauert, sich durch gegenseitige Ausschaltung oder Überschneidung einzelner diagnostischer Faktoren, um den Wert einer Diagnose überhaupt erst einmal zu prüfen, in ein bedenkliches Feld zu begeben.

Dieses Risiko muß aber der Psychiater immer eingehen, wenn er nicht andere Gründe hat, die ihm diesen Weg verbieten.

Aus diesem Bereich sind gewiß neue Erfahrungen erwachsen, mit der Einschränkung, daß gerade unsere neusten Fortschritte auf dem Gebiet der Signalanalyse und der forensischen Neurologie immer wieder Veränderungen erfahren, die auch ihre Grundlagen mit einbeziehen.

In meiner Arbeit über die ploralen Phasen bei costovertebralen Störungen als Nebenwirkung habe ich dies auch zum Ausdruck gebracht.

Als nur bedingter Träger etwa vasomotorischer Störungen im Sinne einer Miteinbeziehung von Kausalaffekten gibt uns die klinische Untersuchung einer toxischen und an Kindbettfieber erkrankten, jungen venerischen Frau ein typisches Beispiel.

Vorgeschichte:
Die Frau ist debil, eher sanguinisch, Kopf oft zurückgewendet (Auflieger), typische kataleptisch introvertierte Bewegung der Hände, bei fehlender echter Katalepsie (daher auch kein Beugereflex der Gelenke, Brustsitus) Patientin ist 24 Jahre alt, eher jünger aussehend, und war vor Einlieferung in die neurologische Station Fremdsprachenübersetzerin, vorher Volontärin und Telefonistin. Seit 4 Jahren in ärztlicher Behandlung wegen Schlaflosigkeit, »Persönlichkeitsspaltung«, Konzentrationsmangel, oft Kopfschmerzen, Träume, vermehrtes Schwitzen, trockener Gaumen, Opstipation, Masturbation.

Befund: Vergrößerte Labien, kleine Ganglien und Varizillen, Erkältungsschäden, Wanderniere. Im Gesamtbild nervös-passiv, Lidflattern, Obrigkeitsgefühl, starke Ablenkbarkeit, Erröten, Harnstottern.

Bei der Patientin fallen alle sagittal-serösen Reaktionen positiv aus.
Nachsprechen: Vorgesprochen, nachgesprochen, z.B.:

Orkan – Organ, Fassade – Sahne, Kostüm – Küstrin, Versalie – Verzeihung, Kleiderbürste – kleine Brüste, Schulzeugnis – schmutzig, Verkehr – verkehrt.

Bebauungsplan einer Schwerbeschädigten-Wohnsiedlung

Herrn Boberg zur Ansicht!
Mit der Bitte um Weiterleitung an das zuständige Erstattungsamt.

Betrifft Bebauungsplan einer Schwerbeschädigten-Wohnsiedlung innerhalb eines gemischten Dauerwohngebietes.

a) Änderungen:
Im Zuge der Bebauung des ehemaligen Geländes der Diakonissenanstalt Elmer-Öjendorf und einem Schweißhunde-Übungsplatz der Schweißhundeerprobungsstelle Brandheide wird hier eine SBW-Siedlung nach dem Muster in Soderberg erstellt.

Es hat sich jedoch herausgestellt, daß im Laufe der Teilerstellung erhebliche Erdbewegungen nötig waren sowie Umleitung des Kochem-Nauener Abwässerkanals, da dieser nicht unmittelbar die Wohnfläche durchschneiden soll. Durch diese Maßnahmen sind nicht unerhebliche Änderungen notwendig geworden, um auch die gestiegenen Kosten teilweise auszugleichen. Statt, wie vorgesehen, die Fahr- und Gehwege mit hitzeabweisendem Ruberitverschnitt zu versehen, erhält 2 Drittel der Fahrbahnfläche Rollsplittbewurf.

In der Bedachung der flachgeschossigen Bauten werden erhebliche Änderungen nach RVO vorgenommen.

Ferner werden in der Grün- und Erholungsfläche Zweckbauten nach RVO und § 18 des STG eingeschossen, und zwar im Verhältnis 1 zu 2.

Die Grüngürtel werden aufgelockert. Statt schallschluckender Harthölzer sind billigere Weichhölzer vorgesehen, wo diese nicht genügen, Mischhölzer nach RVD.

Wände und Trägerwände der hochgeschossigen Bauten erhalten Versteifungen aus armiertem Vollbeton und nicht, wie vorgesehen, aus Glasfaser-Trägerbeton.

Die Bettungen, Fundamente und Unterwälzungen für die Hoch- und Vollbauten erhalten Grobschlittbeimengung oder Schotterverschnitt. Die Neigungswinkel der Dachwalme und Unterfangungen werden entsprechend verkürzt, ohne die Obergeschosse wesentlich zu beschneiden. Es entfallen alle Aufwinkel über 6 %.

Treppenhäuser und Aufwege werden im Verhältnis 1 zu 2 beschottert (nur für Freilandtreppen).

Verschönerungsbauten und Freizeitflächen (ohne Versehrtensportplatz) müssen um 1 Drittel gekürzt werden, um noch einen Terrain nach RVD sowie gemäß Luftschutzbauverordnung aufzunehmen.

Um die Kosten für die Laufwasserheizung zu gewährleisten, muß für die sanitären Einrichtungen eine Kostenschmälerung vorgenommen werden, ohne die Grenze nach unten hin wesentlich zu unterschreiten. Vorgesehen ist das allgemeine Versehrtensitzbad Gruppe 2 und nach Maßgabe und Antrag eine den Bauvorschriften entsprechende zweite Spültoilette für die Versehrtenstufe 3 nach VST.

Über die zweite Spültischtoilette für Stufe 3b nach der Altrentner- und Altenversehrten-Gliederung liegt noch keine Einbaubewilligung vor.

Gutachten

Ströher,
Ingrid
Somatische Daten:
Toxischer Befund, unklar, Körperfarbe (Fleischmann): eher grau. Sinus, Taxen, Tuben, Ovarien. Hallogene, Anamese, Hände, gestreckt: gerillt gefächelt. Geballt: Blauwerden? Abdomen: sandig glatte Oberfläche, Wurzelgrube flach aufsitzend, Büstenhalterabdrücke, Aufrieb, Brüste: stark durchmodelliert, hoch aufsitzend, leichtes Tonikum. Walmbeine, eher flexibel, Stupor, Mastdarmkrone, außen gescheitelt, Absaufen der unteren Bauchhälfte, Schlinger.

Schünberg,
Hildegund:
Stenotypistin, Schalterkrankheit, Lockenwicklerabdrücke im Nacken, abends wie gerädert, Hände: Schreibmaschinenabdrücke, Alpträume, Archetyp. Bauch: gerastert, geriffelt, gestreift, Brüste: Kartuschenbrust. Gesäß: kariert, Riefen, große Reibeflächen. Kopf: gewellt, stark unterteilt, Felderwirkung, Ohren: gepreßt, Nase: gehöckert, Brillenabdrücke, starke Plastik.

Schuster,
Luise:
Kaufmännisch tätig, Katasterkrankheit, Lohntütenabdrücke, Lochstreifenmuster. Auslieferungshände, Landkartenzunge, Motettenmund, Madrigalnase. Preßbrüste, Tomatengesäß, Süßigkeitsbauch. Madonnengefühl. Rillensucht, Kündigungsangst, Altweibersommer, Puttenknie, Königinbeine, Kaiserzwang.

Schult,
Eberhard:
Kaufm., Krankenkassenkopf, Salla, salla, große Wollhände, Urlaubsaugen. Kassenzähne, Maklerohren, Rollkurbauch. Große, geprüfte Pufferbrust, großes Gesäß nach Unfallverhütungsvorschrift und DGB.

Überweisung des Patienten Walter Kaminski

Betr. Überweisung des Patienten Walter Kaminski

Diagnostische Befunde:
Hirnelektrisch: 2 bis 5, EKG: prophylaktisch introvertiert, leichte HEW-Kurve, saunaverdächtig, Apostelwahn, Kleinkrämerei und Oniomanie.

Gesamtbild:
Im großen und ganzen macht Patient eher neuropathischen Eindruck, wenngleich vom Torax her eine dermographische, akontinuierliche Mikronese nicht von der Hand zu weisen ist. Im dermoplexen Bereich fällt ein debilbedingtes Verhalten auf, das nicht unbedingt auf zoötische Seriösität der analsexuelllen Komponente schließen läßt.

Eine vasomotorisch kontrahierte Expansion der weiten Labien kann als rückaffektierte Aphonie im frühkindlichen Bereich der kleinen Sillen diagnostiziert werden.

Vorgeschichte:
Der Kaminski hat die Marineschule Kiel mit Zufriedenheit seiner Vorgesetzten absolviert, auf Grund seiner fliegerischen Leistungen wurde ihm das Marinefliegerexamen zuteil.

Kaminski klagt dann über Übelsein, Kopfdruck, er wird unpäßlich und vernachlässigt seinen Dienst.

Er wird aus diesen Gründen am 3.8.1959 der Torpedosuchschule Eckernförde zugeteilt, später der Schweißhundeschule Munsterlager, jedoch ohne Erfolg.

Am 28.3.1965 wird Kaminski in die Marineklinik Wilhelmshaven eingewiesen. Eine Umbettung in den Marinefliegersaal ist notwendig.

Er wird der Marineklinik vorübergehend entzogen und im Marinezuführungsdienst der Etappe eingesetzt, später dem Verwendungsdienst zugeteilt. Auch hier genügt der Kaminski den Anforderungen nicht und wird nunmehr der Reserve zugeführt.

In der Reserve genügt der Kaminski seinen Vorgesetzten zur Zufriedenheit und füllt seinen Dienst zur Genüge seiner Einheit aus.

Eine Versetzung in die Marinesuchstaffel wird nun vorgenommen. Jedoch ohne Erfolg.

Kaminski wird nun endgültig der Marine entzogen und dem Kreiswehrbereich der Reserve zugeführt.

Hier genügt Kaminski jedoch nicht der Reserve und wird nunmehr der Hilfsreserve des Ersatzdienstes zugeführt.

Hier bewährt sich der Grenadier und wird nun dem 2. Grenadierbataillon Fallingbostel zugeteilt.

Nach einer Brückenbauübung klagt der Grenadier über Nackenschmerzen mit Übelsein.

Der Grenadier macht sich außerdem Vorwürfe über sein schlechtes Verhältnis zur Truppe, er macht bisweilen einen verwirrten, konfusen Eindruck. Er führt seinen Dienst nicht mehr sorgfältig aus.

Er wird nun der Sammelreserve des Hilfsdienstes zugeteilt, auch hier ohne Erfolg.

Er wird nunmehr der Reserve für Heer und Ersatzwesen zugeteilt.

Am 16. 5. dieses Jahres wird der Grenadier in die neurologische Abt. des hiesigen Krankenhauses überführt.

Gutachten:
Patient ist labilvegetativ aversiert. Er kommt seiner Arbeit nur auf Drängen nach. Sein Triebverhalten macht eine Beaufsichtigung dringend erforderlich. Die Verwendung für das Heer ist hierdurch nicht eingeschränkt.

Der Patient ist für sein Handeln voll verantwortlich, wenngleich eine frequente Avulenz im präsentilen Beeinträchtigungsbereich der satigalen Fixierungsebene neutropisch affektiert ist.

Der Patient ist mit einer Stilisierung einverstanden und möchte sobald als nur möglich wieder seinem Dienst nachkommen können.

Der Grenadier Kaminski ist voll reservetauglich und kann nach seiner Entlassung wieder der Truppe zugeführt werden.

In Vertretung
Dr. Öppisch

Konstitutions-Tabelle

nach Prof. Ötzer
für Reihenuntersuchungen an staatlichen Anstalten

Name des Exploranden:
Vater/Mutter, Vormundschaft (seit wann?):
Beruf (sonst Schüler (in), Anwärter (in), Einsitzende (r)):
Bei Schülern Klasse, bei Einsitzenden Strafgrund:
Stammbaum d. Eltern (Sippschaftstafel), Krankenkasse, vererb. Krankh.
(Syph., Säuferwahn, Diab.):

Spitalaufenthalte:
von: bis:
in: Unters.bef.:
von: bis:
in: Unters.bef.:

Sonstige Aufenthalte:
Trinkerheilanstalt, Lungenheilstätten, Arbeitshaus:

Geschlechtsmerkmale:

Charakterfehler:

Beginn endogener Krankheiten:
Haarausfall, path. Nephritis, Eulopsie, häufiger Stellenwechsel, Infekte:

Allgemeine Konstitution:
mittel, schlecht, schwach, dick, Schuhgröße, Hutnummer

Habitus: Abdomen: mittel, schwach.
Vorbauch mit/ohne, Doppelbauch (1, 2, 3), roh, belegt, krustig, rote Zeichnung,
Überbauch, Wetzbauch, mittel, schwach, Senkbauch, Schwielenbauch, Trüffelleib, Grünbäuchigkeit (prima donna)

Rücken:
gut, schlecht, klare Zeichnung, stark durchgezeichnet, krumm, plump (Bücherrücken), Rucksackabdrücke, seit wann?

Gesäß:
ruhig, nervös, groß, klein, winzig, sehr groß (Sitzer), Birnengesäß, Wundsitzer
Farbe: blaß, blau, weiß, rot, grün, gelb, schwarz (seit wann?), Zeichnung?

Füße:
gut, schlecht, mittel, Sitzfuß, Spaltfuß, Wendezehe, Watbeine, gehefteter Fuß (nach Kretschmer), Stelzenbeine, gestiefelter Lauf, Senkfuß

Kopf:
groß, klein, winzig, Doppelkopf (Denkerkopf), Kopflastigkeit

Gesicht:
oval, spitz, viereckig, pfannenförmig, konzentrisch, sym., wellig, Kastenkopf, getigert, blaß
Mimik: viel, wenig, Kasperkopf, Arbeitergesicht, Drachenkopf, Querfurchen, mittel/schwach, Falten, gerillt, gewalzt, Gichten, Wetzer, kariert, gekemmt, »wie gebadet«

Gummihaut, Zeisiggesicht, Kurzsichtigkeit, Stenogesicht, Plasma, Grillenkopf, Knautschen (nach Fengler), Giraffenhals, Brillensucht, Beißzwang (hacken?), Stangenkopf, Schaufelgesicht (nach Kretschmer), Sattelgesicht

Brust:
Brüste: spitz, lang, klein, groß, sehr groß, übermäßig, gestaffelt, Nebenbrüste (wieviel?), schlaff, stramm, fettig, Vielbrüstigkeit, Büstenhaltergröße (nach Fleischmann)
Büstenhaltertragen seit wann? (Schulbrust)
Runzeln, Kuchenbrust, Kürbisbrust.
Mimik: stark, mittel, schwach, Musikbrust, Kofferbrust, Bullenbrust

Name der Anstalt:
Untersucher:

Truppenärztliches Gutachten (Tra.G)

Vorgeschichte:
Z. will starkes Schwindelgefühl sowie konträr-neurastische Schmerzen im Bereich des linken Torax verspüren. Könne vor Schmerzen nicht gehen. Konvulsionen. Extra udrenale Indolenz. Evtl. Stupor. Erbrechen/Fieber. Könne seinen Vorgesetzten nicht mehr erkennen (trotz Einheitsbrille G/302)

Befund:
Z. macht einen labilen Eindruck. Übertreibt gern. Häufiger Stellenwechsel. Vegetative Desphylose, autovasomotorische Sporadität, Oligurie, Spasmen, leukostatischer Typus, offenbar Pneumatiker, Arbeitsunlust, Einschlafen der Finger, Gesichtsarophie, schwere linguosmatische Atmung, leichter Tremor, ungelenke Bewegungen, Interessenlosigkeit, verlangsamte Sprache, Fraktur der linken Schlüsselbeinpfanne, verkalktes Ödem im rechten Lungenlappen, Neurit. Invulsion, offenbar laxent latente Neutropenie im Vagus optica, Allogie, Erbrechen, Schlaflosigkeit, Neigung zu Fieber. Raucherbein, Reizhusten, Bluthochdruck bei progressiver Hemiogie, Karotidenhüpfen, kleiner, kaum wahrnehmbarer Puls, Laxus pndxus, Tragen eines Urindämpfers ist erforderlich (Standardurinflasche mit Volldämpfer)

Gutachten:
Z. macht im Gesamtbild einen zufriedenstellenden, ordentlichen Eindruck. Wegen seines eher akuten als stationären Zustandes ist eine Beobachtung angezeigt. Der Soldat Z. ist voll truppentauglich.
(Truppenverwendungsstufe Ib)

Dr. Wüllner
Oberstabsarzt

Formblatt F

Arztbericht

Herrn Dr. Mögisch zur Vorlage!

Patient macht mutigen, ruhigen Eindruck, beim Sprechen starkes Einrasten des Kopfes. Geheftetes, naß-fettiges Haar. (Lückenbüßerhaltung)
Stoßempfindliche, stark gerötete Haut. Taucherkomplex (nach Lachmann), labiler Abendpuls, Fraktur der Fingernägel, innenseitige Handschwielen kontrahiert. Pupillen stark vergrößert, Nackenpölsterchen, regressive Atmung; nach drei schnellen oberflächlichen Inspirationen folgt eine längere Atempause, dann tiefer Seufzer (Fischatmung), kurzer weicher Tremor, frequenter, vergänglicher Puls mit Stenopausen (nach Kretschemer 4–5), weite Labilien (nach abendlicher Brotsuppe)
Gesicht: beim Luftholen sangende, löffelartige Haltung der Lippen, häufig Zungenbiß (Meutern, Binsenweißheit), Platzangst, danach Weißwerden der Lippen, Nachtschweiße.

Tagesbericht:
Patient hat heute ruhig auf Codein geschlafen, angeblich Donner gehört, bisweilen auch Hämmern gegen die Wand. Augen kraftlos geschlossen, bei Lidflattern.
Öffnet sofort die Augen bei Geräuschen; Türenschlagen, Unterhaltung auf dem Flur etc.
Heute trotz Codein und Einläufen nicht geschlafen, unruhige expansive Atmung (Trockenatmung), Plasma Leukoderm=Hydrosyszenz.
Wird auf Seborin gesetzt, schläft besser, bis auf leichte Krämpfe, von denen er aber nach Befragen nichts weiß.
Im Traume erscheint ihm immer wieder ein großer Kasten, schwer, Metall (Geldkassette aus dem Anstaltsbüro?)
Im Verlauf mehrerer Träume tauche dieser Kasten immer wieder auf, der ihm auf der Brust drücke. Er erkenne nun, daß es ein Sarg sei. (Sauermannscher Konflikt?)

Zur Beobachtung in die Gutachtenabteilung
gez. Dr. Vorhatten
Duplikat z. Händen von Herrn Dr. Brokate

Röntgenarzt

So, ich hab nicht viel Zeit. Also, erst mal hier oben Vierteltotale Praktina. Hier links oben die Staucherblase, Hammer und Amboß, unten links eine sehr schöne Corona im Aufgehen. Wenn Sie wollen ein Hypertonus wie vorhin. In der Vierteltotale ganz rechts, fast schon durchgestoßen, ein ziemlich unscheinbarer Steigbügel, der es in sich hat. Der Schatten daneben könnte als Fidibus angesprochen werden, wenn man will.

Ist das eigentlich der letzte oder ist draußen noch was? Na, das geht ja noch. Ich würde fast sagen, wir lavieren alles, das ist eigentlich immer ganz schön geworden. Ahrens, wollen Sie sich nicht mal im Trampolinschnitt versuchen? Na, versuchen Sie's mal. Nur nicht wieder die Sauger vergessen. Herr Kaminski, Sie strahlen ja geradezu, kommen Sie nachher an der Kantine vorbei?

Montags kommt erst mal alles rauf, was vordringlich eingegangen ist, also frische Unfälle, Schnittglasunfälle, laufen vorrangig, da haben wir soviel Ärger mit gehabt. Und wenn sonst was gebracht wird – immer abwimmeln. Dann prüfen, ob auch wirklich Schnittunfall in Frage kommt, denn da haben wir schon Prellungen und sonst was mit dazwischen gehabt. Sogar schon Gichter. Dienstag kommen erst die Umbettungen dran. Auch alles, was aus der Inneren und der Poliklinik kommt, gar nicht erst annehmen, denn wie soll Heinz da mit dem Essenswagen durchkommen.

Vortrag zur Krankenpflege

Gerade in der Kleinbetreuung am Krankenbett oder sei es auch am einfachen Krankenlager hat sich einiges getan. Da ist zunächst einmal das Wohlbefinden des Patienten, das geht hinunter bis zum Austeilen der Essensmarken. Um es kurz zu machen, wir zerbrechen uns heute mehr denn je den Kopf darüber, wie wir unsere Pfleglinge gut und rationell unterbringen können. Da ist einmal der Kassenpatient, der uns von der Kasse geschickt wird. Er kommt aus manchmal bescheidenen Verhältnissen und muß nun langsam mit den Gesetzen eines Krankenhauses vertraut gemacht werden. Er lernt hier, daß auch ein Krankenbett sorgsam gemacht werden muß. Es mag nicht immer der Fall sein, aber hier ist ja in erster Linie das Krankenbett ein Teil der Pflege. Der Patient soll sich bei uns wohl fühlen, er soll das Gefühl haben, hier bin ich zu Hause, hier werde ich vor allen Dingen betreut. Und manchmal werden unsere zweibeinigen Freunde sogar etwas zu sehr verwöhnt, das ist aber zum Glück nicht immer so.

Der Tagesplan beginnt um Punkt 4 Uhr morgens, die Schwester macht das Bett. In einer weiteren vollen Stunde wird Fieber gemessen, Frühmusik, aber nicht zuviel, und hier beginnt die Betreuung. Hier setzen wir nun mit der Betreuung unserer oft schwerkranken Pfleglinge ein. Da macht sich der Laie gar keinen Begriff, ja er hat überhaupt keine Ahnung, wie schwer es ist, allen gerecht zu werden. Da sind die ganz hoffnungslosen Fälle, aber davon später. Die gehören hier nicht her. Erst kommt der Gesunde, denn er soll ja später einmal etwas aufbauen (Regieanw. Jaeger: mit den Händen beschreibend).

Die Disziplin im Krankenbett ist wohl das Höchste, was ein Arzt erreichen kann und muß. Sie aufrechtzuerhalten liegt uns allen am Herzen. Ja, was gäbe es denn, wenn da jeder tun und lassen würde, was ihm einfiele? Nein, die Achtung vor seinem Gegenüber, das soll oberstes Gebot bleiben. Wir haben zur Zeit eine sehr starke Zuwachsrate, auch in den Kliniken, und da fehlt es an allem, vor allem in der Betreuung. Die Kranken werden vernachlässigt, Ärzte kommen zu spät, und da greift das Umlageverfahren ein: Der Kranke wird umgebettet, zur Not umgeschult.

Im Malteserkrankenhaus in Wanneburen sind vorbildliche Arbeitsstätten zur Ausbildung neuer Heilverfahren. Hier kommen die Genetik, die Subtranversionen und andere Umlageverfahren voll zur Geltung. Au* den Krankentisch gehört vor allem ein Blumenstrauß, das braucht nicht immer gleich ein Geburtstagsstrauß zu sein.

Dann die Nachbehandlung. Jeder Patient muß sich einer Nachbehandlung gemäß der Gewährsklausel für Krankenanstalten und Kliniken unterziehen. In Bielefeld hat man sehr gute Resultate im Biomatversatzverfahren gemacht. Warum nicht auch hier?

Hautübertragungen werden zum Beispiel mit Erfolg im Verbund mit Musiktherapien gemacht. Auch für das Personal besteht hier ein größerer Anreiz zum Krankenhausberuf. Mit Musik werden auch die Patienten vorgeführt, und mit Musik genesen sie. Während sich der Patient für die Visite auskleidet oder ausgekleidet wird, wird ein Musikschub, wie es der Therapeut nennt, von der Zentrale durchgelassen.

Bei der Visite liegt oder sitzt der unbekleidete Patient, Männer und Frauen natürlich für sich, und hält sich für den beschäftigten Arzt, wechselweise für das Team, bereit. Eine Helferin hebt den Kranken an, der Körper kann mühelos eingesehen werden, und wir ersparen uns manche unliebsame Überraschung ...

Arztbesuch

Fräulein Kemp – oder Kempf?
Aha, so Fräulein Kempf! Waren Sie schon mal bei uns? Und wann war das?

Na, in etwa? Am 27. Februar. Und Ihre Kasse? Haben Sie schon mal Beschwerden gehabt? Und danach? Nicht? Auch! Kinderkrankheiten: Scharlach, Diphtherie, Mumps, Pocken, Gelbsucht, Masern, Malaria, Wundsein an den Händen? Haben Sie das schon immer gehabt? Auf welcher Seite? Würden Sie bitte mal ganz tief einatmen! Nein, so etwa: Ausatmen ... noch mal einatmen ... ausatmen ... nein, ausatmen!

Endogene Lymphozyten, Ganglien –

Legen Sie sich bitte ganz flach hin, nein höher ... noch etwas! Tut es hier weh? Hier? Wenn ich hier drücke? Auch nicht? Jetzt? Tut es hier weh? Tut es jetzt weh? Machen Sie eine Faust. Ganz fest, noch fester! Na, das ist doch keine Faust. So, na sehen Sie, das ist ja ganz großartig. Tut es jetzt weh, wenn ich hier herüberstreiche?

Zeozonale Dryphonie. Torax halb 2, cardinal rechts, links 4. labmal. Tubus.

Öffnen Sie die Faust wieder. Ganz locker lassen. Haben Sie hier mal Beschwerden gehabt?

Teonose bonus, Stafetten, leicht tonisiert, Habitus laxus, Fossilien.

Den Bereich ganz locker lassen, als wenn Sie einen Apfel greifen wollen. Na ja, ganz ausgezeichnet.

Labiler Puaxus-pekinese.

So Fräulein Kempf, wenn wir uns nun mal frei machen wollen. Nur bis zum Schritt. So, das genügt schon. Tut es hier weh, wenn ich drücke? Mal ganz locker lassen, nicht spannen! Hier?

Tuben-Ovarien, Nates belladonna.

Beine bitte auseinandernehmen und kräftig durchatmen, als wenn Sie gelaufen wären (Jaeger Regieanw.: gelaufen – schnell aussprechen). Auf die linke Seite legen ... Noch mehr!

Vertikale Embleme, Vasen, Gamben.

Auf die rechte Seite legen ... Das gefällt mir noch nicht. Ja so, etwas höher und langsam wieder herunterkommen. Essen Sie viel Weintrauben? Schreiten Sie mal aus! Richtig –

Extremitäten nach oben hin voller werdend. Abdomen tonnenförmig. Im Schritt gut gefüllt. Dunkelbraunes Kolorit, eher weißlich-blau, transversalle Opstipation, Callus penales.

Beim Arzt

Herr Wiebert, waren Sie schon mal bei uns und wann war das etwa ungefähr?

Am 16. Januar... Aha, es kann auch Ende Dezember gewesen sein, sagten Sie? Und Ihre Kasse? Haben Sie schon mal Beschwerden gehabt? ... Und dann wurde es besser. Wie war das mit den Kinderkrankheiten? Mumps, Pocken, Scharlach, Gelbsucht, Masern, Malaria? Nicht? Herr Wiebert, wenn ich hier drücke, tut das weh? Aha: Albatros, Faust, Tafelgreifen, leichte Teonese, Bonus, Stafetten tonisiert, leichte Fossilien, Pekinese, vertikale Embleme, Vasen, Gamben, Belladonna.

Herr Wiebert, waren Sie schon bei uns zum Durchleuchten?

Vierteltotale: Adlerpathie, oben leichtes Prakuma. Etwas schärfer einstellen: Links eine sehr schöne Corona im Aufgehen. In der Halbtotalen fast schon durchgewandert, ein schöner Steigbügel, der Schatten daneben könnte als Folibus angesprochen werden.

So, Herr Wiebert, ich schreib Ihnen mal was auf. Nach den Mahlzeiten – dann diese Tropfen. Das ist zum Lutschen und dies nur zum Einreiben. Das übrige vor dem Schlafengehen. Wenn Sie wieder Schmerzen haben, lassen Sie mal vier Tage die ganzen Tabletten weg, damit sich Ihre Leber erholen kann. Sonst kommen Sie, wenn Sie wieder was brauchen. Schön, Herr Wiebert...

Frau Vogel, Sie waren schon bei uns? Und wann war das etwa... Aha...

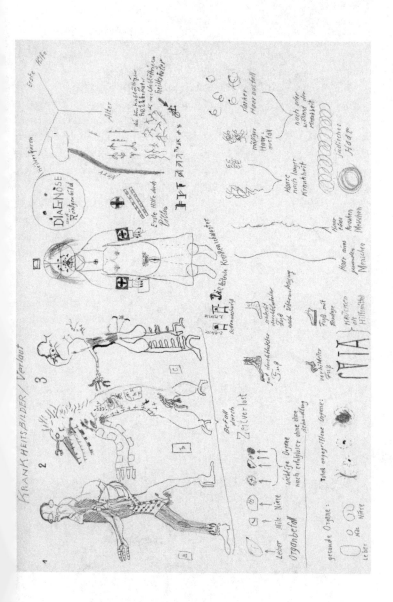

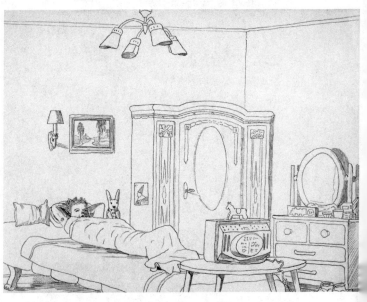

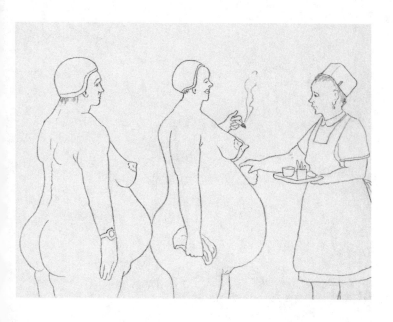

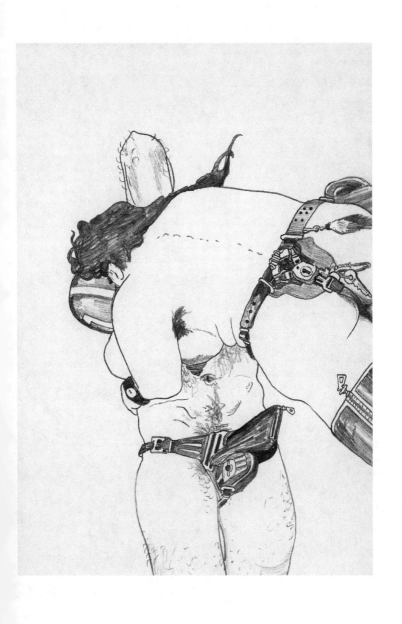

DIVERSES

Kündigung

Hallo
Herr ... äh ... Herr Niemöller, kommen Sie doch mal, kommen Sie doch ruhig mal, setzen Sie sich, rauchen Sie?
Herr, Herr Niemöller, ich glaube, Sie wissen, worum es sich im einzelnen hier handelt, weshalb ich Sie mal raufgebeten habe. Herr ... drüben auch in der anderen Abteilung ist mir zu Ohren gekommen, daß Sie ja doch ähhh, also ein recht strebsamer, und auch ein recht fleißiger und selbständiger Mitarbeiter sind, und auch waren ... Und ich hatte eigentlich in der letzten Woche vor – ich hab das auch mit Herrn Behrens noch besprochen, extra – äh wir wollten Sie eigentlich eine Stufe höher, näh, ins ähh in die Stufe 3 wären Sie ja dann schon gekommen, mit hineinnehmen und Sie sollten dann auch eigentlich schon mal dann ein etwas selbständigeres Arbeitsgebiet ... mähhh, zunächst mal hinein ... äh ... äh ... äh ... gebracht werden. Ähm, eventuell auch in die Exportabteilung, daß sie da schon mal zum Teil, näh, mit ... laufen. Nun, wissen Sie allerdings selber, wie es also nun bei uns aussieht, wir sind ein sehr fortschrittlicher Betrieb und wir haben auch sehr viel Vergünstigungen, und nun höre ich jetzt also da, nicht wahr, daß Sie äh, ich mein das mit dem Zuspätkommen, das ... Gott ... Schwamm drüber – ich bin früher auch mal zu spät gekommen, ich weiß noch, in meiner Wehrzeit, da, weiß ich, da sollte ich um 6 Uhr anfangen, und bin dann einmal zwei Minuten nach 6 gekommen, also das war damals schon ... Also das wurde ganz groß dann, äh, angekreidet, nicht wahr, an die große Glocke gehängt das war dann ... Aber Gott, und ich mein, selbst wenn Sie auch 10 Minuten mal ... nich ... also, das will ich Ihnen gar nicht groß anhängen, aber Herr Niemann; es is folgendes: Mir ist zu Ohren gekommen, und das war also mh, nicht nur letzte Woche, sondern das war auch schon also eine ganze Zeit her ... Mh, daß Sie also da, nicht wahr, nun in der Kantine ... also so wurde mir berichtet, ich mein, ich hoff es nicht, aber daß Sie also nun oben in der Kantine da herum ... sitzen würden, wenn also schon alle gegangen wären, und äh ... dann nun also den großen Mann spielen würden, nicht wahr, da hab ich also von einem großen ähm, ich möchte beinah schon sagen, Bankett, wurde mir da berichtet, also von einem äh, also es ... an einem Tag wurden z. B., fanden die Reinmachefrauen da eine, äh, geradezu Galerie von Weinflaschen und der-

gleichen, ich meine, ich äh ... es wird Ihnen nicht unterstellt, ob das nun ... nicht wahr. Aber jedenfalls zumindest diese Flaschen wurden nun mal gefunden in der Kantine, nicht wahr. Und ich finde es also, ich finde es doch recht merkwürdig, ich hab dann auch also, äh, von Herrn Behrends gehört, daß Sie doch wohl ab und zu auch mal Wein trinken, zumindestens in der Freizeit, was Sie hier nun machen ... spielt ja keine Rolle. Aber zumindest ist eben dieser Verdacht aufgekommen und dann eben auch ... Wir haben uns da ja auch drüber unterhalten, Sie wollten dann das so einrichten, nicht wahr, also daß Sie nun 'ne Viertelstunde früher kommen wollten, dann wollten Sie wieder 'ne Viertelstunde später kommen, das wurde ja auch nicht eingehalten, da sind Sie dann einfach früher gekommen, und als Sie früher kommen sollten, da sind Sie dann später gekommen, usw. und das geht ja nicht. So etwas das geht ja einfach nicht, nicht wahr. Aber ich meine, das hätte ich noch angehen lassen, denn Sie sind ja sonst an sich ein, ein sehr strebsamer Mitarbeiter, und auch ich vergesse Ihnen das auch nicht, wie Sie ... ähm, in schwerer Zeit, haben Sie ja also dann auch sehr oft auf Ihren Lohn einfach verzichtet und haben gesagt, das mach ich einfach mal, nicht wahr. ... Und in ähm, bezug auf diese, ... damalig noch, ... auf diese Hilfe ans Rote Kreuz, und das fand ich dann auch recht anständig, und da hab ich auch gedacht, Gott, den Mann, den können wir eigentlich gebrauchen, nicht wahr. Aber sehen Se mal nun isses im Moment ... Sie kommen einfach nicht voran, ich seh das ja, Sie kommen ja nicht vom Fleck. Nicht, ich mein Sie drucksen hier bei mir im Zimmer rum, nicht wahr, Sie sitzen hier rum und kucken sich die Tapeten an, nicht wahr, und ... also sehen Sie mal, so kommen wir ja nicht weiter, nicht? So kommen wir ja nicht weiter. Ich meine sicherlich, Sie sollen sich das mal anhören, was ich Ihnen hier sage und Sie können allerdings auch Einspruch erheben, Sie können natürlich sagen, also der Mann der, der is ja völlig verrückt, nicht wahr, also was der mir da erzählt, das stimmt ja alles gar nicht. Aber sehen Sie mal, ich seh ja Sie, Sie ... Sie drücken ja mit Ihrem, mit Ihrer Passivität ... wollen Sie ja scheinbar sagen, daß ... wollen Sie mir ja wohl dann doch recht geben. Ich mein sicherlich, es ist so gemeint, isses von mir an sich gar nicht. Ich mein, ich war sogar derjenige, der zum Chef raufgegangen ist, ich habe sogar noch gesagt, ähm, Sie wären also so fleißig gewesen, doch, ich meine, was auch stimmt, was zum Teil – ich hab's etwas übertrieben – hab ich Sie so dargestellt, ähm, daß wir Sie eigentlich noch behalten wollten. Ich war also die treibende Kraft, die dann immer noch gesagt hat ... also, nicht wahr, ähm, probieren wir's doch noch mal, lassen wir's doch noch mal auf 'nen Monat drauf ankommen, nicht. Und äh, Sie haben nun allerdings nun doch selbst bewiesen, daß also nun, daß Sie nun doch wohl etwas zu weit gegangen sind, nich. Also, also auch letztes ... Ich habe also auch letztes Mal wieder gesehen, da haben Sie also in der Schublade, hab ich da also ein Heftchen vorgefunden, nicht wahr, also worin nun, etwas also, etwas völlig Betriebsfremdes, nicht wahr, was wir hier also nicht gern sehen, nicht wahr, also da waren also so ... Damen drin abgebildet mit freiem Oberkörper und dergleichen mehr also, und daß ich ... wissen Sie und dann ist ja auch noch so, wir haben hier Lehrlinge in unserem Betrieb, nich. Ich mein, sicher, ich weiß, Sie schließen Ihre Schublade, wird ja immer abgeschlossen, wenn Sie's nicht machen, dann mach ich's noch mal, mach ich's dann noch mal hinterher ... aber kurz und gut ... und das isses ja nicht allein. Sehen Sie mal, Sie, Sie arbeiten zwar den ganzen Tach, aber Sie wissen ja selber wie das ist. Wenn Sie da also nun den ganzen Tag an einer Sache sitzen, nicht wahr, also an einem Werkstück, das überprüfe ich in 'ner halben Stunde, nicht wahr und Sie sitzen da also nun den ganzen Tag dran, nicht wahr, sicher Ihr Vorgänger, der hat noch länger gebraucht, aber Sie sollten das doch nun eigentlich ja schon gelernt haben ... damit ... also was ... nun was ... nun auch schon mal den anderen zu zeigen, nich wahr, wie so was gemacht wird, nicht. Und das ist also alles nicht in Erfüllung gegangen, nicht wahr, im Gegenteil äh, und ich mein, wir wollen Sie an sich nicht, äh, ich will nicht sagen, daß wir Sie nun also fristlos entlassen wollen. Sie sind ja immerhin schon 40 Jahre bei uns ... ein sehr fleißiges und auch strebsames Mitglied der Firma, nicht wahr. Und wir sind ja hier auch 'ne große Familie, kann man ja nun schon sagen. Sie kennen mich ja auch und ich kenn Sie auch und ich kenn auch Ihre Frau, und ich weiß auch was Ihre Frau dazu sagen würde, die würde mir sogar recht geben. Und sehen Sie mal, wenn ich Ihnen heute die Papiere überreiche, dann tue ich das bestimmt nicht, um Sie zu entlassen. Im Gegenteil, ich mache es einfach aus dem Grunde, übergebe ich Ihnen die Pap ... Ihre Arbeitspapiere und auch Ihre Invalidenkarte, das liegt ja auch noch, das lag ja auch noch hier oben alles und zwar aus dem Grunde, daß Sie sich, daß Sie nun einfach mal in Ruhe nach Hause gehen, und ähm dann nächste Woche am ersten, ham wir den ersten, daß Sie dann einfach mal nicht wie gewohnt nun sich in die Straßenbahn setzen und also nun, nun in den Betrieb fahren, sondern daß Sie dann einfach mal zu Hause bleiben, und ... um sich mal zu überlegen, nicht wahr, was hab ich überhaupt verkehrt gemacht, nich. Und sehen

Sie mal, bewerben können Sie sich ja immer noch bei uns wieder, sehen Sie mal, wir sind ja nun nicht aus der Welt. Sehen Sie mal, Sie sind ja nun so lang schon bei uns Mitarbeiter gewesen, und da isses ja, also ... und und es kennt Sie auch jeder im Betrieb, so daß Sie also jederzeit wieder anfangen können, nich. Und ich möchte nur, daß Sie sich, sich das nur mal überlegen, was, was hab ich falsch gemacht, was kann ich ... und wie kann ich das ändern, und daß Sie dann einfach mal den Mut, einfach mal so, so, so frisch sind, nicht wahr und, und so, so, so clever und kommen also zu mir rauf und sagen ... ja ich seh das ein und ich würde gern, ich möchte doch wieder anfangen. Also ich glaube bestimmt, also ich könnte mir sogar ziemlich sicher denken, daß wenn ich das also nun Herrn Beermann sagen würde ... der Mann, der hat sich das doch anders überlegt, daß wir Sie vielleicht sogar wieder einstellen würden, nich. Das ist ja gar nicht, das ist ja gar mal nicht so abwegig. Aber es gibt ja auch noch andere äh, Betriebe, nicht wahr, das ist ja ... vielleicht ist, nicht wahr, vielleicht ist auch die Anfahrt zu uns ein bißchen zu weit ... Machen wir's doch erst mal so.

Ich würde sagen, das schadet gar nichts.

Herr Niemeier, ich muß jetzt auch rauf. Herr Niemeier, wir sehen uns dann wohl nicht mehr wieder, und ich würde sagen, Kopf hoch, und ich würde ganz einfach sagen, also ruhig ma ... wagen Sie ruhig mal was, nich? Machen wir's so. Also, wir sind ja nicht aus der Welt, und und falls Sie ... nich? Also dann wünsch ich Ihnen für Ihre zukünftige Firma und für Ihre weitere Laufbahn alles Gute, nich? Schön.

Schule und Elternhaus

Frage an den Juristen, kann die Schlichtungsstelle für Lernhilfe hier abhelfen?

Sie muß es und sie kann es auch. Frage, auch hier wieder – es kann durchaus im Rahmen der Lernhilfe sein, wenn ein Erwachsener dem Schulkind hilft – echte Lernhilfe heißt Schule, heißt Eltern. Echte Lernhilfe heißt aber auch die Schule, die Eltern. Wenn Sie so wollen, Eltern, Schule, Lernhilfe. Ohne Lernhilfe keine Eltern – ohne Eltern keine Schule – ohne Schule keine Eltern.

Mit andern Worten: Da, wo die Schule fehlt, wo die Eltern fehlen, wo die Lernhilfe fehlt, wo einfach Hilfe fehlt, also echte Lernhilfe fehlt, obgleich echtes Lernbedürfnis ja einfach da ist, einfach vorhanden ist – hier soll und kann echte Lernhilfe nicht fehlen. Und sie kann es auch nicht.

Tja – soviel über Hausaufgaben – bis zum nächsten Mal.

Ein Romanfragment

Wibke Reimers lag weit vorgebeugt im Altfenster, jenes betagte Fenster, das nur Alten vorbehalten schien. Der Abteigarten schien sich in festlichem Kleide zu geben, aber es schien nur so.

Hingen nicht die ohnehin langen Zweige derben Laubes von den Bäumen der einsamen Abtei?

Es schien so. Wibke erhob sich mit einem alltäglichen Seufzer. Sie schlug die Gardinen zu, nachdem klanglos das Fenster selber verriegelt wurde. Auch ihre Schritte waren von der Art, wie man sie notgedrungen dann benutzt, um die Stunden zu verscheuchen.

Der Abteigarten war klanglos, auch das Einerlei des Auf und Ab des Tages waren Wibke ein Dorn im Auge.

Nun mochte es sich eines Tages so geben, daß ein junger Reiter samt Schwadron an dem Stifte vorbeischoß. Doch dem war nicht so, und so saß Wibke denn auch am Tische und las. Und was sie las, das handelte denn auch von einem jungen Reitersmanne.

Das Sonnenlicht vielleicht war es, was unsere Wibke kurz aufblicken ließ – war es nicht so, als ob es draußen so klang, als kämen Reitersleut vorbei?

Oder war es das in gutem Gummicutt verarbeitete Buch?

Von der Wandpendule klang der eintönige Singsang der Zeit. Näharbeit lag ausgebreitet im bronzenen Sonnenlicht. Die Akazien sandten einen nie enden wollenden Duft in das Arbeitszimmer.

»Na, Wibke, immer noch bim Läsen?«

Der Konsul war hereingetreten. Die Mangobüsche waren inzwischen wie von Gold. Seide zerbrach. »Och, Herr Mathes, wenn's sein muß? Wibke sagte das mit einem Pathos, der ihr sonst nicht fremd war. Der Konsul war beleidigt. Er hatte plötzlich keine Lust mehr. War es, daß hier etwas nicht in Ordnung war? War es die plötzliche Ruhe, die sich auch im Schatten des unheimlichen Abteigartens breitmachte? Was stimmte hier nicht? Was war denn Besonderes daran, wenn Wibke Reimers im Fenster lag? Wie viele Frauen taten das, und sie taten es mit einer Leidenschaft, jener Leidenschaft, mit der sich eine Frau eben aus dem Fenster beugt. War es nicht so, daß der Alltag all diese Gewohnheiten wie von selbst mit sich bringt?

Könnte es nicht so gewesen sein, daß all das, was unsere Wibke tagein tagaus erlebte, gewissermaßen das ist, was um sie herum geschah? Wie denn, wäre es nicht so? Alles wäre anders: Der Konsul käme nicht mehr, das Wäschemädchen bliebe aus, der Garten und all das, was sozusagen das ist, was man sich unter dem vorstellt, was bei Wibke eine wichtige Rolle spielt, das Ineinanderwirken von Kräften, die nun einmal da waren, zu beherrschen. Wenn das alles fehlte, wie dann?

Der Konsul lehnte sich zurück, so als wollte er noch bleiben. Aber mit einem Ruck stand er wieder auf festen Füßen ...

Live-Sendung Westdeutscher Rundfunk, Nachtexpress

Nachrichten
Zunächst die Nachrichten:

Bonn: Verkehrsminister Leber aß gestern Mittag zum 80. Mal Leber, er soll wohlauf sein.

Köln: Im Kölner Dom wurden gestern zwei alte Stühle entfernt, sie sollen durch zwei neue ersetzt werden.

Borneo: In Borneo ist gestern der kleinste Berg der Welt von vielen Tausenden eingeweiht worden. Er war erst vorgestern wieder eingestürzt.

Den Haag: In Den Haag stürzte gestern in den Abendstunden ein Omnibus zusammen. Es kam zu schweren Tumulten.

Österreich: In Österreich ist über Nacht aus bisher ungeklärten Gründen ein Teil der weltbekannten Alpen eingestürzt. UNO-Generalsekretär U Thant kam mit einem Sonderflugzeug.

Niedersachsen: Über ganz Niedersachsen wurde heute früh die Maul- und Klauenseuche verhängt. Bundesminister Genscher sprach sein Bedauern aus.

Und nun der Wetterbericht:
Von gestern früh bis heute früh fielen im gesamten Bundesgebiet 2 Dezimeter Niederschlag mehr als am Vortage.

Die Wetterlage:
Dunstig, kurzsichtig, unterschiedliche Bewölkung im höheren Bergland. In höheren Lagen windig bis windstill.
 Über ganz Westdeutschland werden heute Graupelschauer, mit vereinzelten Böen, im Süden und Nordwesten starker bis mäßiger Haarausfall gemeldet.

Die Wetteraussichten:
Morgen früh wird voraussichtlich um 7.30 Uhr eine acht Meter lange Wolke über das Bundesgebiet ziehen. Die Wolke soll um 8 Uhr bereits Frankfurt erreicht haben.

Hören Sie anschließend unseren Kommentar zur Währungskrise.

Spätnachrichten
Und nun die Nachrichten:

Saigon: In Saigon wurde in der Mittagszeit wieder häufig geschossen, zahlreiche Gewehre werden noch vermißt.

Rom: In Rom fuhr am Abend ein Radfahrer durch die Stadt. Er soll noch am gleichen Abend zu Hause angekommen sein.

Den Haag: In Den Haag fiel um 13.06 Uhr ein Teller mit Bratkartoffeln aus dem 3. Stock. Niemand kam zu Schaden.

Teheran: In Teheran wurde gestern das zweite Thronfolgerpaar geboren. Zahlreiche Könige säumten die Straße.

Paris: Die Streikwelle hat gestern 7,35 Meter erreicht.

Düsseldorf: Die weltbekannten Düsseldorfer Alpen stürzten in den Abendstunden ein.

Köln: Vorgestern stürzte der bekannte Kölner Dom ein, er wurde aber gestern wieder aufgebaut.

Siebenbürgen: In Siebenbürgen wurden gestern nur noch sechs Bürgen angetroffen, ein Bürge soll sich auf der Wartburg aufhalten.

Die Wetterkarte:
Morgen früh fielen in Hamburg 2 Dezimeter und in Köln eineinhalb Dezimeter Niederschlag. Gegen Abend ziehen von Südwesten her sechs Wolken über Westdeutschland. Die sechs Wolken sind 2 m lang und sind gegen 12 Uhr in Wuppertal und schon um 3 Uhr in Köln. In höheren Lagen Graupelschauer und Neigung zu Frost.

Zu Gast bei Paul Möldecke

Herr Möldecke, ja, wie war das denn damals in den fünfziger Jahren. Sie waren damals Intendant an der Berliner Philharmonie, und da denke ich an den Chanson: *Wir wandern oder Dadrunten steht ein Haus.* Das waren die fünfziger Jahre, das war doch der Erfolg damals: *Das kann doch einen Seemann nicht erschüttern* oder *Ich weiß nicht von wem ich träume.* Oder wenn ich allein daran zurückdenke: *Wir werden das Kind schon schaukeln.* Sind das nicht alles Melodien, die dann hier herüberkamen, herüberwehten?

Ganz richtig, oder zum Beispiel: *Du gehörst mir*, ja das kam ganz groß in Berlin an, nicht wahr. Oder – *Meine Gedanken*, aus Orpheus in der Unterwelt. Ja, ich denke da an Johannes Heesters, der ja unglaublich damals war, wegen seinen Liebesaffären am Berliner Staatstheater. Daher stammt auch das Chanson: *Ich tu alles was du willst.* Kurz danach machte er die Melodie: *Ich bin heute frei, mein Herr*, die ja in ganz Berlin zum Welterfolg wurde. Oder: *Wer lädt mich ein, zu einem Glas Wein.* Das waren doch damals die Chansons und Lieder, wie die von Richard Tauber: *Wenn die Violine spielt.*

Ja, lieber Paul Möldecke, das waren noch Zeiten, vielen Dank, und zum Abschluß spielen wir deshalb auch: *Warum soll ich im Regen stehen, beim Sonnenschein.*

Radiopredigt

Wir hören heute im Fernsehen so oft von Zugunglücken, wir erfahren aus der Zeitung oder aus einem, irgendeinem Sprachrohr der Massenmedien unserer Zeit, daß schon wieder ein Flugzeug abgestürzt sei. Oder wir erfahren vom Unglück, wenn einer aus unserem Familienkreis durch lange Krankheit oder gar Leiden aus dem Schaffensprozeß herausgerissen wurde. Oder wir erfahren vom Ableben, vom Tode des einen oder anderen. Wir sehen im Fernsehen dies oder das oder jenes, oder wir lesen in einem dieser vielen Tagesmagazine oder auf einer Anzeige, auf der in leuchtenden Farben ein Stück Käse oder ein paar Nylonstrümpfe angepriesen werden, wie herrlich und friedlich alles ist.

Aber ist es denn so herrlich und friedlich, wie es immer heißt? Sind wir denn so glücklich, wie es immer in den Zeitungen geschrieben wird?

Ich las neulich in der Zeitung, es war übrigens eine bekannte Zeitung, von der so viel Aufhebens gemacht wird, ich möchte diesen Namen dieser bekannten deutschen Tageszeitung nicht nennen, aaaber was mir da in die Augen stach, das war verheerend, das rüttelte an die innersten Wurzeln unserer aller menschlicher Gefühle. Und da stand in schwarzen Lettern – und zu allem Überfluß noch mit rotem Balken unterstrichen, als ob das noch nicht genügt hätte – da stand dann in dieser aufwieglerischen Aufmachung, und ich las es nicht nur einmal, sondern ich las es auch ein drittes Mal und sogar ein viertes Mal durch, und immer wieder sagte ich mir: Ist denn so etwas in unserer heutigen aufgeklärten Zeit überhaupt noch möglich, und ich mußte mir diese Frage selbst beantworten und sagen: Ja, es ist möglich!

Meine lieben Zuhörer, ich glaube, wenn wir einmal ganz tief in unser Gewissen hineinhorchen, dann ist da etwas, was wir zwar nicht hören können, was wir auch nicht anfassen können, was wir auch nicht wegschicken können, so gern wir es manch einmal tun würden – was wir aber fühlen können – das sagt uns immer wieder und wieder: Du sollst nicht verzweifeln, du sollst weitermachen!

Neulich sah ich in den Auslagen eines Sexshops, ich möchte den Namen dieses Geschäfts nicht nennen, einige dieser Hefte über Sexaufklärung.

Meine lieben Freunde! Das ist keine Aufklärung, das ist schlimmste und tiefste Unterhaltung, die uns da vorgesetzt wird. Ich habe selber fünf kleine Kinder zu Hause und auch einen Fernsehapparat, aber immer wieder stell ich mir die Frage vor dem Fernsehprogramm: Ist denn das alles wahrhaftig – ist denn das alles gottgewollt?

Einen recht schönen Sonntag!

Jugendpsychiatrie (Ärztin)

Wenn ich hier an dieser Stelle einmal aus psychiatrischer Sicht spreche, dann, äh, glaube ich auch aus jugendpsychiatrischer Sicht zu sprechen. Was nun die Jugendpsychiatrie betrifft, denn gerade der junge Mensch in unserer heutigen Zeit ist ja doch so ungemein anfällig für sensitive Applikationen.

In unserer Frauenstation – wenn ich einmal von der geschlossenen Station absehe, ich komme später noch einmal darauf zu sprechen – in unserer Frauenstation haben wir gerade in letzter Zeit wieder sehr, sehr viel Arbeit vor allem in spätsomatischer Behandlung. Ich spreche hier das Klinikum an, aus klinischer Sicht aber auch in der Appetenzfrage.

Denn gerade in der Tagesklinik, obgleich wir hier auch gerade wieder sehr viele Appetitzügler verabreichen müssen, denn gerade der junge Mensch, der auf Station liegt, leidet doch sehr unter Appetenz-Schwierigkeiten, also unter Appetitmangel, obgleich unser Kantinenessen sehr gut ist, mittwochs gibt es meistens Fisch, Fischstäbchen, zum Beispiel gab es letzten Donnerstag Krautwickel nach Art des Hauses. Und dann müssen wir immer wieder mit Einläufen nachhelfen. Gerade in der Tagesklinik haben wir sehr gute Erfahrung mit Einläufen nach der Sauermannschen Methode gemacht.

Der junge Mensch, also gerade der Jugendliche, ist ja doch sehr argwöhnisch, wenn hier Einläufe mit Essig verabreicht werden. Die Nachttopffrage ist soweit geklärt, daß wir die Nachttöpfe an das Bett angeschlossen haben. In der geschlossenen Abteilung sind die Nachttöpfe aus Vollgummi. Die Nachttöpfe der Tagesklinik sind aus hygienischen Gründen von unten beleuchtet und mit einer Alarmanlage ausgerüstet.

In der Beschäftigungstherapie sind wir auch schon sehr, sehr viel weiter.

Kriegsveteran

Ich kann mich an und für sich genau erinnern, wie es zum Zusammenbruch kam. Ich war als Flottenschiff einer U-Boot-Flottille unterwegs. Mein Auftrag ist es gewesen, in Reykjavík und besonders Narwik die Erzversorgung erheblich zu stören und damit dem Engländer vom Plan – von der Ostflanke her Norwegen vom damaligen Reich abzutrennen. Das Reich war ja – ich hatte also die Aufgabe, bei mittlerem bis schwerem Seegang als Flottillenführer einen Zerstörer und ein Minensuchboot sowie das schwere Flakschiff Emden als Begleitreserve bis Reykjavík abzunehmen.

Die Abnahme stand kurz bevor, als ich plötzlich den Funkspruch erhielt: »Dampf aufmachen«. Ich ließ sofort Dampf aufmachen – in dem Moment ging ein Hurra durch das Boot, ich ließ sofort vom vorderen Mast die Flagge setzen und den Verteiler 5 vom Regler der Lichtmaschine zusammenkoppeln – zusammenkoppeln lassen – plötzlich ging ein Ruck durch das Boot – eine Stichflamme aus dem Maschinenraum – Lichtmaschine alles klar! Nichts kam zurück. Ich ließ sofort die zweite Lichtmaschine auskoppeln – der Reichsführer SS und ich standen auf der Brücke, als mit schwarzer Rauchsäule mit hellen Flammen das Schiff begann, mitschiffs zu zerreißen – durch eine gewaltige Detonationswelle.

Ich bekam sofort Funkspruch vom Zerstörer: »Ihr Schiff brennt.« Ich sag: Das können wir nicht sein, wir sind das Flottillenboot. Ich ließ sofort durch meinen Adjutanten Herrn Herschel ein Telegramm in den Maschinenraum bringen.

Wir wurden von einem englischen Kohlenschiff aufgenommen und konnten uns nach Norwegen absetzen…

Neujahrsansprache I

Wenn ich heute zu Ihnen spreche, so tue ich dies aus freiem Ermessen.

Wenn wir hier so rege versammelt sind, dann einmal – und damit möchte ich anregen, einmal zu einem Kunterbunt, einem herzlichen Dankeschön, wie wir das in Bielefeld gemacht haben, um daraus zu lernen.

Mit einem neuen Kurswagen fahren wir in das neue Jahr hinein. In ein Jahr, das auch im neuen Jahr vieles mit sich bringt.

Wir sind angeregt, zugleich willfährig und auch in der Bereitschaft, Opfer hinzunehmen, wie wir das früher auch gemacht haben.

Und so wünsche ich all denjenigen im neuen Jahr ein herzliches, aber auch ein entsprechendes Dankeschön, die im letzten Jahr nicht konnten. Deshalb möchten wir auch in das neue Jahr mit banger Erwartung hereintreten, mit manch banger Freude. Und so wie wir hier sitzen, voller Erwartungen, so wie das unser Bundeskanzler einmal ausgedrückt hat: Segeln kann jeder, aber steuern nur einer! So möchte ich Sie hineinschicken in das neue Jahr mit einem neuen Kurswagen voller banger Freude über manche Klippe hinweg, über manches Riff, durch manchen Strudel hindurch – willfährig und auch in der Bereitschaft, Opfer zu bringen, die das neue Jahr mit sich bringt.

Ich möchte mit Ihnen ein Band zerschneiden helfen, das Vorurteile abbauen möchte, aber auch manch Vorteil mit sich bringt.

Statistik

Im Januar 1971 sind im ganzen Bundesgebiet sechzigtausend Einkellerungskartoffeln mehr eingekellert worden als im Vorjahre. Im März waren es schon doppelt soviel. Davon wurden aber nur verzehrt:
Im Raum Hamburg 10%
In Baden-Württemberg 11%
und im übrigen Bundesgebiet 1,5%
Im zweiten Drittel des Haushaltsjahres 1971 holen allein 40% der Altrentner und Altenversicherten das Abitur nach.

Von insgesamt 3541 Betriebswirten und Angehörigen aus den Elektrobranchen kehrten 2232 freiwillig zum Bäckerberuf zurück, 10% davon wurden Wassertechniker, 40% ohne Erfolg.

Allein an Bettwäsche wurden in Rheinland-Pfalz verbraucht: 7100 Kopfkissen, 6034 Daunendecken, 800 Federdecken, 900 Gesundheitsdecken, nicht mitgerechnet Inletts, Kopfkeile und dergleichen.

An Kaltfleisch-Genußmitteln wurden verbraucht, und hier komme ich auf Ihre Fragestellung zurück: Im gesamten Bundesgebiet, außer Nordrhein-Westfalen, Hessen, Niedersachsen und den gesamten Bundesländern, also in den marktgesättigten Ballungszentren mit stark fleißabweisender Marktstruktur:

1970 in Rheinland-Pfalz und Hessen: 7131 Tonnen sogenannter Frischwurst, 100 000 Tonnen schwer verzehrbare Wurst und nahezu das Dreifache an nur schwer zugänglicher Wurst. Diese Ware darf nur mit Wurst aus erregerfreien Frischfleischbestandteilen auf den Markt geworfen werden.

Reportage Brandbekämpfung

Wir unterscheiden einmal in der Brandbekämpfung kalte und nasse Brände.

Bei naßkaltem Wetter und sehr nassen Bränden brauchen die Brände nicht mehr gelöscht werden, da sind meistens schon Löschversuche unternommen worden, sei es von ortsfremden Feuerwehren, sei es denn von unsachgemäßen Laien, die Angst vor Wasserschäden hatten, sowie die durch Selbstlöschung.

In der Bundesrepublik erlöschen ca. 63% der Brände durch Selbstlöschung, weitere 10% durch Gebäudeeinsturz.

In Betracht kommen ferner die Bagatellbrände. Das sind Brände in kleinen Gemeinden, Gemeinden unter 200 Einwohnern und in angemeindeten Ortschaften, in Anwesen und einsamen Gehöften, wenn mehr als 9 Personen anwesend sind.

Mit Benzin wird kaum noch gelöscht, wir sind heute ganz auf Schweröl umgestiegen, gelöscht wird nur noch in Katastrophenfällen mit schwer entflammbaren Stoffen und auch dann nur, wenn das Feuer nicht mehr genug Nahrung hat – etwa bei schwer entflammbaren Siedlungen, bei Hochhäusern ohne Einsturzgefahr, bei Versicherungsbränden mit vorheriger Genehmigung.

Früher, als noch mit Wasser gelöscht wurde, war das kein Problem, heute bei den chemischen, sogenannten Untervall-Löschverfahren, muß ein Löschbescheid vorliegen. Bei Löschen mit Löschöl muß eine Gebäudeunkenntlichkeitsurkunde vorliegen.

Der Vorteil bei dem Löschverfahren mit Schwerölen liegt schon einmal darin, daß die Wasserschäden entfallen, die beim herkömmlichen Löschen entstanden, denn das Löschöl brennt ja fast ohne Rückstände auf.

Wir danken Ihnen für das Gespräch und schalten zurück ins Funkhaus.

Zwei Reportagen

Hallo Paris! Gert Scheunig, wie sieht es bei Ihnen aus? Der Trubel, der Weihnachtsrummel in Paris von der Côte d'Azur bis zu den Hochateliers in und um Paris ...

Ja, hallo, hören Sie mich noch? Ich stehe hier am Place Pigalle, Ecke Ehrenbergstraße. Es ist scheußlich kalt. Auch die Röcke werden nächstes Jahr wieder kürzer, hier nimmt man das ja alles nicht so genau. Ich hab mir gerade einen hinter die Binde gegossen ...

Was? Sie auch – schönen Dank erst mal!

Hallo Tokio, die Verbindung ist ja ausgezeichnet. Herbert Mägerlein, was schenkt man sich in Tokio zu Weihnachten?

An erster Stelle steht – rangiert das Jugendbuch, z. B.: *Der Terrarienfreund*, 26 Seiten, Halbleinen. Dann kommen erst die Frauenromane, also reine Ärzteromane. z. B. *Wanderungen in und um die Eifel* oder *Heiteres Nüsseknacken*, mit sechs farbigen Abbildungen und vier Kreuzworträtseln in japanischer Sprache.

Vielen Dank Tokio!

Inzest

Meine Frau war in Krankenhaus, hier, in 'ner Gynologie, hier – Kreissäge, hätt ich beinahe gesagt, na – Kreißzimmer – ne, Kreißsaal und da traten Komplikationen auf, nich. Ich mußte mich selbst versorgen, die Zeit hier, na und denn war ich mit meine Tochter oft allein – meine Frau war ja nich da – na, ich will mal sagen, daß ich da sexuell erregt war und denn irgendwie auf sie zu liegen kam – so erklär ich mir das.

Vorm Fernseher – und das war am Freitag. Ich sag: Gib mir mal die Funkzeitung her. Sie sagt: Hab ich doch nich nötig. Ich sag: Gehorchst du deinem Vater nich mehr, jetzt wo deine Mutter in Kreißsaal liegt, sollst dir was schämen. Na, ich will ihr die Zeitung wegnehmen, und da war meine Tochter ganz anders als sonst, wenn meine Frau dabei ist. Dann beugt sie sich so rüber, nich, zu den Salzstangen – also ma sagen, wenn hier der Fernseher ist, denn beugte sie sich so rüber, nich, und da is mir das zum ersten Mal bewußt geworden, was das überhaupt heißt – denn meine Frau war ja in Krankenhaus zur Entbindung – also, was das heißt – meine Tochter mit 16, aber von hinten wie 'ne 20jährige – Minirock – na, und da hab ich versagt, is mir noch nie passiert – aber daß das nu ausgerechnet meine Tochter sein muß. Hätte ja auch 'ne Bekannte sein können. Meine Frau sieht ja nicht so attraktiv aus, aber das ist doch kein Grund – die eigene Tochter, ausgerechnet auch noch von ihrem Pappi – so 'n Mißgeschick – nich allein, daß meine Frau im Krankenhaus liegt, nun liegt auch noch meine Tochter im Krankenhaus. Meine Frau hat 'n Mädel ausgetragen und nu kriegt doch meine Tochter womöglich auch noch 'n Mädchen. Da muß ich noch 'n paar Jahre warten, bis die größer sind – denn hab ich aber was zu tun ... Gib noch mal 'n Korn und Bier ...

Ein Telefongespräch

Räumomat? Das wird gar nicht mehr hergestellt.
...
Bukomat Beika, schalldichte Isolierzüge, Klemmenmuffen, Rohrschellen Pendeldose, Gero-Freileitungs-Abgriffsicherung, Anzeige Block, Muffenknopf, Wiska-Übergangsknopf, 4 x 8 mm Erdmuffe, bruchfest, 2 Linsenkopfmuttern, Freileitungsklemme, Schäpel-Stutzen, Blechverteiler.
...
Betriebsvorschrift nicht zulässig.
...
Geht klar, von HEW abnehmen lassen.
...
Rufen Sie an oder gehen am besten selbst hin.
...
Was heißt hier, wird nicht fertig?
...
Alles klar!
...
Ja, das ist der Steckschlüssel. Da machen Sie 'n Gewinde dran.
...
Der ist nur für uns... Ja, Steigrohr... Das Gerät ist wartungsfrei ab Werk.
...
Den wollten Sie doch nicht haben, deshalb haben wir ihn nicht abgeholt.
...
Das hat damit doch nichts zu tun!
...
Deshalb haben wir noch lange nicht Ihre Frau beleidigt...
...
Ja, Messinggehäuse.
...
Das Wort ist niemals gefallen. Ich hatte gesagt, das stinkt hier, vom angebrannten...
...
Das machen Sie jetzt daraus.

Dann muß sich Ihre Frau verhört haben. Ich habe niemals gesagt, daß Ihre Frau ein Stinktier ist.
...
Jetzt hört sich aber alles auf, das gibt's ja wohl nich.
...
Dann muß sich Ihre Frau mal die Ohren waschen.
...
Das hat mit Reinlichkeit nichts zu tun, damit sie besser hören kann.
...
Na, logisch.
...
In vierzehn Tagen.
...
Vorher wird das nichts.
...
Na gut. Unterteil in Guß, Isolierstoff prüfen lassen. Flanschen-Unterputz, Stutzen-Schuko, 10 Ampere – Schleswag-Hastra-Zählertafel, Gehäuse 8polig, Non-Insekta-Lampen, insektenfreies Licht, Kohlefadenlampe, Gastherme, Glimm-Lampe, Wannenleuchte, Decken-Küchenleuchte verwendet.
...
Früher geht das nicht.
...
Da können Sie sich ruhig beschweren.
...
Bei der Beschwerdestelle.
...
Das dauert nur länger. Wir sind ja die einzigste Vertragsfirma für Einbauten, die das überhaupt noch macht.
...
Das mein ich aber auch, dann haben wir uns ja verstanden.
...
Alles klar!

Studiogespräch

MODERATOR: Nachdem nun der Butterberg so gut wie abgetragen zu sein scheint, sehen Experten und namhafte Leute, die mit der Verbraucherberatung zu tun haben, ein neues Problem auf uns zukommen, die sogenannte Fleischwalze oder Wurstschwemme.

EXPERTE: Wenn wir heute von einer imaginären Wurstschwemme sprechen, dann bin ich mit diesem etwas praxisfremden Begriff »Wurstschwemme« überhaupt nicht zufrieden. Sicher, es kommen heute mehr Wurst- und Kaltfleischwaren auf uns zu als zum Beispiel in den Jahren 69 und 71, aber eine Tatsache ist immer noch die, daß der Inlandwurstfluß stark abgeebbt ist.

MODERATOR: Nimmt nicht aber der EWG-Frischverbraucher heute, durch die aufgehobene Wurstsperre im Nahrungs- und Genußmittelparagraphen, doch bedeutend mehr Wurstwaren zu sich?

EXPERTE: Ja und nein. Auf der einen Seite leiden wir sogar unter einer rückläufigen Wurstknappheit. Man denke da nur an die wurstarmen Zonenrandgebiete. Auf der anderen Seite – und das will ich gern zugeben – ist der Markt im Moment, besonders im Winterhalbjahr, sehr wurstaufgeschlossen. Besonders trifft das zu für fettabweisende Wurstsorten und bei den übrigen schlüpfrigen Wurstsorten, die wir aus den kommunistischen Ländern beziehen. Wir bekommen aber auch hier wieder nur indirekt kommunistische Wurst auf den Verbrauchertisch, denn der inländische Händler hat ja inzwischen diese Wurst mit seinem Warenzeichen versehen oder hat zum Wurst-Rohgut seine Herstellerwurst hinzugeführt, also beigemengt und gelangt also auch indirekt selbst als Erzeuger auf den Endverbrauchertisch. Denn es wäre ja außerordentlich schade, wenn der Verbraucher vor dem Aufdruck »Russische Wurst« oder »Ukrainische Wurst« oder »Rumänische Wurst« oder »Wurst der Volksrepublik China« vom Verzehr der eingeführten Wurst zurückschrecken würde.

MODERATOR: Ich glaube, wir täten unrecht, wenn wir nicht auch unseren Kollegen, sozusagen unseren EWG-Nachbarn, darüber zu Worte kommen lassen ließen, wie man dazulande auf den EWG-Wurstberg zu sprechen ist.

EWG-NACHBAR: Ja, wenn Sie mich schon fragen, ob und wie bei uns dieses Problem aufgenommen wird, dann würde ich sagen: Sehr düster. Ich will keine dunkle Prognose stellen, aber Sie müssen bedenken, daß bei uns es ist sehr, sehr schwierig, weil wir außerdem noch mit den einzelnen Konfessionen, Sie wissen ja der Konfessionskrieg zwischen die evangelischen Kirchen und die anderen Glaubensgemeinschaften, das wirkt sich doch sehr schwer auf den Genuß von Wurstwaren durch die EWG aus.

MODERATOR: Auch in der Freihandelszone?

EWG-NACHBAR: Ja, könnte man sagen.

MODERATOR: Meinen Sie, es steht zu befürchten, daß der Konfessionskrieg auch zu einem blutigen Wurstkrieg, wie das ja auch in Algerien und Rhodesien der Fall war, ausarten könnte?

EWG-NACHBAR: Liberale Tendenzen sprechen durchaus dafür, hingegen halte ich eine Auseinandersetzung auf der einen Seite für die Wurstpreise nicht gut, wenn auf der einen Seite Kirche, auf der anderen Seite die Wurstpreise steigen. Ich glaube, es gibt nur die Lösung, wie damals in der EWG-Krise, die Würste in die Zeudersee zu schütten und für die Landgewinnung zu verwenden.

Textprobe im Burgtheater Bad Hersfeld

Spanien fällt an Elsaß-Lothringen und der König wankt...

Und was sagt die Kirche dazu?

Was tust du für dein Volk?
Wir sind Franken und du gehörst zu unserem Volk!

Dein Gott ist unser Gott. Schweig, Widukind!

Bringet mir Wein!

Mein König, wir hoffen uns bald am Hofe zu sehen.
Christo, Domino nostrum atrum!

Wenn Tirol an den Fürsten von Frankreich fällt, dann – was dann?

Frag Alwin, ob er bereit ist, mit mir zu sterben.
Gott weiß es besser, denn wir – komm meine Tochter.

Ich reite über die Pyrenäen und du kümmerst dich um den Paladin von Korfus.

Sag den Wagenlenkern Bescheid, daß die Schleusen des Himmels sich geöffnet haben.
Sag ihnen, daß sie sich in die Berge zurücksetzen sollen.

Herr, soll ich die Zelte aufbauen lassen?
Die Hellenen sind im Dorf.

Wenn die Kirche verliert, sind die Schweden in Trier, Belgien ist noch frei:
Patros et santes orbis bistrum!

Schießen im Märzbecher

Daß Bundesschützen es schwerlich nicht leicht haben, scheint an der Tagesordnung zu sein. Scheint es auch dieser Bericht dennoch nicht wiederzugeben, trotzdem zeigt er, daß unsere Bundesschützen schwer dran sind, wenn sie erst mal dran sind.

Dieter Hemmholz berichtet:

HEMMHOLZ: Das Scheibenschießen hier in Diepholz an der Südtangente scheint überdies schwerlich das zu sein, was man sich in letzter Zeit unter dem vorstellt, was Bundesschützen absolvieren sollen. Sind sie einmal soweit, dann läßt man sie nicht ran.

MODERATOR: Es kommt in erster Linie einmal darauf an, daß der junge Soldat herangeführt wird an die verschiedenen Aufgabengebiete – sei es Zielschießen, Scheibenschießen, sei es Marottenschießen, die Aufgabengebiete sind so überaus vielerlei, daß man an und für sich davon ausgehen kann, daß einmal erreicht werden muß, daß zunächst einmal die Schußsicherheit geschult wird.

HEMMHOLZ: Im Märzenschießen?

MODERATOR: Das Märzenschießen trifft nur dann zu, wenn das Gebiet, wo dieses Schießen stattfindet, auch entsprechend gewährleistet wird. Zunächst kann man unterscheiden vom einfachen Schießen, das Schießen im Schußbecher, das Weitschießen, Fernschießen, Nahschußbereich, Fernschußbereich.

HEMMHOLZ: Gerade im Fernschußbereich trifft es doch dann so zu, daß in größeren Waldgebieten größere Flächen gewährleistet sind.

MODERATOR: Hier tritt der junge Soldat an ein Aufgabengebiet heran, in dem er, zum Beispiel, je größer eine Entfernung ist, eine größere Schußsicherheit gewährleistet wird. Die Vielfältigkeit der Aufgabengebiete, die Gewährleistung eines solchen Schußfeldes ist überaus reichhaltig. Man kann im großen und ganzen davon ausgehen, daß ein solches Waldgebiet, worin geschossen wird, entsprechende Berücksichtigung erfährt.

HEMMHOLZ: Wie groß ist nun das Aufgabengebiet des Bundesschützen?

MODERATOR: Das fängt an beim Märzschießen, dann das Schießen im Gelände, also das Schneisenschießen, dann das Schießen im Märzbecher, Höhe des Schießens.

Geschossen werden eigentlich alle Kaliber, Streusätze, dann die Waffengattung bis zum – bis hinauf zu Scharfschießen mit brisanten Waffen, z.B. das Flaschießen vom Panzer aus, im Boden-Bodenbereich, dann Leuchtspurschießen findet meistens wegen der Brisanz, auch da man's besser sehen kann, nachts Verwendung.

In größeren, aber auch in kleineren Waldgebieten, also echten Geländen, Kartuschengeländen, ebenso wie das Schießen im Märzbecher, was wo der Märzenbecher nicht ausreicht, hinreichend bekannt ist.

HEMMHOLZ: Ja, das ist doch sehr interessant alles, vielen Dank Herr Major Schade.

Vermieterin

Sie waren der junge Mann, Sie wollten das Zimmer haben. Ja, ich hab mit meinem Mann gesprochen – und wir wollen das nun doch nicht. Sehn Sie mal – Sie sind der Student? Sie warn der Grafiker, sagten Sie, ja das sagten Sie ja schon. Ja – sehn Sie mal, wir haben ja auch kein Grafiker weiter im Haus. Was wollen Sie da so allein im Haus, und wir hatten nun doch an ein Handwerkerehepaar gedacht. Zuerst hatte mein Mann ja zugesagt, deshalb sind Sie ja auch gekommen – nich. Aber ich will Ihnen das im Vertrauen sagen, er war gleich nich so ganz davon überzeugt. Sehn Sie mal, nich. Was machen Sie denn, wenn ich mal fragen darf? Auch mit Farben? Ich mein wir haben alles neu gestrichen und das möchten wir wohl auch gar nicht – nehm ich an. Ja nö – nö – nee. Ich mein Sie sehn ja ganz manierlich aus. Sehn Sie, daß ist ja auch keine Laufgegend hier.

Nee, das hat der andere auch gesagt, der wollte sich das renovieren. Ich glaub, wir wollen nun doch gar keinen Grafiker. Nee, also das schlagen Sie sich man aus dem Kopf. Gott ja, Sie können sich das ja mal ansehen, können Sie sich ja mal. Sonst, kommen Sie doch rein. Ja, was hätten Sie denn so gedacht?

Es sieht im Moment alles etwas unordentlich aus, aber wer sich das alles zurechtmacht. Sehn Sie hier ist die Toilette, die müßten Sie sich allerdings teilen. Aber ich weiß nicht, es gibt doch so schöne Wohnungen, das ist doch auch gar nichts für Sie. Sehen Sie, hier ist noch ein Bett, das können Sie sich ja wieder zurechtmachen, das hat Ihr Vorgänger noch hiergelassen. Aber ich will das auch gar nicht. Gegen Nachmittag scheint die Sonne hier auch rein, denn sieht das ja alles gleich anders aus.

Ja – nun ist der Lütte, unser Jüngster, so unglücklich gefallen, also direkt auf die Ecke – und das ist ja ekelig. – Nich? Und im Ofen war noch Glut. Er muß wohl irgendwie auf die glühende Platte raufgekommen sein, jedenfalls dann ist das Bild noch kaputtgegangen und dann hat er von meinem Mann noch Haue gekriegt. Und nun sagt er schon immer »Pappi haue-haue« und holt dann schon den Feuerhaken, und denn kriegt er ja ordentlich. Er darf doch keinen Erwachsenen mit dem Feuerhaken bedrohen. Ich schlag ja nur, wenn es wirklich nötig ist und nur mit 'm Kochlöffel – fünf Kochlöffel sind mir schon kaputtgegangen, und das zieht mein Mann ihm denn von seinem Taschengeld ab.

Denn unsere Jüngste, die ist uns aus 'm Fenster gekippt, sie muß sich wohl zu weit rübergelehnt haben, jedenfalls ich ruf noch und denn war auf'm Mal keiner mehr im Zimmer. Ich denk, das kann doch nich sein, daß sie sich wegen ihm versteckt hatte, na, und ich guck runter und denn seh ich unten ein kleines Bündel liegen, nich – als wenn jemand was verloren hat. Man hört ja das Plumpsen nicht, wenn man im fünften Stock wohnt.

Ja, kommen Sie doch mal wieder, wenn mein Mann da ist, der kann Ihnen da noch mehr drüber sagen. Aber ich glaub nich, daß wir das vermieten. Grafiker, sagten Sie – Nee, das schlagen Sie sich mal aus 'm Kopf.

Rentnerehepaar

Ja, Wellensittichfutter, aber das ist ja egal. Is da noch was drin?

Ja, da muß noch was sein, das is 'n neues Paket.

Ja, ich will mal sehn. Is das wieder Trill?

Was?

Habn dir die Fische neulichs geschmeckt? Die eingelegten Fische?

Ach so, die Fische. Ja.

Haben sie dir geschmeckt?

Ja, die Makrelen.

Ja, die Makrelen, die waren ja frisch, aber die eingelegten, immer mit den Zwiebelringen.

Ja, die waren ganz schön, die waren ganz schön, ja.

Ja, soll ich die noch mal holen, was meinst du? Dann können wir gut noch – dann mach ich noch 'ne Dose auf und dann haben wir noch für Sonntag. Mit Pfanni dazu. Das is ja auch verträglich.

Ja, das ja, ja.

Nich – denn machen wir das mal. Die Kapernsoße, die brauchen wir denn ja nich dazu, da die, da sind denn immer die Kapern drin, das ist gar nicht gut für dich.

Nu, ja nu... Wo ist das braune Brillenetui eigentlich, das braune Brillenetui?

Für die Zeitung?

Ja, ich will den Artikel noch mal durchstudieren – über die Krawalle.

Ach nu laß das man, das regt dich bloß wieder auf.

Was denn?

Ich sag, das regt dich zu sehr auf.

Ja.

Der Mann von deiner Schwägerin ist ja auch so plötzlich eingeschlafen. Er hat noch zum Geburtstag Topfkuchen mit Schlagsahne gegessen, und dann hat er den Schlaganfall bekommen.

Ja, das geht denn schnell.

Ja.

Ist es draußen trocken? Oder regnet es schon wieder?

Ja – es ist draußen ungemütlich. Es drückt auch auf den Schornstein, deshalb riecht es etwas nach dem Brikett. Die Nacht über soll es wieder um null Grad sein.

Ja, das ist jetzt die Witterung, die Fensterscheiben sind auch ganz beschlagen.

Ja, nun schon dich man, bis der Besuch kommt.

Ja, was denn?

Daß du denn munter bist, nachher.

Ja.

Und nicht einschläfst, wie letztes Mal. Das macht ja so einen schlechten Eindruck, nachher kommen die nich mehr. Die wollen sich ja auch mit dir unterhalten.

Ja.

Richtig ausschlafen kannst du heute abend, wenn sie weg sind, noch genug.

Ja.

Hast du die Tropfen genommen?

Ja. Die – äh – ach so, die sind da unter dem kleinen Tisch, wo das Hansaplast ist. Das Hansaplast.

Nun nimm man gleich zwei, für heute mittag noch gleich mit. Du hast ja heute mittag vergessen zu nehmen. Deine Verdauung wird da auch nicht besser von. Es riecht hier auch schon wieder so streng. Hast du denn wieder Luft im Bauch?

Ach das geht, das sind nur Blähungen.

Ja das geht doch nicht, wenn Besuch kommt und überhaupt, das gehört sich nicht.

Ja.

Ich will nachher noch die Dose aufmachen. Hast du eigentlich die Wärmflasche im Bett gelassen, oder hab ich die ausgegossen?

Was denn? Ach die Wärmflasche, ja die Wärmflasche – die Wärmflasche, die – ja, liegt die nicht auf dem Nachttisch neben dem Wecker? Oder im Korridor auf dem Schirmständer?

Hast du denn eigentlich heute morgen an Kanarienvogelfutter gedacht – oder haben wir noch?

Äh, Wellensittichfutter.

Wellensittichfutter. Sag mal, der kleine Beistelltisch, den hat glaub ich Lissa.

Das Beistellbord?

Ach was, das graue Beistelltischchen, das bei Lissa stand.

Wo stand das denn, wo der Fernseher draufstand?

Wo der Fernseher drauf stand? Ach so, ja genau das. Da hast du nachher das Wachs entfernt, da war ja schon so viel drauf von den Kerzen über Weihnachten. Da hat sie nachher den Fernseher draufgestellt und nachher auf den Vitrinentisch.

Im Wohnzimmer?

Ja, natürlich im Wohnzimmer. Sie hat doch jetzt alles neu, sieht doch alles viel sauberer aus und schöner. Da wo der Kanarienvogelbauer stand, steht jetzt die Truhe und der kleine Fernseher von Else. Denn hat sie Stragulaläufer, schräg gegenüber die Brücke. Die Brücke hat sie damals gekriegt von der Anstalt.

Ja, das war noch als ich aus dem Krankenhaus kam. Da hat sie alles umgestellt, auch den runden Eßtisch. Dann entsinne ich mich noch an den großen Ausziehtisch, den Nußbaumtisch.

Nein, den Nußbaumtisch hat sie doch schon lange nicht mehr gehabt, der paßte doch nachher da nicht mehr hin. Der Nußbaumtisch, der ist jetzt hingekommen zu Lisbeth – sie durfte doch nicht soviel mitnehmen, in die Anstalt.

Was denn?

Ich sag: Wo er jetzt hingekommen ist, weiß ich auch nicht.

Ja, hast du die Nahbrille gesehen? Irgendwo?

Die Nahbrille? Nee, die hab ich nicht angefaßt da. Ich hab doch an deinem Tisch drum herumgewischt. Da hab ich nichts angefaßt. Auch dein Briefmarkenalbum, das liegt da auch noch so. Das pack man alles noch weg nachher, wenn Gertrud und Hilde kommen und dein Cousin ...

Bürgermeisterrede

Als stellvertretender regierender Oberbürgermeister der Freien und Hansestadt möchte ich Sie zu diesem Abend herzlich willkommen heißen. Wir werden immer so hingestellt, als wenn das alles so einfach ist. Ich denke da in zweiter Linie an diejenigen, die den ersten Abend noch mitgemacht haben, als wir diese Brücke eröffnet haben. Wenn ich das sage, dann meine ich die Köhlbrandbrücke. Wenn man rechts unten an den Landungsbrücken herauskommt, dann kann man schon von weitem eine Brücke, die, wie ich meine, und da schließ ich mich der Vorrede meines Vorgängers an, auch viele Vorteile hat.

Brücken sind dazu da, Vorurteile abzubauen, und so möchte ich mit diesem Brückenschlag hinüber zum Containerterminal Ihnen zurufen, ein Ja zum Aspekt Hafen. Ich möchte also diesen Abend als gelungen bezeichnen. Auch ein Aspekt, unter dem man diese Dinge sehen kann. Wenn ich nun als regierender Oberbürgermeister zu Ihnen spreche, dann tu ich das, um vor allem an diejenigen unter euch zu appellieren, benutzt diese Schwimmbäder auch. Hamburg hat viel Wasser, und wo viel Wasser ist, da wird viel gebaut. Der Großraum der Hansestadt mit einer Erschließung zur Elbe hin, als echter Wasserarm, umklammert im Norden den Wohnteil Fuhlsbüttel mit einem Flughafen, dessen Einflußgebiet erheblich erweitert werden soll. Im Osten umfaßt es den Aushub einer dreispurigen Zubringertangente zur Wohnstadt Hamburg, den Ortsteil Schenefeld und Hamburg-Horn und Sonderbrarup im Südbauteil. Im Süden der Hansestadt hingegen umschließt unser Trabant den Ortsteil Harburg mit seinen bunten Schaufensterauslagen. Wir lassen nun Schenefeld weit hinter uns, um Sonderbrarup mit dem Terminal zu verquicken. Mit einer Schnellstraße faßt die Hansestadt die Schlafstädte Fischbeck und Teichburg an. Nach oben hin tippen wir kurz die Büroflächen Süderbrackel und Lurup an, ohne die Ohe und Pinneberg sonderlich zu stören. Auch ein Aspekt, unter dem man, so meine ich, diese Dinge sehen sollte. Hamburg ist aber auch eine echte Fischstadt. Der Karpfen ist hier zu Hause. Neue Kartoffeln mit Spargel sind hier zu Delikatessen gereift. Wer die kulinarische Seite der Hansestadt kennt, weiß auch, daß die Köhlbrandbrücke ein solcher Brückenschlag ist. Ein Brückenschlag, der fair ist, fair einmal deshalb, weil Hamburg ohne die Elbe nicht das wäre, was sie heute ist. Darauf möchte ich mit Ihnen anstoßen!

Vogelfreunde

VOGELFREUND 1: Hier steht: Kanariensänger auf der Stange. Der Sänger kostet 3,80 Mark mit Postzustellung.

VOGELFREUND 2: Aber das andere Versandhaus liefert die Stange mit dazu, das steht im *Gartenfreund*. Hast Du den *Gartenfreund* weggelegt?

VOGELFREUND 1: Dann muß er oben im Schub liegen, oder stand das im *Gefiederten Freund*. Jedenfalls stand da Kanariensänger mit Stange und ins Haus.

VOGELFREUND 2: Hä – das war der nicht.

VOGELFREUND 1: Erich, was du meinst, ist der jahreszeitlose Sänger, der singt das ganze Jahr über, während der im Sonderangebot nur im Winterhalbjahr singt. Der mausert aber nicht. Den wir letztes Jahr hatten, der hat ja so oft gemausert.

VOGELFREUND 2: Ach was.

VOGELFREUND 1: Ja, ja, dann liegen wieder überall die Flocken. Die Federn sind ja so klein, die lassen sich so schlecht feucht aufnehmen ... Ach über dem Beistellherd, das ist nichts, das ist unhygienisch, besonders die kleinen Federn. Auch wenn ich im Topf dünste, das ist für den Sänger nicht gut und für dich auch nicht. Er hat auch über dem Beistellherd nicht so kräftig gesungen.

VOGELFREUND 2: Ach, das ist doch nur Einbildung.

VOGELFREUND 1: Ja, er hat wohl geträllert, aber nicht so melodisch wie der andere, der war mir auch zu schrill, auch in den Farben. Der ging mehr ins Rötliche über.

VOGELFREUND 2: Der war doch grün.

VOGELFREUND 1: Ja, wenn er am Fenster stand, Erich, aber nicht im Schummern, da war er mehr ins Rötliche rein.

VOGELFREUND 2: Ach was rötlich, das kommt vom Beistellherd. Das ist der Feuerschein, der so rötlich ist.

VOGELFREUND 1: Hast du vorhin Brikett aufgelegt?

VOGELFREUND 2: Da war noch Glut.

VOGELFREUND 1: Ich mein, weil es etwas nach Koks riecht.

VOGELFREUND 2: Hier steht: Geflecktgesprenkelter Sänger mit roter Kopfleiste und Kehlfleck von alleinstehendem Rentnerpaar umständehalber abzugeben. Saubere kleine Stange aus Vogeltrittholz wird auf Wunsch beigegeben.

Aufklärung

Sieh mal, Pappi hat auch solch ein Zipfelchen wie dein Brüderchen und Mutti hat genau solch Türchen wie du es hast, und das Türchen bei deiner Mutti ist so rot angemalt, damit Pappi auch nachts im Dunkeln da hineinfindet.

Warum dein Brüderchen solch ein Bällchen neben dem Zipfelchen hat? Ja, das hat Pappi halt auch, da in dem Bällchen sind all die herrlichen Dinge drin, die dein kleines Brüderchen braucht, wenn es noch ganz, ganz, ganz klitzeklein ist.

Gudrun, ja, du hast gut aufgepaßt, die Bienlein machen das halt auch, die fliegen den Honig ins Türchen von dem Bienenhaus.

Nun darfst du dich wieder auf deinen Platz setzen.

Und das Bienenhaus ist nun deine Mutti, und die Bienen tragen nun emsig den schweren, schweren Honig ins Haus, ohne unter ihrer Last zusammenzubrechen.

Genau das gleiche tut dein Pappi, wenn er von der verantwortungsvollen Arbeit im Büro nach Hause kommt, übernimmt er die gleiche verantwortungsvolle Arbeit zu Hause, um immerfort Futter in das Türchen zu schaffen, damit dein neues Brüderchen oder Schwesterlein nicht hungern muß...

Neujahrsansprache II

Das alte Jahr scheidet, das neue Jahr kommt. Oder wir können auch sagen, meine lieben Zuhörer, das Alte vergeht, Neues entsteht.

Nun, meine lieben Zuhörer am Lautsprecher draußen, lassen Sie mich einige Worte sagen, Worte, die uns in dieser schweren Zeit, in dieser Zeit der Ungeduld und Unrast, der Vergnügungssucht – aber auch in dieser Zeit der Besinnung und Besonnenheit, der Schönheit des Alltags mahnen sollen.

Wenn wir nun in das neue Jahr hineingehen, dann ist es, als würden wir in ein neues Haus hineingehen, das wir noch nicht kennen, oder als würden wir uns ein neues Gewand anziehen, etwa einen Anzug, den wir zum Christfest geschenkt bekamen. Aber das ist nicht das, was ich meine, das neue Jahr kann man schlechthin nicht mit einem neuen Anzug vergleichen, auch nicht mit einem weißen Hemd oder einer weißen Weste – die man wechseln oder wegschmeißen kann. Das kommt so oder so – ob wir nun wollen oder nicht.

Lassen Sie mich, meine Lieben am Lautsprecher, am Radiogerät zurückblicken auf das alte Jahr. Was ist alles geschehen? Hier einige Zahlen aus der Statistik:

Im Januar 1971 sind 60 000 Einkellerungskartoffeln mehr eingekellert worden als im Vorjahre, im Sommer wurden allein in Nordrhein-Westfalen 70 000 Zentner Speck verzehrt, zur gleichen Zeit wurden in der Bundesrepublik 98 000 Quadratmeter mehr Rauhfaser und Teppichfliesen verlegt als im Vorjahre, im zweiten Drittel des Haushaltsjahres '71 holten allein 40% der Altrentner das Abitur nach. Von insgesamt 3981 Betriebswirten und Angehörigen der Elektrobranche kehrten 2172 freiwillig zum Bäckerberuf zurück, 10% wurden Wassertechniker, 90% ohne Erfolg. Allein an Bettwäsche verbrannten 5000 Stück. Das sind gewiß eindrucksvolle Zahlen und wenn wir dann noch erfahren, daß in diesen Tagen, nämlich am Christfest, viele Tausende von jungen Leuten und alten Menschen durch den unachtsamen Umgang mit dem brennenden Christbaum ihr Leben auslöschen mußten, auch hier einige Zahlen: Allein im Raum Oldenburg verbrannten 70 113 Menschen durch groben Unfug am Christbaum. Dagegen wurden 18 000 Menschen im ostbayrischen Lebensraum und in der Pfalz von brennenden Christbäumen erschlagen – noch höher sind die Zahlen vorweihnachtlicher Verkehrsunfälle, hier belaufen sich die roten Zahlen auf 37 130 000, das ist die Hälfte der Bevölkerung der Bundesrepublik. Allein der Tod durch übermäßigen Alkoholgenuß am Silvesterabend soll sich auf 77,2% belaufen. Man errechnet, daß die Quote an Geldraub- und Drohüberfällen auf Banken und Kreditinstitute insbesondere durch die Polizei selbst und im Zusammenhang mit der angezogenen Alkoholsteuer im Jahre '71 dreißig mal so hoch sein soll wie zum Beispiel 1912.

Diese wenigen Zahlen geben zu denken.

Wenn wir nun zur Jahreswende am Rundfunkgerät sitzen und das Fest feiern und uns zuprosten, dann möchte ich einmal mahnend, wie mir das unser Erzbischof im Bahnhof Sprötze, bei einem Glas Selterswasser, einmal gesagt hat: »Nobis in civilitas extra«, auch Ihnen zurufen. Das heißt, übersetzt etwa: Mein lieber Jaeger, ham Sie zu Hause noch 'n Karton Sekt extra trocken? Hä, hä...

Na – Spaß muß auch sein und wenn Sie, meine lieben Freunde und Kameraden – kann man ja schon fast sagen – den Sektkorken öffnen – dann Prost – dann wollen wir auch an die vielen, vielen Menschen denken, die diesen Tag der Jahreswende nicht miterleben durften. Ein frohes neues Jahr!

Telefongespräch

... die Kleine ist ja nun wieder da. Es war ja Polizei eingeschaltet, über Funk ... Der Kriminalbeamte war sehr nett.

Nun wird ja alles grün, dann geht's Sonntag mal raus ... ja herrlich ... Nun bin ich so erschossen, daß ich mich erst mal hinlege ... Sonnabends ist mein Reinemachetag. Tante Hanni hat geschrieben, aus Boberg. Es gefällt ihr sehr gut ... Ja, da hab ich mich natürlich sehr gefreut, daß es ihr wieder einigermaßen geht. Hans-Jürgen hat auch geschrieben, sehr nett, er läßt Dich auch grüßen, aus Kapstadt. Nun muß ich noch die Gardinen abholen lassen, dann der furchtbare Nebel.

Ja, Herta, grüß den Helmut. Helmut geht doch jetzt zur Versehrtenschule ... Ja, er hat sich noch recht herzlich bedankt, Du hem ... für das Geschenk und für den netten Besuch. Na, und denn ist bei uns ja wieder was los gewesen! Diese Frau, weißt Du, so eine weißhaarige, ältere Dame, weißt Du, von der ich Dir erzählt hatte, in Bad Oynhausen, weißt Du ... Nein, nicht in Oynhausen, hier in der Siedlung ... Ein ganz herrliches Wetter ... und grüß Omi. Nun gib mir Dora! Tante Dora sollst Du mir mal geben ... Ja, nun kam Polizei, die Frau hatte Selbstmord gemacht. Nein, nicht tot. Ja, es wäre das Beste für sie gewesen ... Das Paket vom Ottoversand ist gleich nach Ostern hier angekommen. Ja, weißt Du doch, für die Couch, die früher in Vatis Zimmer stand, nein nicht die, die Oma gekriegt hat. Und dafür die Kissen ... Ja. Und nun ist die Frau ins Krankenhaus gekommen, mit Blaulicht. Kommt wieder raus ... ja, mit Schlaftabletten, ja furchtbar. Und kann das eine Bein nicht bewegen, hörst Du, so ein Knacken, bei mir auch, ja, ich hab schon bei der Post angerufen, nun kann sie das rechte Bein irgendwie und trägt nun solche orthopädischen Schuhe, weißt Du, hier ist jede Woche was. Und was habt Ihr über Ostern gemacht? Dora ist tot? Die Dora von Onkel Herbert? Ach so, Dora in Lüneburg, sie ist doch eine geborene Buchwald? Nein, nicht – Lisa Finke – aber ihr erster Mann? Ihr zweiter Mann auch? Gott, wie schrecklich. Nun hab ich ihm noch das Legospiel geschenkt und die Stretchhosen ... Ist das nicht zu kalt? ... Ja mit geschlossenem Mantelkragen ... Popeline und dann hab ich doch noch den Kamelhaarmantel ... Igitt! Nein, den Jägerhut setz ich doch nicht mehr auf, den kann Hanne kriegen ... Ich hab mir von Horn eine Kappe gekauft, für das Kostüm passend ... Er war Prokurist in Kanada ... mit

Kaffee und flog nur noch... Den Esstisch... Also Herta, ich will Schluß machen. Die Übergardinen, nach Norden hin, eine Etage tiefer wohnt ja mein Student. Ja – das erzähl ich Dir ein anderes Mal. Die liegt noch, ja schrecklich und nun hab ich noch den Ärger mit dem Garten, ich nehm ja an, Mäuse von nebenan, wohl Wühlmäuse. Und dann der Osterverkehr, Hans-Jürgen hat uns in seinem Wagen mitgenommen und dann sind wir nach Plön und da herumgefahren, es war ja herrliches Wetter, etwas kalt, aber ich hatte ja den neuen Mantel an...

Gedichte: Gut gedichtet und das Haar sich richtet

Menschwerdung
Werden mußt Du
Und wer nicht ist, der wird
Und wer nicht wird, der ist
Du wirst, und wenn Du auch nicht werden kannst
So wirst Du doch
Eisen sollst Du sein
Und willst Du auch nicht ewig sein
So bist Du doch
Du sollst aus Eisen sein
Und wächst mit jedem Stundenschlag
Ins Erdenrund hinein
Was Flamme birgt, was Nebel säumt
Das kann noch werden
Was ewig wird
Was ewig wächst
Das kann gebärden
Was turmhoch türmt
Was ringsum ringt
Das mache Dir zum Vorbild

Der Bergmann
Kalt sengt Donner sich nieder –
Schwingt
Es zuckt der Berge Ader gleich
Im riesgen Baum
Du gehst –
Doch keiner weiß
Wer, ach so tief im Schacht
Es zuckt der Berg –
Heb ich den Hammer auf.
Zum blutgen Schlag
Was Ader schmilzt,
Kann keiner werden

Auskunft

Also, da geht er immer geradeaus, Herbert, ja immer geradeaus, die Erste nich, die zweite Querstraße is es auch nich, die Dritte nich, die Vierte auch nich ... nee, die Vierte is es nich, die Fünfte muß es aber sein, das sehen Sie schon da. Der 42er fährt da nich, da is 'n großes Möbelgeschäft auf der anderen Seite und 'n Lampengeschäft – Lampen-Prediger.

Herbert, das is nich Lampen-Prediger, das is Lampen-Giese, Lampen-Prediger sitzt am Raupenweg und am Wissmannplatz, er muß mehr nach der Fettstraße hin liegen, da is hinten das große Hochhaus, da kommt erst die Tankstelle, da nich rein, aber die nächste Straße, die geht so schräg rein, wie heißt die noch, ich komm nich drauf. Mit Ro am Anfang ... Das ist doch 'n Umweg, Herbert.

Er kann doch die Tassenstraße ganz durchgehen zum Küchenplatz, Ecke Rentnerallee beim alten Kuchen-Redder, und nimmt den Bus, der gegenüber abfährt.

Herbert, der fährt da nich mehr, das ist jetzt Einbahnstraße, der fährt jetzt ganz rum, am Küchenparadies vorbei und kommt dann Rentnerplatz und dann wieder Kreissägenstraße, bei Walter Böse sein Totoladen, wo Lotto draufsteht, da kommt er raus. Herbert, der fährt da nich mehr.

Der 83er, aber nicht der 72er.

Ja, der 72er fuhr früher da, wo jetzt der 83er fährt, bei Betten-Prediger, da wo es neulich gebrannt hat, Herbert, das stand doch noch in der Zeitung – Brandschaden über – na bald an die zwei Millionen ... Da sind doch jetzt überall die Feuerteufel.

Na, wo war das noch, stand ganz groß auf die erste Seite und in 'ne Tagesschau haben sie es auch gezeigt.

Nee, Herbert – das war nich dieser Großbrand, dieser andere, der die Treppenhäuser ansteckt, Herbert, gegenüber vom Puff, den mein ich nich.

Der lebt doch nich mehr. Nee, er war so ein kleiner, der hat sich nachher aufgehängt, der hat mit Perrywurst angefangen und dann hat er gegenüber Wurst-Peters aufgemacht und hat ihn kaputtgemacht.

Herbert, Du meinst Schinkenwurst-Schmidt, die ganzen Wurstbuden waren doch erst, als die Schlachterei, die nachher ausgebrannt ist, wegen Fleischvergiftung in der Zeitung stand.

Und der hat sich aufgehängt.

Herbert, der doch auch, das war doch die Zeit, wo sich die drei Schlachter hintereinander aufgehängt haben. Der eine Sohn hat nachher den Imbiß aufgemacht. Da stand das mit den Frikadellen in der Zeitung.

Ja, der hat sich ja erst später aufgehängt.

Herbert ... der doch nich ...

Szene aus einem Westernfilm

… Es war irgendwo im Süden von Alabama oder weiß der Teufel, wie die gottverdammte Gegend hieß. Ich – kann mich noch genau an all das erinnern, an Joe, an Franki und an – mich. Ja richtig, mich selbst hätte ich beinahe vergessen, denn, äh, ich war ja auch noch da.

Ich kann mich jedenfalls noch genau daran erinnern. Ich schwöre bei meiner Winchester – äh, äh – das heißt, eigentlich hatte ich damals ja noch nicht dieses gottverdammte Schießeisen. Ich bekam von Vater einen alten Henrystutzen und zwei Kugeln, tja, zwei ganze Kugeln, so war das damals.

Und da war da noch irgendwie meine Mutter – ja richtig, meine Mutter. Die war auch noch da – hm, und die Prärie – Sand und Gras, soweit das Auge reicht – Sand und Gras und immer wieder Gras und Sand und wieder Sand – und Gras oder umgekehrt. So war das damals. Dann wurde alles anders, das war in Oklahoma, da lernte ich Fred kennen und ich wünschte, ich hätte ihn nicht kennengelernt…

Kommen Sie sofort nach Berlin!

Ich kam nach Berlin zurück – plötzlich lag ein Telegramm da – Kommen Sie sofort nach Berlin – unterschrieben, Ihr Ullstein. – Ich nahm also den nächsten Sonderzug nach Berlin – Erste Klasse – die Fahrkarte wurde mir ja zurückerstattet – ich ging also die 41 Treppen zum Ullsteinverlag hoch – klopfte an das Arbeitszimmer von Herrn Ullstein – und – ja, alles in Ordnung! – Sie wollen doch Ullstein sprechen – ich sagte, ja – Tür ging auf, leder-, äh, doppelgepolsterte Ledertür – ledergepolsterte Doppeltür – und Herr Ullstein erschien in der Tür – da fiel mir sofort auf, daß Herr Ullstein einen ledergepolsterten Mantel anhatte – können Sie uns den Othello spielen – ich sagte, herzlich gern – im Nu war ich in ganz Berlin bekannt – ich trat nun zunächst im Kümmelhaus auf – eines, ähm, großartig angelegten Theaters mit Chansonetten, Sopranetten, vielen nicht prophylaktischen Schauspielern – Hitler war an der Macht – Kommen Sie sofort nach München! – Hitler ist auf der Flucht! Ich sag, das kann nicht angehen – ich reiste sofort ab nach München – und so kam es, daß ich in wenigen Tagen die Oper, Der Schlaumeyer, später in Wien – bis ein Bekannter von mir, den ich später in Paris wiedertraf, sagte, is 'ne große Schweinerei, daß dieser Hitler an der Macht ist, – ich sag, ja, Gott, das ist mir bekannt – in wenigen Tagen war ich bei der BBC in London und habe dort den Dreiakter, Der Baron und die fünf Ephigenien, zusammen mit Hanfstängel für das Gewandthausorchester in Linz neu inszeniert – und so kam das alles.

Abgelebt

Er sah ja richtig schmal aus und gelb. Er sah ja soooo aus, er sah wie der Tod aus. Richtig eingefallen. Ich sag noch zu Hermann, der kommt nich wieder zu sich. Das schafft der nich.

Eine Woche später war er schon eingeschlafen. Ich sag noch, das geht so schnell. Und wenn ich nich noch gesagt hätte, das schafft er nich, das hätte er nie geschafft, das hätte er gar nich können. Er war ja so klapperig. Daß es aus war, hatte er selbst gewußt, das haben alle gewußt. Ich finde nur, das hätten sie ihm nicht immer vorhalten müssen. Das gab ihm wohl auch den Rest. Aber er wußte das auch, nur, er hat ja nichts dafür gekonnt.

Wenn es zu Ende geht, dann ist ja sowieso nichts mehr zu machen. So ist es ja nun mal, und damit muß man sich abfinden. Wir können das doch nicht aufhalten, irgendwann ist mal Schluß.

Aber bei ihm ging das ja rapide abwärts. Dann sollen Sie ihm Seife ins Essen getan haben, weil er sich nich mehr gewaschen hat. Ob das stimmt, weiß ich nicht. Jedenfalls hab ich mal gesehen, wie sie ihn beim Waschen gehänselt haben – Bettnachbarn. Zum Geburtstag hatten sie ihm aus Seife einen Totenkopf gemacht und in das Päckchen von meiner Schwester mit reingetan. Pfleger Moritz sagt sogar, sie hätten die Kekse rausgenommen und dafür Kekse aus Wachs reingetan, aber das glaub ich nich ganz. Na, jedenfalls hat er mit den Tränen gekämpft, aber er hat nicht geweint. Die anderen haben so getan, als wenn sie geschlafen haben, dabei hab ich gesehen, wie sich Kaminsky vor Lachen kaum halten konnte und sich ein Taschentuch in den Mund gesteckt hatte. Das hat er alles gemerkt. Er ist danach vom WC mit völlig verweintem Gesicht zurückgekommen. Ich glaub, er hat das gehört, wie die Pfleger mal gesagt haben: Der kann jetzt schon einpacken, später hat der keine Zeit mehr dazu.

Ich hab ihn dann getröstet und gesagt: Herr Schwalbe, bald haben Sie das hinter sich, dann kann Sie keiner mehr necken. Er hat aber nicht darauf geantwortet, er hat nur versucht zu lächeln. Als er zu schlucken anfing und seine Augen schon wieder mal blank wurden, bin ich auch rausgegangen. Das hat ja doch keinen Zweck mehr gehabt. Dabei hat es ihm an nichts gefehlt, die Ärzte sagen, er hätte steinalt werden können ...

Rundschreiben

Rundschreiben an die Jungen und Mädchen der Jugendlichenstation des Bethanienheimes

Es ist leider festgestellt worden, daß sich auf der Jugendlichenstation I und II unterhalb der Gürtellinie nicht gründlich genug gewaschen wird.

Weil das letzte Rundschreiben scheinbar nicht gefruchtet hat, wird in Zukunft jeder, der sich in dieser Hinsicht säumig zeigt, von Pfleger Moritz oder den Nachtschwestern vor dem ganzen Saal gründlichst gewaschen und anschließend vorgeführt.

Das gleiche gilt für die Mädchenstation, wo seit einiger Zeit in dieser Form die Klistiere verabreicht werden, da es scheinbar nicht anders geht.

Oberschwester Dölle hat ihre liebe Not mit den Mädels gehabt.

Sollte dies noch nicht genügen, wird das vor der Tür stehende Frühlingsfest ausfallen müssen.

Ich hoffe aber, daß Euch dies eine Lehre sein wird, aus der alle ihren Nutzen ziehen werden.

Denn, auch unterhalb der Gürtellinie können sich Keime bilden – und das möchte doch wohl niemand!

Dr. Fengler
Oberarzt

Anzeigenteil

Suche brünette, aufrichtige, echte Freundin, keine Aussteuer. Biete Herzensbildung, Leseecke und kleines aufrichtiges Heim in gemütl. Moorgegend. Kl. Doppelbett vorhanden ...

Für unsere Holerithabteilung suchen wir noch zwei junge, aufgeschlossene Abiturienten, die auch mal mit anpacken können. Möglichst abgeschlossene Bäckerlehre oder Feinbäckerlehre.
In Frage kommen nur tüchtige, handwerklich begabte Bewerber, falls diese Lust haben, in einem neuen, sauberen, netten Arbeitskreis zu günstigen Voraussetzungen weiterzukommen.

Bei guter Führung wird Aufstieg zum Werkmeister, evtl. auch Halbwerkmeister, gewährleistet. Arbeiten ist nicht unbedingt erforderlich.

Rundsofa, fast neuwertig, noch keine Sitzkuhlen, an alleinstehendes Ehepaar, wenn möglich mit oder ohne Kleinkind, preisgünstig, evtl. auch leihweise abzugeben.

Unterdruck-Vertikal-Umwurfumlüfter für Umlüftung von Unterluftumwälzpumpen und Schwerstumdrucküberhitze nach dem Keiss-Gossel-Heiszig-System für sämtliche Nachtnachspeicher- und Brom-Unterdrucktrogpressen.
Alleinvertrieb: Kolzenkreuter u. Hachtel, Wuppertal-Elberfeld, Vohwinkel und Oberbarmen.

Einbettliege (Schwedenliege), abwaschbar, auf Kufen (japanische Pappel), zwei dazu passende Barhocker (Rohrgeflecht), auch als Sessel auszuklappen, ebenfalls abwaschbar an Gehbehinderten, notfalls auch an einen vorübergehend Gehbehinderten oder Studentenehepaar abzugeben.

Teilmöblierte, kleine Leseecke mit Schlafmöglichkeit, Elbnähe, preisgünstig an Wochenendfahrerin oder kinderloses Ehepaar zu vermieten. Kl. Kaution oder Hilfe im Garten erwünscht, aber nicht Bedingung.
W.Z. Pr. 2R 500
unter T. 29 Bl.p. 588

Nettes, solides Junghandwerker-Ehepaar aus gutem Hause (beide Abitur) sucht Mansarde oder Teilmansarde gegen hohe Kaution und Küchenhilfe auch im Garten.
Pl. 29999

Kl. nette Schlafecke, 1qm (wirkt größer), teilmöbliert, 90,– mtl./600 DM Kaution inkl. WC, an solides Ehepaar zu verm. Gartenmithilfe erwünscht.
PK. 4457

Sofort. Elbblick umständehalber abzugeben.
PN. 3465Z

Gut erhaltener Hocker (kaum benutzt) möglichst an Kriegsblinden oder Jugendlichen leihweise abzugeben. Mit Kind angenehm, aber nicht Bedingung.

Einheirat in Teilbetrieb möglich, aber nicht Bedingung.
Evtl. auch Teilheirat.

Nettes schlankes Volljung-Handwerkerehepaar, sie brünett, er sauber. Hilfsbereit – aber nicht Bedingung, sucht Veränderung in Villengegend, hohe Kaution.

Ein interessantes und ausbaufähiges Wirkungsfeld erwartet Sie in unserer Teilfertigungsabteilung als Teilfertigungsberater oder Halbteilüberwachungsmechaniker. Außerdem suchen wir für unsere Halbteilvorfertigungsabteilung unseres Ganzteilendfertigungswerkes Süd einen versierten seriösen Mittel- oder Vollteilfertigungsingenieur, der auch Erfahrung in der Einzelteilfertigungseinteilung mitbringt.

Wir suchen zum möglichst baldigen Antritt noch einen Naßschleuderer, der auch im Trocken- und Kaltschleudern Erfahrung hat. Ferner einen Staubbläser, der auch mal im An- und Ausblasen einspringen kann.
Sowie einen gelernten Ausgichter, der im Gelb- und Weißgichten gute Kenntnisse vorweisen kann. Gichterbrief Voraussetzung.

Wachsende Aufgaben machen sich bezahlt!
Deshalb suchen wir für unsere Teilfertigungsabteilung noch einen Teilfertigungsfachmann.

Für unsere Halbteilfertigungsabteilung einen Halbteilfertigungsfertiger und für unsere Hustenabteilung einen Huster, der möglichst mithusten sollte.

Wilder Typ will nicht mehr allein sein, vollschlanke Erscheinung. Trennungsgeld vorhanden. Evtl. kl. Kaution oder Teilkasko gegen Einwilligung.

Schlachtereiwesen

Es handelt sich hier um die älteste Schlacht- und Viehverwertungsanstalt im mitteleuropäischen Raum. Eh wir uns dem Schlachtprozeß zuwenden, wollen wir unsere Führung mit der Besichtigung des Schlachthof-Museums beginnen.

Dieser Raum ist der älteste Raum, der überhaupt mit dem Schlachtergewerbe zu tun gehabt hat. Hier wurde der Schlachtrat, der damals noch zwingendes Recht, also das Blutrecht besaß, vom Volke und von der Kirche gewählt. Der Fußboden ist mit Pferde- und Kalbsfüßen ausgelegt, also immer die Hufe nach oben, dadurch kommt das gefällige Hufenmuster zustande. Hier können Sie das noch ganz deutlich sehen. Dort sehen Sie den Hochsitz für den Blutrat, der auch das Bergrecht hatte, deshalb das Bild mit dem Knochenberg hier im Wappen, rechts in der Hand des Wappners die gebrochene Lilie, links das zweimal gebrochene Bein des Rindes zum Zeichen der Gnade.

Kommen wir zum Schlachtgleitverfahren: Wir sind dazu übergegangen, das Schwein elektronisch in die Schweinerutschbahn zu führen. Sehr gute Erfahrung haben wir mit dem Elektroschock gemacht, so daß sich sogar die Polizei dafür interessiert hat, reges Interesse zeigten auch die Heilanstalten. Durch den Elektroschock, der auch für den Menschen völlig unschädlich ist, tritt die sogenannte Schweinestarre ein, dann wird das Schwein bei 120 Grad verbrüht und dann weiterverarbeitet.

Von der Pferdeschlachtung sind wir fast ganz abgekommen, nur der Hannoveraner wird noch sehr gern geschlachtet, der Belgier wird noch lieber geschlachtet, besonders für die Fettverwertung und die Blutkuchenbäckerei. Die Fettverwertung liefert ferner für unsere gefiederten Sänger das begehrte Tauben-und Möwenfett für Meisenringe und für Kartoffelpuffer, für Klavierfett, Radiofett, Trompetenbutter und Werkzeugseife.

Für die Ziegenschlachtung besagt die neue Bestimmung, daß eine Ziege das 16. Lebensjahr erreicht haben muß, also bei der Schlachtung die Volljährigkeit erreicht haben muß, dabei meldet der Berufsverband der Ziegenschlachter in Hamburg und auch in Flensburg, daß eine Dunkelziffer an Ziegenschwarzschlachtungen durch den Zuwachs von Fremdarbeitern zu verzeichnen ist. Wir wissen ja, daß von streunenden Haustieren ca. 37% in den Kochtopf der Gastarbeiter wandern und nur 9% in den sogenannten preiswerten Mittagstisch als Ragout weggeht.

Nach dem neuen Nahrungsmittelgesetz muß dieses Gericht die Bezeichnung «Ragoutersatz« oder »Ragout« mit genießbaren Fremdeinlagen tragen, das gleiche gilt für Goulasch, Labskaus und Schwarzsauer. Nach dem neuen Gesetz darf Leber des leberzirrhosen Rindes nur noch auf Attest verabreicht werden. Wenn Beefsteak und Kotelett unter das Seuchengesetz fallen, muß grundsätzlich der Quecksilber und der Bleigehalt angegeben werden.

Der Führer spricht

Wir übertragen aus dem Berliner Sportpalast eine Volkskundgebung der Nationalsozialistischen Deutschen Arbeiterpartei. Der Führer spricht.

Es übernehmen die Kundgebung oder Teile davon, folgende Sendeanstalten der Welt:

In Europa: die italienischen Rundfunksender, der ungarische Rundfunk Budapest, der englische Rundfunk *English Broadcasting Cooperation*, der polnische Rundfunk, der litauische Rundfunk, der finnische, schwedische, der dänische, der norwegische, der holländische und potugiesische Rundfunk.

Ferner die Überseestationen: der japanische Rundfunk, *International Broadcasting Company New York* mit ihren hundertsechzig Sendern in Amerika, der freie Sender der Philippinen, der freie Sender Formosa, Radio Kamerun, der indische Rundfunk, der isländische Rundfunk, der Nordpolsender, die Sendegesellschaften der Südsee, der australische Rundfunk und alle weiteren Sendegesellschaften der Welt.

Ferner, die Richtstrahlsender der Soldatensender: der Schwarzmeersender mit seinen angeschlossenen Soldatensendern, der Heimatsender Usbekistan, der Sender der Buchenwalddeutschen und Wollyniendeutschen.

Der Führer spricht:

Meine Volksgenossinnen und Volksgenossen!
Am 20. Februar habe ich vor den deutschen Reichstagsabgeordneten zum ersten Mal eine grundsätzliche Forderung absehbarer Art ausgesprochen. Zum zweiten Mal habe ich vor dem Reichstag in Nürnberg dieselbe Forderung gestellt. Eine ähnliche Forderung habe ich auch an Herrn Roosevelt gestellt, um unnötiges Blutvergießen zu vermeiden, um zu verhindern, daß hunderttausende Soldaten das Opfer der Politik werden. Allein, ich glaube, es ist ein Glück für Millionen und Abermillionen von Menschen, daß es mir gelungen ist, Dank der in letzter Minute wirksam werdenden Einsicht verantwortlicher Männer auf der einen Seite und einsichtiger Männer auf der anderen Seite, eine Explosion noch nie geahnten Ausmaßes verhindert zu haben und eine Lösung gefunden zu haben, die meiner Überzeugung nach dieses Pulverfaß als mitteleuro-

päische Gefahr endgültig beseitigt hat. Die Münchner Lösung konnte unter keinen Umständen eine endgültige sein, denn die anderen haben ja selbst zugegeben, daß weitere Probleme noch der Lösung bedürfen und gelöst werden sollen. Daß sich nun die Betroffenen der vier Mächte nicht an den Vatikan gewandt haben, sondern an Italien und Deutschland, kann wirklich nicht uns vorgeworfen werden. Ebenso wenig auch, daß dies wirklich nicht der Fall sein kann, da ja die Tschechoslowakei überhaupt noch nicht existiert, daß aber, als schon längst das enthnographische Prinzip außer Kraft gesetzt worden war, nunmehr auch Deutschland seine immerhin tausendjährigen Interessen in der politischen und auch wirtschaftlichen Art sich in seine Obhut nahm, ist doch wohl selbstverständlich. Ich aber habe mir vom ersten Gedanken an, in dem ich mir über das in der Geschichte des deutschen und auch des tschechischen Volkes tief und schmerzlich beigebrachte Leid klar geworden war, nie etwas anderes versprochen, was ich dann auch so eingehalten habe, wie es die Völker für möglich gehalten haben.

Mir wird heute von der Welt, auch der eigenen, immer wieder vorgeworfen: Warum tun Sie denn nichts? Das soll man dann schon mir überlassen, ob was getan wird oder nicht, denn das eine können Sie mir schon glauben: Wir tun schon was – und ob wir was tun!

Schwadroneur

Wenn man Photopapier aufweicht, fällt dem gebildeten Laien auf, daß dies noch nicht das Resultat ist, das für Rentenansprüche ausreicht.
 Wenn man sich die Freimarke auf den Kopf klebt, tief Luft holt und tief ausgezackte Hemden trägt, die Beine anzieht und vom Teppich springt, entstehen Funken. Auf diese Weise soll in Köln ein 4jähriges Mädchen den Preis gekriegt haben.
 Bei solchen Gelegenheiten wird viel Weihnachtsgeschirr eingereicht.
 Am besten ist ein schwarzer Mahagonischirm mit Handschuhfach, wo man die Finger reinstecken kann.
 Jeder kennt die Folgen, wenn man sich am Rücken kratzt und der Bauch frei bleibt. In diesem Falle hilft häufig, den Bauch mit Fahrrad- oder Autokriechöl einzureiben.
 Nachbehandlung mit Frostschutz. Sind die Reifen geplatzt, kann ein luftdichter Hauch 4711 oder Tagescrem die spröde Haut über die ersten Runden helfen. Die Teflonschalen bei der reiferen Frau müssen bei der Hautreinigung abgenommen werden.
 Am Tage ist der Alpenvorzugspullover von Dr. Prager mit Schwitzfutter und eingenähtem Kupferpfennig zu tragen.
 Gewaltmärsche mit prallgefülltem Rucksack, Gepäck unterm Arm und vollem Magen sind zu unterlassen.
 Hingegen hilft es, mit Büchern oder Eisenplatten im Rucksack im Wohnzimmer bei schwacher Beleuchtung und eingeschalteten Rücklichtern Freikörperübungen nach Dr. Müller-Lamperz-Freiligrad zu machen. Hühneraugen werden nach den Mahlzeiten entfernt. Haben Sie Überseekabel in der Wohnung – ganz kurz lüften, damit ärgern Sie Ihren Nachbarn und schonen Ihre Figur.
 Jeder kennt die fatale Situation, wenn man kurzgeschnittene Äpfel ißt und der Mund leer ist. Besonders im Winter, wenn das Fenster auf ist und es zieht, macht sich diese an den Schneidezähnen bemerkbar.
 Sieht man sich den Mund mit einem Taschenspiegel von innen an, wird die Lage sofort aufgeklärt, – deshalb sollte man bei fremden Leuten niemals im Mund spionieren.
 Ein alter Herr hatte im Frühsommer im Kleiderschrank einen Schal verschluckt. Gott, wer sich das leisten kann, spart sich den nächsten Arzt.
 Ja, ja die Ärzte!

Der eine hat Mahagoniknöpfe am Kittel, der andere hat Gummistrümpfe an, – wie soll man sich da als Patient zurechtfinden, nicht wahr. Ich bin neulich mal in der Kirche gewesen, da haben die Ärzte Puder auf der Zunge und Mahagonistrümpfe an. Was die unterm Rock hatten, das läßt sich ja schlecht überprüfen.

Meistens kucken da die Socken von der Konkurrenz raus. Was meinen Sie, was die Baptisten einem erzählen, wenn man falsche Socken anhat. Was die Kirche alles so verschludert, hat mir mal 'n Pfarrer erzählt, dem ham se unten die Tischbeine angesägt, das Kissen während der Messe gestohlen und so weiter.

Einem Pfarrer haben se den Rhododendronbusch samt Tisch gestohlen. Was meinen Sie, was sich die Pfarrer alles leisten können, die decken sich meistens mit 2 Wolldecken zu, essen mit Mahagonigeschirr, Wäsche haben die doppelt und Rasierseife kriegen die extra. Sogar der Papst kricht die Rasierseife vom Staat geliefert. Da sind meistens noch 2 Griffe dran, in der andern Hand muß er ja den Spiegel halten, damit der nicht runterfällt.

Denn kriegt der Muskartoffeln mit weichen Luffen, alles aus verschiedenen Karaffen gereicht. Die Lakaien stehn ja gleich dabei und sammeln das Besteck ein, damit nichts geklaut wird.

Durch den Stoffwechsel im Cholesterinhaushalt bei Säuglingen entsteht ja bei Kindern im Vorschulalter ein dem Mutterbild angepaßtes Verhalten, das je nach dem, wie sich das Kind verhält, wechselt. Das sieht im ersten Moment aus wie Kalksteinverkürzungen. Ich will Ihnen daß mal an den Schaubildern erklären.

Das Dunkle im Hintergrund ist der Schatten, das Ganze stellt einen im Unterglazial der Ostalpen abgestürzten Flieger der mittleren Handschuhklasse dar.

Wenn man nun bedenkt, daß die Kalkappen früher mal hellblau angestrichen waren, die Eisenträger das gesamte Gebirge bis zum Schweizer Jura halten, dann meine ich – ich kann Ihnen das auf dem nächsten Dia noch deutlicher zeigen.

Das sind Versteinerungen in Blautannen. Das Graue sind die Äste, das Ganze stellt einen gut getarnten Bunker der Flakdivision des Marinegeschwaders dar.

Wir haben das bei Tagungen öfters erlebt, da sind die Augen zugeklebt worden, die Säuglinge links im Bild sind Angehörige der Schweiz.

Wenn man nun solche Säuglinge auf Blautannen aufklebt, entsteht Federsäure.

Wir haben im Ersten Weltkrieg Federsterne auf Weizenstiele aufgefädelt, geraspelt und durch Staubsaugerverkürzungen auf die Hälfte verkürzt. Dadurch erhielten wir Mattglaszeltplanen, die zum Sammeln und Sortieren von abgesägten Fahrradläufen geeignet waren. Als Nebenprodukt erhielten wir Kuckuckssäure, die zum Haltbarmachen von Luftmatratzen dient.

Unter anderem auch Federstielmatratzen.

Im Falle einer berlinerkranken Frau, deren Augen zugeklebt waren, konnten wir durch Verabreichung von Eisenbahnstangenöl deren Genesung beobachten.

Filmkritiker

1
Nun, wenn wir in den folgenden Minuten
den Film Y sehen werden, so meine ich –
jedenfalls ein Filmstreifen, der nicht nur
Kintop im herkömmlichen Sinne ist –
Y ist vielmehr – mehr als ein üblicher
Streifen, der in unseren Kinos und Filmwänden
und in den Boulevards der Metropolen und urbanen
Centren abläuft –, um diesen Film verstehen zu können,
bedarf es mehr als nur ein paar einführender Worte –
hier tauchen fremdartige, jedenfalls uns anmutende
Aspekte auf – Begriffe wie spektakuläres
Brimborium – gesellschaftliche
Aspekte tauchen auf –
was will der junge Film von uns heute –
bevor wir diesen Streifen sehen,
glaube ich und ich meine,
ich bin in dieser
meiner Überzeugung nicht allein –
noch einige kleine Bemerkungen machen
zu dürfen.

2
Denn so meine ich Film und Film
sind nicht Film schlechthin –
dieser Film aus den USA konnte dort
schon 1950 bewundert werden –
er wurde bestaunt, belächelt aber auch
beschimpft – bestimmt nicht so bei uns –
in – und damit komme ich auf die
letzten Bemerkungen –
unsere Vorspannzeit ist noch nicht ganz abgelaufen –
es darf in diesem Streifen sogar gelächelt werden –
aber es könnte gefährlich werden.

Zollverwaltung

D: Ja, ist dort die deutsche Zollverwaltung?
H: Ja, hier Zollamt, Inspektor Weirich.
D: Ja, es handelt sich um den Zollbescheid. Hier spricht Rütli, Basel. Sie haben mir da so einen Zollbescheid zugeschickt heute morgen, daß ich da für diese Sachen, daß ich dafür Zoll zu entrichten habe.
H: Einen Augenblick, Herr Grügli, ich hole gerade mal die Akte.
D: Ja, bitteschön. Wrütli ist übrigens mein Name. Es handelt sich um diese Sache da mit dem Herrn Wohnlacher aus Weil, der bei mir gearbeitet hat. Hören Sie?
H: Sooooo, da haben wir's. Hören Sie, Herr Vögli?
D: Ja, ich bin am Apparat. Mein Name ist übrigens ...
D: Jaaaaa, das ist in Ordnung, hier hab ich's. 2500 Mark, Herr Rütli, fällig am 15.
D: Ja, deswegen ruf ich ja an, ich versteh das nicht. Die Ware ist doch schon einmal verzollt.
H: Die ist schon einmal verzollt?
D: Ja, als sie eingeführt wurde in die Schweiz. Da habe ich doch schon den Zoll entrichtet.
H: Sooooo, ja, ja, aber ... aber die Ware kam ja dann wieder raus, wieder zurück nach Deutschland, wieder nach zurück, nach hier.
D: Ja, weil sie mir gestohlen worden ist, die ist mir ja doch gestohlen worden. Die Polizei hat sie ja dann in Deutschland als Diebesgut sichergestellt.
H: Ja, richtig, ja, das steht auch hier. Ja ... dann ist es ein Rückexport: Sie wurde exportiert, kam zurück und geht nun nochmal raus. Rückexport, und dafür werden jetzt wieder, also, dafür müssen Sie natürlich Zoll bezahlen.
D: Ja, das ist doch dieselbe Ware. Sie ist mir ja doch gestohlen worden von einem Deutschen, der bei mir hier in Basel gearbeitet hat. Jedesmal, wenn er nach Hause gefahren ist, von Basel nach Weil, hat er mich bestohlen, und was mitgenommen, insgesamt für 17 000 Franken, verzollte Waren ...
H: Jaa, ganz recht. Sowas nennen wir hier Rückimport, ich meine zolltechnisch ...
D: Er hat es gestohlen, so sagen wir hier in der Schweiz, gestohlen.

H: Ja, ja, das sagen wir hier in Deutschland ja an und für sich auch, im Volksmund. Aber amtlich heißt das Rückimport.
H: und...
D: *Ja, aber...*
H: Ja, der war eben illegal.
D: *Ja, aber...*
H: Ja, da können Sie noch froh sein, daß Sie nicht dafür bestraft werden.
D: *Die Ware ist mir ja doch gestohlen worden, gestohlen!!! Gestohlen!!!*
H: Aber an wen sollen wir uns denn wenden, Herr Müsli? Sie sind doch der Besitzer der illegal eingeführten Ware, und als solcher kommen Sie ja nun auch dafür auf, ich meine, die Ware ist ja doch rückimportiert worden, das können Sie doch nicht bestreiten. Sie haben die Ware ja illegal, die ist Ihnen ja doch illegal gestohlen worden. Das müssen Sie doch wissen, daß das strafbar ist, wenn Sie was illegal über die Grenze, ich meine, das können wir doch nicht dulden. Sie müssen ja auch mal an unsern deutschen Standpunkt denken. Rückimportiert...
D: *Gestohlen!!!...*
H: Daß Sie dafür Verständnis aufbringen, was reinkommt an zollpflichtigen Waren, das muß verzollt werden.
D: Also, das ist für mich zu verrückt! Ich kann das nicht begreifen.
H: Das dürfen Sie nicht sagen, Herr... Vögli. Wir sind keineswegs verrückt, sehen Sie, wir sind ja doch hier nicht die Polizei, nicht? Wir interessieren uns ja doch nur für den Fluß der Ware... hinüber ... herüber... hinüber... und was verzollt werden muß, das muß eben verzollt werden.... Sie sagen, daß der Dieb ein Deutscher war, das bedaure ich, Herr Rütli. Aber vor dem Zoll sind alle Menschen gleich, die Gerechten wie die Sünder. Es sei denn, Sie sind Diplomat, und auch da machen Sie sich strafbar, wenn wir Sie da auch nicht kontrollieren dürfen. Sehen Sie, da hatten wir vor kurzem einen Fall hier beim Zollamt in Basel...
D: Ja, also...
H: ... auch ein Diplomat. Ich will das Land nicht nennen, das macht nur böses Blut. Aber das war auch so, ein Fall von Rückimport, beziehungsweise...
D: Ich weiß nicht, was ich damit soll, mich interessieren Ihre Geschichten nicht.
H: Oh, das war aber keine nette Bemerkung...

D: Sie verlangen also, damit ich die Sachen, die mir von einem Deutschen gestohlen wurden, wiederbekomme, dafür verlangen Sie von mir 2500 Mark Zollgebühr.
H: Es tut mir Leid, Herr Vögli. Erst dann können Sie mit einem Rückexport der Sachen von unserer Seite rechnen, beziehungsweise, mit einem Rückimport. Zuerst muß ja der Rückimport, von uns aus gesehen, der alte Rückimport, der illegale, der ja zolltechnisch noch nicht abgeschlossen ist, so lange noch keine Zahlung von Ihrer Seite vorliegt, zuerst muß der abgeschlossen sein, dann erst können Sie das ... Diebesgut bekommen, beziehungsweise zurückimportierte ... ähh ...
D: Also, das ist unglaublich! Ich finde das unglaublich ...
H: Herr Müsli, ich bin überzeugt, daß Ihre Zollverwaltung da nicht anders vorgehen könnte. Was verzollt werden muß, muß verzollt werden, so bedauerlich die Umstände auch sein mögen.
D: Das wollen wir doch einmal sehen! Auf Wiedersehen, Herrrr!
H: Auf Wiedersehen, Herr Wrügli! Grietzimiteinander!

Gletscherverschiebungen

Wir befinden uns auf einem Meßschiff, was die Aufgabe hat, Meßtöne aufzuzeichnen und auszuwerten, in unserem Spacelab-Programm sind vorgesehen die radiare Verschiebung der Gletscher – die wir in unserem Spacelab auswerten – wir gehen jetzt einmal hinunter in dieses Spacelab – und schauen uns das an – durch dieses Parabelmeßgerät, das aufgehängt ist durch 2er polidamischer Chronometer – durch die Generatoren wird die Verwurfstätigkeit, die Vermergelung der Endgletscherverschiebung und die der Solen, insbesondere der Gletscherzungen vermessen – wir sehen das auch an den Aufzeichnungskurven, wir sind jetzt in der Höhe von Thule – hier kommen radiale Verschiebungen vor – das macht sich besonders auf die Bauweise – die Bauweise muß sehr leicht sein – und isoliert sein – wir machen ständig bis zu eintausend Aufnahmen – wir fahren das Gebiet ab nach Planquadraten – in Serienaufnahmen, die wir aus dem Spacelab erhalten, erfahren wir, wie stark die Vereisung hier ist – in unserem Spacelabprogramm ist die sogenannte HHG Megaherz-Komponente so stark bzw. so schwach, daß wir unser Schiff selbst messen – wir haben dann auf den Kontrollbildern unser Schiff selbst drauf – dann müssen wir mit unseren Messungen aussetzen – ich glaube, das ist die größte Schwierigkeit, da unser Spacelab-Programm doch sehr weit abgesteckt ist – zumindest, was die Bauweise anbetrifft.

Im Kaufhaus

Ich spreche hier mit dem Verkaufsleiter eines Warenhauses – Herr Bubek, Sie sind Filialleiter und Kompagnon der Filiale Kringel und Weinträger KG – spüren Sie etwas vom Weihnachtsgeschäft?

Das Weihnachtsgeschäft ist ohne Frage zu spüren, nicht nur an den Dekorationen, auch nicht nur am Warenumsatz, wie viele meinen – jedes Kaufhaus hat ja doch auch eine hohe Verpflichtung dem entgegengebrachten Vertrauen dem Kunden gegenüber – was im Sommerangebot fehlt, das braucht nicht unbedingt im Winterangebot enthalten zu sein. Das Weihnachtsangebot ist aber so reichhaltig, daß auch der anspruchsvollere Kunde zufriedengestellt wird – das Angebot stellt sich zum Teil aus Lagerbeständen – das, was wir im vorletzten Jahr nicht loswerden konnten, wird jetzt zu Schleuderpreisen als Minusware abgestoßen – im Angebot sind Tannenbäume aus Hongkong – unwesentlich kleiner als die deutschen Bäume – oder Tannenbaumkugeln mit Wasserschäden, zum Teil Auslagerungsware, unser Mensch-Ärger-Dich-Nicht-Spiel für 5 Personen im Hochparterre, Makko- und Baumwollartikel für den Herrn – der Sakko, aber ebenso Hygieneartikel für die Dame im 2ten Stock, der Senioren-Chemiebaukasten mit vielen Überraschungen, der Baukasten mit Pfiff für den Junior, das Buch, wer klettert denn da? Halbleinen – und viele, viele Überraschungen für den Gabentisch.

Tja, das wärs wieder mal – bis zum nächsten Wochenende.

Oberbekleidung, 3. Stock

Sehn Sie, das ist ein Übergangsmantel, den können Sie immer tragen. Sehr schwere Qualität. Das ist ein Stoff, den können Sie auch mal wenden lassen.

Eine sehr schöne Kappe, solide gearbeitet, der Saum ist gut versiegelt. Da muß ich im Lager nachsehen, sehn Sie hier, ein sehr schöner Schleiflackmantel – gerade wenn Sie unter den Achseln so schwitzen, da haben wir hier einen Anzug – Anorak mit Übergangsgummizug und Schweißfang. Sehen Sie, dies ist nun wieder etwas ganz anderes, auch ein Übergangsanzug, aber nicht so verpflichtend, den können Sie überall tragen. Schurwolle mit Synthetik, sehr schöner Afghane, gepaspelt und schulterfrei, der geht schon mehr ins Schulterfreie – das ist aber nichts für Sie, Sie haben etwas starke Schultern – sehe ich gerade. Freie Revers, imprägniert, ohne Außenfutter, alles gefüttert, fassen Sie mal an! Da tragen Sie sich noch rein, gerade wo Sie so schlank sind, im Schritt ist der Anzug doch eine Wohltat, Biesen, doppelte Garantie, Zweireiher.

Wenn Sie hier mal hersehen wollen, sitzt doch wie angegossen, daß der Anzug unten zu eng ist, das sieht man gar nicht, der Saum ist ja verdeckt.

Ja, das ist nun wieder Kammhaar, hoch modern und doch nicht aufdringlich, den können Sie auch zwischendurch mal tragen, oben zwei Abnäher, Raglanschnitt, hier wird er etwas bauschig, aber Sie ziehen ja das eine oder andere drunter, die Brieftasche. Da kann man auch ein Einzelstück mal mit auftragen, wo Sie in der Taille doch etwas stark sind, da tragen sie ja doch einen Binder dazu. Wollen Sie doch lieber den Parallelo nehmen? Das ist natürlich eine sehr saloppe Jacke – Übergangsstück – auch eine Freizeitjacke, aber auch fürs Wohnbüro, Büroparallelo mit Erfrischungsstäbchen im Futter, wenn man sitzende Beschäftigung hat...

Weihnachtsgrüße

Herr Rundsted, wie sieht's eigentlich bei Ihnen in Hamburg aus? Merken Sie dort etwas vom Weihnachtsfieber, vom Weihnachtsrummel? Hamburg, sind Sie noch am Apparat?

Ja, ich bin vor gut einer halben Stunde in der Innenstadt gewesen und habe mich selbst überzeugen können – einmal vom Verkaufstrubel – zum andern sind über die Hauptgeschäftsstraße – soweit ich mich überzeugen konnte – in engen Abständen Glühbirnen über die Straße gespannt – in diesem Moment, wo wir miteinander sprechen – Herr Schleusner, sind Sie noch am Apparat?

Ja, man kann Sie hier sehr gut verstehen, die Verbindung wollte ja erst nicht so recht klappen.

In diesem Moment, wo das Kabel wieder hergestellt worden ist – wo ich mit Ihnen spreche – ist – wie ich eben grade durch Telexrückbestätigung erfahre – ein großer Kühlfrachter – die Sotejar aus Finnland – in der Elbmündung eingetroffen, und läßt recht herzliche Grüße übermitteln. Ebenso die Ella, die mit einer Ladung Tannenbaumkugeln Cuxhaven ansteuert.

Schönen Dank Hamburg, wir schalten zurück.

Tja, das wärs wieder mal.

Wie sieht's bei Euch aus?

Wir schalten um zu Kurt Prumme, Herr Lauterbach, ist die Leitung nach Heppenheim schon frei? Ich glaube wir haben Glück –
 Ja, hier Kurt Brumme.
 Kurt Brumme, wie sieht's bei Ihnen aus? Merken Sie schon etwas von den Weihnachtsvorbereitungen?
 Wir können im Allgemeinen sagen, daß wir schon etwas merken – auch bei uns sind Weihnachtsvorkehrungen in vollem Gange oder zum Teil schon vorgenommen worden – ich sehe das an der Nervosität, auch hier im Studio bei uns ist eine gewisse Weihnachtserwartung – schon vom Programmteil her –
 Mit andern Worten, die Weihnachtsvorkehrungen sind im vollen Gange –
 Ja, durchaus. Wenn ich mich hier im Studio umschaue – hier stehen einige Sektflaschen herum, die übrigens nicht von mir stammen – Silbergirlanden ziehen sich hier in der Technik quer durch den Raum – einige Mikros sind mit Lametta abgeschmückt, und wenn mich nicht alles täuscht, hat sich unser Kameramann für die Kindersendung einige Tannenbaumkugeln umgehängt.
 Schönen Dank Kurt, das wär's erst mal.

In der Keksfabrik

Diesmal stehe ich mit meinem schlicht gehaltenen Mikrofon vor der Empfangshalle einer Keksfabrik.

Über mir freundliche Gesichter, links ein schmuckes Fahrrad, angelehnt – es ist an einer Mauer angelehnt – so als wollte es sagen, es ist ein Frühlingstag.

Es hat sich gelohnt – ich werde unterbrochen – ich unterhalte mich mit dem Inhaber des Keksverkes – er ist schlicht angezogen, jede Bewegung sitzt, die Krawatte scheint sorglos – Herr Stieglitz, Sie tragen eine Krawatte aus Sperrholz – können Sie uns etwas über den Alltag dieses modernen Keksverkes sagen?

Punkt 6 wird angefangen, wir unterscheiden zwischen ...

Vielen Dank, etwas abseits steht ein gutgekleideter Keksarbeiter – etwas schüchtern – so als wollte auch er etwas – wie lange sind Sie hier?

Soweit ich mich erinnern kann ...

Recht vielen Dank – herrlicher Sonnenschein – ah, jetzt gibt's Kekse – wie lange sind SIE hier?

Dreißig Jahre ...

Dreißig Jahre, ist das nicht etwas zu viel?

Ich bin angefangen ...

So, nun wende ich mich einem weiteren Keksarbeiter zu – auch er trägt über seinem grünen Smoking eine Art – wie sagen Sie hier dazu in Oppeln? – Banner? Der kleine Knirps weiß es.

Dat is ein Muschelschen.

Sagt man das hier so? Für unsere Hörer – eine Art Kaskarde, sehr dezent gehalten – so eine Art Wappen ...

So, nun wollen wir mal sehen, was die hübschen Mädchen hier drin machen – wenn mich nicht alles täuscht, werden hier Kekse sortiert.

Das Rohprodukt unserer Erzeugnisse enthält Fett.

Ja, das sieht man, der Fußboden ist sehr glitschig.

Was machen die Mädchen da?

Die Mädchen schneiden Kekse aus.

Das sieht ja zu possierlich aus!

Tja, das wär's wieder mal – diesmal berichteten wir über Kekse.

Rio

Dieter Schuller, wie sieht's bei Ihnen in Rio aus – kann man bei Ihnen schon vorweihnachtliche Stimmung verspüren?

Ohne Weiteres – hier in Rio de Janeiro liegt 4 Meter hoher Schnee – aber bereits 10 km weiter blühen die Agaven – alles Anzeichen für guatemaltekische Weihnachtsbräuche – hier wird Weihnachten, so wie wir's kennen – zu Ostern gefeiert. Karneval in Rio ist ja zu einem Begriff geworden, während Weihnachten hier geradezu mit karnevalartigem Rummel gefeiert wird – ich höre grade ein paar Ballerschüsse – hier wirft man sich vor Weihnachten unter Agaven Konfetti zu. Und wer's ganz richtig machen will, der öffnet eine Flasche indischen Steinhäger und läßt sie mit den Worten: Quez do quapillio! herumgehen – und nun der Klu – kein Lateinamerikaner läßt es sich entgehen, das Fernsehen anzuschalten, und um 8 Uhr lateinamerikanischer Zeit seinem Gegenüber Papierschlangen zuzuwerfen.

Schönen Dank Dieter Schuller, wir kabeln zurück ins Studio.

Hugo Adler

Hugo Adler ist nicht mehr. Wie ein greller Blitz schlug gestern vormittag die Nachricht vom Ableben des 89jährigen Hessen und zugleich 1. Vorsitzenden des Lukanischen Bundes in den Kreis seiner Anhängerschaft ein. Warum so plötzlich, mag mancher seiner Freunde gedacht haben.

Hugo Adler ist mitten aus seinem Schaffen herausgerissen worden. Seine Broschüre, der Wegbereiter, sowie sein Alterswerk, Wanderungen durch Hessen und das Weserbergland, nebst vielen Schriften zur Krankenheilung und Verbesserung der öffentlichen Hygiene, blieben unvollendet. Seine Krankenreform gehört ebenfalls hierher.

Ja, wer hätte gedacht, daß seine angekündigte Vortragsreihe aus einem so schmerzlichen Grunde für immer ausfallen wird. Wer ihn, den immer Trost verbreitenden, der für jeden ein gutes Wort fand, kannte, wer ihn noch auf dem letzten Vereinsausflug miterleben durfte, dem wird es doppelt so schwer fallen, sein Scheiden hinzunehmen.

Sein Lieblingsplatz im Lesezimmer des Lehnhardhauses wird für immer leer bleiben. Seine heitere Art hat vielen weitergeholfen, sein, trotz schweren Leidens, aufmunterndes Wesen hat immer wieder Anerkennung und Nachahmung gefunden. Wer kennt nicht sein Wort: Jedes Leiden leidet für sich, aber es heilt auch zugleich. Hugo Adler war es auch, der einmal gesagt hat: Nur der Kranke kann gesund werden. Und wer erinnert sich nicht gerne daran zurück, wie unser Hugo Adler sich um das Wohl der Pflegebedürftigen gekümmert hat, mit welcher Hingabe er zu den Kranken hingegangen ist, die Hand auf ihre Schulter gelegt hat, oder die ihrige in seine schloß, alles im festen Vertrauen auf Genesung. Oder wenn es hieß, eine Gruppe in die schwere Arbeit der Krankenbetreuung einzuweisen, einen Samariterabend ins Leben zu rufen, das war dann auch meist ein Samariterabend, da hat dann am nächsten Abend auch jeder sein Schärflein dazu beigetragen, das etwas zustande kam, da wurden auch die größten Zweifler plötzlich überzeugte Anhänger.

Hugo Adler konnte begeistern, er konnte aber auch noch mehr, nämlich einen ganzen Abend lang erzählen, ohne zu ermüden.

Weltumlaufaufforderung

Genormtes Einschreiben, 2fach bedruckt/Unaufgefordert zurück
WELTUMLAUFAUFFORDERUNG in 1facher Copi/an Absender!

An den Direktor der gewaltigen Wasserstraßen Norwegen.

An deren Treuhänder, ferner an alle Rundfunkstationen der Welt und deren Führer oder führenden Kräfte, an die Radarstationen, der Überseemächte. An die Welt/empfänger, Radiostationen, Polarstationen.

An alle wichtigen Überseehäfen, an die Sender Belgrad und Wolinien/Deutschland, an die außereuropäischen Radiokräfte der gesamten nordöstlichen Meereskugel, an den Sender der freien litauischen Republik, an den molukkischen Sender der freien Molukken.

An ganz Afrika. An ganz Asien.

WEELDAFVOORDER in 1 Coopy Unververdigt toruik foor de Afzender!

Foor Maatschapeningen op het vrelds Waaterveegen op Skandinavien. Radiovreltstationer Dirrect, foor Radarfunker, ook Televisioner, ook Overzeeland, Zeehapen. Foor de duitse and overzeelansch Radio, foor OOrlograpen zeevetterdiensten, foor het africa, foor het asiee.
Welth run up card 1 Copi
This space may be used for the British only

This is directed to:
The Chief of waterways Scandian, radio corporation broadcoasting, radar. Radars and polars service, to the united Telephone Institute, to radio Frisco, radio Miami Beach, radio A.T. & T. to the Water and Air service. To Africa, to Asia.
 Wir, Erzherzog Freiligrad Emil Eminenz Adolfe Ludowig, Exilrusse, Borbone und Freiherr von Baden-Schaumburg-Lippe, Freiherr von Lüttich, Freiherzog und Freiherr von Donaueschingen und Kamershof, wir, König von Wetzlar und Lüneburg, vormals erster Kaiser von Römisch-

Gmünd. Erster Kaiser und selbstständiger Probst des Landes Kurhessen und Lievland. Einmütiger Kaiser des Kronlandes Großrunau.

Durch mich erlasse ich heute, im Sternbild des Orion und der Waage, im Sternbild der Venus, im Sternbild des Großen Bären, im Sternbild der Goldenen Elster, im Beistand des Dreibundes mit dem Luchs, dem Wolf und der Dreiangel, die von mir angekündigten und vorausgesagten Beschlüsse, alles durch drei zu teilen.

Folglich wird der Dreiangel von nun ab in der Welt herrschen.

Die Welt wird wie folgt geteilt:

England an Schweden. England zerfällt in 3 Teile; Irland Schottland und Habsburgh. Rechts das Rad, Links das Zepter, der Galgen.

Amerika zerfällt in Nord/Süd und Mittelamerika und erhält von nun an die Briefanschrift: Raubstaat DER AMERIKANISCHEN REPUBLIKEN der vereinigten Staaten von Amerika. Im Wappen wird geführt: der Geier, zum Zeichen der Habgier, und der Kaffeesack zum Zeichen der Hetze. Rußland wird aufgeteilt in Sudetenland, Ostpreußen und Eismeerstaaten der friedliebenden sovjetischen Republiken. Postanschrift lautet ab heute: Die deutsch-sovjetisch-verwaltete russische Republik der Wolgastaaten. Ohne Wappen.

Aufteilung Österreichs, wiefolgt: Vorarlberg, das Land und die freie Republik Wien und Bayrischösterreich. Wien erhält als Mittelmeerbollwerk einen Oderhafen für die Kriegsschiffahrt. Das Wappen wird zur Hälfte schraffiert und erhält den Zusatz: Wer nicht hören will, muß fühlen.

Aufteilung der Schweiz. Die Schweiz wird an die Saar angegliedert und erhält den Zusatz: Freie Schweiz.

Von vielen Ländern liegen ähnliche Wünsche vor. Frankreich hat mich gebeten, hier noch einen vierten Teil für mich abzuteilen.

Ungarn möchte zu Deutschland. Die Steiermark möchte selbständig sein. Radio Preßburg möchte an das Deutsche Hörfunknetz angeschlossen werden.

Ich habe hier eine ganze Liste von Kleinstaaten, die ihre Wünsche vortragen. Eins steht für mich jedoch fest. Hier wird nicht gefeilscht, hier wird rigerost reinen Tisch gemacht.

Da ist Afrika, der dunkle Erdteil, und ich sehe ihn in seiner ganzen Jämmerlichkeit vor mir. Da wäre Polen. Und da ganz hinten am Horizont sehe ich Japan, ich kann es kaum erkennen. Ihm vorgelagert China, eine hungernde Nation im Schatten der Welt. Ein Land, das es nicht einmal wert ist, da einzumarschieren.

Oder, da ist noch so ein Staat: Indien. Halbsogroß wie England und Sudetendeutschland zusammen.

Ich behalte mir jedoch vor, hier schon von einem Bankrott der Staaten zu reden, Totalausverkauf ist die richtige Bezeichnung.

Noch sind die Weichen nicht gestellt. Aber jetzt! Endgültig und unabänderlich. Da gibt es kein Zurück mehr. Und auf diesen Weichen werden eines Tages Namen stehen. Und auf diese Namen wird eines Tages die ganze Welt mit Ehrfurcht sehen. Dann nützt es nichts mehr, wenn die Radiostationen mit dem Kopf schütteln. Wenn diese Botschaft durch die Morseapparate der internationalen Presse, der Sendeanstalten durch den Äther gesandt wird, dann gehen in der neuen und in der alten Welt die Lichter aus, dann werden die Herzen wie von einer fremden Macht gelähmt sein, und wie aus einem Munde wird der schöne alte irische Spruch wieder um die Erde gehn:

»All good things are three«

Alle guten Dinge sind DREI!

Bademeister und Schwimmlehrer

Herr Frese, Sie sind Bademeister und Schwimmlehrer.
Einmal schon aus Tradition heraus und zum anderen, weil es mir Spaß macht.

Wie sieht ihr Sachbereich aus?
ÄH – wer schwimmen will – und wer sich mit der See, dem eigentlichen Wasser, vertraut machen will, muß, äh – einmal, äh, unterscheiden können zwischen – mal sagen, was eine Sturzwelle ist, was 'n Dücker ist, äh, wo Wellen sind ... Wir unterscheiden einmal im Thermalbereich zwischen Saugwellen, also echten Saugern und Kurzschlußreaktionen beim Baden. Schon einmal aus Tradition heraus, zum andern aus Sport.

Wie erlernt man schwimmen?
Vom Sprung bis zum Litzenschwimmen, bis hin zum echten Figurensprung ist erforderlich eine Schwimmerkennkarte, zum andern die Bereitschaft zum Schwimmen selber, die an und für sich scheder mitbringen sollte.

Bei der ersten Figur wird der rechte Arm zu einer Lamette abgespreizt, der linke Arm bildet nun eine Rolle und nun sind wir mitten im Figurensprung.

Der Figurensprung ist wetterabhängig und wird aus der Ferse heraus gesprungen.

Anfänger springen zunächst in meine Schere hinein, aber auch sein Gegenüber kann eine Schere – Badeschere – oder Rolle bilden.

Wie sieht es mit dem Badebetrieb als solchen aus? Sind da Vorkehrungen notwendig, die das Baden mit sich bringt?
Jeder Badebetrieb sieht Vorkehrungen vor, die schon vom Badebetrieb her – sei es vom Hallenbad, sei es das Thermalbad – bis hin zum Salatorium – zum klinischen Bad hin ... das fängt an beim Abspringen vom Beckenrand, gerade, wenn der Beckenrand ausgekachelt oder neu verkachelt worden ist.

Am Kachelrand fängt meist der Badeunfall an – das geht denn rauf zu den Splitterunfällen.

Naturfreund

Zu jeder Jahreszeit hat der Hochwald seine besonderen Reize. Der Sommer läßt ihn grünen. Im Herbst ist die Brunftzeit der Hirsche. Der Hirsch kränzt. Wir wollen ein wenig lauschen. Dort tritt ein gewaltiger 12-Ender auf die Lichtung, es ist der Platzhirsch. Ä – ä – ä. Das ist der Ruf der Beihirsche, auch Schneider genannt. Die treten nun den Platz an den Gewaltigen ab. Wenn der erste Frost kommt, wenn die Bäume ihr Kleid abwerfen, wirft auch der König des Waldes sein Geweih ab. Der Hirsch schält oder säuert.

Dort naht eine Ricke. Sie tritt nicht allein auf, hinter ihr folgen zwei Windhirsche und ein Hallenhirsch. Ihm folgt der Hirschbulle. Wir hören seinen Brunftruf: Ö-ö-ö. Der Hallenhirsch mustert den Wald und tritt ein. Der Wald hat den Hirsch angenommen, wie der Jäger sagt. Ist der Wald hirschabweisend, läßt der Hirsch den Wald stehen – er ist nicht fündig geworden, sagt der Waidmann. Besonders saures Gehölz meidet der Hirsch.

Unser Hirschbulle hat inzwischen seinen Stammplatz eingenommen, hier bleibt er bis zum anderen Morgen stehn, denn Hochwild ist im Gegensatz zu Niederwild nachtblind und wird nachts an recht dunklen Tagen vom Förster geführt.

JAEGERWORTE, JAEGERWELTEN

»Zwischen Kopieren und Kapieren gibt es
einen kleinen Unterschied, und der ist das A und O.«
Ulrich Blumenbach

Von Christian Meurer

1. Die ganze Kalamität steckt ja eigentlich schon in der salvatorischen Klausel, die Heino Jaegers Tun schon so vielen seiner Deuter abzwang: Daß alles Bemühen, es zu analysieren, immer Gefahr läuft, sich selbst zur Jaeger-Parodie zuzurichten. Was aber, wenn nicht dies, sollte eine derart perfekt und universal auf Blamage abgestellte Begabung auch anderes nahelegen – der Kotau ist nicht nur abverlangt. Jaeger wirklich auf der Höhe seines Anspruchs, in seiner ganzen Vielschichtigkeit zu besprechen, macht die Gefahr akademisierender Besserwisserei schlicht unumgänglich. Die sei hier – wenn schon, denn schon – also ganz ungescheut auf sich genommen, hoffentlich ganz in seinem Sinne.

Mit dem Augenfälligen anzufangen: Daß Heino Jaegers hier versammelte, aus seiner einzigartigen Disposition aus Überwahrnehmung und Halbstegreif in die Welt gestemmte Auftritte künstlerisch einigermaßen vorbildlos sind, ist schon vielfach erörtert worden. Und daß sie, auf Papier, ohne die Unmittelbarkeit von Jaegers Verkörperung, an beträchtlichem Substanzverlust laborieren, liegt klar zutage. Daß sie andererseits, von ihm selbst vorgeführt, die formalen Grenzen eines »Auftritts« jederzeit mit verstörendster Distanzaufhebung zu sprengen vermochten, wird nicht nur von etlichen Dabeigewesenen bis heute glaubwürdig kolportiert, sondern selbst noch beim Anhören der alten Live-Mitschnitte gut deutlich. Wie auch, daß dies freilich vor meist ahnungslosem Publikum geschah und ganz bestimmt nie im Sinn von Gesellschaftskritik.

Ausgehend von ungefähr diesem Konnex von Phänomenen jedenfalls, bemühen sich Bewältigung und Zuordnung seither um verbindliche Festlegungen. Bemerkt wird übereinstimmend ein absolutes Gehör für alle gesprochenen Tonarten deutscher Sprache, dazu eine mimetische Begabung obersten Ranges. Die damit zustande gebrachten Darbietungen werden von seinen meisten Zuhörern jedoch vor allem als Entscheidungsfrage aufgefaßt: Gängig-divergierend stuft man die Jaegerschen Etüden meist entweder als Auswüchse abwegigster Skurrilität oder Nonplusultra an Naturalismus ein, gern blufft die so ertappte Ratlosigkeit dann auch mit Billigheimer-Synthesen, Marke »Die Sinnlosigkeit unserer Existenz darf man eigentlich gar nicht zu Ende denken« oder »Nichts ist absonderlicher als die Realität«.

Zweifellos, Jaeger entwaffnet; zweifellos, seine Szenen und Dramolette sind Sphärenvermengungen sondergleichen: Der von ihm verblüffend echt vorgeführte einstellende Personalchef, der – hörbar angenervt von seinem eigenen, immergleich öden Belaberungs-Job – Herrn »Singelbohm«, sein stummes Gegenüber, mit Einstimmungs- und Drohkulissenschieberei für die Betriebsanforderungen einjustiert, dient gleichwohl einem rein chimärischen Märchen-Unternehmen. Der Neuzugang soll zunächst »am Kalander, später vielleicht am Gebläse« eingesetzt werden, wunderlich ausgerüstet mit einer Badehose, einem Zirkel, einem Gummischlauch und einer Bleiplatte, »die Sie von uns gestellt bekommen« (bzw., wie dieser seltsame Sachwalter gleich als nächstes ausführt, bringe man sich für diese Tätigkeit doch besser eine eigene Badehose mit, denn die betriebseigenen seien »meistens alle zu groß«).

Als offenbar pensionierter Schlachter oder dem Hamburger Schlachthof sonstwie beruflich zuzuordnende ältere Vertrauensperson, die Besucher herumführt, erläutert er u.a. ein »Schlachthof-Museum«. Hier schwankt der Duktus zwischen halb auswendig abgespulten Standard-Erläuterungen und kleinen Annäherungs-Freundlichkeiten, und die derart kondensierte Stimmungsdichte schluckt so – neben vielem anderem – mühelos eine eigentlich haarsträubende Paraphrase mittelalterlicher Rechtsaltertümer: Präsentiert wird eine ganz mit Rinderbestandteilen ausgestaltete Traditions-Halle, in der ein »Blutrats-Ältester« einst das »Blut- und Knochenrecht sprach«; in einem Wappen findet sich »ein Knochenberg, rechts davon das zweifach gebrochene Bein des Rindes zum Zeichen der Gnade«.

Einen idiolektisch irgendwo haargenau zwischen Hamburg-Groß-Flottbek und Hamburg-Langenhorn beheimateten Hobbyhistoriker des Kölner Karnevals führt er bis in feinste Andeutungsnuancen seiner lebenslänglichen Etagen-Existenz aus. Ein gutmütigst dahingebrachtes Schwundleben zwischen irgendeinem Behörden- oder Kontorpult, Volkshochschulkursen und Herumdrückerei in öden Bücherhallen gewinnt für den Hörer, der ihn (wer weiß, warum?) zur Rede gestellt hat, allmählich an Kontur, und die so hergestellte Halb-Intimität verleiht schließlich auch sonderbarsten Reminiszenzen des Privatforschers an seine gelegentlichen Köln-Besuche – der Kölner Dom sei zu Zeiten Karls des Großen ein Bahnhof gewesen, die Züge (»Das war ja damals noch primitiv!«) hätten Strohdach und Lehmwände gehabt usw. – eine eigentümliche Wahrheitsdimension. Das gleiche gilt für seinen in einer Stimm- und Stimmungslage kurz vorm Zuschlagen interviewten Catcher, der nach noch einigermaßen normal kampftechnisch Relevantem plötzlich auf sein Steckenpferd zu sprechen kommt (»in der wenigen Freizeit, die mir bleibt«): Eine Eidechse, der er schon so oft auf den Schwanz trat, daß er sich aus den so abgetrennten Zipfelenden einen Teppich anfertigen konnte. Außerdem besitze er einen Schlips aus Holz und einen »aus Stein und verzinkt«. Der wiege auch sieben Zentner, aber den trage er »so weg«.

Sein »Arzt«, der den Hörer als Patienten »Herrn Wiebert« drangsaliert, reizt die Artistik seiner 1:1-Kommunikations-Kopien bis zum Äußersten aus, durchgehend werden mehrere Gesprächsebenen parallel beibehalten: Außer dem als komplett unzurechnungsfähig traktierten Hörer/Patienten gibt es hier noch eine Praxishelferin, der intermittierend Routine-Befunde zum Aufzeichnen und Anweisungen zur Bedienung eines Apparates zugeworfen werden, und einen mitanwesenden Kollegen, der auf medizinisch interessante Abnormitäten hingewiesen wird. Das Diktieren ist ein reines Nonsens-Gefasel aus völlig inkommensurablen Bestandteilen (»Pekinese, Tonus«; »Vasen, Gamben, Belladonna«), dem Kollegen wird auf dem »Wiebert«-Röntgenbild begeistert das rare Krankheitsbild eines »durchgewanderten Steigbügels wie bei Dr. Saumann damals« erläutert – und genau dieser schiere Unfug gerät in Jaegers Beiläufigkeit zu präzisesten Karikaturen: Nicht nur auf die Sprachbilder der medizinischen Nomenklatura an sich, sondern vor allem auf die Analphabetenperspektive, mit welcher der bei diesem Procedere völlig ausgeklammerte Normalmensch das ganze vor sich hin orakelnde Praxis-Brimborium wahrnimmt. Und was der Beispiele mehr wären.*

Mit der so hervorgerufenen »Freude am durchs Prisma der Groteske gebrochenen Wiedererkennen von Charakter- und Sozialtypen« (Frank Schulz) hat's dann aber auch für den Großteil der wacheren Jaeger-Zuhörer leider sein Bewenden. Diese Freude liefern übliche, schauspielerisch gut präsentierte Comedy-Sketche gehobener Machart, aber ein wesentlicher Unterschied zu Jaeger besteht, abgesehen von der Eindimensionalität des dortigen Figurenrepertoires und dessen gewollt schnellstmöglicher Identifizierbarkeit (»Öko-Hippie«, »Polizist«, »Beamter«, »Zuhälter & Nutte« etc.), darin, daß dieses Genre seinen Witz durch größtmögliche offensichtliche Kontrastwirkungen aller Art erzeugt. Jaeger dagegen geht mit seinen unmerklichen Perspektivenwechseln, ungleich ausdifferen-

---

* Natürlich sind Real- und Phantasie-Anteile nicht in allen Stücken proportional ausgewogen verteilt, aber selbst 90–95%igen Naturalstudien wie dem den neuen Freund seiner Tochter einvernehmenden »Vater« oder dem aalglatt-verlogenen Personalchef, der bei einem von *Hanns Dieter Hüschs Gesellschaftsabenden* »Herrn Kaiser« rausschmeißt, ist ein wenig Zauberpulver übergestreut: Der »Vater« gibt sich als Ex-Berufsboxer *und* FDP-»Jungdemokrat« zu erkennen, »Herrn Kaiser« waren seltsamerweise vom Betrieb ein Paar »Überschuhe« bewilligt worden. Außerdem hatte man ihn zeitweilig in einer reichlich anachronistischen »Hollerith-Abteilung« beschäftigt. Und der ansonsten ziemlich exakt karikierte Helms-Museums-Hausmeister, der mit »Herbert« telefoniert, gibt – zwischen echten Hamburger Örtlichkeiten – eine sehr seltsame Busstrecken-Wegbeschreibung von der »Tassenstraße« über den »Küchenplatz« bis zur »Kreissägenstraße«.

zierterer Mimikry und sonstigen Verwischungen häufig genug genau den umgekehrten Weg: nämlich mit der perfekt vorgetäuschten, größtmöglichen Einheitlichkeit von Inhalt und Gestus über die dreistesten Diskrepanzen erst einmal so unauffällig wie möglich hinwegzuhuschen. Diesen inneren Widerspruch so steil wie möglich eskalieren zu lassen ist das eigentliche Kraftzentrum der Jaegerschen Komik; wie er dabei Scheinselbstverständlichkeit und wildeste Phantasmagorien völlig zwanglos unter einen Hut brachte, war sein beständiges Kunststück.

Konventionelle Comedy und Satire eint über alle Vielfalt ihrer Möglichkeiten und Spielarten hinweg außerdem eine Grundabsicht, nämlich Dummheit, Heuchelei, Spießigkeit und ähnliche Ärgernisse mehr oder weniger zu brandmarken: alle, selbst die wildesten Figuren treten so von vornherein schon als über diesen Zweck Vermittelte auf. Davon kann bei Jaeger oft überhaupt keine Rede sein, nach solchen Maßstäben wirken viele seiner Personenstudien, wenn nicht als Stimmungsbilder aus eigenem Recht, völlig anlaßlos – unschöne menschliche Charakteristika kommen zwar auch bei ihm selbstverständlich andauernd vor, fungieren aber immer nur als Verstärkungen von Authentizität, wertende Akzentuierung – und sei es die indirekteste – unterbleibt.

Auffällig in diesem Zusammenhang sind die Analogien zu Jaegers Zeichnungen. Auch sie sind atmosphärisch dichteste Stimmungsbilder. Auch die meisten dieser Szenen, Gestalten, Ausblicke sind ihrem letzten Ausgangspunkt nach überhaupt nicht »motiviert«, d. h., es bleibt letztlich unklar, warum diese frisierenden Ziegenböcke, malaysischen Zwergsoldaten, uralten Astronauten-Polizisten oder eine vorweihnachtliche skandinavische Hotel-Lobby bevölkernden Teilnehmer eines Kongresses von Nasenwucherungs-Opfern eigentlich überhaupt dargestellt werden mußten. Und noch unerfindlicher ist, warum sie ausgerechnet in diesem Moment festgehalten wurden, nicht zwei Minuten später oder schon eine halbe Stunde früher. Immer ist der Habitus zumindest leicht verrutscht. Die Figuren scheinen, wo sie nicht sowieso völlig außerhalb allen förmlichen Gebarens irgendwie herumlungern, zumindest gerade noch eine letzte Randbemerkung zu machen, bevor sie sich gruppenbildtauglich in Positur stellen, eine sonstwie repräsentative Haltung annehmen oder den Betrachter erstmals zur Kenntnis nehmen.

Hingestellt sind sie so eigentlich nur als irritierende Fragezeichen – gegen die aber schon Machart und Bild-Textur fortwährend anarbeiten, denn der absichtlich unkünstlerisch-rohe, jedes kleinste Detail genau wiedergebende Bleistiftstrich und das minderwertige Papier dementieren, relativieren, irisieren die aus Realität und Phantasie gemixten Sujets in gleicher Weise wie die in tausendundeiner Variation eingesetzten Sprechweisen und Jargonpartikel sein akustisches Personal. Diese Manier, den »passenden« Moment des konventionellen Bildmotivs anscheinend immer ganz knapp zu verpfuschen (in Wahrheit konsequent zu umschleichen) verleiht den Bildern ja die enorme Augenblicks- und Eindrucksfrische. Und vergleichbar tragfähig austariert, wie er das groteske Element seiner Mono-, Dia-, Trialoge in glaubwürdigste Tonfälle einarbeitet, sind ja auch die gezeichneten Figuren konterkariert: Er umgibt sie entweder mit den von ihm penibel bis in kleinste Scheußlichkeiten verunstalteten Wohnküchen, Gaststätten, Kaufhallen, Straßenzügen seiner ungeliebten damaligen Gegenwart oder läßt ihre Absonderlichkeit in seiner – souverän zitierten – Lieblingsästhetik verschwimmen: im Klischee betulicher alter Postkarten und Photographien.

Dieser prinzipiellen Pointierungsverweigerung entspricht genau die versteckte Unstimmigkeit, die so viele seiner Hörwesen charakterisiert: Sie wirken durch etliche Kniffe zwar enorm belebt – die Situation setzt möglichst beliebig und auf der Stelle ein, die Pseudo-Integrität von konventionellem Radio-Interview oder Dialektbehäbigkeit ist bis in die letzte Intonationskurve exakt nachgeahmt –, und doch sind ihre Bestrebungen stets seltsam angeknackst.

Wie seltsam elaboriert sind z.B. die Voraussetzungen eines »Försters«, den er um 1973 einmal bei *Hanns Dieter Hüschs Gesellschaftsabend* beim Saarländischen Rundfunk gab – die Exposition eines gängigen 70er-Jahre-Kleinkünstlers wäre bei dieser Themenvorgabe vermutlich eine mehr oder weniger gelungene Persiflage auf Standesborniertheit und Sprachgebrauch der Grünröcke gewesen; des mahnenden Appells wegen sicher auch noch möglichst forsch.

Jaeger dagegen konstruiert seine Figur über eine ganze Reihe von Brechungen: Das Publikum wird – wie immer raumgreifend, völlig selbstverständlich – als Kreis Interessierter begrüßt, für die »der Rundfunk« stellvertretend die Bitte an den »Jagdverband, Gau Niedersachsen« gerichtet hat, einmal ganz allgemein Wissenswertes über Hirsche mitgeteilt zu bekommen. Aufgrund völlig dunkler Entscheidungsprozesse (oder eindeutiger Weisungsbefugnisse) hat dieses Gremium den Wunsch an ihn, den »2. Vorsitzenden«, delegiert, und es wird sofort deutlich, daß er mit diesem Begehr nur schwer zurechtkommt. Öffentliches Auftreten liegt ihm hörbar gar nicht, außerdem ist er alles andere als sicher, ob die von ihm zusammengestellten Fakten den Erwartungen entsprechen, denen er da gerecht werden soll. Bei vielen Informationen, die er irgendwo zusammengesucht hat, ist er sich selbst nicht sicher, ob sie stimmen, in der ganzen Aufregung hat er auch seine Brille vergessen, verliest und verheddert sich also, sieht zwischendurch auf die extra mit aufs Pult gelegte Uhr, weil er noch woanders hin muß, will überhaupt merklich alles so schnell wie möglich hinter sich haben. In diesem scheinbar konzeptlosen Wust bringt er nun aber nicht nur komplikationslos ein paar seiner Phantasie-Einlagen unter – Hirsche kamen nach Europa, weil die Hunnen sie aus Asien vor sich hergetrieben haben; zwei Zentimter große japanische Zwerghirsche können durch die Wasserleitung in Wohnungen eindringen –, sondern er verdeckt mit seinem breiig-verzitterten plattdeutschen Altherren-Melos vor allem auch, daß er eine völlig abstruse Situation fingiert: Nämlich die ganze Zeit überzeugend so tun, als ob seine Zuhörerschaft ganz unbedingt darauf bestünde, in dieser mühseligen Weise mit Hirsch-Details versorgt zu werden, bzw. noch präziser, daß zumindest er von seinen Gewährsleuten unerschütterlich in diesem Sinne vergattert worden ist. Entsprechend »stümperhaft« geht sein Vortrag zu Ende, irgendwann ist er nämlich schlicht mit seinem Sums fertig und hat als Schlußbonbon nur noch das Angebot, einiges Privates mitzuteilen, in petto, wovon er aus Zeitgründen aber auch sofort wieder absieht und damit sich und seine Darlegungen endgültig in ein um jede Wirkung gebrachtes Finale bugsiert.

Kurzum: Vermittelt ist das ganze Jaeger-Universum natürlich schon, aber durch einen unerhört subtil operierenden Kunst- und Komikverstand. Der aber, und das ist für einen Sprachkünstler von seinem Format ein unglaubliches Paradox, literarischer, gar hochliterarischer Überlieferung so gut wie null Komma nix verdankt; ein Heino Jaeger, der E.T.A. Hoffmann, Gottfried Kellers *Drei gerechte Kammacher*, Oskar Panizza, Ödön-von-Horvath-Szenen, Karl Kraus' *Letzte Tage der Menschheit*, James Joyce' / Molly Blooms inneren Monolog, gar die Klassiker des »absurden Theaters« rezipiert, ist etwas völlig Undenkbares. Auch die gern bemühten Konklusionen in Richtung Kafka oder Beckett nehmen sich – so exakt beobachtet die Ähnlichkeiten auch sind – matt und gekünstelt aus, verglichen etwa mit den kraftvollen Anregungen, die er profunden Kenntnissen von Trenn- und Wiederaufbereitungsverfahren deutscher Verbundstoff-Konsortien verdankte.

Aber selbstverständlich war dieses Naturburschentum deswegen keine naive Ignoranz, illiterat war er nun wirklich ganz und gar nicht. Im Gegenteil: Selbst dem unvorbereitetsten Zuhörer teilt sich latent sofort noch ein wesentlicher Unterschied zum Kabarettisten konventioneller Statur mit: Ein unvergleichlich höherer Grad an abseitigster Informiertheit. Einer wahrlich uferlosen Potenz an Assoziations- und Zusammenstellungsbegabung schien hier ein adäquat uferloser Fundus an disparatester Sachkenntnis gegenüberzustehen, ein unübersehbares Potential seltsam abgelebter Relikte und Einsprengsel, die all seine Chargen ebenso bestimmend wie nachhaltig grundieren.

2. Dies Jaeger-Inventar macht eine grundlegende Differenz zu all seinen Gattungskollegen aus. Helmut Qualtinger und Gerhard Polt sind unbedingt gleichwertige, wenn nicht zu Teilen sogar bessere Stimmen-Imitatoren; den verzwickten Figurenaufbau mit all seinen Bedingtheiten und Intentionsverschachtelungen machte ihm ein einigermaßen trainierter Dramatiker, Romancier, Filmszenarist eventuell auch noch nach, und Münchner Vorstadt-Urwüchsigkeit, Couplet-Gesang und wurschtige Szenenführung haben ja schon bei Karl Valentin die dialektischsten Spitzfindigkeiten volkstümlich modifiziert. Aber das bei Jaeger eingearbeitete Material, teilweise auch nur den bloßen Begriff davon, daß es überhaupt »komikfähig« sei und derartig inspirierte Purzelbäume erlaubt, gab und gibt es in dieser Massiertheit sonst nirgends. Es ist wo nicht ganz seine alleinige Entdeckung, so doch seine ureigene Domäne**.

Als F.W. Bernstein, Robert Gernhardt und F. K. Waechter 1979 ihre legendäre *Pardon*-Beilage *Welt im Spiegel* als Großband wiederveröffentlichten, war dem Reprint auch eine große Materialsammlung beigegeben: Eine Mischung aus Alltags-Fundsachen, Roman- und Gedicht-Passagen aus der Weltliteratur, wunderlichen Zeitungsmeldungen und sonstigem Schnokus – alles zusammen gleichzeitig quasi Legitimationszeugnisse und Inspirations-Dokumentation der von *WimS* propagierten Humorgesinnung. Etwas Ähnliches wäre für Jaeger noch zu leisten. Desgleichen, ein paar fixe Größen zu bestimmen, um dieses sonderbare Repertoire einmal ansatzweise einzugrenzen: Vorlieben für alte Bahnhöfe und sonstige Repräsentativbauten der Kaiser- und NS-Zeit, Militaria, Museen, alte

---

** Mit der kleinen Ausnahme von »Insterburg & Co«, die sich in ihrer frühen Phase als »Pop-Cabaret« ebenfalls explizit auf Absonderlichkeiten aus Lesebuch-Hausschatz und Nachkriegs-Wohnküche warfen – wenn auch ungleich unbedarfter und unterscheidungsunfähiger –, abgesehen von Peter Ehlebracht, dessen stilistische Begabung und Zitiersicherheit in diesen Fragen leider in der Infantilität, den eklatanten Qualitätsunterschieden im Repertoire und der zunehmenden Ziellosigkeit und Beliebigkeit der Gruppe unterging.

Enzyklopädien, Reiseführer, vorsintflutliche technische Apparaturen oder Spezialwelten wie medizinhistorische Mißbildungs-Kompendien und Tatort-Fotoalben der k.u.k.-Kriminalbehörden dokumentieren Biographie und Zeichnungen dieses Buches ja zur Genüge – alles sicher auch Freiräume für Imagination, aber an kulturhistorische Überlieferung knüpft er zweifellos an. Aber eben nicht an ihren gymnasial-humanistischen Bildungsstrang – der war ihm als Volksschul-Underdog zeitlebens eher suspekt –, sondern an davon abgeleitete Kontinuitäten: 1) das ganze Spektrum der Volkspädagogik mit seinem allgemeinbildend-beteiligenden Impetus (außer altmodischem Schulbuch- und Lexikon-Wissen vor allem in seiner Ausprägung als immer knapp am Zeitklima vorbeiquatschende Radio- und Fernseh-Routine der 60er/70er). Als Grundmuster beachte man außer seinem Universal-*Doktor Jaeger* die zahlreichen Experten-Interviews, Betriebsbesichtigungen und Museumserläuterungen; 2) die rein berufsbezogene Wissensvermittlung alten Schlags mit ihren Tätigkeitsbezeichnungen und gründlichst sortierender Apparate-, Waren- und Werkstoffkunde und 3) – wie sie schon Joska Pintschovius aufführt – die Ordnungssysteme der gesetzlichen Aufsicht, betriebliche Vorschriften, Erlasse, Reglementierungsverordnungen, Dienstanweisungen, Gebrauchsbestimmungen sowie ihr amtlicher Verkehr mit jedermann: Personalunterlagen, Zwischenbescheide, Suchlaufzettel, Berechtigungsnachweise etc. pp.

Speziell letztere Gegebenheiten haben bekanntlich lange vor ihm etliche Buchregalmeter mit Beamtensatire und Schreckensvisionen staatsbürokratischer Allmacht gefüllt. Deren Effizienz- und Gesinnungskritik hat Jaeger sich aber nie angeschlossen. Für ihn war die ganze rechtlich, technisch, militärisch, womöglich auch noch agrarökonomisch, bilanzkosmetisch oder aerodynamisch gegliederte Empirie mit all ihrer Durchsetztheit von Sondersprachen, Fachbegriffen, Gerätschaften und Erzeugnissen nur ein Eldorado von Sichtweisen und Anverwandlungsmöglichkeiten. Und noch einen 4. Aspekt hat er ausgiebigst bemüht: Daß es in Deutschland von lokalen Besonderheiten, merkwürdigen Trachten, Bräuchen und ähnlichen Überbleibseln nur so wimmelt. Was historisch natürlich mit Ursachen wie unserm traditionsgeprägten öffentlichen Organisationswesen oder der Kleinstaaterei bis ins 19. Jahrhundert zusammenhängt, uns im Jaeger-Zusammenhang aber nur so weit interessieren soll, als daß sich dadurch über Realia vom Horneburger Kulturapfel bis zum Altenburger Skatgericht noch ein weiteres Riesenreservoir an komikträchtiger Verfremdungsmasse erschloß.

Klar, daß er auf diese vier Bezugssysteme nicht durch langes Tüfteln verfallen mußte, sie gaben und geben ja schlicht für seine wie die allgemeine Lebenssituation vielfach den Rahmen ab, Aushilfsjobs, Tätigkeit für Museen und ganz normale Teilnahme am Alltag würfelten das alles bunt durcheinander. (Allerdings macht es seine Großtat aus, sie als derartige Inspirationsquellen zu erkennen – Strukturierungsvorbilder für eine kreative Umsetzung existierten damals höchstens in Ansätzen.) Und eine prägende Konstante aus der Zeit seines Heranwachsens kam außerdem sofort mit ins Spiel: Die allgegenwärtige Hintergrundstrahlung, die das zertrümmerte III. Reich in all diesen Bereichen atmosphärisch zurückgelassen hatte – in irgendeiner Redensart, Amtsbezeichnung, etwelchen Gegenständen oder auch nur zackigen Schritten auf einen Behördenflur schlappten in allen Bezirken des öffentlichen Raumes vergessene Hakenkreuzfähnchen weiter nach. Angesichts einer Alltagsrealität, in der außerdem ehemalige HJ-Scharführer als Yoga- und Tanzlehrer, gewesene Frauenschaftsleiterinnen als Busreise-Hostessen, Direktricen, Eheanbahnungs-Feen anzutreffen waren und banjospielende SS-Veteranen mit Texashemd und Cowboyhut als fidele Westernschlager-Trios figurierten, war für einschlägig Sensibilisierte wie ihn der Gesamteindruck von vornherein unrettbar denunziert. Inkongruenz war neben solch grellem sozialem Transvestitentum aber ganz allgemein festzustellen.

Denn parallel zur offiziellen Nachkriegs-Totalentrümpelung (durch Abriß nach dem Krieg ist ungleich mehr historische Bausubstanz verschwunden als durch die alliierten Bombenangriffe, wie Bundespräsident Scheel schon in den 70ern gelegentlich einer Rede zum historischen Bewußtsein einmal anmerkte) vollzogen sich Werteverschiebungen, die schlicht der allgegenwärtige Strukturwandel erzwang. Ein bestimmter geistiger Urväterhausrat wurde nämlich allmählich zu Kulturschrott und Dachbodengerümpel: Zwar beatmeten Schulfunk und Kultusministerkonferenzen die Lesebuchwelt von Doktor Martin Luther, *Kleinen Rasenstück*, Lützower Jägern, pflügenden Bauern, Robert Koch, Graf Luckner und Lüderitzbucht, Elsa Brandström und dem altniederländischen Dankgebet noch etwas künstlich weiter, aber für den Eigenbedarf der Adressaten gerieten Heimatkunde, Wunschkonzert, Glocke und Reformationstag zugunsten von Monopoly, Richard Kimble, »7-Länder-Spezialitäten«, Weltraumfliegerei und dem Duft der großen weiten Welt allmählich immer weiter in Verschiß.

Gleichzeitig fingen Rationalisierung und Konzentration, der Arbeitskräftebedarf der Industrie und die Handelsketten- und Supermarktentwicklung an, kräftigst unter Bauern, Bergleuten, Fischern, Handwerkern, Klein- und Zwischengewerblern und den Land- und Stadtteilkrämern aufzuräumen und damit ganze Lebenswelten unumkehrbar in Schwundzonen zu verwandeln – der materielle Kern der Vorwürfe »kleinkariert« und »altmodisch«.

Aus Dorfschmieden wurden Tankstellen, Milchläden und Kohlenhändler verschwanden, Flohkisten-Kinos mutierten zu Diskotheken, Getränke-Abholmärkten oder Teppichboden-Lagern. Dazu schafften Struktur- und Verwaltungsreformen auf den Dörfern Bahnhöfe, Zwergschulen und Molkereien, in den Kleinstädten Amtsgerichte und Krankenhäuser ab, oft genug den ganzen Landkreis drum rum und die Lohntüten sowieso überall.

Passende Begleitmusik zu der unentwegten Zukunftsgewißheit, mit der sich die Nachkriegs-Deutschen von staatstreuen Untertanen zu Sozialpartnern und Konsumenten umpfriemelten, lieferte neben den bekannteren Heimatschlager- und -filmschnulzen schon Anfang der 60er eine erste Nostalgiewelle, die mit Küchenliedern und »Lam-Pen-Put-Zer-Ist-Mein-Va-Ter«-Potpourris die Vergangenheit verbindlich als überwundenes »Schön war die Zeit«-Idyll festschrieb und auf Platten preßte.

Inoffiziell aber stärkten diese Umbrüche bis weit in die späten 60er Jahre einem weitgefächerten Beharrungs- und Frustrationsmilieu die Reihen – neben der Brauchtumspflege der Schützenvereine, Burschenschaften und Vertriebenenverbände, des Rechtsradikalismus mit seinen Parteigründungen und SS-Traditionsverbänden gab es ja damals z.B. ungleich exponierter die antisemitische Sekte des Weltkrieg-I-Feldmarschalls Ludendorff und seiner Gattin Mathilde, die preußischen »Luisenbund«-Monarchisten um Wilhelms Kronprinzessin, Veteranenvereine der alten kaiserlichen Ulanen und der Kolonialtruppen oder die Deutschparteiler mit ihren Getreuen des 1866 von Preußen einverleibten Königreichs Hannover. Auf der Linken marodierten aussterbende Überreste der alten Arbeiterbewegung wie Arbeitersportler, Mandolinenorchester, Freidenker, Eisenbahngärtner und Naturfreunde und dazwischen verwilderte Reste der bündischen Jugend wie der bei Pintschovius erwähnte Pseudo-Ritter »Junker Jörg«, der »Block der Heimatvertriebenen und Entrechteten« und Enklaven evangelischer und katholischer Aktivitäten mit ihrem Pater Leppich, »Schnulzenpfarrer« Hegele, der »Aktion saubere Leinwand« oder deren Problem mit der gemischt-konfessionellen Ehe. Ganz nebenbei wurde in dieser Epoche auch das alte Ethos vom Beruf als »Berufung« und unverwechselbarem Persönlichkeitsattribut zugunsten des Jobs, also der fertigen Tätigkeitsschablone für austauschbare »Profis«, weiter beiseite geräumt – Jaegers ältere Herrschaften vertreten allesamt noch die frühere Provenienz –, und die Werbung baute ihre großstädtischen Bastionen aus: sinnfälligst demonstriert durch die »Bluna«- und »Afri-Cola«-Karos, die Bauern an ihre 300 Jahre alten Scheunen nagelten.

In dieser Kollision von technokratisch erzwungenem Abrücken von hergebrachten Lebensweisen und hartnäckig gehaltenen Rückzugsgebieten beharkten sich so zwei wesentliche Determinanten des Sozialklimas der frühen Bundesrepublik – unter beträchtlichem Geknirsch.

In diesem Gegeneinander rückständiger Überreste und modernistischer Staffagen und Attitüden ist Jaeger nichts als das große Ohr; die Antinomien von noch dumpf virulentem Nazi- und Wilhelm-II.-Underground und den steril-zweckmäßigen Überformungen, mit denen Architektur, Kunst am Bau, Fernseh-, Radioprogrammstrukturen und sonstigen Formgebungs-Anstrengungen den öffentlichen Raum Nachkriegsdeutschlands ins Vorläufig-Experimentelle entleerten, wurden sein nimmermüdes Stimulans: die urwaldwilde Präpotenz von Nazimärschen und Hitlerreden gegen diese Pseudo-Normalität auszuspielen, verdeutlicht diese Jaegerspezifische Abart von Konfliktfreudigkeit bloß in rabiatester Weise.

Durch diese soziale Topographie zog er seinen Kamm, hängen blieben lauter von diesen Umbrüchen mehr oder weniger angeknockte Kombattanten, die entweder als Funktionsträger oder Mitläufer irgendwo etwas von diesem kuddelmuddeligen Kulturkampf mit umsetzen oder komplett wehrlos mit ihrem ausrangierten Kleine-Leute-Bildungs- und Werte-Haushalt dagegen anzupalavern versuchen – bzw. beide Seiten um die wunden Punkte möglichst undeutlich drum herum. Alle zusammen wollen sie aber immer nur eins: Ordnung.

Ordnung in ihrer Begriffswelt, wie sie ihnen die fachmännische Beratung des Dr. Jaeger verschafft, Ordnung gegen irgendwelche randständigen Auswirkungen von Pop-Musik und 68er-Bewegung, Ordnung als Rache, als Drohung – wenn seine »Vermieterin« ihren Sohn mißhandelt, dann »kriegt er, aber ordentlich«, Ordnung, nichts als Ordnung wollen noch seine blutrünstigsten Treppenhausdrachen, wenn die Nachbarin mal wieder nicht ordentlich gefeudelt hat. Heino Jaeger hat diesen Erwartungshorizont aber eben nicht einfach thematisiert, sondern die von ihm registrierten Stoßseufzer aus diesem Bereich zielsicher eingesetzt, um auch seinen phantastischsten Überzeichnungen mit genau dem Quantum Erdenschwere zu belasten, das sie so unvergleichlich ins Echte hinüberbalanciert.

Joska Pintschovius hat in der biographischen Notiz ja beschrieben, wo er, vom Künstlerkreis um Knispel inspiriert, dabei selbst Posten faßte: Nicht als opponierender »68er«, nicht als Pragmatismus-Befürworter à la »skeptische Generation«, schon gar nicht als Besitzstands-wahrer der schon ziemlich angezählten zeitlosen Bildungsgüter, sondern weil ihm all diese zeittypischen Identitätsangebote nur als schlampig vorkonfektionierte Saisonware erschienen, völlig außerhalb dieses Meinungsbilds: als kategorischer Zeitablehner.

Von dieser Warte stellte sich diese Konfliktwelt nur als Durcheinander Verwirrter und Verirrter dar, denen alle Parameter der Zurechnungsfähigkeit längst unrettbar abhanden gekommen waren. Entsprechend verhielt er sich dazu, d.h. begriff das Getriebe um ihn herum mehr oder weniger nur noch als Wimmelbild gebrochener oder noch intakter Selbstverständnisse und suchte sich die interessantesten davon als Mix- und Spielmaterial heraus. Dazu langte er nun einerseits wirklich hinein ins volle Menschenleben: Dr. Grzimek, Sebastian Haffner, ein Karstadt-Textilverkäufer oder ein Kommentator einer Modenschau konnte es genauso liefern wie ein referierender Feuerwehrhauptmann oder das St.-Pauli-Mischmilieu aus Künstlern, Zuhältern, Boxern und Außenseitern, dem ein Hubert Fichte zeitgleich seine edel-ethnographisch frisierten Fallstudien entfilterte. Die Gegenwarts-Varietäten flankierte er aber andererseits immer mit Exkursen in die soziale Rumpelkammer, bevorzugt die reaktionärsten und verschrulltesten Abteilungen des oben skizzierten Subkulturen-Spektrums – eben um bei Nazi-Politveteranen, Militärs, hinterwäldlerischen Kätnern und sonstigen autoritären Vierschrötern jenen letzten Goldfaden in die Gegenwart hinübergeretteter Authentizität zu fassen zu bekommen, der in diesen dehydrierten Repräsentanten vergangener Pracht und Herrlichkeit gerade eben noch so nachzitterte. Mit Freude an drolligen Originalen hatte das also nichts zu tun. Neben dem hybriden Stückwerk der Nachkriegs-Identifikationsangebote vom Beatnik bis zum Bundeswehr-»Angehörigen« wirkten sie in ihrer Unbehauenheit einfach wie unverfälschte Naturprodukte.

3. Dies Panoptikum jedenfalls hat Jaeger sich im wahrsten Sinne des Wortes einverleibt, wobei ihm aber weniger die anempfunden-snobistische Pose des Knispel-Kreises entgegenkam als einige Grundvorgaben seines Naturells. Die Germanistin Bettina Clausen charakterisiert Jaeger als eine Art Wiedergänger vorzivilisatorischer Urformen des Erzählens, »früheste Stufe jener mündlichen Literatur, auf der Autor und Erzähler ein Fleisch

waren, noch«. Kein »DIN-A4-Blatt, keine Bleifeder, geschweige denn höher technisierte Apparaturen« schöben sich bei ihm zwischen Erzeuger und Darstellung. Im ganzen wirke sein Hervorgebrachtes so spontan improvisiert, wie man es sich beim vorzeitlichen Menschen vorstellt, der im Moment, in dem er agierte, eben das gewesen sei, was er darstellte, und sich den Text dazu im Augenblick einfallen ließ. Gegeben ist diese Stufe völliger Rollenidentifikation bis heute für eine gewisse Zeit bei jedem Menschen: als *Kind*. Und der alte Hut vom Kind in jedem Künstler, der sich da nur auf Imitationszwang und mühelose Leichtigkeit bezieht, paßt auf Jaeger eventuell in ganz anderer, vertrackterer Weise als auf jemanden, bei dem sich Eindruckssensibilität und Rollenspielverständnis des Kindes kaum gewandelt erhalten hatten.

Als Eidetiker klassifizierte der Marburger Psychologe Erich Jaensch Anfang der 20er Jahre des letzten Jahrhunderts Personen, deren Vorstellungsvermögen ihnen wahrnehmungsartige Zustände ermögliche, von denen sie im Gegensatz zum Halluzinierenden aber wüßten, daß es sich um Vorstellungen und nicht um tatsächliche Wahrnehmungen handele. Die normale erste Entwicklungsstufe des Bewußtseins ist die ungeteilter Anschauung: Einige momentane, wenig konkrete Kindheitseindrücke bleiben uns ja allen als taufrisch in Erinnerung. Je mehr aber der Verstand zu abstrahieren beginnt, Sprachentwicklung und Begriffsbildung voranschreiten, um so mehr geht die Frische der unmittelbaren Anschauung zugunsten komplexerer Zergliederung in Kausalzusammenhänge verloren, Unmittelbarkeit büßt ihre Wirkung immer weiter ein. Eidetik zwingt aber nun diese beiden Extreme zusammen, d. h., sie liefert dem Bewußtsein die vollständige Anschauung in ihrer größtmöglichen Unterschiedenheit. Kennzeichnend für dieses Phänomen ist auch, daß es vor allem bei Kindern und Jugendlichen auftritt und sich bei Erwachsenen allmählich wieder verliert.

Bei Heino Jaeger, einem Menschen mit – wie ersichtlich – »photographischem Gedächtnis«, aber nicht; er konnte nicht nur zwischen kindlicher Zusammenschau und differenziertester Begrifflichkeit übergangslos hin und her springen, sondern er konnte auch dank seiner Ausnahmebegabung sozusagen hin und zurück, will sagen, seine komplette Eindruckswucht wieder nach außen reproduzieren, Gehörtes also nicht einfach nur wortgleich wiedergeben, sondern es mit dem exakten Grad an Situationsdruck inklusive »Nervositätsaspiration, Stutzpausen, Wortfüllseln« (Frank Schulz) in genau der richtigen, atmosphärisch gedrängten und beim ersten Anhören nicht präzis unterscheidbaren Stimmungshaftigkeit wiederholen.

Über diese quasi kindliche Ebene setzte er sich aber mit künstlerischen Mitteln »traumwandlerisch traumwändekletternd« (Eckhard Henscheid) ständig hinweg: Einerseits suchte er z.B. ja ganz kalkuliert alte Bahnhöfe, verlassenes Militärgelände oder sonstige Örtlichkeiten auf, um aus dem dortigen Genius loci zur Anregung ein paar Fetzen Halb- oder Viertel-Dechiffrierbares zu erfassen, andererseits konnte er auch völlig Erfundenes perfekt in diesem situativ-suggestiven Gestaltungsmuster vorbringen. Natürlich nicht wie ein wirkliches Kind, für das die Wirklichkeit, gemessen an seiner Vorstellungswelt, einfach noch von geringfügigem Wert ist, aber doch wie jemand, der auf den Selbstlauf kindlicher Unbefangenheit anscheinend komplikationslos umschalten und ihn gleichzeitig »von außen« artistisch steuern konnte; Glücks- und Zufallsnähe des Kindes bei seinen Findungen immer inbegriffen – und sein Trick, eine blöde Wirklichkeit durch gleichberechtigte Phantasieprodukte auszuhebeln, rührt ja zweifellos ebenfalls aus diesem eigentümlichen Quidproquo von Kind und Künstler her.

Insbesondere Letztgenanntes wirft allerdings die Frage nach dem Grund dazu auf: Für jemanden, dessen markantester Wesenszug eigentlich Erkennen, Sortieren, Einordnen noch aus dem verschwommensten, nebensächlichsten Realen ist, ist das ja kein so selbstverständliches Verhalten. Die Erklärung ist wohl, daß ihm genau dieses Prinzip des systematischen Ordnens, das sein Wesen so beherrschte – exakter wohl: dessen Sinngebungs- und Orientierungsversprechen –, höchst fragwürdig geworden war und er sich dafür mit reichlich frivol-makabren Vexierspielen entschädigt hat. Wie das im einzelnen zustande kam, darüber mögen Tiefenpsychologen rechten, insgesamt geht man aber wohl nicht fehl darin, im Erlebnis der Bombenangriffe auf Hamburg und Dresden 1944/45 so etwas wie die Jaegersche Urkatastrophe anzusiedeln.

Wiederum natürlich nicht in dem selbstverkitschenden Sinn als »Opfer«, in dem sich derzeit ehemalige Kriegskinder in apokalyptische Wunsch-Traumas hineinprojizieren; in einem ungleich weniger plakativen aber schon: Daß ein sechs-, siebenjähriges Kind mit einer solchen Ausnahmeveranlagung das Erlebnis, eine bislang von rigider Kommandogewalt und festgefügter Autorität zusammengeklammerte Umwelt plötzlich in furienhaftem Bomben-Desaster und chaotischen Zerstörungsschüben auseinanderbrechen zu sehen, monströs beeinträchtigen muß, versteht sich von selbst – allein schon, weil ihm die Kausalbezüge für dieses Geschehen noch weitgehend fehlen und es sich nur an die Totalität der Vernichtungserfahrung halten kann. Und fraglos noch mehr verstören muß, wenn sich verängstigte und verrannte Erwachsene gegen diese ruinierte Wirklichkeit kollektiv weiter eine künstliche und gewalttätige Ordnungsfassade aufzwingen und nur noch die stumme »Stimmung« die Wahrheit sagt – alles, wohlgemerkt, um so prägender, je mehr sich die Geschehnisse dieses Psychodramas für das Kind hauptsächlich im Nicht- oder Halbbegriffenen und Diffusen abspielen. Um so elementarer verabsolutiert dürften sie verinnerlicht werden. In so einem Fall ist wahrscheinlich nicht nur der gegebene Bezugsrahmen gesprengt, sondern vermutlich – eben weil das Kind noch nicht trennt, sondern eher zur Deckung bringt – auch die abstrakte Standardvorgabe notwendig irreparabel mit angeschlagen: als Intaktheit, als auf vertrauensstiftende Weise regelndes und begrenzendes Verhältnis von Teil und Ganzem – eine bei Jaeger wohl so tiefgreifende Fixierung, daß er sich in einem Akt kindlicher Willensfreiheit fortan wohl immer weiter in die Dissozialität verabschiedet hat.

Mit dem Grundmotiv einer Art Aufsuchens von Verwüstungen und Verheerungen, einer bis ins letzte gehenden Befragung auf Stabilität sind seine Szenen also nicht besonders strapaziert. Was aber die Weiterungen angeht, ist es sinnvoll, zum Vergleich des Wesensunterschieds die Vorgehensweisen einiger anderer namhafter Vertreter der komischen Sparte heranzuziehen: Als eine Art Stabilitätstest für meist recht morsche Zustände und Belange könnte man nämlich beispielsweise auch Hape Kerkelings Aktionen und öffentliche Störmanöver bezeichnen; Gegensätze, die sich aus dem Konflikt zwischen ökonomisierter Schundwelt und Heimat- und Gemütswerten ergeben, traktiert ja z.B. auch Gerhard Polt fortwährend; direkteste O-Ton-Milieuwiedergabe schließlich peilt etwa auch Olli Dittrichs »Dittsche« an. Aber diese Artisten arbeiten samt und sonders quasi nicht ohne Netz: Auch Polts scheußlichste soziale Mißgeburten sind immer lästige Störenfriede vor einer widerspenstig-unzerstörbaren Gegenwelt bayrischer Heimatverwurzelung, wie auch zu Dittrichs »Dittsche«, wenn er sein letztes Restchen Würde an Ingos Imbißtresen verzweifelt verteidigt, nie einer hereinkommen wird, der ihn wirklich bösartig und vulgär verspottet. Beider Gestalten sind – um drei Ecken – fast immer verhaltene Appelle an Humanität und Nächstenliebe. Und Hape Kerkelings Interventionismus trägt die feste Grundüberzeugung, daß vor dem gesunden Menschenverstand kein noch so imposanter Schwachsinn ewig Bestand haben kann. Komplexer liegt der Fall schon bei Karl Valentin: Seine Methode, Alt-Münchner Bilderbogenfiguren vor dem Publikum aufzubauen, die Publikumserwartung dann aber zu unterlaufen, die erwartete Gestalt oder Genreszene aus dem Leim oder in abstrusem Durcheinander verschüttgehen zu lassen, scheint Jaegers Absichten schon näher zu liegen. Allerdings hat Valentin durch seine starre Selbststilisierung als kauziger Sonderling dem Publikum schon vorweg jedwede Möglichkeit zur Distanzierung eingeräumt, ihn als wunderliche Normabweichung abzutun. Beim Jaeger der voll konzentrierten Szenen – selbstverständlich gibt es auch bei ihm etliches »auf Verdacht hingeschludertes« (Eckhard Henscheid) – ist ein derartiges Abstandnehmen unmöglich. Überall sonst wird also auf Kulturteile abgezielt, auch ein Otto-Waalkes-Witz oder beliebiger Klamauk tut dies schon (»Ich, der Zuschauer, bin dem Dargestellten überlegen«). Bei Jaeger gibt es etwas Derartiges erkennbar nicht, aber eben auch keine Erschütterung oder Katharsis, wie sie alle Arten tragischer oder tendenzieller Darstellung anstreben.

Er startet meist irgendwie mit der Kopie einer Stimmungsebene (Alltagsgebrabbel, Medien-Kommunikationsschemata etc.), kurzfristig bleibt oft undeutlich, wohin sich das Dargestellte eigentlich entwickeln soll. Dann schält sich aber auch für ahnungslose Zuhörer allmählich heraus, daß mit diesem Nachahmen aller möglichen Sozialpositionen natürlich nicht bloß der banalen Zweck-Mittel-Binnenkausalität seiner Figuren ungerichtet oder karikiert das Wort geredet, sondern natürlich ebenfalls ein übergeordneter Sinngehalt verabreicht werden soll.

Diese Kontextverschiebung findet bei Jaeger aber nie in der Form statt, daß er seine Figuren vor die Hintergrundfolie eines moralischen Anspruchs oder einer sicheren Voraussetzung plaziert, er hebt sie sogar in ihren genauest beobachteten Rollenzusammenhängen, Machtkämpfen und Gesprächsfäden nur deshalb aus den Angeln, um sie völlig frei und kregelst weiter quatschend durch den schwerelosen Raum seiner eigenen, scheinbar unendlichen Desintegration schweben zu lassen.

4. Dies komisch relativierende Mißverhältnis ist nicht nur ein Verfremdungsverfahren von kolossaler Effektwirkung, sondern überhaupt das Geheimnis des eigentümlichen Fluidums der Jaegerschen Anomalie. Mit ihm trat nicht einfach ein Interpret phantasieangereicherter Sozialparaphrasen vor sein Publikum, sondern hier artikulierte – und imponierte – ein gegen alle Zugehörigkeitssehnsüchte augenscheinlich rundum immunisierter und gefeiter Fremdkörper sein Weltgefühl – daß nämlich Existenz, sobald sie sich gegenständlich, substantiell, als Form, Dimension oder überhaupt irgendwie objektiviert, dies immer nur in Form ihres eigenen

Popanzes tun könne: als Grimasse, lächerlich verrenkter Stellvertreter, perfekte Fehlbesetzung ihrer eigenen Inferiorität. Oder weniger lehrformelhaft ausgedrückt: Nicht nur das ganze Jaeger-Kroppzeug, sondern von den tellurischsten Tiefen unterirdischer Erzfiberwindungen hinauf zu den exorbitanten Höhen luzidester Luftströmungswirbel, von den knallenden Luft-Gas-Gemisch-Explosionen in den Motorzylindern des kleinen Mopeds, mit dem er zeitweilig herumfuhr, bis zu Sänden, Salzen, Säuren und den sporadischen Spasmen von Spirochäten fernster Spiralnebel schlägt sich alle Wesenheit mit dieser merkwürdigen Erbsünde ihres Spottgeburt-Charakters herum und weist eben genau damit über sich hinaus. Erkenntnistheoretisch zwar nur auf die Analogie als letzte Gewißheit, tatsächlich aber wohl auf ihr eigentliches Gegenbild: Heino Jaegers rattenscharf eingestellte Wahrnehmungsrezeptoren, die in all diesem Gestaltwandel ihre eigene Totalüberreizung persiflieren.

Als eine Art Conférencier seiner Phänomenologie metaphysischer Showelemente hat er das Dasein so in elementarste Anführungszeichen gesetzt – aber eben nicht, wie's nach landläufigem Verständnis zu geschehen hätte, als bekümmerter Melancholiker, sondern hellwach, auratisch und aus einer Position souveränster Daseinsüberlegenheit. Die durch die angloamerikanischen Zufallstreffer oder andere Mementos gestiftete Weltverlorenheit schien nämlich gleichzeitig eine enorme gedankliche Verwegenheit freigesetzt zu haben – untermischt mit sinistrer Begeisterung für Destruktionsexzesse aller Art. Dies forcierte mitunter eine bedenkliche Wahlverwandtschaft zum Kriminellen: Nicht nur, daß er zu Moral und Menschenwürde eine ähnliche Arbeitsbeziehung einging wie ein Gewohnheits-Knacki zu Eigentum und dem Recht auf körperliche Unversehrtheit; der eigentliche Hautgout seiner Präsenz bestand ja gerade darin, mit seiner beinahe alienhaften Selbstausgrenzung permanent zu signalisieren, daß er jederzeit zu jenem entscheidenden Schritt weiter als alle anderen imstande sei, einem unaushaltbar entsetzlichen. Als eine recht unbehagliche Abart von Transzendenz wetterleuchtet das durch all seine Hellhörigkeits-Offenbarungen und knipste alles, was er auch nur leicht antippte, sofort mit an.

Ein mit schrägster Prädikatenlogik affiziertes Sensorium also, im Funktionsaufbau i.e. ein umgebastelter Magnetisier-Apparat aus Gegensatzpaaren, der dieses Wunderwerk von »mozartischer Inspirationsfülle« (Eckhard Henscheid) in Gang hielt: Unten die »Stimmung«, als suggestive »Übertragung« noch vor der Sprache Grund allen sprachlichen Verkehrs, oben die kaleidoskopisch auseinanderklappende Begriffsbildung mit all ihren Prismen und Präsumtionen; hie kindliche Unbefangenheit, Kraft, Mutwille, dort künstlerisch nur der allerfeinste Finger, einerseits Gosse, Dreck, hinterletzte Fermente gegenwärtigen Getriebes, anderseits die altertümlichen Bildungs- und Traditionsinhalte, rundum der monomanische Riesenaufriß von Welteinsamkeit und, aus der Mitte herangezoomt, immer wieder einsame Kleinst-Details wie das von ihm möglicherweise sogar mitimitierte Ticken der Instrumente, die in seiner Szene auf einem »Meßschiff« vorkommen, das sich am Ende selbst auf den Kontrollbildschirmen anzeigt – in toto multipolar gekoppelte Impulsgeber eines Experimentalgenerators, aus dessen Licht- und Spannungsbögen er fortwährend seine assoziativen Induktionsblitze herausstriegelte. Der energetische Antrieb war freilich ein außerphysikalischer, Funkenflug kam dabei nur paradigmatisch zustande. Programmatisch durchgetestet wurde nämlich, allgemein gesagt, immerzu die Wucht, mit der das Wunderding Kommunikation, genauer: seine sämtlichen Unterschwelligkeitsaspekte, ständig alle möglichen Macht-, Situations- und sonstigen Zustandsetablierungen der Welt hext. Wie sehr sich diese Absicht aber konventionellen Erklärungsmustern entzieht, soll ein Beispiel demonstrieren:

So ließe sich etwa sagen, daß »Instititution« bzw. »Institutionalisierung« zentrale Kategorien der Jaegerschen Sozialminiaturen sind. Einerseits ist es zwar so ziemlich die läppischste Banalität, daß sich in der Zivilisation von Schnürsenkel und Zahnbürste bis zur UNO so gut wie alles als »institutionalisiert« bezeichnen läßt, für Jaeger war aber eben gerade dieses Existenzmedium tatsächlich keine Selbstverständlichkeit, generell hat er ja das Normierende und natürlich erst recht die Autorität, die beim zusammenschusternden Vorgang der Institutionalisierung entsteht und sich aus ihrem Widerspruchscharakter von autoritärer Durchsetzungsmacht und sozialem Kundendienst ergibt, andauernd vergackeiert. Andererseits erzeugt der Status des »Institutionellen« – wie abgeschwächt auch immer – als sozialen Reflex ja wirklich ein Moment des Respektheischenden, das allgemein verinnerlicht ist, und damit ließ sich vom Hauptmann von Köpenick bis zu Morgensterns Huhn in der Bahnhofshalle schon immer viel anfangen. Diesen wunderlichen Übergangs-Klapparatismus ahmt Jaeger in seinen Vertauschungen auch fortwährend nach, alles mögliche bekommt dieses seltsame Anmutungsgebilde übergestreift: Schon der »Nachrichtensprecher«, wenn er mit dynamischem Akzent den nächsten Aktualitätsschauplatz »Den Haag« ankündigt, dann die Instant-Instanzen, wie sie die politische, Wirtschafts- oder Journalistenphraseologie fabrizieren, wenn er z. B. als »Schlachthof-Führer« den

»Jahresverbrauch an Ziegenfleisch«, der »in den Topf des Fremdarbeiters hineinwandert«, benennt oder als Wirtschaftskommentator einfach nur »Ostblockländer« in einer Weise ausspricht, die von der damaligen Weltmacht Nr. 2 samt Anhang nur noch das Vorstellungsbild eines porösen Zementbatzens übriglassen – zu schweigen von artistisch hochgefahrenen Attraktionen wie »dem Sarkophag des Prinzen von Agadir« in einem *Sportkommentar* oder fiktiven Sehenswürdigkeiten wie seinem *Speyer zu Worms* etc.; zuzeiten hat er ja auch Pflanzenwachstum, Hitze, Berge und Mondphasen durchaus als öffentliche Einrichtungen eingestuft.

Präzisieren könnte man so eine Arbeitshypothese noch dahingehend, daß »Institution« bei Jaeger aber nicht bedeute, daß eine dämonische Weltchimäre von allem Besitz ergreife, er deswegen auch nicht wie ein blutleerer Parabeldichter vorgehe, bei dem im steril-immergleichen Irgendwo von Sein und Zeit allgemeingültige Totalabstraktionen die letzten Dinge mit sich abmachen, sondern »Institution« im Jaegerschem Verständnis immer etwas meint, das auf verdeckte Weise billig abfertigt, behumst, schäbige Klientelbewirtschaftung ist, Beschiß eines Publikums, das seine Chancenlosigkeit gegen dieses Universalprinzip längst unkorrigierbar internalisiert hat. Als Erklärungsmuster scheitert der »Institutions«-Ansatz aber trotzdem, obwohl für sich genommen viel daran »stimmt« – wie bei allen derart intendierten Modellen, die Jaeger irgendwie »politisch« oder im Rahmen einer »sozialen Konstruktion« einordnen wollen: Nicht weil Politik bei ihm sowieso nur in Form verstümmeltester Idiotie vorkommt, sondern deswegen, weil er den Gegenstand solcher Prämissen zwar andauernd anzitiert, ihren Problematisierungsernst auch bis in ausgetüftelteste Abbilder absichtsverhehlenden Mit- und Gegeneinanders in seine Hörbildmomente rüberzieht, sich mit diesem Hantieren an solch redlich-analytischen Ansätzen aber immer nur den Schein ihrer Deutungsmacht ausborgt: als Spielmaterial, weitere Kulisse, stumm verstärkenden Tiefenraum für reine Fakes, ein veralberndes Simulacrum von Sozialkritik. Der fundamentale Unterschied zwischen Jaegers Modus operandi und üblichen Hervorbringungen besteht nämlich darin, daß ein Künstler, wie uneigentlich er in seinen Mitteln auch vorgehen mag, immer noch eine gemeinsame Basis mit seinem Publikum unterstellt oder herstellen will und so eine bestimmte Grundloyalität zu seinen Aussagen einhält. Jaegers Ehrgeiz ist aber genau darauf aus, dieses Verhältnis zu sprengen, Autonomieerklärungen geradezu gegenüber allem und jedem abzugeben und es vor den Maßstab seines erbärmlich-bescheuerten Zustandekommens – seinen Weltmaßstab – zu zerren.

Dazu baut er eine Gegenwelt auf, welche die Wirklichkeit eben nicht kommentieren oder ideologisch umkrempeln soll, sondern ihren Ausschließlichkeitsanspruch viel direkter angreift, indem sie durch ihre nachgeahmte Authentizität dieser ganz genau die Waage hält.***
Das Genialische daran ist, daß er das nie in Form abstrakt-allgemeingültiger Dada-Manifeste oder mit Happening-Gestammel tat, sondern 1) diese unbedingte Infragestellung in die archaische Form einer quasi vorliterarischen, primär-authentisch wirkenden Darstellungsweise und 2) seinen exakt kongenialen Schauplatzschrott verlegt, die Arenen der im zweiten Abschnitt umrissenen, durch und durch konkreten Bereiche und ihrer Details: murksige bundesdeutsche Alltagsfragmente, technische Abläufe, Radioblödsinn, Weiterbildungs- und Berufsangelegenheiten, Lokalkuriosa – er selber dabei immer der absolute Desperado seiner eigenen Inhalte und die konzise Milieudichte, um's nochmal zu sagen, immer nur Medium, Mechanismus, vorpräpariertes Szenario für all die kühn hochgeschleuderten Totalzertrümmerungen und Explosionsmosaiken, mit denen sich da ein kompromißlos voluntaristischer Freigeist andauernd zu sich selber gratuliert.

5. In kleinerem Format, sozusagen in Guckkasten-Dimensionen, wiederholt sich dieses Wechselspiel von Begriff und verstärkendem Tiefenraum bei den unzähligen Sprachdenkmälern, »Jaeger-Wörtern«, die über den gesamten Output verstreut sind. Da sich auch die in diverse Sorten von Analogiebildungen, Verballhornungen, Halbzitaten und -erinnerungen aufspalten, lohnt sich abschließend auch hier noch der Blick auf ein paar Einzelheiten: Da gibt es zunächst viele erkennbar reale Dinge, die von sich aus mit etwas Jaegerschem Genius vordubliert, -legiert sind, allerdings erst in seiner Adaption in ihrem vollen Glanz erstrahlen: prototypisch etwa Sicco Mansholts EWG-agrarreformerischer »grüner Plan«, von dem einer seiner Bauern spricht, oder der von einem mild irrsinnigen Technokratenhirn der 60er Jahre ersonnene »Ruhrschnellweg«, den er in die Wegbeschreibung zu einem Museum nur ganz en passant mit einfließen lässt. Klar auch, daß jemand, der sich als klassischer Pianist unter dem Namen Artur Schnabel oder als Kammersängerin Erna Sack in die Öffentlichkeit traute, bei Jaeger vorgemerkt war, ebenso, daß schon

---

*** Genau in diesem Punkt trifft er sich wirklich mit Kafka, der dieses Verfahren aber mit literarisierten Vorbildern und Traumlogik durchgespielt hat.

die lautmalerische Scheußlichkeit einer Lincrusta-Tapete seinen ästhetischen Anforderungen idealtypisch entgegenkam.

Meist ging er aber ausgeklügelter vor. So gibt es einen gemeinsam mit »Insterburg & Co« offenbar halb improvisierten Sketch, in dem er als »Angeklagter« vor Gericht steht und in einer Schilderung des Tathergangs erwähnt, damals habe er noch in der »Lassalle-Straße« gewohnt, »im Lager«. Er spricht das mit weichem s, Akzent auf der zweiten Silbe, betontem Schluß des Eigennamens und hanseatischem »s-t« aus, also »La-*salle*-Straße«, und schon dieser winzige Spiegelsplitter fängt eine vollständige Entstellung ein: Die Aureolenfanfare des angestaubten Sozialisten-Namens, dessen Fanalcharakter irgendein verlogener Stadtrat dazu benutzt hat, die verwahrloste Lebensperspektive von debilen Asozialen in einer Barackensiedlung zu überhöhen. Eine beträchtliche Reserve fürs Dahinterblenden liefert auch Jaegers Obsession für alte Maschinen, Herstellungsverfahren und wunderliche Erzeugnisse. Die sind natürlich zunächst einmal Denkmale eines noch ungebrochenen Errungenschaftsstolzes, was sich ja auch in den vor Kraft strotzenden Markenemblemen und -namen äußert, die er mit solcher Hingabe malte und benutzte, daß es zumindest für uns Nachgeborene oft so wirkt, als hätte sich nicht Heino Jaeger in dieser Ästhetik vergeistigt, sondern umgekehrt diese Dinge sich in ihm. Dann natürlich auch als Dokumentation von komischem Eigensinn: durch das hingebastelte Äußere dieser alten Gerätschaften, die aus einer Epoche stammen, in der die funktionalen Standardisierungen des »Designs« noch keine Rolle spielten. Der Überlieferungsreichtum untergehender Arbeitswelten, ihr Flor des Entschwindens ist wie gesagt überhaupt sein unerschöpfliches Arkanum, das neben tatsächlichen Utensilien eine Art Schwungmoment für seine perfekte Anlehnungen bereithielt, die in ihrer Prägnanz oft nichts mehr von Kunstprodukten haben. So, wenn in seiner »Brotfabrik« eigens Leute angestellt werden, die den ganzen Tag nur in gut geheizten »Schwitzstuben« sitzen, um den das Brot so unnachahmlich würzenden »Bäckerschweiß« zu produzieren, wie die Milchwirtschaft seines »landwirtschaftlichen Versuchsbetriebes« die gute »Klavier- und Trompetenbutter« zur Instrumentenwartung. In seiner stockverwurzelten sächsischen Keksfabrik, zu der Folklore- und DDR-Anklänge atmosphärisch einiges beisteuern, wird nicht nur »der gute Erzgebirgler-Wein« abgefüllt, sondern die gesamte Knabberproduktion mit »Keksscheren« ausgeschnitten. Ein Jaeger-Bademeister verwendet eine »Badeschere«, hinter die ganze Schautafel-Ästhetik einer wilhelminischen Hygiene-Verordnung montiert ist; beim den Dr.

Jaeger konsultierenden Seemann, der nachts nicht schlafen kann, wird dagegen »Dr. Jaegers Seemannspaste« anempfohlen, die die Warenpräsentation einer Reklameanzeige von ca. 1925 nachbildet und im »Ziegenmutterbrief«, den nochmals der »Schlachthof-Führer« als Überwachungszeugnis für Schlachtvieh erwähnt, ist die Totalaufsicht des Staates, nachgedunkelt mit Kontrollüberresten einer altmodisch deutsch-obrigkeitlichen Veterinäraufsicht, komisch abgespiegelt. Bei all diesen Kapriolen und kulturhistorischen Stippvisiten kam Jaeger indirekt auch der Umstand zustatten, daß Deutschland seit Kriegsende seine Verbindung zu diesen Tradierungen immer weiter gekappt hat: Da er diese Dinge grundsätzlich ohne Gedächtnis- oder assoziative Stütze einflocht, wird großen Teilen seines Publikums höchstens dunkel geschwant haben, daß er sich auf Realaltertümer bezog, geschweige denn, daß es sich um definierbare Überliefertheiten handele, so daß für viele statt dessen nur die vage Ahnung von etwas in wesenlosem Scheine Dahindämmerndem als weitere Eindrucksintensivierung mitschwang.

Behaust wurde das Jaegerland außerdem noch von zahllosen Wechselbälgern und Zwittergebilden, Kreuzungen aus Erfindung und Realität. Das Alter der Heringe, so erfährt der Reporter in einem »modernen Fischereihafen« von einem Herrn Tönnes, sei an den »Otholiten«, den kleinen Gehörsteinen, zu erkennen, denn diese enthielten Jahresringe. Die zwecks »Meisterstücke«-Plattenaufnahme vor Knut Kiesewetters »Freesenhof«-Kamin versammelte Zuhörerschaft, auf ichthyologisch falscher Fährte und dies für eine Jaegersche Prägung haltend, lacht herzlich –, aber genau so ist es. Bei Dr. Jaeger erkundigt sich ein Ratsuchender nach »fliegenden Füchsen«, ebenfalls, wie man denkt, schlagend surreale Jaeger-Kreaturen – als Fischsorte gibt es sie allerdings. Was insgesamt an Wirklichkeitsverschleierungen und Halbzitaten im Gesamtwerk enthalten ist, dürfte zwölf Kulturgeschichts-Doktoranden ein Jahrzehnt auf Trab halten: In den *Erinnerungen eines Schauspielers* auf der *Alkoholprobleme in Dänemark*-CD spricht er als alter Mime u. a. von einem Theaterintendanten »Ullstein«, und man meint, er habe sich nur die Nuance des Namens als Inbegriff für den Zeitraum Weimarer Republik geschnappt – es gibt aber tatsächlich einen Sproß der Ullstein-Dynastie, der zeitweilig Schauspieler war. In einem seiner »Jaeger-Latein«-Artikel in der Schweizer Zeitschrift *Die Neutralität*, der sich um flüchtige Mörder und Triebtäter dreht, ist zum Beispiel von dem Unhold »Onkel Zick Zack aus dem Zugzugland« die Rede – einen Uhrmacher namens Adolf Seefeldt, der auf Eisenbahnreisen in den 20er Jahren diverse junge Männer umbrachte und unter dem Alias »Onkel Tick-Tack« in die deutsche Kriminalgeschichte einging, gab es aber, er muß das schlicht aus irgendwelchen Erwachsenengesprächen irgendwann einmal mitbekommen haben. Bei den *Kriegserinnerungen* auf der *Alkoholprobleme in Dänemark*-CD ist es nützlich zu wissen, dass Jaeger hier z.T. einfach wörtliche Passagen aus »U 47«- Kapitänleutnant Priens Radiobericht, von seiner spektakulären Versenkung der »Royal Oak« in der Buch von Scapa Flow im Oktober 1939 repetiert (»Da ging ein Hurra durch das Schiff!«); genauso sind die bei ihm mehrfach vorkommenden »Haare für U-Boot-Dichtungen« leider keine Erfindung, und die ebenfalls auf der *Alkoholprobleme*-CD mit enthaltene *Neujahrsansprache* ist nichts weiter als eine Diktions-Kopie des legendär-senilen Bundespräsidenten Heinrich Lübke. Mit welcher Wucht an Belegstärke umgekehrt die Realphantastik deutscher Hinterlassenschaft der phantastischen Jaeger-Realität entgegenkommt, wäre nun wieder ein anderes Thema. So liegt im holsteinischen Landstädtchen Hohenfelde in einem kleinen Löschteich hinter dem Pastorat tatsächlich eine »Moltke-Insel«, die der spätere Generalfeldmarschall dort als Junge zusammen mit seinem Bruder für strategische Spiele angelegt hat, als er – wie bei Wilhelm Busch abgeschrieben –, beim dortigen Pastor Knickbein in Pension gegeben war; die Originalabgüsse von Luthers Totenmaske und Händen wurden jahrhundertelang benutzt, um eine Panoptikumsfigur im Dom von Halle damit auszustaffieren; das berühmte plattdeutsche Lied *Wo de Ost- bzw. Nordseewellen* schrieb die Pommerin Martha Müller-Grählert 1911 heimwehkrank in Japan, weil ihr Gatte, Viehzuchtprofessor, dorthin berufen worden war. Mit der Dogge Caesar wurde am 1. Oktober 1901 der erste Polizeihund Deutschlands im westfälischen Schwelm vom ostpreußischen Kommissar Franz Laufer in Dienst gestellt; der blinde Dichterarzt Justinus Kerner meinte, mit seinen Maultrommelklängen tatsächlich die Geister zu beschwören; als der transkontinentale Großsender Nauen vor dem Ersten Weltkrieg seine Sendetätigkeit in die Kolonienaufnahm, konnten geübte Funker die Morsezeichen direkt vom Nachthimmel ablesen; Rilke verfasste einen kurzen Essay über das *Urgeräusch*, das zu vernehmen sei, wenn man mit einer Grammophonnadel die Schädeldecke abtaste, Wastl Fanderl vom »bayrischen Bilder- und Notenbüchl« schildert in einem Extrabüchl die wundersame *Wassertrinkerin von Frasdorf*; und der erste evangelische deutsche Missionar in Indien hieß natürlich Bartholomäus Ziegenbalg (1682–1719) und stammte aus Pulsnitz in der Oberlausitz.

M. a. W.: In leichter Parallelverschiebung ist diese Faktenlage natürlich genau Jaegers Thema.

»Gebranntes Kind scheint allemal die Textilbranche zu sein – hier wenige Kilometer von der Zonengrenze entfernt...« beginnt eine *Jaegermagazin*-Reportage auf der *Alkoholprobleme*-CD, und in der Kühnheit dieser nur durch die Satzmelodie zusammengehaltenen Reizwort-Assemblage haben wir den gebrannten Jaeger in nuce: ständig von seinen selbstgebauten Münchhausenkugeln wieder abspringend, weil er sie gar nicht braucht, um weiterzufliegen, immer dem nächsten Dekonstruktionshorizont entgegen, randvoll Neugier, ob sich der nun auch noch zerlegen läßt und was dann passiert – und dabei womöglich auch noch den alten *Freischütz*-Abräumer auf den Lippen: »Was gleicht wohl auf Erden dem Jaegervergnügen? Wem sprudelt der Becher des Lebens so reich?«

Zeittafel Heino Jaeger

1.1.1938	in Harburg-Wilhelmsburg geboren.
1943	Übersiedlung nach Dresden.
1944	Einschulung in Dresden.
1945	Opfer des Luftangriffs 13./15. Februar. Flucht in den Westen.
1945–1953	Volksschule in Hamburg-Harburg.
1953	Malerlehre (abgebrochen).
1956–1959	Landeskunstschule Hamburg: Hochschule für bildende Künste; zunächst Textilentwurf, dann in der Klasse von Professor Alfred Mahlau. Als »Werkstudent« tätig als: Wetterbeobachter auf dem Feuerschiff »Elbe I«, Postbote, Wagenpage, Briefträger, Backgehilfe.
1960	Verschiedene Tätigkeiten als Graphiker, u. a. als Landkartenzeichner, Zeichner im Völkerkundemuseum (Hamburg).
1960	Jaeger lernt Hilka Franck kennen.
1960–1968	Intensive Reisen mit Künstlerfreunden der Kunstschule u. a. nach England, Belgien, Dänemark, Frankreich, in die Tschechoslowakei.
1965–1966	Zeichner im Landesmuseum Schleswig-Holstein (Schleswig).
1966	Schwere Depressionen, Behandlung in der Psychiatrie.
1967	Zeichner im Helms-Museum (Hamburg-Harburg).
1967	Reise mit H. J. Pintschovius nach Frankreich, Besuch bei Jürgen von Tomëi in Basel.
1968	Produktion der *Stegreifgeschichten* beim WDR.
1969	Produktion der Schallplatte *Wie das Leben so spielt*.
1970	Trennung von Hilka Franck.
1970–1973	Reisen mit H. J. Pintschovius u. a. nach Dänemark, England, Belgien.
1971	Ausstellungen: Galerie Spatz, Basel; Galerie 2061, Neuchâtel.
1972	Ausstellungen: Galerie Rasser, Basel; Galerie Zähringer, Bern; Galerie Schmücking, Braunschweig; Galerie Niebuhr, Berlin.
1972	Kunstmesse Düsseldorf.

ZEITTAFEL 475

1973	Ausstellung Galerie XX, Hamburg.
1973	Film *Heino Jaeger, ein Maler des Deutschen Reichs*, Regie: H. Förnbacher.
1975	Auftritte in Hamburger Szene-Lokalen, u. a. im »Danny's pan«. Kontakte zur damaligen Szene, u. a. zu Abbi Wallenstein, Vince Weber, Axel Zwingenberger.
1975	Fernsehauftritt im *Musikladen*, Radio Bremen.
1975	Versuch einer Auswanderung nach Thailand. Rückkehr.
1976	Schallplatte *Meisterstücke*, Produktion: Knut Kiesewetter.
1976–1982	Sendereihe *Dr. Jaeger antwortet* im Saarländischen Rundfunk.
1983	Totalverlust der Wohnung in der Martin-Luther-Straße durch Brand. Psychiatrie.
1984	Ausstellung Galerie Hauptmann, Hamburg.
1984–1988	Betreuung in verschiedenen Hamburger Sozialeinrichtungen.
1988	Ausstellung im Hamburger Museum für Archäologie und Geschichte Harburgs.
1988–1997	Betreuung im Haus Ingrid (Sozialpsychiatrisches Heim) in Bad Oldesloe (Schleswig-Holstein).
7. 7. 1997	Schlaganfall und Tod.

Register der Texte von Heino Jaeger

3 Paar Schuhe 220
8/5 Takt 309
Abgelebt 412
Anzeigenteil 414
Arztbericht 352
Arztbesuch 357
Aufklärung 402
Auskunft 408
Badegäste 184
Badekappe 310
Bademeister und Schwimmlehrer 440
Bauernhof 319
Bebauungsplan einer Schwerbeschädigten-Wohnsiedlung 344
Beheiztes Schwimmbad 312
Beim Arzt 358
Bettzeug 327
Bienenzucht auf der Etage 308
Bildermuseum 324
Blasenkrank 273
Bohnern 318
Bremer Wochenmarkt 167
Bundesbahn 293
Bürgermeisterrede 400
Cocktailparty 299
Ehevermittlung 314
Einsamkeit 289
Einwegflaschen 219
Elektrogeräte 268
Entwicklungspolitik 189
Erwin Kabunke 191
Etikette 307
Fahrrad in der Antike 326
Fahrstuhl 261

Falsch verbunden 302
Falschfarbenbefliegung 166
Fernsehen 223
Filmkritiker 424
Finger 277
Flausch 306
Fliegende Füchse 313
Flüchtling 295
Flutlicht 317
Der Führer spricht: 419
Gasherd 281
Gedichte: Gut gedichtet und das Haar sich richtet 407
Gefahrenzulage 283
Geschichtliches 198
Gletscherverschiebungen 428
Grün 297
Gutachten 346
Haarvorschrift im Dienst 287
Halbakustische Wortbilder als Zwischenträger bei obligatorischen Diagnosen 342
Haltung 301
Heidegastronomie 282
Herbst ist eine Übergangszeit – Dr. Jaeger weiß Rat! 203
Höhensonne 279
Hugo Adler 436
Hundebellen 267
Im Kaufhaus 429
In der Keksfabrik 433
Inzest 386
Jugendpsychiatrie (Ärztin) 380
Kaffee 258
Kakteenzüchter 262

Kojoten 266
Kommen Sie sofort nach Berlin!
    411
Konstitutions=Tabelle 349
Kriegsveteran 381
Kündigung 368
Kupferpfennig im Brötchen 257
Leserbriefe – Dr. Jaeger weiß Rat!
    205
Leuchtender Schinken 286
Live-Sendung Westdeutscher
    Rundfunk, Nachtexpress 375
Der Mißbrauch von Sprengstoff
    196
Motorrad 303
Naturfreund 441
Neujahrsansprache I 382
Neujahrsansprache II 403
Nichtraucherin 276
Oberbekleidung, 3. Stock 430
Olympiade 186
Paßkontrolle 224
Patient Wolfgang Paleschke 338
Patient Wolfgang Unnisch 336
Patienten Köster, Goldberg und
    Bernitzky 340
Putzmittel 288
Radiopredigt 378
Ratgeber / Föhnluft 163
Rätsel 263
Raucher 290
Räucheraal im Aquarium 322
Reinlichkeit 305
Rentnerehepaar 396
Reportage Brandbekämpfung 384
Rio 435
Ein Romanfragment 373
Röntgenarzt 354
Rückenleuchten 264

Rundschreiben 413
Saline 278
Säuglingsschwester 304
Scheuerteufel 300
Schießen im Märzbecher 392
Schlachtereiwesen 417
Schlafen 275
Schlaflosigkeit – Dr. Jaeger weiß
    Rat! 200
Schlüsselbund-Museum 274
Schreibmaschine 321
Schuhbranche 168
Schule und Elternhaus 372
Schwadroneur 421
Sicherheit 292
Sprunggerät 218
Stadtdrossel 222
Statistik 383
Steinpilze 294
Sternzeichen 323
Studiogespräch 389
Szene aus einem Westernfilm 410
Tapezieren 284
Tauben 269
Ein Telefongespräch 387
Telefongespräch 405
Textilbranche 172
Textprobe im Burgtheater Bad
    Hersfeld 391
Thema: Übergewicht 170
Tieradoption 270
Tier-Rechtspfleger 259
Tierzüchter 316
Toiletten 272
Truppenärztliches Gutachten
    (Tra.G) 351
Überweisung des Patienten
    Walter Kaminski 347
Uniformkundler 291

Unser Kochrezept 174
Der Urlaubstip 182
Vermieterin 394
Versuche mit Chemikalien –
 Dr. Jaeger weiß Rat! 208
Vogelfreunde 401
Vortrag zur Krankenpflege 355
Waldwohnung 311
Warnomat 296
Weihnachtsgrüße 431
Weihnachtszeit 193
Weinsorten 162
Weltumlaufaufforderung 437
Wetterfrosch 221
Wie sieht's bei Euch aus? 432
Wunderkind 285
Wurstwarenfabrikant 260
Zeche 280
Zollverwaltung 425
Zu Gast bei Paul Möldecke 377
Zwei Reportagen 385

Die Druckvorlagen zu den s/w-Bildern auf den Seiten 177 (unten), 179 (unten), 211, 212, 214, 215, 360, 443, 446, 474 wurden uns vom Helms-Museum in Hamburg-Harburg zur Verfügung gestellt.